전략적으로
졸업하는
논문작성법

지은이 **윤선희**

홍익대학교에서 경영학 박사학위를 취득하고 미국 톨레도대학교에서 박사후연구를 수행했다. 이후 서울시립대학교, 홍익대학교, 한양대학교 등에서 경영학, 통계학, 생산관리, 경영의사결정론 등을 강의하며 연구와 교육을 병행해왔다. 현재 ㈜드림셀파 대표로서 서울대학교, 연세대학교, 고려대학교, 한양대학교 등 주요 대학에서 논문작성법과 연구설계 특강을 진행하며 실무 중심의 연구지도 프로그램을 총괄하고 있다. 드림셀파 유튜브의 논문 강의 누적 조회수는 150만 회를 넘어 대학원생과 연구자의 논문 완성을 돕는 실전형 콘텐츠로 큰 호응을 얻고 있다. 주요 연구 분야는 공급사슬관리, 환경경영, 경영혁신, 데이터기반 의사결정 등이며, SCOPUS·SSCI 등재 국제학술지 여러 곳에 다수의 논문을 게재했다. 현재는 연구자의 시각에서 학위논문과 학술지 논문 작성법을 체계화하는 연구에 힘쓰고 있다.

지은이 **김석준**

가톨릭대학교 사회복지학과에서 학사·석사·박사 학위를 취득했다. 가톨릭대학교 사회복지연구소 전임연구원을 거쳐 현재 ㈜드림셀파 논문컨설팅 교수지원팀장으로 재직 중이다. 서울신학대학교, 중앙대학교, 가톨릭대학교 등에서 사회복지조사방법론, 사회복지정책론, 인간행동과사회환경 등을 강의하며 대학원생과 현장 연구자를 위한 논문 작성과 통계분석 지도를 지속해오고 있다. 주요 연구 주제는 청소년 문제행동 예방, 다문화가족의 사회통합, 지역사회복지 협력체계 등이다. 대표 논문으로 「부모양육방식 및 학교생활적응이 청소년의 휴대전화 의존에 미치는 영향」, 「결혼이주자의 내용적 시민권이 생활만족도에 미치는 영향」, 「다문화가족 청소년의 특성이 차별경험에 미치는 영향에 관한 연구」가 있다.

· **드림셀파 유튜브** https://www.youtube.com/@드림셀파

전략적으로 졸업하는 논문작성법

초판발행 2025년 12월 11일

지은이 윤선희, 김석준 / **펴낸이** 전태호

펴낸곳 한빛아카데미㈜ / **주소** 서울시 서대문구 연희로2길 62 한빛아카데미㈜ 2층

전화 02-336-7112 / **팩스** 02-336-7199

등록 2013년 1월 14일 제2017-000063호 / **ISBN** 979-11-7340-042-1 93310

총괄·책임편집 김은정 / **기획·편집** 윤세은 / **교정** 권수연

디자인 이아란 / **전산편집** 이소연 / **제작** 박성우, 김정우

영업 김성삼, 이정훈, 임현기, 이성훈, 김주성, 심지연

이 책에 대한 의견이나 오탈자 및 잘못된 내용은 출판사 홈페이지나 아래 이메일로 알려주십시오.
파본은 구매처에서 교환하실 수 있습니다. 책값은 뒤표지에 표시되어 있습니다.

홈페이지 www.hanbit.co.kr / 이메일 question@hanbit.co.kr

STRATEGIC
PAPER WRITING
FOR GRADUATION

전략적으로 졸업하는 논문작성법

윤선희, 김석준 지음

한빛아카데미
Hanbit Academy, Inc.

논문은 전략이다

대학원 생활의 최종 목표는 하나의 완성된 논문을 만들어내는 데 있다. 그러나 많은 학생이 논문을 쓰는 과정에서 방향을 잃고, 막연한 불안 속에 시간을 허비하곤 한다. 필자는 수많은 대학원생을 지도하면서 **논문을 쓰지 못하는 이유가 실력이 아니라 전략의 부재에 있음**을 확인해왔다.

논문은 단순한 글쓰기가 아니라 하나의 프로젝트다. 따라서 제때 졸업하기 위해서는 계획과 실행 전략이 필요하다. 이 책은 그러한 문제의식에서 출발했다. 『전략적으로 졸업하는 논문작성법』은 대학원생이 논문을 완성하기까지의 전 과정을 실행 가능한 단계별 전략으로 정리한 실전형 가이드다.

이 책의 특징

이 책은 다음과 같은 흐름으로 구성되어 있다.

1장	전략 없는 대학원 생활의 위험성과 제때 졸업하기 위한 세 가지 전략 대상(논문·지도교수·자기 자신)을 제시함.
2장	연구 주제 설정과 연구계획서 작성법, 데이터베이스 탐색과 참고문헌 정리 요령을 실무적으로 안내함.
3장	논문의 전체 구조 및 각 장의 역할과 논리적 연결 구조를 설명하고, 전공별로 논문의 구조 차이를 비교함. 잘 쓴 논문의 구조를 내 논문에 적용하는 방법을 제시함.
4장	양적연구 논문의 서론, 이론적 배경 및 선행연구 검토, 연구방법, 연구결과, 논의 및 결론의 작성 과정을 실전 중심으로 구성함.
5장	객관적이고 설득력 있는 연구결과를 제시할 수 있도록 논문통계표 해석 및 작성법을 체계적으로 정리함.
6장	연구윤리, 생명윤리, IRB 심사 절차를 다루어 연구자의 책임 의식을 강조함.
7장	SciSpace, ChatGPT 등 AI 도구를 활용해 논문 작성 과정을 효율화하는 방법을 소개함.

이 책의 가장 큰 특징은 논문을 단순히 형식에 맞춘 결과물로 보지 않고, 구조적으로 해석하고 전략적으로 설계해야 할 프로젝트로 다룬다는 점이다. 특히 **내용구조분석방법**을 도입해 우수 논문에서 주제어를 전개하고 연결하는 방법을 시각적으로 보여줌으로써, 자신의 논문 구조를 직접 분석하고 설계할 수 있도록 했다. 또한 시간 관리·자료 관리·논리 설계로 이어지는 실행 절차를 통합적으로 제시함으로써 논문 작성을 체계적이고 실천적인 방식으로 수행할 수 있게 했다.

이 책은 '어떻게 하면 논문을 빨리 쓸까'가 아니라 '어떻게 하면 논문을 통해 성장하며 졸업할까'에 초점을 두었다. 각 장에는 실제로 논문을 지도하며 얻은 실전 팁과 함께 스스로 진도를 관리할 수 있는 [셀파의 요약정리] 코너를 포함했다. 읽고 끝나는 책이 아니라 곧바로 실행할 수 있는 매뉴얼로 완성한 이유다.

논문은 더 이상 막연한 두려움의 대상이 아니다. 방향과 전략만 명확하다면 누구나 제때, 그리고 품격 있게 졸업할 수 있다. 이 책이 여러분의 연구 여정에 든든한 셀파sherpa가 되기를 바란다.

감사의 글

이 책이 세상에 나오기까지는 많은 분의 관심과 도움이 있었다. 먼저 오랜 기간 집필 과정을 함께하며 방향을 제시하고 세심하게 조율해주신 한빛아카데미(주)의 윤세은 책임 에디터께 깊은 감사를 드린다. 때로는 방향을 잃고 원고 속에서 헤맬 때마다 윤세은 책임 에디터의 조언은 언제나 새로운 길을 비추는 등불이 되어주었다. 현장의 요구를 정확히 짚어내는 기획력과 저자의 의도를 세심하게 다듬는 편집 역량 덕분에 이 책이 지금의 형태로 세상에 나올 수 있었다.

또한 본문에 인용된 우수 논문 사례의 활용을 기꺼이 허락해주신 경기대학교 주은선 교수님과 임정미 박사님, 미국 톨레도대학교University of Toledo 폴 홍Paul Hong 교수님께 깊이 감사드린다. 세 분은 후학들이 실제 연구의 구조와 흐름을 배우길 바라는 마음으로 흔쾌히 자료를 제공해주셨다. 세 분의 연구는 이 책의 사례와 해설을 보다 생동감 있게 했고, 실제 연구 현장의 맥락을 보여주는 데 큰 도움이 되었다.

드림셀파 이상호 선생님께는 통계분석방법과 분석결과 작성 파트에서 큰 도움을 받았다. 이상호 선생님의 실무적 통찰과 세밀한 검토 덕분에 본문 속 분석 예시와 해설이 논문을 작성하려는 사람들에게 더 현실적이고 실질적인 도움을 줄 수 있었다.

마지막으로 집필의 긴 여정을 함께하며 응원과 격려를 보내준 모든 동료 연구자와 제자, 그리고 사랑하는 가족에게 감사드린다. 이 책이 대학원생에게 논문이라는 여정을 보다 전략적으로 완주할 수 있는 작은 이정표가 되기를, 그리고 그 과정에서 학문적 성취와 자기 성장을 함께 경험하기를 진심으로 바란다.

지은이 일동

미리보기

주요 용어

본문에서 핵심이 되는 용어나 내용을 한눈에 볼 수 있도록 강조한다.

그림

시각 자료를 통해 다양한 개념을 직관적으로 이해할 수 있다.

1 졸업 완성 역산 계획 세우기

대학원 졸업은 결과가 아니라 계획의 종착점이다. 논문 제출 시점을 기준으로 역산한 로드맵을 미리 그려두는 것이 좋다. [그림 1-1]은 이를 시각화한 **간트 차트**Gantt chart 예시로, 논문 진행 단계별로 주요 일정과 준비 기간을 한눈에 파악할 수 있다.

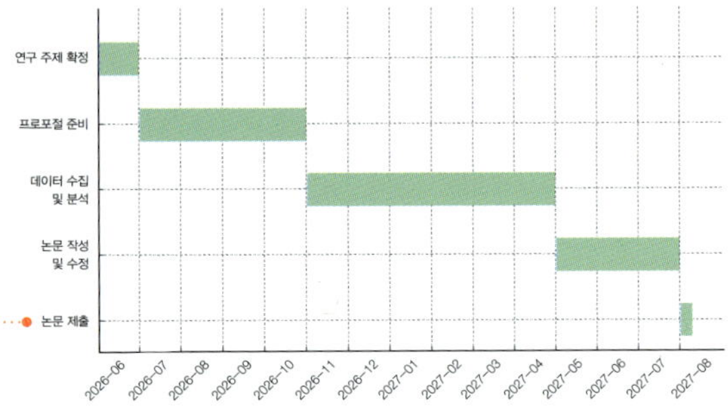

그림 1-1 졸업 완성 역산 플랜을 위한 간트 차트의 예

셀파의 포인트

본문을 이해할 때 도움이 될 참고 내용과 실제 사례 등을 소개한다.

셀파의 포인트 **논문의 신뢰성과 재현 가능성**

논문의 **신뢰성**reliability은 동일한 조건에서 같은 방법을 반복했을 때 연구결과가 일관되게 도출되는지를 평가하는 기준이다. **재현 가능성**replicability은 다른 연구자가 동일한 방법과 절차를 따라 실험이나 분석을 수행했을 때, 같은 결과를 얻을 수 있는지를 뜻한다. 두 가지 모두 학문적 연구의 기본 요건으로, 논문의 과학성과 객관성을 확보하는 핵심 요소다. 신뢰성과 재현 가능성이 낮으면 연구결과의 타당성이 떨어지며, 논문으로서의 학문적 기여도 역시 인정받기 어렵다.

각주

개념을 간단하게 소개하거나 알아두면 좋을 자료를 부연 설명한다.

2.3.3 연구 주제를 담은 제목은 이렇게 정하자

연구계획서에서 가장 먼저 신경써야 할 요소 중 하나가 바로 **제목**title[20]이다. 제목은 연구의 첫인상이자 연구 내용을 응축한 문장으로 지도교수나 심사위원이 논문을 이해하는 출발점이다.

제목은 연구자가 다루는 **연구목적, 연구대상, 연구방법** 등을 함축하면서도 간결하고 명료하게 표현되어야 한다. [표 2-2]에서는 양적연구와 질적연구 논문의 실제 제목을 통해 좋은 제목이 어떤 요소를 포함하는지 확인할 수 있다. 참고로 논문 제목의 연구대상은 보라색, 연구목적은 주황색, 연구방법은 초록색으로 구분했다.

19 선행연구 기술은 이론적 배경으로 따로 정리하기도 하지만, 연구 필요성에 포함되는 것이 일반적이다.

20 연구계획서 심사 과정에서 연구 제목은 변경될 수 있다. 그러나 작성 초기부터 연구 주제를 명확히 담은 적절한 제목을 설정하는 일은 매우 중요하다. 이는 연구자가 해당 주제에 대해 얼마나 깊이 고민해왔는지를 보여주는 단적인 지표이기 때문이다.

우수 논문 인용

인용된 우수 논문을 대상으로 내용구조분석방법을 수행할 수 있도록 ❶, ❷ 등으로 구분하여 설명한다.

논문 3 서론 분석

❶ 지속가능성에 관한 연구는 기존의 경제적 차원(예: 저비용, 우수한 품질, 빠르고 신뢰할 수 있는 납기)에서 가치사슬 전반의 포괄적 요인(예: 기업의 사회적 책임, 기업 평판, 지속가능성 성과)으로 전환되는 추세를 보이고 있다[1–4]. 이러한 변화는 경제적, 환경적, 사회적 책임 측면에서 이해관계자의 요구가 증가한 데 따른 것이다. 문제는 '이러한 복합적 요구를 어떻게 측정 가능한 성과로 전환할 수 있는가'다[5][6]. 이를 위해 전략적 가치의 우선순위를 명확히 하고, 고객, 공급업체, 내부 부서를 함께 참여시켜 바람직한 성과를 달성할 필요가 있다[7–13].

❷ 지속가능성 분야에 대한 연구 관심이 증가했음에도 불구하고, 지속가능성 이니셔티브와 관련된 전방(front–end)의 불확실성과 후방(back–end)의 복잡성 관리는 여전히 불분명하다[14–17]. 지속가능성 의사결정과 조직 내부 프로세스는 자주 단절되며, 지속가능성 지향(sustainability orientation)은 기업 수준에서 시작되더라도 사업부 수준(예: 공장 단위)에서는 효과적으로 연계되지 않는 경우가 많다[18][13][19]. 이에 따라 지속가능성 지향이 실제 성과에 미치는 영향에 대해서는 혼재된 연구결과가 보고된다[20–23].

❸ 핵심 기업 관점에서 최고경영진은 환경적·사회적 책임과 같은 지속가능성의 전략적 의도를 전달하고, 기업 내부 프로세스가 이를 제품과 서비스에 반영하기를 기대한다[24–26]. 본 연구는 지속가능성 성과 달성을 위한 두 가지 주요 동기 요인으로 경영진의 진정성(integrity)과 책무성(accountability)을 제안한다. 또한 기업이 지속가능성의 전략적 의도를 제품 차별화 기준으로 전환하고, 이를 내부 부서 프로세스와 외부 네트워크 실행을 통해 구체화하는 과정을 제시한다.

ChatGPT 채팅 예시

논문 작성에 관해 ChatGPT에게 질의한 내용과 이에 대한 ChatGPT의 답변을 보여준다.

ChatGPT 채팅 예시

> 다음 문장을 교정해줘. 이 연구에서는 학교생활적응에 영향을 미치는 스마트폰 중독의 요인에 대해 연구하였다.

본 연구는 스마트폰 중독이 학교생활적응에 미치는 영향을 분석하고, 그 주요 요인을 규명하고자 하였다.

셀파의 요약정리

논문을 작성할 때 빠르게 참고할 수 있도록 각 절의 내용을 요약하여 소개한다.

셀파의 요약정리 1.1

석사·박사 과정은 단순한 지식 습득 과정이 아니라 제한된 시간과 자원 속에서 연구 성과를 만들어야 하는 장기 프로젝트다. 이 과정에서 전략은 선택이 아니라 생존 조건이다. 전략이란 목표를 달성하기 위해 자원을 효율적으로 배분하고 변화에 유연하게 대응하며 실행 계획을 세우는 사고 체계다. 전략은 단순한 일정표가 아니라 우선순위와 상황 판단을 포함한 의사결정 틀이다.

■ 전략이 필요한 이유

- 대학원생은 대부분 시간, 돈, 체력, 정보, 연구 역량 등 자원이 제한적이다.
- 전략 없이 시작하면 주제 선정부터 일정 관리, 논문 작성까지 혼란을 겪고, 졸업이 지연될 가능성이 크다.
- 전략은 연구자의 선택과 행동에 명확한 기준이 되고, 과정이 일관되게 이어지도록 돕는다.

목차

CHAPTER 04 논문 작성하기 : 양적연구 사례 중심으로

CHAPTER 05 논문통계표 이해하기

CHAPTER 06 학위논문의 연구윤리와 생명윤리

목차

CHAPTER 07 AI를 활용한 논문작성법

CHAPTER 01

졸업 전략 세우기

CONTENTS

SECTION

1.1 전략 없는 대학원 생활은 위험하다

1.1.1 대학원생에게 전략이 필요한 이유

전략이란 목표를 달성하기 위해 주어진 자원을 효율적으로 배분하고 활용하는 계획과 실행의 과정이다. 쉽게 말해 전략이란 '무엇을 목표로, 어떤 방식으로, 얼마나 효율적으로 실행할 것인가'에 대한 사고방식이다. 여기에는 '목표, 방법, 효율성'이라는 세 가지 요소가 필수로 포함된다. 그렇다면 전략은 누구에게 필요한가? 전략은 자원이 무한하지 않은 사람에게 필요하다. 시간, 돈, 체력, 정보, 연구 역량 등 어떤 형태로든 자원이 제한된 사람은 반드시 전략적으로 행동해야 한다. 반대로 자원이 넘쳐나는 소수의 사람은 굳이 전략을 고민하지 않아도 된다. 원하는 것을 그냥 실행하면 되기 때문이다. 이 책의 주된 독자인 대학원생들은 대부분 자원이 제한된 상태에서 연구와 학위 과정을 수행하리라 생각된다. 그렇다면 스스로에게 물어보자.

"나는 시간과 돈, 연구 역량이 넘쳐나는가?"

만약 '그렇다'고 생각한다면, 전략이 필요 없을지도 모른다. 이 책도 필요 없을 수 있다. 하지만 대부분의 대학원생은 시간이 부족하고 등록금이 부담되며 논문을 쓰는 일도 막막하다. 그렇다면 **전략은 선택이 아니라 필수**다. 전략은 단순한 계획과도 구분된다. 계획이 목표를 달성하기 위한 일정표나 단계의 나열이라면, 전략은 외부의 제약과 변화 속에서도 목표를 실현할 수 있도록 조정하고 판단하는 유연한 사고방식이다. 즉 전략은 실행 가능성과 상황 대응력을 포함하는, 더 복합적이고 실전적인 개념이다.

전략적 사고는 명확한 목표를 설정하는 데에서 출발한다. 대학원생에게 있어 목표란 단순히 논문을 쓰는 것이 아니라 대학원 생활을 어떻게 마무리할 것인가에 대한 총체적 설계를 말한다. 즉 학위논문은 그 목표 안에 포함되는 하나의 중요한 수단이다. 연구자는 자신의 논문 주제와 목표를 명확히 해야 하며, 그 과정에서 어떤 어려움이 있을지 예측하고 이를 어떻게 해결해 나갈지를 고민해야 한다. 시간적 제약, 지도교수와의 관계, 자료 수집의 현실적 한계, 연구방법의 선택 등 논문을 둘러싼 모든 요소가 전략 대상이다.

전략 없이 연구를 시작하면 다음과 같은 문제가 쉽게 발생할 수 있다.

- 논문 주제가 자주 바뀌고 연구 방향이 점점 모호해진다.
- 연구 일정이 계획 없이 흘러가며, 졸업이 계속 미뤄진다.
- 자료 수집이나 분석 과정에서 불필요한 시행착오를 겪는다.
- 지도교수와의 소통이 단절되거나 갈등으로 이어질 수 있다.

전략적 접근은 단순히 계획표를 만드는 일이 아니다. 연구 과정에서 발생할 수 있는 수많은 변수와 한계에 미리 대응하고 그때그때 최적의 선택을 할 수 있도록 준비하는 '설계도'를 마련하는 일이다. 이를 위해서는 연구계획서를 철저히 작성하고, 각 단계별로 구체적인 목표와 점검 포인트를 설정해 두는 것이 필요하다. 이처럼 전략이 왜 필요한지 알았다면, 이제는 어떻게 전략을 세울지 고민할 단계다. 이 책에서는 대학원생이 논문을 준비하고 졸업하기까지의 전 과정을 전략적으로 설계할 수 있는 실질적인 방법을 제시할 것이다.

1.1.2 전략이 있는 연구자는 선택이 다르다

단지 계획을 세운 것만으로는 부족하다. 전략이 있다는 것은 자신의 자원과 자신이 처한 상황을 냉정하게 분석하고, 그 안에서 최선의 선택을 할 줄 아는 사람이라는 뜻이다. 무엇을 먼저 해야 할지, 또는 무엇을 하지 말아야 할지를 판단하고 실행하는 능력이 전략의 핵심이다. 전략이 있는 연구자는 무작정 연구하지 않는다. '지금 이 시점에서 내가 가장 집중해야 할 일은 무엇인가?'를 끊임없이 묻고, 그에 따라 우선순위를 정하고 행동한다. 예를 들어 모든 논문을 무작정 읽는 것이 아니라 졸업과 직결된 논문, 나의 연구 주제와 관련된 키 논문을 우선 읽는다(2.2절 참고). 흥미 있는 주제가 아닌 연구 가능한 주제, 지도교수와의 연결 가능성, 학문적 기여도 등을 기준으로 주제를 정한다. 논문을 '언젠가 써야 할 것'이 아니라 '언제까지 써야 한다'고 시간표를 먼저 짠다.

그렇다면 전략이 있는 연구자는 어떤 점에서 남들과 다르게 행동하는가? 그 특징을 다음 네 가지로 정리할 수 있다.

❶ **목표 설정 :** 학기 시작 전에 이번 학기에 반드시 해내야 할 목표를 구체적으로 설정한다. 예를 들어 '연구계획서 완성', '통계분석 툴 학습', '지도교수 미팅 3회'처럼 추상적인 목표가 아니라 일정 안에 완료할 수 있는 구체적인 단위작업으로 쪼개는 것이 핵심이다.

❷ **일정 관리 :** 장기 일정과 단기 일정을 구분하여 관리한다. 논문 제출 마감일, 기관생명윤리위원회(IRB)Institutional Review Board[1] 신청 시기, 중간발표 일정 등을 역산하여 주간 단위 계획표를 작성한다. 학기 초에는 전체 일정을 미리 채워두고 매주 점검하는 루틴을 만들어 흐름을 유지한다.

1 IRB에 대한 상세한 내용은 6.2절을 참고하라.

❸ **관계 전략 :** 지도교수와의 미팅은 즉흥적으로 하지 않는다. 논의할 안건을 먼저 정리하고, 피드백을 수용할 준비가 된 상태에서 만난다. 또한 조교, 선배, 통계 전문가 등과의 관계도 전략적으로 유지하며 필요한 정보를 적시에 얻는다. 자세한 내용은 1.2절에서 살펴본다.

❹ **연결적 사고 :** 항상 자원과 목표를 연결하는 사고방식을 가진다. 즉 '내가 가진 자원(시간, 체력, 통계 역량, 네트워크 등)으로 달성할 수 있는 최선의 목표는 무엇인가?'를 끊임없이 고민한다. 연구방법이 어렵다면 자료 정리나 선행연구 요약처럼 지금 당장 할 수 있는 일부터 시작해 작은 성취를 쌓는다. 그렇게 한 걸음씩 논문 완성을 향해 나아간다.

전략이 있는 연구자는 논문의 각 장을 어떻게 구성할지 미리 설계하고, 논리적 흐름과 핵심 메시지를 중심으로 내용을 채워간다. 초안을 쓸 때부터 논문의 '전체 윤곽'을 떠올리며 글을 전개한다. 일단 써보고 나중에 수정하는 방식보다는 처음부터 비교적 정돈된 구조를 그려가며 작성한다. 또한 시간을 사용하는 방식도 다르다. 무작정 도서관에 앉아 있는 것이 아니라 그날 읽을 논문과 정리할 개념을 미리 정해두고 앉는다. 자료정리 역시 그때그때 하는 것이 아니라 주기적으로 체계화해두고 나중에 활용할 수 있도록 준비해둔다.

무엇보다 전략 있는 연구자는 변화에 유연하게 대응한다. 연구 일정이 예상보다 늦어진다면 우선순위를 조정하고 변수에 맞춰 계획을 수정한다. 그러나 '전체 흐름'은 놓치지 않는다. 목표는 항상 유지하되 방법만 유연하게 바꾼다. 결국 전략이 있는 사람은 방황하지 않는다. 방향이 분명하고, 속도는 조절하더라도 목표는 흔들리지 않는다. 석사·박사 과정 대학원생에게 가장 중요한 목표는 제때 졸업하기다.

1.1.3 입학부터 졸업까지, 석사·박사 과정 전략적으로 설계하기

대학원 생활은 단순히 연구만 잘한다고 끝나지 않는다. 지도교수와의 관계, 시간 관리, 논문 준비 등 여러 복합적인 과제가 얽혀 있어 전략 없이 임하면 학위 취득이 무기한으로 지연될 수 있다. 특히 석사·박사 과정은 학문적 깊이뿐만 아니라 실질적인 계획 수립 능력까지 요구되므로 입학 전부터 졸업 시점까지의 전체 여정을 염두에 두고 전략을 세워야 한다. 여기에서는 입학 전에 해야 할 준비 전략과 졸업을 위한 실행 전략을 중심으로, 석사·박사 과정을 효과적으로 완주하기 위한 전략적 설계 방법을 살펴본다.

입학 전에 생각해야 할 전략

대학원에 입학하기 전부터 고민해야 할 전략은 크게 세 가지다. 입학 동기를 명확하게 하는 것, 졸업 시점을 설정하는 것, 지도교수를 전략적으로 선택하는 것이다.

1 입학 동기 명확화하기

대학원에 진학하는 이유는 사람마다 다르며, 그 배경과 목적에 따라 학위 과정을 바라보는 시각과 전략도 다양하다. 어떤 이는 학부 전공의 연장선에서 더 깊이 있게 탐구하기를 원하고, 어떤 이는 직무 역량을 향상시키거나 커리어를 전환하기 위해 전략적으로 대학원에 진학한다. 또 다른 이는 연구자로서의 자질을 키우고자 학계 진출을 목표로 삼는다. 중요한 점은 막연하게 기대하거나 주변의 권유를 따르거나, 단순한 스펙 상승을 바라고 대학원에 진학하면 학위 과정에서 방향을 잃기 쉽다는 것이다. 대학원 생활은 시간과 비용, 감정적 에너지가 집중되는 고밀도 경험이므로 그만큼 뚜렷한 이유와 목적의식 없이 시작하면 중도 포기나 졸업이 지연될 위험이 커질 수 있다. 따라서 입학 초기에 스스로에게 다음과 같은 질문을 던지고 답을 찾아야 한다.

- 나는 왜 이 과정을 선택했는가?
- 이 과정을 마친 후 나의 모습은 어떠할까?
- 학위 취득을 통해 이루고자 하는 핵심 목표는 무엇인가?

이 질문에 대한 답은 생각을 정리하는 데 그치지 않고, 논문 주제 선택, 연구 방식, 졸업 시점, 진로 설계 전반에 걸쳐 전략적 기준점이 되어줄 것이다. 입학 동기를 명확히 한다는 것은 '내가 이 길을 선택한 이유'를 분명히 함으로써 진로에 대한 확신이나 연구 의지가 흔들릴 때마다 돌아올 수 있는 출발점을 만들어두는 일이다. 이 출발점이 단단할수록 학위 과정은 목적지로 향하는 단거리 질주가 아닌 자신만의 리듬을 가진 계획적인 여정이 될 수 있다. 입학 첫 학기에는 자신의 입학 동기를 한두 문장으로 요약해 적어두는 것도 좋다. 그 문장은 학위 과정 내내 연구자의 중심을 잡아주는 나침반이 되어줄 것이다.

2 졸업 시점 설정하기

학위 과정은 무한정 이어질 수 있는 여정이 아니다. 연구자의 자원은 한정되어 있고, 학위 취득은 인생의 다음 단계로 나아가기 위한 중요한 이정표이므로 졸업 시점에 대한 명확한 설계가 반드시 필요하다. '언젠가 졸업하겠지'와 같은 막연한 태도는 연구의 진척을 늦추고 동기와 집중력을 떨어뜨리는 주요 원인이 된다.

석사 과정은 일반적으로 2년, 박사 과정은 통상 3년~5년을 예상하지만, 실제 졸업은 연구 주제 선정, 실험 및 자료 수집, 논문 심사 등 여러 변수에 따라 지연되기 쉽다. 특히 연구 방향이 중간에 바뀌거나 지도교수의 피드백에 따라 여러 차례 수정이 반복되면 예상보다 훨씬 더 오랜 시간이 소요될 수 있다. 따라서 입학 초기부터 졸업 목표 시점을 설정하고, 그에 따라 연차별 로드맵을 구체화해두는 것이 중요하다.

졸업 시점은 연구의 방향성을 잡는 나침반이자 실행력을 유지하게 해주는 마감선이다. 이를 명확히 설정해두면 연구자는 각 단계에서 현재 위치를 인식하고, 다음 단계로 넘어가기 위한 동력을 지속적으로 확보할 수 있다. 졸업은 막연한 바람이 아니라 전략적으로 설정된 '마감 기한'이어야 한다.

3 지도교수를 전략적으로 선택하기

지도교수는 학위 과정의 70% 이상을 결정짓는 핵심 요소다. 지도교수의 연구 분야와 자신의 관심사가 부합하는지, 지도 스타일이 자신과 맞는지, 과거 지도 학생들의 논문 완성도, 주제 선정, 연구 방법, 진로 방향 등은 어땠는지에 대한 객관적인 정보를 바탕으로 신중하게 살펴야 한다. 가능하다면 입학 전에 이메일이나 면담을 통해 연구 관심사를 공유하고, 학문적 조율이 가능한지를 확인해 보는 것이 바람직하다.

졸업을 위한 실행 전략

대학원 졸업을 위해 고민해야 할 전략은 크게 네 가지다. 졸업 완성 역산 플랜을 세우는 것, 학위 요건을 점검하는 것, 리스크를 관리하는 것, 중도 탈락을 방지하는 전략을 세우는 것이다.

1 졸업 완성 역산 계획 세우기

대학원 졸업은 결과가 아니라 계획의 종착점이다. 논문 제출 시점을 기준으로 역산한 로드맵을 미리 그려두는 것이 좋다. [그림 1-1]은 이를 시각화한 **간트 차트**Gantt chart 예시로, 논문 진행 단계별로 주요 일정과 준비 기간을 한눈에 파악할 수 있다.

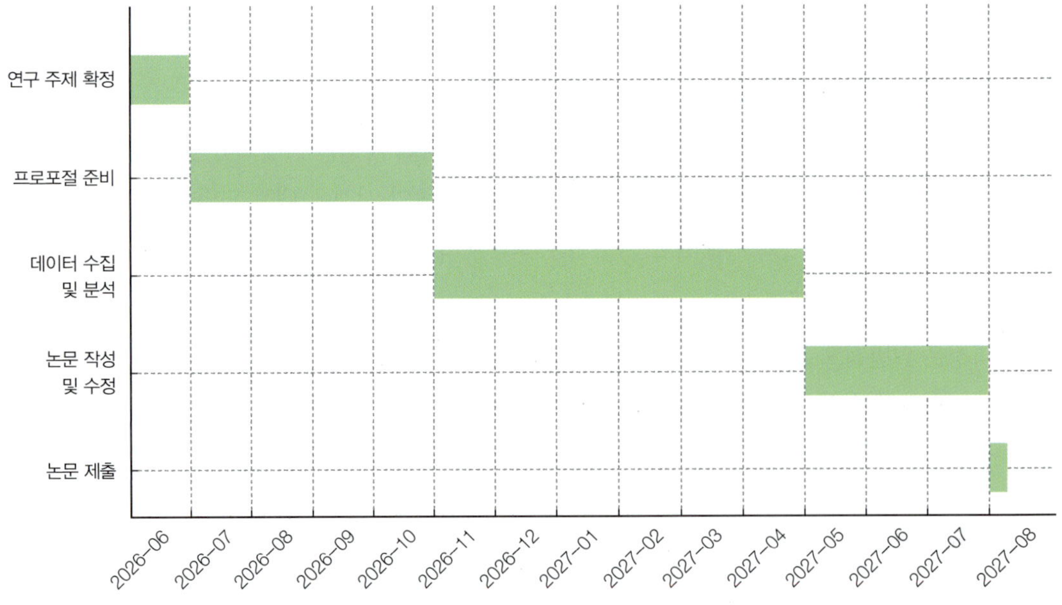

그림 1-1 졸업 완성 역산 플랜을 위한 간트 차트의 예

2 학위 요건 점검하기

학위 과정에서는 학교와 학과에서 요구하는 졸업 요건을 반드시 충족해야 한다. 대표적인 졸업 요건은 다음과 같다.

- 전공 필수 및 선택 과목 이수
- 연구계획서 발표 및 통과
- 졸업시험 또는 외국어 시험 인증
- 학술지 논문 게재 또는 학회 발표 실적

이 요건들을 처음부터 리스트로 정리해두고 각 항목을 언제, 어떻게 충족할 것인지 구체적인 실행 계획을 세워야 한다.

3 리스크 관리하기

연구 주제 변경, 지도교수와의 갈등, IRB 승인 지연, 분석 도구 부족 등 예상하지 못한 변수는 언제든지 발생할 수 있다. 이러한 상황에 대비해 다음과 같은 전략을 세워두자.

- 대체 지도교수 또는 조언 가능한 외부 멘토 확보
- 연구윤리 문제나 자료 수집 실패를 대비한 Plan B 마련
- 논문 작성 전 IRB 일정과 필요 자료를 사전에 점검 및 정리

4 중도 탈락을 방지하는 전략 세우기

석사·박사 과정에서 가장 위험한 시점은 논문 주제를 정하지 못했을 때, 연구가 막혔을 때, 심리적으로 흔들릴 때다. 이러한 위기를 방지하기 위해서는 다음과 같은 전략이 필요하다.

- **정기 점검 시스템 구축 :** 매달 한 번, 자신의 진도표를 점검하여 진행 상황을 관리한다.
- **스터디 그룹 또는 연구 커뮤니티 참여 :** 외부와 소통함으로써 연구 동력을 유지한다.
- **지도교수와의 정기 미팅 예약제 운영 :** 피드백을 끊기지 않게 받고 방향성을 점검한다.
- **비상 상황 대응 플랜 :** 휴학, 연구 주제 변경 등의 가능성을 미리 고려한다.

석사·박사 과정은 마라톤과 같다. 하지만 훈련 없이 뛰어들면 탈진하거나 중도에 포기할 수 있다. 입학 전부터 졸업까지 전략적으로 해야 할 일을 설계하고 실행하면, 단순한 학위 취득을 넘어 학문적으로도 성장하고 미래 경력의 기반을 다질 수 있다. 이러한 훈련은 연구 역량뿐 아니라 앞으로 어떤 프로젝트를 수행하든 버틸 수 있는 기초 체력을 길러준다. 지금 이 순간부터 전략적으로 움직이자. 그것이 빠르고도 의미 있게 졸업하는 길이다.

셀파의 요약정리 1.1

석사·박사 과정은 단순한 지식 습득 과정이 아니라 제한된 시간과 자원 속에서 연구 성과를 만들어야 하는 장기 프로젝트다. 이 과정에서 전략은 선택이 아니라 생존 조건이다. 전략이란 목표를 달성하기 위해 자원을 효율적으로 배분하고 변화에 유연하게 대응하며 실행 계획을 세우는 사고 체계다. 전략은 단순한 일정표가 아니라 우선순위와 상황 판단을 포함한 의사결정 틀이다.

■ **전략이 필요한 이유**

- 대학원생은 대부분 시간, 돈, 체력, 정보, 연구 역량 등 자원이 제한적이다.
- 전략 없이 시작하면 주제 선정부터 일정 관리, 논문 작성까지 혼란을 겪고, 졸업이 지연될 가능성이 크다.
- 전략은 연구자의 선택과 행동에 명확한 기준이 되고, 과정이 일관되게 이어지도록 돕는다.

■ **전략이 있는 연구자의 행동**

- 무작정 시작하지 않고 학기 초에 명확한 목표와 일정을 설정한다.
- 졸업과 직접 연결되는 활동에 시간과 에너지를 집중한다.
- 지도교수와의 관계, 자료 정리, 논문 작성 일정을 루틴화하여 점검 가능한 형태로 관리한다.
- '지금 내가 가진 자원으로 할 수 있는 최선은 무엇인가'를 끊임없이 자문하며, 실현 가능한 선택부터 실행한다.

■ **석사·박사 입학과 졸업 전략**

- 입학 전에는 자신의 진학 동기와 졸업 목표 시점을 분명히 하고, 지도교수를 전략적으로 선택해야 한다.
- 졸업을 위한 실행 전략에는 논문 일정의 역산 플랜(간트 차트), 학위 요건 점검, 리스크 관리, 탈락 방지 전략이 포함된다.
- 제때 졸업은 단순한 연구 역량이 아니라 연구·시간·자원·사람·정보를 전략적으로 연결하는 실행력의 결과다.

결론적으로 전략은 졸업을 '운 좋게 되는 일'이 아니라 **'될 수밖에 없는 일'로 만드는 시스템**이다. 1.1절에서는 대학원생이 반드시 갖추어야 할 전략적 사고의 출발점을 안내한다.

SECTION 1.2 제때 졸업하기 위한 세 가지 전략 대상

1.1절에서는 전략을 세워야 하는 이유와 언제 어떤 전략을 세워야 할지 간략하게 살펴봤다. 그렇다면 전략을 적용해야 할 대상은 무엇인가? 바로 논문, 지도교수, 자기 자신이다. 이 세 가지는 대학원 생활의 핵심 축이자 졸업을 결정짓는 결정적 요소다. 각 대상에 맞는 전략을 세워야 논문을 완성하고 계획한 기간 안에 졸업할 수 있다.

1.2.1 논문

대학원에 입학하면 가장 먼저 마주하는 질문 중 하나가 '논문이란 무엇인가?'다. 많은 학생이 논문을 졸업 요건을 위한 과제나 형식적인 글쓰기로 여기지만, 실제로 논문은 단순한 글을 넘어서는 학문적 작업이다. **논문**paper은 **연구자가 특정 주제에 대해 질문을 설정하고 체계적인 방법으로 답을 구한 뒤, 그 과정을 논리적으로 서술한 글**이다. 즉 어떤 문제에 관심을 가지고 어떤 방식으로 자료를 모으고 분석했으며, 어떤 결론을 도출했는지를 명확하게 보여주는 학문적 성과물이다. 그러므로 논문을 쓴다는 것은 글을 쓰는 행위가 아니라 문제를 인식하고 분석하며 해결하는 연구자의 태도를 체득하는 과정이기도 하다. 이 과정을 제대로 완수하려면 논문이라는 목표에 맞는 전략이 반드시 필요하다.

논문은 석사·박사 과정의 핵심이자 졸업을 결정하는 가장 중요한 관문이다. 논문은 [그림 1-2]와 같이 연구 주제 선정부터 연구방법 설정, 자료 수집, 초안 작성, 수정과 교정 등의 단계를 거쳐 완성한다. 논문 작성 과정에서는 다양한 변수가 발생할 수 있으므로 이에 대한 대비 또한 필요하다.

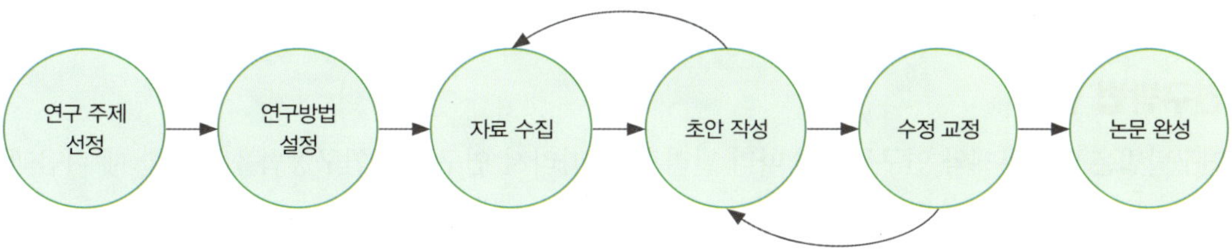

그림 1-2 일반적인 논문 진행 과정

여기서는 연구 주제 선정, 연구방법 설정, 자료 수집과 정리, 논문 작성과 수정, 논문 일정 관리를 중심으로 구체적인 전략을 살펴본다.

연구 주제 선정

연구 주제를 선정하는 과정은 논문 작성의 출발점이자 이정표다. 연구자는 단순히 관심 있는 주제를 선택하는 데서 그치지 않고, **연구 가능성과 학문적 기여도를 함께 고려해야 한다.** 연구 주제를 선정할 때는 다음과 같이 세 가지 요소를 고려한다.

1 연구 가능성

연구자가 실제로 접근할 수 있는 **자료의 확보 가능성과 연구 환경**을 고려하여, 현실적으로 수행 가능한 주제를 선택한다. 아무리 흥미롭고 이론적으로 매력적인 주제라도 자료를 수집하기 어렵거나 조사 대상에 접근할 수 없으면 논문을 진행할 때 큰 걸림돌이 될 수 있다.

2 학문적 기여도

기존 연구와 단순히 유사한 주제가 아니라 선행연구의 한계를 보완하거나 새로운 문제를 제기할 수 있는 주제가 바람직하다. **연구문제가 기존 논문과 차별되고 논리적으로도 타당성을 확보해야** 학위논문으로서의 가치를 인정받을 수 있다.

3 사회적 또는 실무적 필요성

연구 주제가 단순히 이론적 의미에 그치지 않고, 현장의 문제 해결이나 정책·실무 개선에 기여할 수 있는지도 함께 고려한다. 연구결과가 학계 외에도 실제로 활용될 수 있다면 논문의 파급력은 훨씬 커진다.

연구 주제를 선정했다면 그 내용을 구체화하는 과정이 필요하다. **연구문제를 명확하게 정의하고 이 연구를 통해 어떤 목표를 이루고 싶은지를 구체적으로 정리해야 한다.** 특히 연구문제는 가설을 설정하고 연구방법을 결정하는 데에도 직접 영향을 미치므로 충분히 고민하고 결정해야 한다.

연구방법 설정

연구방법은 연구문제와 연구목적에 따라 달라진다. 따라서 연구자는 연구방법을 설정할 때 다음과 같이 세 가지 요소를 고려해야 한다.

1 연구 유형
자신의 연구가 양적연구, 질적연구, 또는 이 두 방식을 결합한 혼합연구 중 어떤 방식에 적합한지를 판단한다(1.3절 참고). 연구목적과 질문 성격에 따라 연구 유형이 달라지며, 이는 논문 전체의 구성에도 영향을 미친다.

2 데이터 수집 방법
설문조사, 실험, 문헌 분석, 인터뷰, 관찰 등 다양한 수집 방법 중 **연구목적에 가장 잘 맞고 실제로 실행 가능한 방법**을 선택한다. 수집 방식에 따라 IRB 신청 여부나 연구 기간, 인력 자원 등이 달라지므로 처음부터 설계를 치밀하게 해야 한다.

3 분석방법
어떤 방식으로 자료를 해석할지 결정하는 것은 중요하다. 예를 들어 통계 기법(t-test, 회귀분석, 구조방정식 등)을 사용할지, 아니면 질적분석 도구(주제 분석, 근거이론 등)를 활용할지 선택해야 한다. 분석방법의 타당성과 적절성이 논문의 신뢰도를 좌우한다.

연구방법이 명확하게 설정되어야 연구의 신뢰성과 타당성을 확보할 수 있고 연구결과를 해석하는 과정도 체계적으로 이루어질 수 있다. 기존 연구에서 어떤 방법이 사용되었는지 참고하고, 그 한계까지 고려하여 최적의 방법을 선택해야 한다.

자료 수집과 정리
자료 수집은 연구의 기초를 다지는 단계로 신뢰할 수 있는 자료를 확보하는 것이 핵심이다. 연구자는 다음과 같은 세 가지 전략을 활용하여 자료를 수집할 수 있다.

1 문헌 검토
연구 주제에 대한 선행연구의 동향과 이론적 흐름을 파악하기 위해 학술논문, 학회 발표 자료, 연구보고서, 관련 서적 등을 폭넓게 분석할 필요가 있다. 이를 통해 이론적 배경을 구성할 수 있고 연구의 차별성과 학문적 기여도를 확보하는 중요한 기반을 다질 수 있다.

2 데이터 수집
연구목적에 따라 실험, 설문조사, 인터뷰, 관찰 등의 방법을 활용하여 실제 데이터를 직접 확보해야 한다. 수집 방식은 연구설계와 밀접하게 연결되므로 사전에 조사 도구와 절차를 구체적으로 마련하는 것이 좋다.

3 학술 데이터베이스 활용

구글 스칼라Google Scholar[2], 학술연구정보서비스(RISS)Research Information Sharing Service[3], 웹 오브 사이언스 Web of Science[4], 스코퍼스 Scopus[5] 등 전문적인 학술 데이터베이스를 활용해 신뢰도 높은 자료를 검색하고 정리해야 한다. 이를 통해 최신 연구 흐름을 파악하고, 논문 작성에 필요한 참고문헌을 체계적으로 확보할 수 있다. 자세한 내용은 2.4절을 참고하라.

자료를 수집한 후에는 이를 체계적으로 정리하고 분석해야 한다. 문헌 검토를 통해 연구의 이론적 배경을 구성하고, 데이터 분석을 통해 연구문제에 대한 해답을 도출하는 것이 중요하다. 이때 엔드노트EndNote[6], 조테로Zotero[7], 멘델레이Mendeley[8] 등 참고문헌 관리 프로그램을 활용하면 자료 정리의 효율성을 높일 수 있다.

논문 작성과 수정

논문 작성은 연구결과를 체계적으로 정리하고, 논리적으로 서술하는 단계를 거친다. 논문은 일반적으로 서론, 이론적 배경 및 선행연구 검토, 연구방법, 연구결과, 논의 및 결론 순으로 기술하며, 각 부분을 작성할 때 다음과 같은 전략에 따르는 것이 바람직하다. 상세한 내용은 3장에서 다룬다.

1 서론

서론에서는 연구의 필요성과 목적을 명확히 제시해야 한다. 연구자가 이 주제를 선택하게 된 배경과 문제의식을 설명하고, 구체적인 연구목적과 질문을 분명하게 전달해야 한다. 서론은 논문 전체의 방향을 이해하는 출발점이므로, 명확하고 설득력 있게 작성해야 한다.

2 이론적 배경 및 선행연구 검토

이론적 배경에서는 기존 연구를 검토하고 학문적 기반을 형성해야 한다. 선행연구들을 분석하여 현재 연구가 어떤 맥락 속에 위치하는지 보여주고, 기존 연구의 한계를 짚어 본인의 연구가 어떤 기여를 할 수 있는지 설명해야 한다. 이는 논문의 차별성과 정당성을 뒷받침하는 중요한 근거가 된다.

---

2 https://scholar.google.com/?hl=ko

3 https://www.riss.kr

4 https://clarivate.com/products/web-of-science

5 https://www.scopus.com

6 https://endnote.com

7 https://www.zotero.org

8 https://www.mendeley.com

3 연구방법

연구방법에서는 사용한 **방법론과 절차를 구체적으로 기술**해야 한다. 연구대상, 자료 수집 방법, 분석 절차 등을 명확하게 설명하고, 해당 방법을 선택한 이유와 그 타당성도 함께 제시해야 한다. 연구방법이 명료할수록 논문의 신뢰성과 재현 가능성이 높아진다.

> **셀파의 포인트** **논문의 신뢰성과 재현 가능성**
>
> 논문의 **신뢰성**reliability은 동일한 조건에서 같은 방법을 반복했을 때 연구결과가 일관되게 도출되는지를 평가하는 기준이다. **재현 가능성**replicability은 다른 연구자가 동일한 방법과 절차를 따라 실험이나 분석을 수행했을 때, 같은 결과를 얻을 수 있는지를 뜻한다. 두 가지 모두 학문적 연구의 기본 요건으로, 논문의 과학성과 객관성을 확보하는 핵심 요소다. 신뢰성과 재현 가능성이 낮으면 연구결과의 타당성이 떨어지며, 논문으로서의 학문적 기여도 역시 인정받기 어렵다.

4 연구결과

연구결과에서는 **분석된 데이터를** 체계적으로 정리해서 제시해야 한다. 통계 수치, 표, 그림 등을 활용해 연구문제에 대한 실질적인 답이 무엇인지 구체적으로 보여주어야 하며, 해석은 배제하고 결과 자체에 집중하여 서술하는 것이 원칙이다.

5 논의 및 결론

논의 및 결론에서는 **연구결과의 의미를 해석하고 시사점을 도출**해야 한다. 결과를 기존 연구와 비교하면서 그 의미를 논의하고, 이론적·실무적 함의는 물론 연구의 한계, 향후 연구 방향까지 포함해 종합적인 결론을 제시해야 한다. 이는 논문 전체를 종합하고 마무리하는 핵심 역할을 한다.

논문을 작성할 때는 반드시 논리적으로 일관성이 있어야 하고, 서술이 명확해야 한다. 연구자는 논문의 핵심 내용이 쉽게 이해될 수 있도록 명확한 문장을 사용하고, 논리적으로 연결된 내용을 서술해야 한다. 연구결과를 명확하게 보여주기 위해 그래프나 표를 통해 시각적으로 표현하는 것도 중요하다. 논문을 작성했다면 다양한 관점에서 철저한 수정과 검토 과정을 거쳐 오류가 없도록 해야 한다. 다음 세 가지 접근을 통해 논문의 완성도를 높일 수 있다.

- **내용과 구조 점검 :** 연구자 스스로 논문의 논리적 흐름, 주장 간의 연결 등을 직접 점검한다.
- **연구적 타당성 검토 :** 연구 동료나 지도교수로부터 피드백을 받아 연구방법의 적절성, 해석의 타당성 등을 확인한다.
- **표현과 형식 점검 :** 맞춤법, 문법, 학술적 글쓰기 스타일을 점검하고, 필요하면 교정 도구를 활용한다.

논문의 완성도를 높이려면 반드시 여러 번의 수정 과정을 거쳐야 한다. 연구자는 논문의 일관성을 유지하고 연구결과를 명확하게 전달할 수 있도록 검토를 철저하게 진행해야 한다.

논문 일정 관리

논문을 작성할 때 빼놓을 수 없는 요소가 바로 일정 관리다. 제때 논문을 완성하려면 계획을 철저히 세워야 한다. 이때 사용할 수 있는 네 가지 전략을 소개한다.

1 장기 일정 설정

장기 일정을 설정하여 논문 진행 과정을 구조화해야 한다. 논문은 단기간에 완성되기 어려운 작업이므로 보통 6개월에서 1년 정도의 일정을 계획해두는 것이 좋다. 연구 주제 선정, 이론 정리, 자료 수집, 분석, 작성과 수정에 이르는 전체 과정을 단계별로 세분화해야 한다. 장기 일정은 연구의 전체 흐름을 조망하고, 중도 이탈이나 일정 지연을 방지하는 기준이 된다.

2 단기 목표 설정

단기 목표를 설정하여 꾸준한 실행력을 유지해야 한다. 매주 또는 매월 단위로 현실적인 분량과 작업 목표를 설정하면 연구의 연속성을 확보할 수 있다. 단기 목표는 장기 계획이 구체적인 행동으로 이어지게 하는 연결고리 역할을 하며, 작은 성취를 반복하여 자기 효능감을 높일 수 있다.

3 마감 기한 준수

마감 기한을 명확히 정하고 철저히 준수해야 한다. 초안 작성, 지도교수 피드백 반영, 수정본 제출, 심사용 논문 제출 등의 핵심 마감일을 역산해 관리하고, 변수에 대비한 여유 시간도 확보해야 한다. 일정 준수는 단순한 시간 관리가 아니라 졸업 가능성을 현실로 만드는 전략적 도구다.

4 계획 점검 및 보완

계획을 세운 뒤에도 꾸준히 점검하고 보완해야 한다. 일정이 명확할수록 집중력이 유지되며, 예기치 못한 지연을 최소화할 수 있다. 논문 작성 계획을 수립한 뒤에는 주기적으로 점검하고, 필요하면 유연하게 조정해야 한다.

1.2.2 지도교수

지도교수는 연구자가 논문을 성공적으로 완성하고 학위를 취득하는 데 가장 중요한 역할을 한다. 논문 작성 과정에서 연구자의 연구 방향을 잡아주고 연구의 질을 높일 수 있는 피드백을 제공하며,

다양한 문제 해결에도 도움을 준다. 따라서 논문을 성공적으로 완성하려면 지도교수와 관계를 원활하게 형성해두는 것이 중요하다. 지도교수의 연구 스타일을 잘 파악하고 관계를 적절히 관리하면 연구 과정의 효율을 높이고 불필요한 시행착오를 줄일 수 있다. 이를 세부적으로 살펴보자.

지도교수의 연구 스타일 파악하기

지도교수는 논문의 공동 설계자이자 가장 중요한 피드백 제공자다. 지도교수의 연구 스타일, 선호하는 주제나 방법론, 피드백 방식 등을 파악해두면 논문 진행 과정에서 시행착오를 최소화할 수 있다. 또한 자신이 어떤 스타일의 지도를 받을 때 가장 효율적으로 성장하는지도 함께 고려해야 한다. 지도교수의 연구 스타일을 파악하는 네 가지 접근법을 소개한다.

1 성향

지도교수마다 연구를 진행하는 방식과 학생을 지도하는 스타일이 다르므로 이에 맞춰 전략을 조정할 필요가 있다. 예를 들어 어떤 교수는 연구 주제를 직접 정해주는 반면, 어떤 교수는 학생이 스스로 주제를 탐색하고 발전시키기를 원한다. 미팅을 자주 진행하며 진행 상황을 점검하는 교수가 있는가 하면, 학생의 독립성을 중시하며 결과 중심으로 평가하는 교수도 있다. 따라서 연구자는 지도교수의 성향을 정확히 이해하고 그에 맞는 소통 방식과 논문 진행 전략을 세워야 한다.

2 연구 논문 분석

Google Scholar, RISS, Web of Science, Scopus 등 학술 데이터베이스를 활용하여 지도교수가 발표한 논문들을 살펴보면 어떤 주제를 선호하고 어떤 연구방법을 자주 사용하는지 파악할 수 있다. 이를 바탕으로 지도교수의 학문적 관심사와 연구 방향에 부합하는 주제를 구상할 수 있다.

3 석사·박사 지도 논문 검토

과거에 지도했던 논문들을 살펴보면 어떤 형식의 논문을 선호하고 어떤 분석방법이나 글쓰기 스타일을 중요하게 여기는지를 파악할 수 있다. 특히 지도교수의 평가 기준과 지도방식에 일관성이 있는지 이해하는 데 도움이 된다.

4 연구실 분위기와 선배 연구자의 조언 참고

지도교수가 운영하는 연구실에서 어떤 주제들이 다뤄지고 있는지 파악하고, 이미 지도를 받은 선배들에게 지도교수의 스타일, 미팅 방식, 피드백 반영 방식 등에 대해 조언을 얻는 것이 좋다. 이러한 간접 경험을 통해 시행착오를 줄일 수 있고, 교수와의 관계를 원활하게 형성할 수 있다.

지도교수와 효과적으로 소통하는 방법

지도교수와 효과적으로 소통할수록 논문의 진행에 속도가 빨라진다. 그렇다면 지도교수와 원활한 의사소통을 하기 위해 어떤 전략을 세워야 하는가? 논문 진행 상황을 체계적으로 정리하고 명확한 질문과 함께 피드백을 요청해야 한다. 이 네 가지 전략을 세부적으로 살펴보자.

1 정기 미팅 준비

정기적인 미팅을 설정하고 철저히 준비해야 한다. 지도교수와의 정기적인 미팅은 논문 흐름을 안정적으로 유지하는 데 매우 중요하다. 미팅 전에는 현재까지의 진행 상황을 요약한 자료와 구체적인 질문 리스트를 준비하여, 짧은 시간 안에 효율적으로 피드백을 받을 수 있도록 해야 한다. 이러한 준비가 습관으로 자리 잡으면 교수에게도 신뢰를 줄 수 있고, 논문의 방향도 흔들리지 않는다.

2 간결하고 구체적인 이메일·메신저 소통

이메일이나 메신저 소통은 간결하고 구체적으로 해야 한다. 온라인 소통에서는 핵심 내용을 중심으로 간결하고 명확하게 정리해야 한다. 현재 연구의 진행 상황을 요약하고, 지도교수가 바로 판단할 수 있도록 질문이나 요청사항을 명확하게 포함해야 한다. 그래야 지도교수의 피드백도 더 구체적으로 돌아올 수 있다.

3 연구노트를 활용한 관리

연구노트를 활용해 피드백을 기록하고 관리해야 한다. 지도교수와의 미팅에서 받은 조언이나 피드백은 단순히 듣고 넘기지 말고, 연구노트나 별도의 문서에 정리하여 지속적으로 관리해야 한다. 이렇게 정리된 내용은 다음 미팅에서 보완점과 개선사항을 공유할 때 유용하게 사용된다.

4 신속한 피드백 반영

피드백은 신속하게 반영하고 변화된 결과를 공유해야 한다. 지도교수의 피드백은 연구자가 성장할 기회다. 가능한 한 빠르게 피드백을 반영하고 수정된 결과를 다시 전달함으로써 연구의 진척 상황을 명확하게 보여주어야 한다. 이러한 태도는 교수의 신뢰를 높이고 논문 완성 속도도 끌어올릴 수 있다.

주제는 지도교수가 정하는가, 스스로 정하는가?

일부 지도교수는 연구 주제를 직접 지정해 주기도 하지만, 대부분 연구자가 스스로 주제를 설정하길 기대한다. 여기에는 연구자가 독립적인 연구 역량을 기르고 문제 해결 능력을 키우는 과정을 통해 학문적으로 성장하길 바라는 의도가 있다. 지도교수의 개입 수준에 따라 주제 선정 방식은 다음과 같이 달라질 수 있다.

1 자기주도적 주제 설정

가능하면 스스로 주제를 설정해야 한다. 지도교수가 주제를 정해주는 경우도 있지만, 대부분 학생이 주체적으로 주제를 탐색하고 발전시키기를 바란다. 이는 연구자가 주도적으로 사고하고 문제를 해결하는 역량을 키우는 과정이며, 학위 과정의 핵심 목표 중 하나이기도 하다.

2 지도교수 개입 시 주제 수용 전략

연구 경험이 부족하거나 특정 프로젝트에 참여하는 경우 지도교수의 연구 방향에 따라 주제를 제시받을 수도 있다. 이럴 때는 교수의 제안을 존중하되, 해당 주제에 대한 배경지식과 선행연구를 신속히 파악하려는 노력이 필요하다.

3 방향 설정 후 주제 구성 전략

어떤 교수는 연구의 전반적인 방향만 안내하고 세부 주제나 구체적인 연구문제는 학생이 주도적으로 설정하길 바란다. 이때는 제시된 방향에 따라 세부 주제를 스스로 설정할 수 있어야 한다. 선행연구를 분석하여(4.2절 참고) 연구 공백을 찾고, 자신만의 문제의식을 형성하는 역량이 필요하다.

4 주제 검토와 조율 전략

연구자가 주제를 스스로 정했다면 타당성과 적절성, 방법론적으로 실행 가능성이 있는지 지도교수에게 검토를 요청하고 조율 과정을 거쳐야 한다. 지도교수의 피드백을 반영하여 주제를 보완하고, 연구목적과 방향이 학문적으로 적절한지 점검해야 한다.

지도교수의 피드백을 효과적으로 활용하는 방법

지도교수는 논문을 완성하는 과정에서 중요한 조언을 한다. 연구자는 이 피드백을 적극적이고 전략적으로 활용해야 하며, 다음과 같은 방식을 통해 효과를 높일 수 있다.

1 피드백 구조화

피드백을 구조화하여 정리해야 한다. 지도교수에게 받은 피드백은 단순히 메모하는 데 그치지 말고, 수정할 부분과 유지할 부분을 구분해 문서로 정리해야 한다. 이렇게 구조화하면 논문 전반의 방향성을 파악할 수 있고, 자신의 글을 객관적으로 바라봄으로써 어떤 부분이 효과적인지, 어떤 부분의 개선이 필요한지 판단할 수 있다.

2 반복적인 피드백 요청과 반영

반복적으로 피드백을 요청하고 반영하는 과정을 만들어야 한다. 논문은 한 번의 피드백으로 완성되지 않는다. 각 장이나 항목별로 피드백을 주기적으로 받고, 그에 따라 수정해나가는 과정이 필요하다. 지도교수와 소통이 반복될수록 논문은 점진적으로 완성도가 높아져야 한다.

3 피드백으로부터 연구 방향 구체화

피드백에 질문을 더해 연구 방향을 구체화해야 한다. 피드백을 수동적으로 받아들이기보다는 이해가 부족한 부분이나 더 깊이 알고 싶은 부분에 대해 적극적으로 질문을 던져야 한다. 이러한 대화는 연구 방향을 더욱 선명하게 만들고, 교수와의 학문적 협업 관계도 강화시킨다.

4 연구 계획과 진행 상황 공유

연구 계획과 진행 상황을 명확히 공유해야 한다. 지도교수가 논문을 효과적으로 지도하려면 연구 목적, 연구설계, 자료 수집 현황, 분석 계획 등 전반적인 진행 상황을 명확히 파악할 수 있어야 한다. 연구자는 정기적으로 연구 내용을 정리하여 공유하고, 피드백이 어떻게 실제로 반영되고 있는지도 보여주어야 한다.

1.2.3 자기 자신

석사·박사 과정은 단순히 학문을 배우는 것이 아니라 연구자로서 독립적으로 연구를 수행할 수 있는 역량을 기르는 과정이다. 논문을 성공적으로 완성하고 학위를 취득하려면 자기 자신을 철저하게 관리하는 것이 필수적이다. 연구 일정, 시간 활용, 심리적 안정, 체력 등 다양한 요소를 균형 있게 관리해야 한다. 연구 과정은 길고 때로는 지루하게 느껴질 수 있기 때문에, 지속적인 동기 부여와 자기 관리를 통해 연구 효율성을 극대화해야 한다.

연구목표와 일정 관리

논문은 장기적인 계획과 지속적인 자기 점검이 필요한 여정이다. 특히 대학원 생활에서는 연구목표를 명확히 설정하고, 이를 기반으로 일정을 체계적으로 관리하는 것이 졸업의 성패를 좌우한다. 여기서는 장기적인 목표 수립부터 일상적인 시간 사용 전략과 정기적인 일정 점검까지, 계획을 세우고 실행하는 힘을 기르는 법을 살펴본다.

1 장기적인 목표와 일정 설정

장기적인 관점에서 목표를 설정하고 일정을 계획해야 한다. 석사·박사 과정은 길고도 험난한 여정이며, 이 과정에서 연구자는 정신적, 감정적, 신체적인 피로를 겪을 수 있다. 따라서 논문을 성공적으로 완성하려면 논문 제출 마감일을 기준으로 일정을 역산해 전체 일정을 세우고, 매달·매주 실현 가능한 단계별 목표를 설정하는 것이 효과적이다. 작은 목표를 차근차근 달성해 나가면 장기 계획에 대한 심리적 부담을 줄이고 성취감을 높일 수 있다.

2 시간 사용 전략

시간 사용의 밀도를 높이기 위한 전략을 활용해야 한다. 집중력이 가장 높은 시간대를 파악하고, 그 시간에 가장 중요한 과제를 우선 배치하는 방식이 유용하다. 업무의 긴급도와 중요도를 기준으로 작업 순서를 정리하면, 한정된 시간 내에 연구 효율을 높일 수 있다.

3 일정 관리와 점검

유연한 일정 관리와 주기적인 점검이 필요하다. 연구는 계획대로 흘러가지 않는 경우가 많다. 예기치 못한 실험 실패, 자료 수집 지연, 지도교수의 일정 변경 등 다양한 변수로 인해 일정이 틀어질 수 있다. 따라서 일정에 완충 시간을 두고, **계획은 고정된 스케줄이 아니라 변화에 대응할 수 있는 유동적인 틀**로 이해해야 한다. 주간 단위로 진행 상황을 점검하고 그 결과에 따라 계획을 조정하는 것이 바람직하다. 일정이 지연된 경우에는 원인을 분석하고 같은 문제가 반복되지 않도록 예방 전략을 마련하는 것도 중요하다. 이러한 점검과 조정의 반복은 결국 자기주도적 시간 관리 능력을 기르는 데 큰 도움이 된다.

스트레스 및 멘탈 관리

논문을 작성하는 과정에서 스트레스를 받는 것은 자연스러운 일이다. 그러나 이를 방치하면 연구의 질은 물론이고 연구자의 삶의 질까지 크게 저하될 수 있다. 따라서 스트레스를 적절히 인식하고, 체계적으로 관리하는 전략이 필요하다.

1 스트레스 인지와 대응

스트레스를 인지하고 중간 점검을 통해 대응 전략을 마련해야 한다. 연구 진행 상황을 정기적으로 점검하여 실제 성취도와 계획 사이의 차이를 파악하고, 필요에 따라 과중한 일정을 줄이거나 작업량을 조정할 수 있어야 한다. 이를 통해 스트레스의 원인을 구체적으로 파악하고, 근본적인 해결 방안을 마련할 수 있다.

2 신체 활동

신체 활동을 통해 스트레스를 해소해야 한다. 좌식 생활이 반복되면 신체적 피로가 누적될 뿐만 아니라 무기력에 빠질 수 있다. 운동을 규칙적으로 하면 이러한 증상을 예방하고 활력을 줄 수 있다. 특히 요가, 산책, 수영, 근력 운동 등은 심박수를 안정시키고 엔도르핀 분비를 촉진하여 집중력 향상에도 긍정적인 영향을 준다.

3 명상과 휴식

명상과 충분한 휴식을 통해 에너지를 회복해야 한다. 연구에 과도하게 몰입하면 오히려 소진burnout이 오기 쉽다. 짧은 명상이나 심호흡하기, 5분간 눈을 감고 휴식하기 등의 간단한 활동은 긴장을 완화하고 뇌의 과부하를 줄여준다. 1.3절에서 소개할 몰입 전략 중 하나인 뽀모도로Pomodoro 기법도 효과적이다. 하루에 최소 한 번은 의식적으로 쉬는 시간을 정해두는 게 바람직하다.

4 사회적 지지

연구 과정에서 경험하는 불안과 스트레스를 완화하기 위해서는 사회적 지지가 중요하다. 사회적 지지는 동료, 지도교수, 가족, 친구 등 주변 사람들이 제공하는 정서적·정보적·도구적 지원을 의미한다. 예를 들어 연구로 인한 감정적 부담을 털어놓을 수 있는 동료는 정서적 지지 역할을 하고, 논문 자료나 통계분석에 대해 실질적인 도움을 주는 선배나 지도교수는 도구적 지지의 역할을 한다. 이러한 관계망은 단순한 감정 해소를 넘어 연구 지속력과 몰입도를 높이는 핵심 요소가 된다. 특히 같은 분야의 연구자와의 교류는 아이디어를 확장하거나 현실적인 조언을 얻는 통로가 되기도 한다.

동기 부여와 심리적 안정 유지

논문 작업이 장기화되면 시간이 지날수록 동기가 저하되기 쉽다. 특히 연구가 지연되거나 막힐 때는 자괴감이 들거나 무력감에 빠지기 쉬운데, 이를 방지하기 위해서는 스스로 동기를 회복할 수 있는 전략이 필요하다.

1 연구의 의미와 목표 재확인

자신의 연구가 가지는 의미와 가치를 되새겨야 한다. 지금 이 연구가 왜 필요한지, 이 연구가 앞으로 어떤 학문적 기여를 하거나 사회적 영향을 줄 수 있는지를 반복해서 상기하면 일관된 목표의식과 책임감을 유지할 수 있다. 이를 위해 연구노트에 '이 연구를 하는 이유'를 적어두고 정기적으로 확인하는 것도 도움이 된다.

2 작은 성취에 대한 자기 강화

작은 성취에 대해 스스로 보상하는 습관을 가져야 한다. 예를 들어 한 개 장을 마무리했거나 설문지를 완성한 뒤에는 맛있는 식사를 하거나 짧은 여행을 다녀오는 식으로 보상이 필요하다. 이러한 자기 강화는 단기적인 동기를 자극하고 연구의 지속 가능성을 높여준다.

3 실패 수용과 회복 탄력성

실패와 지연을 자연스러운 과정으로 받아들여야 한다. 실험이 실패하거나 일정이 어긋났을 때 낙담하기보다 그 과정에서 배운 점과 개선점을 찾는 태도가 중요하다. '이 과정도 연구의 일부'라는 인식이 동기 저하를 예방한다.

네트워크 활용과 소통

혼자서 모든 연구 과정을 감당하기란 매우 어렵다. 연구는 결국 사람과 사람의 연결 속에서 발전하는 작업이므로 연구 네트워크를 전략적으로 활용하는 것이 중요하다.

1 동료 및 선배 연구자와의 교류

논문 초안을 공유하고 피드백을 받는 과정에서 새로운 아이디어를 발견하거나 예상치 못한 문제를 사전에 파악할 수 있다. 다른 연구자의 시각으로 자신의 연구를 되돌아볼 기회를 얻는 것도 큰 도움이 된다.

2 학회, 세미나, 연구 모임 참여

학회, 세미나, 연구 모임은 단순한 정보 교환의 장을 넘어 발표 경험을 쌓고 다양한 피드백을 받을 기회다. 또한 협업할 기회를 만들 수 있기도 하다. 자신의 연구를 정기적으로 외부에 공유하는 습관은 연구의 명확성을 높이고 자신감을 키우는 데 도움이 된다.

3 온라인 커뮤니티와 SNS 활용

디지털 공간은 연구자의 고립감을 해소하고 다양한 정보를 얻는 실시간 소통 창구가 될 수 있다. 국내외 연구자들과 온라인에서 자료를 공유하거나 협업 기회를 주고받을 수 있도록 적극적으로 교류하는 것이 좋다.

건강 관리와 연구 집중력 유지

논문 작성은 신체적, 정신적 에너지를 동시에 요구하는 고강도 작업이다. 체력과 컨디션이 받쳐주지 않으면 집중력과 생산성이 떨어지고, 이는 결국 논문 완성에도 부정적인 영향을 미친다. 따라서 건강을 잘 관리하고 연구에 집중할 수 있는 환경을 조성하는 것이 좋다.

1 균형 잡힌 식사와 충분한 수분 섭취

정제 탄수화물이나 당류 위주로 식사하면 졸음과 피로를 쉽게 느낄 수 있다. 채소, 단백질, 복합 탄수화물 위주의 식단을 유지하는 것이 좋다. 물도 하루 1.5리터~2리터 이상 마시면 뇌 기능을 유지하는 데 도움이 된다.

2 규칙적인 수면

늦은 시간까지 작업하는 날이 있더라도 가능한 한 기상 시간과 취침 시간을 일정하게 유지하는 것이 바람직하다. 특히 취침 전에 스마트폰이나 노트북 사용을 줄이면 수면의 질을 높일 수 있다. 수면 부족은 사고력 저하, 감정 기복, 건강 악화로 이어질 수 있으므로 주의가 필요하다.

3 연구 환경 조성

잘 정리된 책상과 눈에 피로를 주지 않는 조명, 인체공학적 의자 등은 몰입도를 높이고 작업 지속 시간을 늘려준다. 주변 소음을 줄이고 필요한 경우 백색소음 앱 등을 활용하는 것도 좋다.

자신만의 연구 스타일 분석과 맞춤형 전략

연구자로서 지속적으로 성장하려면 먼저 자기 자신을 이해해야 한다. 자신의 습관, 성향, 환경 적응 방식을 분석하고 그에 맞는 전략을 수립해야 높은 효율과 몰입을 이끌어낼 수 있다.

1 자신의 연구 스타일 파악

아침형인지 또는 저녁형인지, 독서실이나 카페, 자택 등 다양한 공간 중 어디에서 집중이 잘 되는지, 계획형인지 또는 즉흥형인지 등 자신에게 가장 적합한 생활패턴을 명확하게 인식해야 한다. 이러한 요소를 기반으로 자신만의 루틴을 설정하면 장기적인 몰입에 도움이 된다. 그러나 본인의 신체리듬이나 생활패턴과 맞지 않는 작업 방식은 스트레스를 유발하고 장기적으로는 부담이 될 수 있다.

2 일관된 연구 습관 형성

매일 일정 시간 연구하기, 일정 분량 작성하기, 매주 연구노트 작성하기 등 자신만의 습관을 만들면 연구 효율성이 극대화된다. 초안 작성과 정리, 피드백 반영 등도 주기적으로 반복하도록 설정해두면 도움이 된다.

3 삶의 균형 유지

학문에 몰입하는 것도 중요하지만 휴식과 취미, 인간관계 유지를 통해 정서적으로 회복하는 시간도 필요하다. 일과 삶을 균형있게 유지하면 연구 지속 가능성이 높아지며 연구자의 정신 건강도 지킬 수 있다.

셀파의 요약정리 1.2

석사·박사 과정에서 제때 졸업하려면 논문, 지도교수, 자기 자신을 전략적으로 관리해야 한다. 이 세 요소는 서로 긴밀하게 연결되어 있으므로 어느 하나라도 소홀하면 졸업이 지연될 가능성이 높다. 따라서 요소별로 전략적 접근이 반드시 필요하다.

■ **논문 : 졸업의 직접적인 산물**

- 연구 주제는 실현 가능성과 학문적 기여, 사회적 필요성까지 고려해 신중히 선정해야 한다.
- 연구방법은 연구 유형, 자료 수집 방식, 분석기법을 연구목적에 맞게 설정해야 한다.
- 자료는 문헌 검토와 실험·조사를 균형 있게 병행하고, 학술 데이터베이스를 적극적으로 활용함으로써 효과적으로 수집할 수 있다. 수집된 자료는 연구목적에 맞게 체계적으로 분류하고 정리해야 한다.
- 논문은 정형화된 논문 구조(서론 – 이론적 배경 및 선행연구 검토 – 연구방법 – 연구결과 – 논의 및 결론)를 충실히 따라 작성하며 각 부분의 논리적 연결성을 확보해야 한다.
- 장기 계획과 단기 목표를 함께 세우고, 마감 기한을 반드시 준수한다.

■ **지도교수 : 졸업을 이끄는 파트너**

- 연구 스타일을 파악하여 교수의 기대와 지도를 효과적으로 수용해야 한다.
- 소통 시 미팅 준비, 이메일 정리, 피드백 반영 등을 주도적으로 해야 한다.
- 논문 주제를 설정할 때는 연구자의 주체성을 유지하되, 교수의 조언을 전략적으로 반영하여 논문 품질을 높여야 한다.
- 피드백은 단순하게 반영하는 것을 넘어 질문을 통해 연구 방향을 구체화하고 성장을 유도하는 계기로 삼아야 한다.

■ **자기 자신 : 졸업의 최종 책임자**

- 목표와 일정 관리는 장기 로드맵과 단기 실행 계획을 병행하여 실천 기반을 마련해야 한다.
- 스트레스 해소, 규칙적 운동, 명상, 사회적 대화 등으로 지속 가능한 컨디션을 유지해야 한다.
- 연구의 의미를 자주 되새기며 연구 동기를 유지하고, 성취–보상의 루틴을 통해 심리적 안정감을 확보해야 한다.

- 네트워크는 동료·세미나·온라인 커뮤니티를 통해 아이디어와 정서적 지지를 주고받는 구조로 활용해야 한다.
- 건강 관리와 연구 환경 정비는 집중력과 생산성을 높이는 핵심 기반으로, 장기적인 연구 지속성에 중요한 영향을 미친다.
- 나만의 연구 스타일을 정립하면 연구 몰입도를 극대화할 수 있다.

1.2절은 제때 졸업하는 것은 지식이 아니라 **전략의 결과**라는 사실을 강조한다. 논문, 지도교수, 자기 자신이라는 세 가지 축을 균형 있게 관리하면, 성공적인 논문 완성과 졸업은 자연스레 따라올 것이다.

SECTION

1.3 석사·박사 과정을 완주하기 위한 실천 전략

1.3.1 학문 생산자로서의 자세

대학원에 진학한 학생들은 대부분 학문의 생산자로서 훈련받지 않았다. 학부까지는 정해진 교재와 수업 자료를 바탕으로 지식을 이해하고 요약하는 능력 중심으로 학습했지만, 대학원에서는 상황이 다르다. 이제는 누군가 정리해준 지식을 수용하는 데서 벗어나서 스스로 연구 주제를 찾고 이론적 틀을 구성하며 데이터를 해석하고 논리적 글쓰기를 통해 새로운 지식을 생산하는 주체가 되어야 한다. 즉 대학원생은 더 이상 학문 **소비자**consumer가 아니라 학문 **생산자**producer로서의 정체성을 갖추어야 한다. 이는 단지 역할의 전환이 아니라 연구를 대하는 태도와 사고방식, 실천 역량 전반의 변화를 의미한다. 학문 생산자로서의 자세를 갖추기 위한 세 가지 실천 전략을 소개한다.

1 학문 소비자에서 학문 생산자로 전환

학문 소비자는 기존에 누군가가 연구한 내용을 읽고, 이해하고, 요약하는 데 초점을 둔다. 이는 학부 수준에서는 매우 유용한 훈련이다. 그러나 석사·박사 과정에서는 더 이상 '이해만 잘하면 된다'는 자세로는 연구를 수행할 수 없다.

석사·박사 학위논문은 기존 지식을 정리하는 데서 그치지 않고, 새로운 질문을 던져서 기존 연구를 넘어서는 지점을 찾아내야 한다. 예를 들어 특정 이론이 한국 사회에서는 적용되지 않는 맥락이나 이전 연구에서 제외된 집단, 최근 사회변화로 등장한 새로운 현상 등을 연구 주제로 설정할 수 있다. 이러한 문제의식은 학문 소비자의 시각으로는 포착하기 어렵다. 학문 생산자로서 연구자는 다음과 같은 사고전환이 필요하다.

- "무엇을 배웠는가?" 보다는 "무엇을 새롭게 말할 수 있는가?"
- "이 주제를 이해하려면 어떤 논문을 읽어야 하는가?" 보다는 "이 주제에 대해 내가 어떤 새로운 관점을 제시할 수 있는가?"

대학원 생활 초반에는 자신이 얼마나 수동적인 학문 소비자에 머물러 있었는지를 자각하는 것이 중요하다. 그리고 이 상태에서 벗어나기 위해 자신만의 문제의식, 분석 시각, 비판적 안목을 의식적으로 훈련해 나가야 한다.

2 비판적 시각과 창의적 시각을 갖춘 연구자로 성장

학문 생산자가 된다는 것은 단지 논문을 쓰는 사람이 되는 것을 뜻하지 않는다. 기존 지식을 낯설게 바라보고, 그 경계를 넘는 질문을 던지는 비판적 안목이 필요하다. 동시에 새로운 가능성을 상상하고 제안할 수 있는 창의성도 요구된다.

예를 들어 1990년대에 제안된 A 이론이 지금까지 널리 사용되고 있다고 하자. 비판적 시각이 있는 연구자는 이렇게 질문한다.

"이 이론은 언제, 어떤 맥락에서 등장했는가?"
"지금 2020년대 한국 사회에 적용할 때 어떤 맹점이 생길 수 있는가?"
"이 이론을 비판하는 논문은 어떤 관점에서 이견을 제시했는가?"

비판적 시각은 기존 지식의 전제와 한계를 해체하는 능력이며, 연구자가 필수로 지녀야 할 사고 도구다. 하지만 비판에만 머물러선 안 된다. 창의적 시각이 있어야 한계를 뛰어넘는 대안을 제시하거나, 기존 이론을 재해석하거나 연구방법을 새롭게 설계하는 등 학문적 기여로 이어질 수 있다. 이를 위해 다음과 같은 연습이 필요하다.

- 같은 주제를 다룬 여러 논문을 비교하며 관점 차이 분석하기
- 하나의 이론을 서로 다른 맥락에 적용했을 때의 결과 차이 비교하기
- 기존 연구의 질문을 자신의 관점에서 다시 써보기
- 선행연구에서 사용한 개념 정의를 수정하거나 대체해보기

3 지식을 생산하는 역량 갖추기

전략적으로 지식을 생산하려면 그에 걸맞은 도구와 역량을 갖추어야 한다. 지식 생산은 문제를 설정하고 관련 자료를 수집하고 해석하며, 논리적으로 분석하고 결론을 설득력 있게 전달하는 복합적인 과정이다. 이 모든 단계를 스스로 수행하기 위해 다음과 같은 네 가지 핵심 역량을 집중적으로 강화해야 한다. 특히 연구문제를 명확히 세우는 역량이 없으면 논문 전체가 흔들리므로 최우선으로 능력을 높여야 한다.

❶ 연구문제 설정 능력

- 어떤 현상을 연구할 것인가?
- 이 주제가 연구로서 가치 있는 이유는 무엇인가?
- 어떤 이론과 연결할 수 있는가?
- 어떤 공백을 채우는가?

❷ 연구방법론 이해 및 활용 능력

- 양적연구와 질적연구 중 어떤 접근이 적합한가?
- 각 방법의 장점과 한계는 무엇인가?
- 내가 접근 가능한 자료는 무엇이고, 수집 가능성은 충분한가?

❸ 논문 구조화 및 글쓰기 능력

- 논리 흐름을 따라 문단을 구성할 수 있는가?
- 핵심 개념을 독자가 쉽게 이해할 수 있도록 서술할 수 있는가?
- 인용citation과 참고문헌(APA, MLA 형식) 등 학술적 글쓰기 규칙을 준수할 수 있는가?

❹ 지식 생산의 실천 능력

- 연구결과를 논문으로 완성할 수 있는가?
- 학회나 세미나에서 발표하고 피드백을 수용할 수 있는가?
- 타인의 질문에 근거 있는 답변을 제시할 수 있는가?

이 네 가지 역량은 하루아침에 완성되지 않는다. 적어도 석사·박사 1학기~2학기에는 이를 집중적으로 훈련하는 데 시간을 들이는 것이 바람직하다.

연구자는 스스로 설계하는 사람이다. 학문 생산자로 성장한다는 것은, 단지 논문 한 편 쓰는 사람이 되는 것이 아니라 자신만의 문제의식을 바탕으로 학문적 경로를 스스로 설계하는 사람으로 거듭나는 것이다. 연구자가 주체적으로 질문을 만들고 자료를 수집하며, 결과를 해석하고 이를 바탕으로 학문사회에 의견을 개진하는 모든 과정은 대학원생이 지향해야 할 전략적 연구자의 모습이다.

이러한 자세가 없다면 논문은 단순한 졸업 요건이 될 뿐이며, 시간과 에너지를 소비하는 반복적인 과정으로 전락할 것이다. 반면 학문 생산자로서의 정체성을 갖춘 연구자에게 논문은 자기 성장을 위한 가장 강력한 훈련 도구가 된다. 이 차이는 결코 작지 않다.

1.3.2 논문 잘 읽고 요약하기

석사·박사 과정에서 연구를 잘 수행하고 논문을 성공적으로 쓰기 위해 반드시 선행되어야 할 역량이 있다면, 그것은 단연 논문을 읽고 분석하고 요약하는 능력이다. 논문 읽기는 대학원생의 일상이자 기초 훈련이자 동시에 연구 아이디어를 얻고 설계 방향을 잡는 가장 직접적인 방법이다.

하지만 많은 초보 연구자들은 논문을 단순히 정보를 얻기 위한 자료로만 여기므로 깊이 있게 분석하거나 체계적으로 정리하지 못하는 경우가 많다. 결국 읽은 논문이 지식 자산으로 축적되지 않고, 시간이 지난 뒤 다시 읽어야 하거나 논문 작성 단계에서 활용할 수 없는 일이 반복된다. 따라서 대학원생은 논문을 읽는 방식 자체를 전략적으로 다음과 같이 재설계할 필요가 있다.

1 논문은 읽는 것이 아니라 분석하고 요약하는 것

대학원에서의 논문 읽기는 고등학교나 학부 수준의 책 읽기와는 차원이 다르다. 단순히 내용을 이해하는 수준에서 그치지 않고, 해당 논문이 어떤 구조로 설계되었고 어떤 문제를 다루며 기존 연구와 어떻게 다른지를 분석하는 과정이다. 다시 말해 논문을 구조화된 시선으로 해체하고 다시 정리하는 능력이 요구된다. 따라서 논문을 읽을 때는 다음과 같은 질문을 염두에 두어야 한다.

- **연구목적 및 질문 :** 이 논문의 핵심 문제의식은 무엇인가?
- **이론적 배경 :** 어떤 이론과 선행연구를 바탕으로 하는가?
- **연구설계 :** 어떤 방법론을 사용했으며, 연구대상은 누구인가?
- **연구결과 및 논의 :** 어떤 결과를 도출했고, 그것은 어떤 의미를 가지는가?
- **차별성 :** 기존 연구와 비교했을 때 어떤 점에서 독창적인가?
- **활용 가능성 :** 내가 인용하거나 참고할 수 있는 부분은 무엇인가?

줄글을 단순히 처음부터 끝까지 읽는 방식에서 벗어나 섹션마다 분석적인 시선으로 해체해서 읽고, 요약을 통해 자기 언어로 재구성하는 훈련이 필요하다. 특히 논문을 읽을 때마다 "이 연구자가 이렇게 구성한 이유가 무엇인가?"라는 질문을 던져보자. 이 과정을 통해 자신의 논문을 설계하는 능력을 키울 수 있다.

2 논문을 효율적으로 요약할 것

논문을 많이 읽는 것보다 더 중요한 것은, 읽은 논문을 정리하고 다시 활용할 수 있도록 요약하는 능력이다. 요약이 잘 되어 있으면 연구계획서를 작성하거나 이론적 배경을 정리할 때 큰 도움이 된다. 논문을 효율적으로 요약하려면 다음과 같은 여섯 가지 요소를 기준으로 정리하는 것이 좋다.

- **연구 제목, 저자, 연도 :** APA 형식으로 기록하는 습관을 들인다.
- **연구목적, 문제 제기 :** 이 연구가 수행된 이유와 해결하고자 하는 문제를 파악한다.
- **핵심 이론 및 선행연구 :** 어떤 이론에 기반하고, 주로 어떤 논문을 인용했는지 정리한다.
- **연구방법 :** 연구설계, 대상, 표본, 측정 도구, 분석방법 등을 간결하게 기술한다.
- **주요 결과와 해석 :** 핵심 결과만 요약하되, 의미 있는 논의가 있다면 함께 정리한다.
- **연구의 한계 및 시사점 :** 제한점은 무엇이며, 후속연구를 위한 제안은 무엇인지 파악한다.

이 기준을 이용하면 논문을 요약한 내용은 단순한 메모가 아니라 자신의 논문 설계와 연결되는 전략적 도구가 된다. 예를 들어 변수가 어떻게 측정되었는지 요약해두면 나중에 측정 도구를 설정할 때 직접 활용할 수 있다.

이처럼 효율적인 요약이 가능해지면 논문을 반복해서 읽을 필요가 줄어들고 필요할 때 바로 꺼내 쓸 수 있는 논문 관리 시스템이 완성된다.

3 논문을 요약한 내용을 정리하는 방법

논문을 요약했다고 해도, 그것이 쌓이기만 하고 다시 활용되지 않는다면 의미가 반감된다. 논문 요약은 검색이 가능하고 논문 간 비교가 가능하며, 자신의 논문에 연계해 인용할 수 있는 형태로 정리되어야 한다. 이를 위해 다음과 같은 네 가지 정리 방법을 활용할 수 있다.

❶ **논문 요약 엑셀 표 :** 논문별로 제목, 저자, 목적, 방법, 주요 변수, 주요 결과, 시사점 등을 표 형태로 정리한다. 그러면 필터 기능을 이용하여 동일한 변수를 다루거나 동일한 방법론을 사용한 논문만 추출할 수 있다. 실제 논문으로 작성할 때, 이 요약 엑셀 표만 보고 인용문과 근거를 바로 제시할 수 있다.

양적연구

제목	연구 대상 (모집단/자료 수집 대상)	양적 연구 방법	독립 변수	종속 변수	조절 변수	매개 변수	분석 기법	연구 결과	연구 한계	통제 변수

질적연구

제목	연구대상	질적연구 분석 도구 (이론/사례)	연구결과	연구한계

그림 1-3 논문 요약 엑셀 표의 예

❷ **논문별 요약카드, 요약노트 :** 각 논문을 자신의 언어로 A4 1장 분량으로 요약한 뒤 구글독스 Google Docs[9], 노션Notion[10] 등 온라인 도구에 누적 관리하면 검색하기 쉽고 활용도가 높아진다. 특히 키워드별로 폴더를 정리하면 연구 주제별로 논문 맵을 구축할 수 있다. [그림 1-4]와 같이 제목 영역에는 논문 제목이나 핵심 주제를 간략하게 기록하고, 출처 정보에는 저자, 연도, 저널명을 카드 하단에 기입해 출처를 명확히 한다. 카드 중앙에 문단별 핵심 아이디어를 자신의 언어로 요약해서 기록한다. 연결 키워드와 태그는 카드 오른쪽이나 색상 라벨을 활용해 주제별 키워드(예 교육, 정서조절, 질적연구 등)를 표시해 관련 자료를 쉽고 직관적으로 연결할 수 있도록 한다.

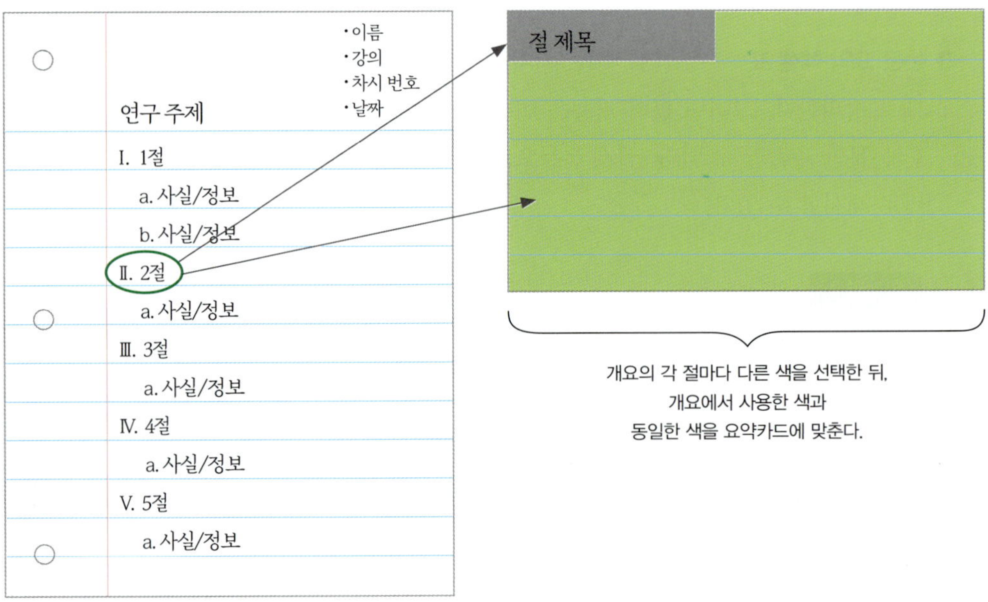

그림 1-4 논문별 요약카드의 예

9 https://docs.google.com/document

10 https://www.notion.com/ko

❸ **시각화된 논문 맵 :** 이론, 변수, 방법 간 관계를 시각적으로 정리하면 연구 흐름을 한눈에 정리할 수 있다. 구조방정식모형을 사용할 때 특히 유용하다. 논문 모형만 정리한 문서를 별도로 만드는 것도 추천한다.

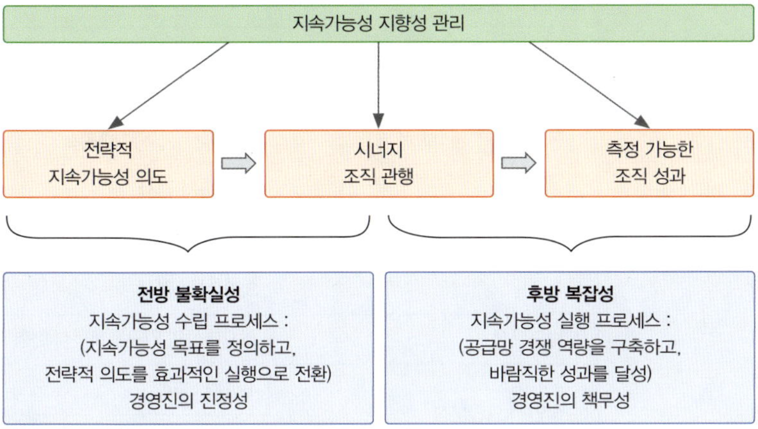

그림 1-5 논문 맵의 예[11]

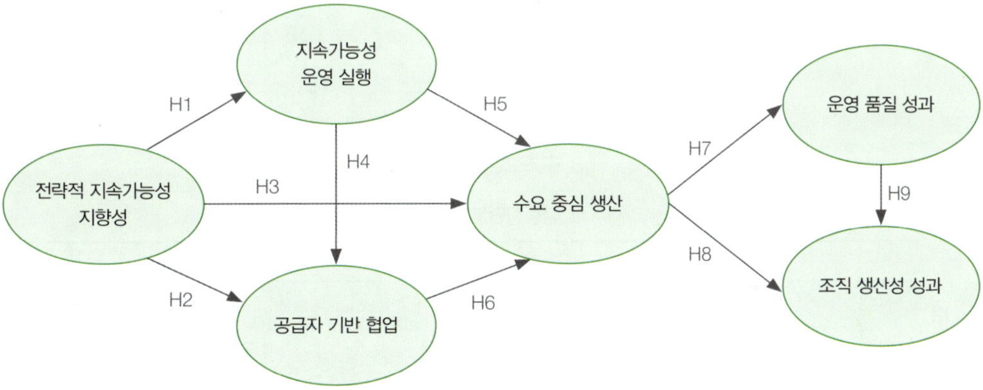

그림 1-6 논문 맵을 통해 도출된 연구모형의 예

❹ **연구노트와 메타 인사이트 :** 논문이 준 아이디어, 비판적 관찰 등의 메타적 분석을 함께 기록해 두면 이론적 분석을 작성할 때 비판적으로 비교하고 해석할 수 있다.

---

11 Hong, P., Jagani, S., Kim, J., & Youn, S. H. (2019). Managing sustainability orientation: An empirical investigation of manufacturing firms. International Journal of Production Economics, 211, 71–81. [그림 1-6]의 출처도 동일하다. 이 논문은 4장에서 다시 다룬다.

구분	항목	한계점
연구한계	변수선정 다양성	
	표본추출 다양성	
	횡단적 분석 한계	
	동일 방법 편의 한계	

구분	분석방법	분석내용
분석절차	1. 데이터클리닝	1. 결측치 검사
		2. 정규성 검사
		3. 이상치 검사
	2. 빈도분석	조사대상의 인구통계학적 현황
	3. 확인적 요인분석	1. 1차 CFA
		2. 2차 CFA
	4. 변수계산	
	5. 상관관계분석	
	6. 측정모델분석	
	7. CR & AVE	
	8. 구조모델분석	
	9. 다중집단분석	

구분		분석내용
기타	1. 연구대상	1. 직원급
		2. 관리자급
	2. 표본추출방법	1. 비확률표본추출방법
		2. 무선표본추출방식
	3. 분석프로그램	1. SPSS 30
		2. AMOS 30

그림 1-7 연구노트의 예

논문 읽기는 연구 역량의 출발점이다. 정리 방법은 사람마다 다를 수 있지만, 핵심은 논문이 쌓이기만 하지 않고 필요할 때 바로 활용될 수 있도록 정리되어야 하는 것이다. 초기에 자신에게 맞는 시스템을 잘 설계해두면 논문을 쓸 때마다 자료를 뒤적일 필요 없이 바로 인용하고 구조화할 수 있다.

1.3.3 연구방법론 공부하기

논문을 쓰기 위해서는 좋은 주제와 풍부한 문헌도 중요하지만, 더 핵심적인 도구는 바로 연구방법론이다. 아무리 뛰어난 아이디어라도 이를 검증할 수 있는 방법론이 없다면 학문적 연구로 인정받기 어렵다. 그렇기 때문에 대학원생은 반드시 연구방법론을 체계적으로 공부해야 한다. 연구방법론은 논문을 작성하다 말고 중간에 공부하는 것이 아니라 가장 초기에 집중적으로 익혀두어야 나중에 시행착오를 줄이고 시간을 절약할 수 있다. 연구방법론을 익히는 일은 단순히 통계 기법을 배우는 것만을 의미하지 않는다. 어떤 질문을 어떻게 검증할 것인가에 대한 사고 훈련이며, 그에 따른 분석 기술과 해석 능력을 포함한 종합적 역량을 키우는 과정이다. 연구방법론을 학습하는 방법을 다음과 같이 소개한다.

1 연구의 출발점 : 양적·질적 구분하기

연구방법론을 공부할 때 가장 먼저 해야 할 일은 양적연구와 질적연구의 차이를 정확히 이해하는 것이다. 많은 대학원생이 두 가지 개념을 개략적으로만 알고 넘어가다가, 연구설계 단계에서 막히거나 논문 구조가 흔들리는 경우가 많다.

양적연구는 수치화된 데이터를 기반으로 변인 간의 관계를 통계적으로 검증하는 방식이다. 대표적으로 설문조사, 실험, 메타분석, 구조방정식모형(SEM) 등이 여기에 해당한다. 표본의 대표성과 가설 검증을 통해 일반화 가능한 결과를 도출하는 것을 지향한다.

질적연구는 수치보다 의미, 경험, 맥락, 과정을 중시한다. 대표적으로 인터뷰, 사례연구, 내러티브 탐구, 참여관찰 등이 여기에 해당한다. 연구자는 질적연구를 통해 자료를 직접 해석하며 현상의 본질을 파악하는 데 집중한다. 심층성과 해석력이 중요하며, '왜 그런가?'를 설명하는 데 탁월하다.

이 두 가지 방법론은 철학적 전제부터 연구대상, 자료 수집 방식, 분석방법, 결과 해석까지 완전히 다른 접근을 취한다. 초보 연구자일수록 자신의 주제가 양적연구에 적합한지, 질적연구에 적합한지 판단할 수 있는 안목을 길러야 한다. 이를 위해서는 [표 1-1]과 같은 비교 정리가 도움이 된다.

표 1-1 양적연구와 질적연구의 비교

구분	양적연구	질적연구
목적	일반화, 인과관계 검증	의미 탐색, 맥락 이해
자료	수치(설문, 수치화된 문항 등)	텍스트(면담, 관찰, 기록 등)
분석	통계 기법 사용	주제 분석, 코딩 등
결과 해석	객관적·통계적 설명	주관적·해석 중심 설명
연구자 역할	중립적 관찰자, 개입 최소화	적극적 해석자, 공존자

앞서 언급했듯이 연구방법론 학습의 본질은 '어떤 연구가 옳은가?'가 아니라 '어떤 연구문제에 어떤 방법이 가장 적합한가?'를 고민하는 데 있다.

2 분석기법 예습하기

연구방법론의 큰 틀을 이해했다면, 이제는 실제 논문에서 가장 많이 쓰이는 핵심 분석기법들을 예습해두는 것이 필요하다. 논문을 쓰기 시작한 뒤에 통계분석기법을 배우려 하면 시간도 부족하고 설계가 엉킬 수 있다. 기법을 미리 익혀두면 논문을 읽을 때 이 논문이 어떤 분석을 썼는지를 파악할 수 있고, 자신의 연구 주제에 적합한 분석 도구도 선택할 수 있다.

양적연구에서 자주 쓰이는 분석기법은 [표 1-2]와 같다.

표 1-2 양적연구의 분석기법

분석기법	설명
빈도분석, 기술통계	표본의 인구통계학적 특성을 파악
t-test	두 집단 간 평균 비교(예 남녀 간 스트레스 수준 차이)
분산분석(ANOVA)	세 집단 이상 간 평균 비교, 사후검정까지 포함
상관분석	두 변수 간의 연관성 확인(상관계수 해석 훈련 필요)
회귀분석	독립변수가 종속변수에 미치는 영향 확인(예 단순, 다중, 위계적, 로지스틱 회귀분석 등)
매개효과 및 조절효과 분석	간접효과나 상호작용효과 분석(Process Macro, SEM 활용)
구조방정식모형(SEM)	이론 모형 전체를 검증(CFA, AVE, CR 등의 개념 필수)
집단 간 차이 분석, 다변량 분석	그룹 비교나 복잡한 변수 조합에 유용

질적연구에서는 [표 1-3]과 같은 분석방법을 중심으로 익히면 좋다.

표 1-3 질적연구의 분석기법

분석기법	설명
근거이론	개방 코딩 → 축 코딩 → 선택 코딩을 거쳐 이론 도출
주제 분석	인터뷰나 문헌 자료에서 반복되는 의미 단위를 추출하여 주요 주제 도출
내러티브 분석	개인의 삶과 경험을 이야기 구조 속에서 분석하여 연구의 의미와 맥락을 탐색
문화기술지	특정 집단이나 문화에 속한 사람들의 행동과 신념을 현장 관찰과 참여를 통해 상세히 기술
사례연구	개인, 집단, 조직 등의 사례를 심층 분석하여 특정 현상 이해

각 분석기법은 이론적으로 개념을 익히는 것은 물론이고, 직접 데이터 분석 툴을 다뤄보는 실습까지 병행할 때 가장 효과적으로 이해할 수 있다. 처음부터 완벽히 이해하려고 하기보다는, 이 분석은 어떤 질문에 유용한지를 중심으로 접근하면 훨씬 수월하게 감을 잡을 수 있다.

3 실전 감각 익히기

이론으로 연구방법론을 이해했다고 해서 논문에 바로 적용할 수 있는 것은 아니다. 실제로 논문을 쓰는 과정에서는 이론과 다르게 설계가 꼬이거나, 자료가 모자라는 등 분석이 잘못되어 다시 처음으로 돌아가야 하는 일이 비일비재하다. 그렇기 때문에 연구방법론은 실전 상황을 염두에 두고 준비해야 한다. 이를 위한 실전 전략은 다음과 같다.

❶ **분석 프로그램 실습하기 :** SPSS, R, AMOS, STATA, SAS, JAMOVI 등 주요 통계분석 도구 중 하나 이상을 직접 익혀야 한다. 온라인 강의, 유튜브, 오픈 강의 등을 활용하면 비용 부담 없이도 학습을 시작할 수 있다. 특히 자신의 데이터로 직접 실습해보는 것이 가장 빠르고 효과적이다.

❷ **논문 속 방법론 따라하기 :** 선행연구에서 사용한 분석기법을 따라 해보거나 그 논문과 비슷한 구조의 데이터를 만들어 연습한다. 이때는 단순히 분석 절차를 모방하지만 말고 "이 논문이 이 분석을 선택한 이유가 무엇인가?", "다른 방식으로도 접근할 가능성이 있는가?"와 같은 질문을 던지며 접근한다.

❸ **학회 발표 논문 분석하기 :** 최근 학회에서 발표된 논문들을 살펴보면 어떤 분석기법이 현재 트렌드인지 파악할 수 있다. 자신의 연구 주제와 유사한 분석구조를 참고하면, 실제 논문 설계에 도움이 되는 아이디어를 얻을 수 있다.

4 실행 전략 갖추기

연구를 설계할 때 가장 중요한 것은 분석기법 자체보다 **그 기법을 어떻게 설계와 연결할 것인가**다. 이를 위해서는 연구계획서 단계에서부터 분석 구상을 명확히 하고 전문가와의 소통 능력도 함께 준비해야 한다. 이를 위한 실전 전략은 다음과 같다.

❶ **연구계획서에 분석 설계 포함하기 :** 연구계획서를 작성할 때는 단순히 연구 주제와 이론적 배경만 서술하는 것이 아니라 어떤 변수 variable를 어떤 관계 속에서 어떻게 분석할 것인지에 대한 구체적인 분석 구상까지 포함해야 한다. 이는 단순한 형식 채우기를 넘어 연구 전반의 방향성과 실행 전략을 선명히 그려두는 작업이다. 예를 들어 독립변수, 종속변수, 매개변수, 조절변수를 어떻게 정의할 것인지, 몇 개의 가설을 어떤 방식으로 검증할 것인지, 회귀분석, 분산분석, 구조방정식 등의 분석기법 중 무엇을 선택할 것인지 사전에 정리해두어야 한다. 이러한 구체적인 설계는 실제 연구를 진행할 때 논리적 일관성을 유지할 수 있게 해주며, IRB 심사나 논

문심사와 같이 연구설계의 타당성을 검토받는 단계에서도 큰 도움이 된다. 특히 IRB 심사는 연구의 윤리성과 더불어 분석 설계의 명확성도 중요하게 보기 때문에 자료 수집 방법과 분석 계획을 구체적으로 제시해야 빠르고 원활하게 승인받을 수 있다. 즉 분석 구상을 연구계획서에 미리 명확히 포함해두는 것은 시간 절약, 혼란 방지, 승인 용이성이라는 세 가지 측면에서 매우 전략적인 선택이다.

❷ **통계 전문가 또는 지도교수와의 소통 준비 :** 분석 설계를 구체화하기 전에 통계 전문가나 지도교수와 소통하는 것이 좋다. 조언을 얻기 위해서는 자신의 의도를 명확히 설명할 수 있어야 한다. "이 분석을 어떻게 해야 하나요?"라고 묻기 전에 자신이 무엇을 밝히고 싶은지를 정리해야 한다.

연구는 결국 '질문 + 도구 + 실행'이다. 좋은 질문을 던지는 것(문제의식), 적절한 도구로 접근하는 것(방법론), 그것을 실현하는 것(실행력)이 조화를 이루는 과정이다. 세 요소를 연결하는 결정적인 고리가 바로 연구방법론이다. 따라서 대학원 생활 초반에는 연구방법론을 최대한 넓고 깊게 익혀두는 것이 중요하다. 이 능력의 차이는 나중에 논문을 쓰는 속도와 완성도, 나아가 졸업 시기까지 좌우한다. 지금부터라도 일주일에 최소 한 번, 연구방법론 관련 논문이나 책을 정리하고 분석 툴을 직접 다뤄보는 습관을 들인다면, 논문을 전략적으로 완성하는 연구자가 되어 있을 것이다.

1.3.4 몰입 전략 세우기

대학원 생활에서 많은 이들이 비슷한 고민을 토로하곤 한다.

"매일 논문을 보고 있긴 한데, 진도가 안 나가요."
"하루 종일 공부했는데 왜 아무것도 남지 않은 것 같죠?"

이런 질문이 나오는 근본적인 이유는 시간이 부족해서가 아니라 몰입이 되지 않기 때문이다. 몰입은 단순히 책상 앞에 앉아 있는 시간을 의미하지 않는다. 몰입은 집중과 흐름이 이어지는 질 높은 작업 시간인 것이다. 석사·박사 과정에서는 수업이나 시험이 끝난 뒤에도 논문 읽기, 이론 정리, 연구설계, 글쓰기와 같은 긴 호흡의 작업이 이어진다. 이 모든 과정을 스스로 기획하고 해내야 하므로 몰입이 가능하지 않으면 논문은 절대 완성되지 않는다.

몰입은 타고나는 것이 아니라 설계하고 훈련해야 하는 전략적 능력이다. 다음 세 가지 원칙을 중심으로 몰입 전략을 수립하고 실천한다면 같은 시간을 들여도 훨씬 높은 생산성을 경험할 수 있을 것이다.

1 몰입은 시간의 양이 아니라 질이다

몰입은 오랜 시간 공부하는 것이 아니다. 짧은 시간 안에 깊이 들어가는 집중의 밀도가 핵심이다. 예를 들어 도서관에서 하루 8시간을 보내고도 한 장도 쓰지 못하는 학생이 있는 반면에, 집 근처 카페에서 2시간 동안 연구계획서 초안을 완성하는 학생도 있다. 이 차이를 만드는 것이 바로 몰입의 질이다. 몰입의 질을 높이려면 다음을 명심해야 한다.

1. **명확한 목표 :** 해야 할 일을 구체적인 단위로 쪼개야 몰입할 수 있다. 오늘 무엇을 할지 애매하면 집중할 수 없다. '논문 읽기'처럼 포괄적인 계획이 아니라 'A 논문의 이론적 배경 요약 2쪽 쓰기'처럼 구체적인 단위로 작업 목표를 설정하자.

2. **쉬운 시작 :** 책상, 커피, 필기구, 노트북의 위치를 완벽하게 정돈해야 한다거나 무언가 어질러져 있으면 작업을 시작하기 어렵다. 사소한 준비를 루틴으로 만들어두면 고민할 필요 없이 바로 작업에 들어갈 수 있다.

3. **주의 분산 요소 차단 :** 스마트폰 알림, 메신저, 유튜브 등은 몰입을 방해하는 가장 큰 장애물이다. 알림을 끄고 집중 타이머 앱이나 인터넷 차단 앱을 적극 활용하자.

4. **시간 관리 :** 집중할 수 있는 리듬을 만들어야 한다. 몰입을 유지하는 데 도움이 되는 유명한 방법으로 뽀모도로 기법이 있다. 25분간 집중하고 5분간 휴식하는 사이클을 반복하며, 4번의 사이클마다 긴 휴식을 취하는 방식이다. 시간이 제한적이라는 긴장감이 집중력을 높인다.

몰입의 핵심은 심리적 진입과 방해 요소 차단에 있다. 이를 위해서는 단순히 자리에 앉아 있는 것이 아니라 자신에게 맞는 몰입 조건을 찾아야 한다.

2 몰입 환경은 스스로 설계해야 한다

몰입은 좋은 환경이 갖추어졌다고 자연스럽게 생기는 것이 아니다. 오히려 방해 요소로 가득한 상황에서도 몰입을 유지할 수 있도록 자신만의 시스템을 만들어야 한다. 대학원생이 설계할 수 있는 몰입 환경 전략은 다음과 같다.

1. **장소 구분 :** 집중이 잘 되는 장소를 파악해두자. 예를 들어 학교 연구실, 조용한 카페, 도서관 등은 각각 성격이 다르므로 쓰기 전용 장소, 읽기 전용 장소처럼 용도를 정해두면 장소에 따라 몰입 상태로 빠르게 전환할 수 있다. 특히 온라인 수업과 비대면 연구 환경이 일상화된 요즘에는 집에서도 몰입 장소와 휴식 장소를 분리하는 것이 중요하다. 책상 하나를 연구 전용 장소로 설정하고, 잠자거나 쉬는 공간과 물리적으로 구분해두자.

❷ **시간 블록화 :** 집중력이 가장 좋은 시간대를 정해 핵심 작업 시간으로 블록화하자. 예를 들어 오전 9시~11시는 글쓰기, 오후는 분석 실습, 밤은 자료 읽기처럼 작업 성격에 따라 시간대를 블록화한다. 이 시간은 약속처럼 지키고, 다른 일정은 그 외 시간으로 조정하는 것이 효과적이다.

❸ **디지털 차단 :** 'Forest:집중하기', 'Focus To-Do:뽀모도로 타이머+업무 관리', 'Freedom:방해 요소 차단' 등 타이머 앱 또는 앱 차단 도구를 활용하면 스마트폰, SNS, 뉴스, 유튜브 등 몰입을 방해하는 요소를 원천 차단할 수 있다.

❹ **몰입 유도 루틴 설계 :** 작업 전에는 '커피 내리기 → 컴퓨터 켜기 → 헤드폰 쓰기 → 집중 타이머 설정'과 같은 시작 루틴을 설정하고, 작업을 마칠 때는 '작업 정리 → 할 일 기록 → 내일 계획 메모'와 같은 종료 루틴을 설정해보자. 일련의 루틴을 반복하면 뇌는 몰입할 시간이라는 신호를 인식하게 되므로 작업의 시작과 끝이 자연스러워진다.

몰입 환경을 설계할 때의 핵심은 선택의 여지를 줄이는 것이다. 몰입을 위한 모든 결정, 즉 언제, 어디서, 무엇을, 어떻게 할지는 사전에 정해두어야 한다. 그때그때 고민하고 선택하느라 불필요한 에너지를 낭비하지 않도록 하자.

3 몰입은 훈련되고 축적되는 힘이다

많은 대학원생이 몰입을 그날의 컨디션이나 기분에 따라 좌우되는 것으로 생각한다. 하지만 실제로 몰입은 훈련과 루틴을 통해 얼마든지 강화할 수 있는 능력이다. 몰입 역시 습관처럼 반복할수록 깊어지고 오래 지속된다. 다음은 몰입 역량을 키우기 위한 실천 전략이다.

❶ **작은 성취 반복 :** 처음부터 긴 시간을 몰입하려 하지 말고, 30분부터 몰입하기 시작해 점차 시간을 늘리는 것이 좋다. 간단한 정리 작업, 논문 요약 등 작고 명확한 일부터 하나씩 완성하여 성취감을 축적하면 점점 깊게 몰입할 수 있다.

❷ **몰입 일지 작성 :** 하루 동안 어떤 작업을 했고, 얼마나 집중했는지를 짧게 기록해보자. 한 주 단위로 돌아보며 자신이 집중한 시간의 양과 질을 점검하면 다음 주 전략을 수립하는 데 도움이 된다.

❸ **집중력 체력 키우기 :** 집중력도 체력이다. 수면이 부족하거나 몸 상태가 좋지 않으면 두뇌 회전과 감정 조절력을 유지하기 힘들어 몰입하기 어렵다. 꾸준한 운동, 충분한 수면, 규칙적인 식사는 몰입을 지속할 수 있도록 뒷받침해준다. 특히 졸업을 앞두고 논문 작성이 막바지에 다다르면 체력 관리가 몰입의 승패를 가른다.

④ **정서적 몰입 유지 :** 내적으로 동기가 부여되어야 더 강하게 몰입할 수 있다. 자신의 연구가 왜 중요한지, 이 과정을 마치면 어떤 삶을 살고 싶은지를 스스로 되새겨보자. 연구노트나 다이어리에 '왜 이 연구를 하는가'를 자주 써보는 것도 정서적 몰입을 유지하는 데 도움이 된다.

⑤ **전략적 휴식 :** 컨디션이 저하된 날에는 억지로 집중하려다 오히려 몰입 루틴이 깨지는 경우가 많다. 이럴 땐 의식적으로 회복 시간을 가져야 몰입 리듬을 유지할 수 있다. 다만 지금은 에너지를 전략적으로 회복하는 시간이라는 인식을 해야 한다.

몰입은 논문을 완성하는 데 있어 가장 강력한 무기다. 석사·박사 과정에서 가장 큰 어려움은 지속성을 유지하는 것이다. 연구는 단발성 작업이 아니라 수개월에서 수년에 걸쳐 이어지는 집중과 인내의 과정이다. 긴 시간 동안 흔들리지 않고 논문을 완성하려면, 몰입은 선택이 아니라 필수 전략이다.

몰입이 가능해지면 복잡한 이론도 자신의 언어로 정리되고, 미뤄두었던 글도 다시 읽을 수 있으며 막혔던 부분이 조금씩 풀리기도 한다. 반면에 몰입 없이 이어지는 대학원 생활은 정처 없이 떠다니는 배처럼 불안정하고 비효율적이다.

지금부터라도 자신만의 몰입 환경을 만들고, 반복적인 루틴과 작은 성취 경험을 쌓아간다면 연구는 더 이상 버티는 일이 아니라 집중의 즐거움이 될 수 있다.

셀파의 요약정리 1.3

석사·박사 과정은 단순히 오래 다닌다고 끝나는 길이 아니다. 전략이 없으면 시간만 흘러가고 논문은 진전되지 않으며 연구 동기마저 사라질 수 있다. 1.3절에서는 대학원생이 연구자로서의 태도를 갖추고 논문을 읽고 정리하며, 연구방법론을 익히고 몰입 역량을 키우는 구체적인 실천 방향을 제시한다.

■ **학문 생산자로서의 자세**

- 학문 소비자에서 학문 생산자로 전환해야 한다.
- 비판적 시각과 창의적 문제 제기, 논리적 구성 능력, 연구 실행 역량이 필수다.
- "이 연구를 왜 해야 하는가?", "어떤 관점에서 새롭게 접근할 수 있는가?"를 질문하는 태도가 핵심이다.

■ **논문 잘 읽고 요약하기**

- 논문은 단순히 읽는 것이 아니라 분석하고 구조화하며 요약해야 자산이 된다. 즉 핵심 이론, 연구방법, 결과 해석, 활용 가능성을 중심으로 요약할 수 있어야 한다.
- 논문 요약 엑셀 표, 요약카드 또는 요약노트, 논문 맵, 모형 정리 문서, 연구노트 등 나만의 논문 정리 시스템을 구축하자.

■ **연구방법론 공부하기**

- 연구방법론은 단순한 통계기술이 아니라 연구문제를 어떻게 실현할지를 결정하는 도구다.
- 양적연구와 질적연구를 명확히 구분하여 이해하고, 주로 사용되는 분석기법과 통계분석 도구(SPSS, R 등)를 예습해두는 것이 필요하다.
- 실전 논문에 적용하려면 자료 수집부터 분석 설계, 결과 해석까지의 흐름을 통합적으로 훈련해야 한다.

■ 몰입 전략 세우기

- 오래 앉아 있는 것보다 짧고 깊은 몰입 시간을 얼마나 확보하는지가 더 중요하다.
- 몰입은 그날의 컨디션이나 기분에 좌우되는 것이 아니라 루틴과 환경 설계, 집중력 훈련으로 만들어지는 역량이다.
- 장소 구분, 시간 블록화, 디지털 차단, 몰입 유도 루틴 설계 등의 전략으로 몰입력을 체계적으로 높일 수 있다.

석사·박사 과정은 의욕이나 지식만으로는 완주할 수 없는 여정이다. 연구자의 태도, 정보 관리, 분석 기술, 시간 활용이 균형 있게 관리되어야 비로소 논문을 완성하고 효율적으로 졸업할 수 있다.

CHAPTER 02

주제 설정으로 논문 시작하기

CONTENTS

SECTION

2.1 논문, 이론과 데이터로 시작하라

논문은 단순한 글쓰기가 아니다. 연구자가 직접 지식을 생산하고 학계에 기여하는 공식 학술문서다. 따라서 논문은 아무렇게나 쓰면 되는 글이 아니다. 학문적으로 인정받기 위해 반드시 충족해야 할 핵심 조건이 있다. 바로 견고한 이론적 배경과 신뢰성 있는 데이터다. 그 이유를 하나씩 살펴보자.

1 견고한 이론 : 이론 없는 연구는 불가능하다

연구자가 다루고자 하는 주제가 기존 학계에서 어떻게 연구되어 왔는지, 어떤 개념과 논의가 이미 축적되어 있는지를 깊이 검토하지 않으면 자신의 연구가 얼마나 독창적이며 어떤 기여를 할 수 있는지 객관적으로 증명할 수 없다. 따라서 주제를 정하기 전부터 관련 선행연구를 충분히 조사하고 정리해야 한다. 이를 바탕으로 자신의 연구가 어디서 출발해 어디까지 확장될 수 있는지를 논문 속에서 분명하게 제시해야 한다.

탄탄한 이론적 배경은 논문의 근간이자 연구 방향을 알려주는 **나침반**이다. 전략적으로 논문을 준비하는 석사·박사 과정 연구자라면 먼저 **이론적 토대가 분명한 주제부터 탐색**하고, 그 위에서 연구를 기획한다. 이러한 접근은 주제 선정부터 연구계획서 작성, 논문 완성까지 모든 단계에서 연구의 일관성과 신뢰성을 보장한다.

2 신뢰성 있는 데이터 : 데이터 없는 연구는 불가능하다

이론만으로는 가설을 검증할 수 없다. 실제 데이터를 통해 연구문제에 대한 타당한 답을 제시해야 논문으로서의 완결성이 생긴다. 데이터가 부실하거나 확보할 수 없으면 연구는 계획 단계에서 멈출 수밖에 없고, 설령 진행되더라도 결과의 신뢰성과 재현 가능성이 떨어져 학계에서 인정받기 어렵다. 따라서 연구자는 주제를 선정할 때부터 '이 데이터를 현실적으로 어떻게 구할 것인가?'를 반드시 고민해야 한다. **신뢰할 수 있는 데이터 확보는 논문의 또 다른 핵심 축이다.**

지도교수가 학생에게 주제를 단번에 정해주기 어려운 이유도 여기에 있다. 어떤 주제든 그 배경에는 수많은 선행연구와 이론이 얽혀 있으며, 이를 충분히 검토해야 실현 가능한 연구를 설계할 수 있다. 아무리 연구 경험이 풍부한 지도교수라고 하더라도, 학생이 직접 이론과 데이터를 조사하고 주제의 실행 가능성을 검토하며 스스로 연구 계획을 구체화해 나가기를 기대한다.

결국 논문이 학문적으로 인정받기 위해서는 견고한 이론적 배경과 신뢰성 있는 데이터, 이 두 가지 조건이 충족되어야 한다. 이 둘이 부족하면 논문은 방향을 잃고, 연구자는 불필요한 시행착오와 시간 낭비를 반복할 수밖에 없다.

논문은 생각이 아니라 증거이며, 논리를 뒷받침하는 증거는 바로 이론과 데이터다. 연구 주제를 정할 때부터 이 두 가지를 최우선으로 점검해야 연구가 중단되지 않고 끝까지 나아갈 수 있다.

이 장에서는 논문을 처음 시작하는 연구자에게 왜 이론과 데이터가 중요한지, 그리고 이를 어떻게 준비해야 주제 설정부터 연구계획서 작성까지 흔들림 없이 나아갈 수 있는지를 단계별로 안내한다. 이를 통해 논문 작성의 첫걸음을 더욱 전략적이고 체계적으로 내디딜 수 있도록 돕고자 한다.

2.1.1 이론적 배경

학위논문을 작성할 때 중요한 요소 중 하나는 이론적 배경이다. **이론적 배경**은 연구의 기초를 다지고 연구자가 제시하는 주장과 가설을 뒷받침하는 근거다. 연구자는 이를 통해 자신의 연구가 기존 연구와 어떤 맥락에서 연결되며, 어떤 새로운 시각이나 해결책을 제시하는지를 논리적으로 설명할 수 있다. 즉 이론적 배경이 튼튼하지 않으면 연구자는 연구의 타당성과 정당성을 확보하기 어렵고, 논문은 학문적 평가에서 신뢰도를 얻기 힘들다.

이론적 배경은 연구자의 사고를 체계화하고 연구의 방향을 구체화하는 길잡이 역할을 한다. 연구자는 주제를 정할 때부터 논문을 완성할 때까지 끊임없이 선행연구와 이론을 점검하며 자신의 연구가 학계에서 어떤 위치에 놓이는지를 인식해야 한다. 따라서 논문 작성 초기 단계에서 이론적 배경을 꼼꼼하게 정리하고, 관련 논문과 핵심 개념들을 체계적으로 구조화하는 작업은 성공적인 논문 완성을 위한 필수 단계라 할 수 있다.

이론적 배경의 역할과 중요성

이론적 배경은 단순한 문헌 정리가 아니라 연구자가 제시하는 문제와 해답에 학문적 설득력을 부여하는 핵심 장치다. 잘 정리된 이론적 배경은 연구 주제의 중요성과 차별성을 강조해주며, 연구자가 앞으로 수행할 실증 연구의 타당성을 강화해준다. 이론적 배경이 구체적으로 수행하는 역할은 다음과 같다.

1 연구의 기초 형성

모든 연구는 일정한 학문적 전통과 이론적 틀 위에서 출발해야 한다. 연구자는 자신의 연구가 어떤 이론적 기반을 두고 있는지를 명확히 밝혀야 한다. 이를 통해 논리적 출발점과 학문적 연결성을 확보할 수 있다.

2 연구문제 정당화

연구문제는 갑작스럽게 만들어지는 것이 아니다. 기존 연구에서 제시된 논의의 흐름 속에서 자연스럽게 도출되어야 한다. 이론적 배경은 해당 연구의 질문이 왜 필요한지, 어떤 가치가 있는지를 논리적으로 입증한다.

3 연구 공백 파악

선행연구를 면밀히 분석하다 보면 아직 충분히 다루어지지 않은 부분, 즉 연구 공백gap을 발견할 수 있다. 이 공백은 연구의 출발점이자, 자신의 연구가 채워야 할 학문적 역할과 독창성을 보여주는 핵심 근거가 된다.

4 연구방법론 설정

연구자가 어떤 방법론을 선택했는지는 해당 방법론이 어떤 이론적 배경에 뿌리를 두고 있는지에 따라 설득력을 얻는다. 이는 연구설계의 타당성과 신뢰성을 높이고, 논문 심사 과정에서도 신뢰성을 확보하는 데 중요하다.

5 연구 범위와 한계 설정

이론적 배경은 연구할 대상과 연구하지 않을 대상을 정하는 기준이다. 이를 통해 연구자는 연구 범위를 적절히 한정하고, 초점을 분명하게 유지할 수 있다.

결과적으로 이론적 배경은 논문 전체의 뼈대이자 설득력의 첫 번째 축이다. 독자는 이론적 배경을 통해 연구자가 어떤 문제의식을 가졌고, 그 문제를 해결하기 위해 어떤 논리적 토대를 쌓았는지를 확인하게 된다. 따라서 연구자는 이론적 배경을 단순히 문헌을 나열하는 수준으로 그치지 말고, 자신의 연구를 가장 효과적으로 뒷받침할 수 있는 전략적 논리 구조로 설계해야 한다.

이론적 배경을 작성하는 기본 원칙

이론적 배경은 단순한 문헌을 나열하는 것이 아니다. 연구자가 자신의 연구가 학문적으로 왜 필요한지를 설득력 있게 설명하는 **논리적 기둥**이다. 이를 효과적으로 작성하기 위해 연구자는 몇 가지 원칙을 의식적으로 적용해야 하며, 이러한 원칙을 충실히 반영할수록 논문 전체의 완성도와 신뢰성이 한층 높아진다.

1 관련 연구의 체계적 정리

연구자는 주제와 직접적으로 관련된 선행연구를 철저히 조사해야 한다. 이때 중요한 것은 검색된 논문을 무작정 나열하는 것이 아니라 주제별·연도별·이론별로 분류하고 흐름 있게 정리하는 것이다. 이렇게 정리하면 자신의 연구가 어떤 맥락 위에 놓여 있는지를 명확히 보여줄 수 있다.

2 연구의 논리적 흐름 유지

이론적 배경은 논문의 독립된 부분이 아니므로 '서론 – 이론적 배경 – 연구방법 – 연구결과 – 논의 및 결론'과 유기적으로 연결되어야 한다. 따라서 관련 이론을 제시한 뒤 그 이론의 한계나 적용 가능성을 논의하고, 이를 토대로 자신의 연구 필요성을 자연스럽게 부각하는 구조로 설계해야 한다.

3 다양한 학술 자료 활용

신뢰성 높은 이론적 배경을 구축하려면 단일 논문에 의존하지 말고 다양한 유형의 학술 자료를 폭넓게 활용해야 한다. 학술지 논문, 학회 발표 논문, 전문 서적, 정책 보고서 등 출처가 다양한 자료를 활용할수록 연구자는 해당 주제를 다각도에서 분석하고 있음을 보여줄 수 있다. 이는 심사위원에게도 연구자의 성실성과 깊이를 증명하는 중요한 근거가 된다.

4 연구 주제와의 연관성 강조

아무리 유용한 이론이라도 연구 주제와 직접 관련이 없다면 불필요한 내용이 된다. 문단마다 이 내용이 왜 자신의 연구에 필요한지를 자문하며, 불필요한 부분은 과감히 생략하고 핵심 내용만 선별해야 한다. 특히 이론 정리의 마지막에는 자신의 연구가 기존 이론을 어떻게 보완하거나 확장하는지를 분명히 언급해야 논문 전체의 논리적 설득력이 강화된다.

5 객관성과 최신성 유지

이론적 배경은 신뢰할 수 있는 사실과 최신 연구 경향에 기반해야 한다. 지나치게 오래된 자료에 의존하면 연구의 시의성이 떨어지고 독창성을 드러내기 어렵다. 키 논문과 최신 연구 동향을 균형 있게 반영하고, 인용 시에는 반드시 정확한 출처를 표기해 객관성과 학문적 윤리를 확보해야 한다.

이처럼 이론적 배경은 연구자의 깊이 있는 독서와 분석 역량, 선택과 집중의 전략이 결합된 결과물이다. 이러한 원칙들을 충실히 반영할수록 논문은 단순한 정보 나열이 아닌 강력한 설득력을 갖춘 학문적 문서로 거듭난다.

이론적 배경 작성 방법

이론적 배경을 효과적으로 작성하려면 단순히 문헌을 나열하는 데 그치지 않고, 기존 연구를 비판적으로 분석하고 자신의 연구와 유기적으로 연결하는 능력이 필요하다. 특히 이론적 배경은 논문 전체의 방향성을 잡아주는 역할을 하므로 핵심 개념의 정리, 선행연구 분석, 이론적 모형 구축, 연구문제와의 연계성을 종합적으로 고려하여 작성해야 한다. 다음 방법들을 단계별로 활용하면 논리적이면서도 설득력 있는 이론적 배경을 작성할 수 있다.

1 핵심 개념 및 이론 정리

연구 주제와 관련된 핵심 개념, 용어, 주요 이론들을 선별해 체계적으로 정리해야 한다. 각 개념이 정의된 배경과 발전 과정을 간략히 소개하고, 현재 연구에서 어떻게 활용될 수 있는지를 구체적으로 설명해야 한다. 예를 들어 동일한 개념이 연구마다 어떻게 달리 쓰였는지를 비교해 정리하면 개념의 맥락을 더 명확하게 전달할 수 있다. 또한 핵심 개념 간의 관계를 간단한 도표나 그림으로 시각화하면 독자가 쉽게 이해할 수 있다.

2 선행연구 검토

단순한 요약이 아니라 선행연구의 공통점과 차이점을 비교·분석하는 것이 중요하다. 선행연구에서 사용된 변수 또는 연구방법과 이 선행연구가 연구된 맥락을 종합적으로 정리해야 한다. 이를 통해 연구자는 자신의 연구가 기존 연구의 어떤 부분을 확장하거나 보완하는지를 명확히 보여줄 수 있다. 특히 표나 매트릭스를 활용해 주요 연구를 한눈에 비교하면 구조화하여 정리할 수 있다.

3 이론적 모형 구성

핵심 개념과 선행연구를 기반으로 연구자가 제안할 수 있는 이론적 모형(연구모형)을 설계해야 한다. 이때 모형은 연구문제를 해결하는 데 실질적으로 기여할 수 있어야 하며, 변수 간 관계가 논리적이면서 설득력 있게 연결되어야 한다. 예를 들어 독립변수, 종속변수, 매개변수, 조절변수를 도식으로 표현하고 그 연결 구조를 단계적으로 설명하면 좋다. 연구계획서 단계에서 초안이라도 모형을 그려두면 지도교수와의 논의가 훨씬 원활해진다.

4 연구문제와 연결

작성한 이론적 배경은 연구문제와 반드시 자연스럽게 이어져야 한다. 즉 이론적 배경을 읽으면 '그래서 이 연구는 어떤 질문에 답하고자 하는가?'라는 질문을 자연스럽게 떠올릴 수 있어야 한다. 이를 위해 이론적 배경의 마지막 부분에는 반드시 연구문제와의 연관성을 한두 문단으로 명확하게 정리해야 한다. 이는 연구문제의 타당성을 강화할 뿐 아니라 논문 전반의 논리적 흐름을 견고하게 만들어 준다.

이처럼 이론적 배경은 단순한 배경 설명이 아니라 연구자가 제시하는 문제의식과 해결책의 근거를 제공하는 핵심 구조다. '핵심 개념 정리 → 선행연구 비교 → 이론적 모형 설계 → 연구문제 연결'의 단계를 의식적으로 작성하면 심사위원에게 신뢰받는 탄탄한 논문 구조를 구축할 수 있다.

효과적인 이론적 배경 작성 전략

이론적 배경은 단순히 많은 문헌을 나열하는 것이 아니다. 연구의 흐름을 자연스럽게 연결하고 연구자만의 논리를 설득력 있게 구축하는 전략적 장치다. 이론적 배경을 효과적으로 활용하려면 다음과 같은 다섯 가지 전략을 의식적으로 적용해야 한다. 이 전략을 잘 활용하면 논문의 완성도가 높아지고, 연구문제와 방법의 타당성도 자연스럽게 입증할 수 있다.

1 논문의 흐름에 맞춘 구성

이론적 배경은 논문의 서론, 연구문제, 연구방법으로 이어지는 구조 속에서 논리적인 연결고리 역할을 한다. 독자가 이론적 배경을 읽는 동안 혼란을 느끼지 않도록 각 소주제를 순차적으로 배치하고 연결어를 활용해 문단이 자연스럽게 이어지도록 구성해야 한다. 예를 들어 '핵심 이론 설명 → 관련 연구 논의 → 연구문제 도출' 순서로 구성하면 연구의 필요성과 문제의식을 분명히 전달할 수 있다.

2 연구 주제와 직접적인 연관성 강조

논문 분량을 늘리기 위해 연구 주제와 관련 없는 이론이나 사례를 나열하면 오히려 집중력을 떨어뜨리고 연구의 초점을 흐릴 수 있다. 논문을 작성할 때마다 '이 내용이 내 연구 주제에 꼭 필요한가?'를 반복해서 자문하고, 주제와 직접 관련된 자료만 선별해 포함해야 한다. 특히 이론적 배경의 마지막 부분에서는 앞서 소개한 이론이 자신의 연구 주제를 어떻게 뒷받침하는지를 다시 한번 강조해야 한다.

3 핵심 개념 간의 관계 명확히 설명

이론적 배경에 사용한 주요 개념과 이론들이 서로 어떻게 연계되고 상호작용하는지를 구체적으로 설명해야 한다. 예를 들어 독립변수와 종속변수 간의 관계, 매개효과나 조절효과의 논리적 근거 등을 설명할 수 있다. 이때 표나 모형 그림으로 시각화하면 이해도를 높일 수 있다. 이는 연구모형을 구축하거나 연구문제와 가설을 설정할 때도 설득력을 더할 수 있다.

4 선행연구의 한계 분석 포함

기존 연구의 내용을 단순히 요약하는 데 그치지 않고 선행연구가 다루지 못한 연구 공백을 찾아내고 이를 자신의 연구가 어떻게 보완할지를 논리적으로 설명해야 한다. 예를 들어 "기존 연구는 ○○ 상황에서만 다루어졌으나, 본 연구는 □□라는 새로운 맥락에서 검증하고자 한다."라는 방식으로 서술하면 연구의 독창성과 학문적 기여도를 자연스럽게 부각할 수 있다.

5 논리적 일관성과 독창성 유지

효과적인 이론적 배경은 정보 나열이 아니라 기존 논의를 연구자가 어떻게 비판적으로 해석하고 새로운 방향성을 도출했는지를 보여준다. 이를 위해 중복 설명은 피하고 불필요한 반복 없이 핵심 논지를 분명히 유지해야 한다. 또한 직접 작성한 문장과 인용한 문헌의 경계를 잘 구분해 글의 신뢰성과 학문적 윤리를 함께 지켜야 한다.

이론적 배경 작성의 핵심 전략은 불필요한 것은 배제하고 꼭 필요한 정보만 논리적으로 배치하며, 자연스럽게 연구문제로 연결되도록 구성하는 것이다. 이 원칙을 지키면 심사위원과 독자 모두에게 신뢰받는 논문을 완성할 수 있다.

이론적 배경 작성 시 주의할 점

이론적 배경은 논문의 기초를 다지는 중요한 부분 중 하나다. 아무리 방대한 자료를 정리했더라도 작성 원칙과 주의사항을 지키지 않으면 연구의 신뢰성과 일관성이 흔들릴 수 있다. 따라서 연구자는 다음에 제시하는 다섯 가지 사항을 항상 염두에 두고 신중하게 작성해야 한다.

1 단순 요약이 아닌 비판적 분석 중심

초보 연구자들은 선행연구를 요약해 나열하는 데 그치는 경우가 많다. 그러나 효과적인 이론적 배경은 '무엇이 밝혀졌고, 무엇이 부족했는가?'를 연구자의 관점에서 비판적으로 비교·분석하고 의미를 재구성하는 과정이다. 정보 제공에서 끝나지 않고, 연구자의 고유 논리를 만드는 기초 작업이 되어야 한다.

2 명확한 출처 인용 규칙 준수

참고한 모든 자료는 저자명, 연도, 페이지 등을 정확히 표기해야 하며, 인용 부호나 간접 인용 방식도 학과에서 권장하는 스타일(APA, MLA 등)을 반드시 따라야 한다. 이를 소홀히 하면 표절로 간주될 수 있으므로 인용은 꼼꼼하고 일관되게 적용해야 한다.

3 객관적이고 학문적인 문체 유지

이론적 배경은 개인적 의견이나 감정을 드러내는 글이 아니다. "나는 ○○라고 생각한다."보다는 "○○로 해석할 수 있다." 또는 "선행연구에 따르면 ○○로 나타났다."와 같은 객관적이고 학술적인 표현을 사용하는 것이 바람직하다.

4 불필요한 개념과 자료 과감히 제외

정보량이 많다고 좋은 이론적 배경이 되는 것은 아니다. 연구문제와 직접 관련이 없는 개념, 이론, 사례는 과감히 삭제해야 한다. 논문 전체 분량과 균형을 고려해 주제와 연관된 내용 위주로 구성해야 독자가 논리 흐름에 집중할 수 있다.

5 논리적 흐름과 일관성 유지

문단 간 연결성이 자연스러운지, 내용이 중복되거나 논리적 비약은 없는지 점검해야 한다. 특히 앞에서 언급한 이론이 뒷부분에서 연구문제로 자연스럽게 이어지는지 확인하고, 작성 후에는 반드시 전체 흐름을 다시 읽어보며 문단의 순서와 주제 문장을 검토해야 한다.

결국 이론적 배경은 논문에서 연구의 필요성과 타당성, 차별성을 논리적으로 설득하는 무기이자, 연구의 설득력을 구성하는 첫 번째 축이다. 선행연구를 충분히 분석하고 연구 흐름과 자연스럽게 연결되도록 구성하며, 출처와 인용, 문체와 구성까지 꼼꼼히 관리해야 한다. 이 과정이 철저해야 논문 전체가 흔들림 없는 구조 위에 세워진다.

2.1.2 데이터

학위논문을 작성하는 과정에서 신뢰할 수 있는 데이터를 확보하고 이를 효과적으로 활용하는 일은 연구의 신뢰성과 완성도를 좌우하는 핵심 요소다. **데이터**는 연구자의 주장과 논리를 뒷받침하는 사실 기반의 증거로서 이론적 배경과 함께 논문의 과학적 타당성을 구성한다. 아무리 연구문제가 참신하고 논리 구조가 탄탄하더라도, 이를 뒷받침할 실질적인 데이터가 부족하면 연구결과는 설득력을 잃기 쉽다.

따라서 연구자는 주제를 설정할 때부터 현실적으로 접근 가능한 데이터가 있는지, 수집이 가능한지를 반드시 검토해야 한다. 또한 수집한 데이터를 어떻게 분석하고 제시할지에 대한 계획까지 사전에 수립해두어야 논문 작성 과정에서 시행착오를 줄일 수 있다. 데이터가 연구에서 어떤 위치를 차지하는지 이해하는 것은 성공적인 연구의 출발점이자 연구의 질적 수준을 결정짓는 열쇠다.

연구에서 데이터의 역할

연구에서 데이터는 단순한 수치나 기록이 아니다. 연구자가 제기한 가설을 실증적으로 검증하고 연구문제에 논리적으로 답을 제시하는 핵심 증거 자료다. 데이터의 신뢰성과 적절한 활용 여부에 따라 논문 전체의 신뢰도가 달라진다고 해도 과언이 아니다. 데이터가 수행하는 구체적인 역할은 다음과 같다.

1 연구의 신뢰성 확보

연구에 사용되는 데이터는 신뢰할 수 있는 출처에서 확보되어야 한다. 공신력 있는 기관의 통계자료, 정규화된 설문지, 공정한 실험 데이터 등 신뢰도가 검증된 자료를 활용해야 한다. 출처가 불분명한 데이터는 연구결과의 신뢰성을 떨어뜨릴 수 있으므로 주의가 필요하다.

2 연구결과의 객관성 유지

데이터는 연구자의 주장을 객관적으로 뒷받침하는 근거다. 원하는 결과를 얻기 위해 데이터를 의도적으로 왜곡하거나 불리한 자료를 생략하면 연구윤리를 위반하게 되며, 논문이 무효화될 위험이 있다. 따라서 데이터 수집, 정리, 분석, 보고 과정에서 투명성을 철저히 지켜야 한다.

3 연구가설 검증

가설이나 연구문제를 검증하려면 관련 데이터를 수집하고 양적·질적 방법으로 분석해야 한다. 데이터는 이론적 논리를 실제로 시험해보는 장치이자 연구결과의 설득력을 강화하는 근거가 된다.

4 학문적 기여도 향상

기존 연구에서 다루지 않은 새로운 변수나 현상을 포함한 데이터를 수집했다면, 그 자체로 학문적 기여가 될 수 있다. 특히 새로운 데이터를 활용한 연구는 논문의 독창성을 높이는 중요한 자산이다.

5 연구방법의 타당성 보완

신뢰성 있는 데이터를 바탕으로 연구를 설계하면 연구방법 자체의 타당성도 함께 강화된다. 이는 논문 심사 단계에서 중요한 평가 요소이며, 결과의 일반화 가능성에도 긍정적인 영향을 준다.

데이터는 연구자의 논리와 주장을 뒷받침하는 **사실적 증거**이자, 연구의 설득력을 구성하는 두 번째 축이다. 사전에 데이터 확보 가능성을 충분히 검토하고, 수집·분석·보고의 전 과정에서 신뢰성과 윤리성을 지키는 것은 연구자의 기본 책무임을 잊지 말아야 한다.

연구목적에 따른 데이터 수집 전략

데이터는 연구의 유형과 목적에 따라 다양한 방식으로 수집될 수 있으며, 연구자는 자신의 연구문제에 가장 적합하고 실행 가능한 방법을 신중히 선택해야 한다. 데이터 수집 방법을 잘 설계하고 철저히 계획하면, 연구결과의 신뢰성과 타당성을 높일 수 있다. 데이터 수집 방법은 크게 **1차 데이터**와 **2차 데이터**로 구분된다.

1 1차 데이터

1차 데이터primary data는 연구자가 직접 수집하는 데이터로, 최신성과 독창성이 높고 연구목적에 가장 직접적으로 부합한다. 다만 데이터를 수집하는 시간과 비용이 많이 들고 IRB 심사 등 윤리적 절차가 필요한 경우가 많다. 연구자가 수집하고자 하는 정보의 성격과 연구설계 방식에 따라 1차 데이터는 다음과 같은 유형으로 구분된다.

❶ **실험 데이터 :** 연구자가 통제된 환경에서 특정 변수를 조작하거나 상황을 설정해 얻는 데이터다. 예를 들어 심리학이나 행동과학 실험에서는 실험군과 통제군을 설정해 변인의 효과를 검증한다. 실험 설계 시 변수 통제, 표본 선정, 윤리적 절차 등을 충분히 고려해 신뢰성을 확보해야 한다.

❷ **설문조사 :** 특정 집단을 대상으로 질문지를 배포하여 응답을 수집하는 방법이다. 대규모 표본을 효율적으로 확보할 수 있어 변수 간 상관관계나 패턴분석에 적합하다. 설문 문항은 연구목

적에 부합하도록 폐쇄형, 개방형, 척도형 등을 적절히 조합해 설계해야 한다. 또한 파일럿 테스트pilot test를 통해 문항의 이해도와 신뢰도를 사전에 검증하는 것이 바람직하다.

③ **인터뷰** : 연구자가 참여자와 직접 만나 질문하고 응답을 기록하는 질적연구방법이다. 참여자의 심층적인 경험과 인식을 탐색할 수 있어 질적연구에서 주로 활용된다. 인터뷰 가이드를 미리 준비하고 질문 순서와 흐름을 유연하게 조정해야 풍부한 데이터를 얻을 수 있다. 녹음과 전사transcription를 통해 데이터의 정확성을 높이는 것도 도움이 된다.

④ **현장조사(관찰)** : 연구 현장을 직접 방문하여 관찰한 사실을 기록하거나 참여 관찰을 통해 데이터를 수집하는 방법이다. 사회학, 교육학, 문화인류학 등에서 실천 현장을 생생하게 담아낼 때 유용하다. 관찰자 편향observer bias을 줄이고, 윤리적 문제를 사전에 점검하는 것이 중요하다.

2 2차 데이터

2차 데이터secondary data는 다른 연구자나 기관, 조직 등이 이미 수집해 공개한 데이터다. 2차 데이터를 사용하면 시간과 비용을 절약할 수 있고, 대규모 데이터에 접근할 수 있다는 장점이 있다. 다만 데이터의 수집 목적과 현재 연구목적이 반드시 일치하지 않을 수 있으므로 데이터의 적합성과 신뢰성을 꼼꼼히 확인해야 한다. 연구에 자주 활용되는 주요 2차 데이터 유형은 다음과 같다.

① **공공데이터**open data : 정부, 지방자치단체, 국가데이터처(구 통계청), 공공기관, 국제기구(UN, OECD, WHO 등)가 공식적으로 제공하는 신뢰도 높은 통계 데이터다. 사회현상, 인구통계, 경제 지표, 교육, 보건, 환경 등 다양한 주제의 기초 데이터를 폭넓게 제공하며, 객관성과 공신력이 높다. 특히 방대한 양의 데이터를 비용 부담 없이 활용할 수 있다는 점에서 석사·박사 연구자에게 매우 유용하다.

셀파의 포인트 **대표적인 국내 공공데이터포털**

- **국가통계포털**KOSIS[1] : 국가데이터처에서 운영하는 대표적인 통계 포털이다. 인구, 경제, 사회 등 거의 모든 공공 통계 데이터를 종합적으로 제공한다.
- **공공데이터포털**[2] : 행정안전부에서 운영하는 통합 플랫폼이다. 정부, 지자체, 공공기관에서 만든 다양한 데이터 세트를 한곳에서 열람하거나 다운로드할 수 있다.
- **교육 통계서비스**[3] : 한국교육개발원에서 운영한다. 학교, 학생, 교원, 교육재정 등 교육 분야의 주요 통계 정보를 제공한다.

1 https://kosis.kr

2 https://www.data.go.kr

3 https://kess.kedi.re.kr

- **보건복지데이터포털[4] :** 한국보건사회연구원에서 운영한다. 국민생활실태조사, 가족과 출산 조사, 차상위계층실태조사 등 보건복지 관련 각종 조사자료와 통계를 종합적으로 제공한다.
- **기상청 기상자료개방포털[5] :** 기온, 강수량, 기후변화 등 기상청이 보유한 기후·기상 데이터를 열람하고 분석할 수 있는 플랫폼이다.

셀파의 포인트 **주요 공공데이터의 종류**

- **인구통계 데이터 :** 인구총조사, 출생·사망률, 가구 구조, 이동 인구 등(예 KOSIS 인구총조사)
- **경제 지표 데이터 :** 국내총생산GDP, 소비자물가지수CPI, 고용률과 실업률, 무역통계 등(예 국가데이터처 국가통계포털)
- **사회조사 데이터 :** 사회조사, 삶의 질, 행복지수 등(예 서울대학교 한국사회과학자료원KOSSDA[6])
- **교육 데이터 :** 학교 정보, 학생 수, 졸업률, 교육재정, 국가교육통계 등(예 교육통계서비스)
- **보건·의료 데이터 :** 질병 통계, 건강검진 결과, 지역 보건지표, 의료이용 통계 등(예 보건복지데이터포털)
- **환경·기후 데이터 :** 기상자료, 대기오염, 수질 정보, 기후 변화 관련 통계(예 기상청 기상자료개방포털)
- **법·행정 데이터 :** 행정구역별 자료, 공공예산, 정책자료 등(예 공공데이터포털)
- **국제 비교 데이터 :** 경제협력개발기구OECD, 국제연합UN, 세계은행World Bank의 글로벌 지표(예 국가데이터처 해외통계포털[7])

셀파의 포인트 **전공 분야별 활용 가능한 공공데이터 예시**

- **사회학/사회복지학 :** 사회조사 데이터(KOSIS 국가통계포털 – 사회조사), 성균관대학교 서베이리서치센터 – 한국종합사회조사KGSS[8], 인구주택총조사
- **경제학/경영학 :** KOSIS 국가통계포털 – 경제지표, K-stat 무역통계[9], 한국은행 – 기업경영분석[10], OECD 경제지표
- **교육학 :** 교육통계서비스의 학교별 학생 수, 졸업률, 교사 수, 교육재정 데이터
- **보건·간호학 :** 보건복지데이터포털의 질병별 유병률, 건강검진 통계, 지역보건지표

4 https://www.kihasa.re.kr/dataportal
5 https://data.kma.go.kr
6 https://kossda.snu.ac.kr
7 https://www.kostat.go.kr/foreignStatistics
8 https://kgss.skku.edu
9 https://stat.kita.net
10 https://www.bok.or.kr/portal/search/search/main.do?menuNo=201693&query=기업경영분석

- **환경학/지리학 :** 기상청 기상자료개방포털 – 기후통계, 대기질 데이터, 국립환경과학원의 대기·수질 모니터링 자료
- **법학/행정학 :** 행정구역별 인구와 재정 현황, 법령 데이터베이스, 지방자치단체별 정책 보고서
- **국제학/개발학 :** UN 통계자료, World Bank 개발지표, OECD 교육·경제 비교 데이터

❷ **패널데이터**panel data : 연구자가 직접 수집하지 않고, 기존에 반복 수집된 데이터를 활용하는 대표적인 2차 데이터다. 정부, 연구기관, 기업, 통계기관 등이 동일한 대상을 일정 기간 반복 조사해 축적한 데이터로 시간 흐름에 따른 변화를 분석하거나 개인·집단 간 비교 연구를 할 때 매우 유용하다. 패널데이터는 동일한 표본을 정기적으로 조사하여 횡단면 데이터와 시계열 데이터의 장점을 결합한 형태를 띤다. 개인이나 기업의 행태 변화, 정책 효과 등을 장기적으로 추적할 수 있다. 관측치 수가 많고 구조가 정교해 분석의 정밀도와 통계적 효율성이 높다. 고정효과, 무작위효과 등 패널데이터에 특화된 분석기법도 적용할 수 있다.

셀파의 포인트 **주요 국내 패널데이터의 종류(국가데이터처 MDIS[11] 기반)**

- **주제별 제공 자료 :** 인구, 가구, 노동, 기업 등 여섯 개 이상의 주제 영역별로 패널데이터를 제공한다. 예를 들어 기업활동조사 패널데이터(2006년~2023년)는 기업 경영 흐름을 장기 추적할 수 있는 대표적 패널데이터다.

그림 2-1 국가데이터처 MDIS의 주제별 제공 자료

- **기관별 제공 자료 :** 국가데이터처 이외에도 고용노동부, 문화체육관광부, 과학기술정보통신부 등 각 기관이 작성한 패널조사를 기준으로 자료가 정리돼 있다. 예를 들어 '고용형태별근로실태조사'나 '지능정보사회이용자패널조사' 등도 포함된다.
- **데이터 시계열 및 제공 방법 :** 조사마다 시작연도와 종료연도, 조사 주기(분기, 연간 등)가 명시되어 있으며, 접근 방식은 공공용 다운로드부터 인가용 원격접근, 센터 방문형 서비스까지 다양하다.

11 MDIS 사이트(https://mdis.kostat.go.kr)의 [제공 자료] 메뉴에서 확인할 수 있다.

셀파의 포인트 **주요 해외 패널데이터의 종류**

- **PSID** Panels Study of Income Dynamics[12] : 미국의 대표적인 패널데이터로 1968년부터 현재까지 가구 소득, 고용, 건강, 교육 등 다양한 변수를 장기적으로 추적한다.
- **UKHLS** UK Household Longitudinal Study[13] : 영국의 대규모 패널데이터로 2009년부터 약 40,000 가구(약 100,000명)를 대상으로 건강, 소득, 행복, 교육 등의 정보를 포괄적으로 수집한다.
- **SOEP** SOcio-Economic Panel[14] : 독일의 국가 패널데이터로 1984년부터 고용, 소득, 건강, 삶의 질 등 사회경제적 지표를 장기적으로 추적 조사한다.
- **HILDA** Household, Income and Labour Dynamics in Australia[15] : 호주의 패널데이터로 2001년부터 소득, 고용, 건강, 기후 변화 영향 등의 연구에 널리 활용된다.

❸ **학술 데이터베이스 :** 논문, 학회지, 학술 보고서 등 학술 커뮤니티에서 검증된 데이터를 제공하는 신뢰도 높은 정보원이다. 대표적인 예로 RISS, DBpia[16], KISS Korean studies Information Service System[17], Google Scholar, 펍메드 PubMed[18], Scopus, Web of Science 등이 대표적이다. 이러한 학술 데이터베이스에서 표, 통계자료, 연구결과 등을 추출해 연구의 이론적 배경으로 활용하거나 메타분석의 기초 자료로 활용할 수 있다. 상세한 내용은 3.6절을 참고하라.

❹ **기업 및 기관 보고서 :** 민간 기업, 연구소, 산업협회 등에서 발간하는 시장조사 보고서, 산업동향 보고서 등이다. 특히 경제·경영·산업 분야의 연구에서 실무적인 데이터를 사용할 수 있어 큰 가치를 지닌다. 다만 비공개 자료는 저작권이나 사용 제한 여부를 사전에 확인해야 하며, 인용 시 출처를 반드시 명시해야 한다.

데이터 수집은 연구자의 질문에 가장 적합한 방식으로 현실적인 자원과 윤리적 절차를 함께 고려하여 설계해야 한다. 1차 데이터는 연구자 주도로 수집하는 맞춤형 데이터라는 점에서 높은 적합성과 독창성이 강점이고, 2차 데이터는 공신력 있는 기관이 축적한 방대한 자료를 활용할 수 있는 점에서 효율성과 신뢰성이 강점이다. 연구자는 필요에 따라 두 가지 방법을 적절히 병행해 연구의 깊이와 폭을 동시에 확보할 수 있도록 전략적으로 계획해야 한다.

---

12 https://psidonline.isr.umich.edu

13 https://www.understandingsociety.ac.uk

14 https://www.diw.de/en/soep

15 https://melbourneinstitute.unimelb.edu.au/hilda

16 https://www.dbpia.co.kr

17 https://kiss.kstudy.com

18 https://pubmed.ncbi.nlm.nih.gov

신뢰성 있는 연구를 위한 데이터 정리와 분석

수집된 데이터를 효과적으로 정리하고 분석하는 과정은 연구결과의 신뢰성을 높이고, 연구의 타당성을 뒷받침하는 핵심 단계다. 아무리 데이터를 충분히 확보했더라도, 이를 무작위로 처리하거나 체계적으로 관리하지 않으면 분석 결과가 왜곡되거나 신뢰성을 잃을 수 있다. 따라서 연구자는 데이터 정리와 분석 단계에서도 논리적 일관성과 투명성을 유지해야 하며, 이를 위해 명확한 절차와 도구를 활용하는 것이 중요하다.

1 데이터 정리

데이터 정리는 분석의 사전 단계로서 데이터의 품질을 확보하고 분석 오류를 최소화하기 위해 반드시 선행해야 하는 작업이다. 데이터 정리 과정에서는 데이터의 정확성, 일관성, 완전성을 꼼꼼히 점검해야 한다. 주요 정리 작업은 다음과 같다.

- **코딩** coding : 데이터를 분석 가능한 형태로 변환하는 과정이다. 예를 들어 설문 응답의 선택지를 숫자로 변환하거나, 질적 데이터의 주요 의미 단위를 주제별로 분류하는 작업이 이에 해당한다. 코딩이 잘 되어 있으면 데이터 분석 단계에서 변수 간 관계를 빠르고 정확하게 도출할 수 있다.
- **데이터 클리닝** data cleaning : 수집된 데이터에서 중복, 오류, 결측값 등을 찾아 수정하거나 제거해 데이터의 품질을 향상시키는 과정이다. 불필요하거나 잘못 입력된 값, 결측 데이터 처리 방법(평균 대체, 삭제 등)을 사전에 결정해 일관되게 적용해야 한다. 데이터 클리닝 단계에서 오류를 제대로 잡지 못하면 분석 결과가 왜곡될 수 있으므로 꼼꼼하게 확인해야 한다.
- **데이터 구조화 및 백업** : 정제된 데이터는 표준화된 파일명과 폴더 구조로 정리하고, 정기적으로 백업해야 한다. 분석 중 데이터가 손상되거나 변형되는 것을 방지하기 위해 원본 데이터와 정제 데이터를 별도로 보관하는 것이 바람직하다.

2 데이터 분석방법

데이터 정리가 완료되면 연구목적과 방법론에 맞는 분석방법을 선택해 데이터를 해석한다. 분석방법은 연구문제와 데이터의 특성에 따라 달라져야 하며, 필요하다면 전문가의 조언을 받는 것도 좋다. 연구설계에 따라 활용할 수 있는 대표적인 데이터 분석방법은 다음과 같다.

- **통계분석** : 양적연구에서는 통계분석이 주로 사용된다. SPSS, R, Python, AMOS 등 통계분석 도구를 활용해 빈도분석, 기술통계, t-검정, ANOVA, 회귀분석, 구조방정식모형(SEM) 등 다양한 기법을 적용할 수 있다. 분석기법은 연구가설의 복잡성과 데이터의 특성을 고려해 결정해야 한다.

- **질적분석 :** 질적연구에서는 인터뷰, 사례 연구, 참여관찰 등에서 수집한 텍스트 데이터를 중심으로 분석한다. 개방 코딩, 축 코딩, 선택 코딩 등 단계별 코딩을 통해 핵심 주제를 도출하며, 엔비보NVivo 또는 맥스큐디에이MAXQDA 같은 질적분석 도구를 활용하면 분석의 효율성을 높일 수 있다. 무엇보다 중요한 것은 데이터에서 의미 있는 패턴을 발견하고, 이를 해석해 연구문제에 대한 답을 도출하는 것이다.
- **텍스트 분석 및 자연어 처리 :** 뉴스 기사, SNS 글, 논문 등 대규모 텍스트 데이터를 분석할 때는 자연어 처리(NLP)Natural Language Processing 기법을 사용한다. 텍스트 마이닝text mining, 감성분석sentiment analysis, 토픽 모델링topic modeling 등이 대표적이며, 파이썬Python의 NLTK, KoNLPy 라이브러리 등을 활용할 수 있다. 텍스트 분석은 방대한 비정형 데이터를 구조화하여 숨겨진 의미와 주제를 파악하는 데 매우 효과적인 방법이다.
- **시각화 및 결과 해석 :** 분석 결과는 표, 그래프, 도표 등으로 시각화해 독자가 쉽게 이해할 수 있도록 제시해야 한다. 시각화는 분석의 신뢰성을 높이고, 핵심 인사이트를 직관적으로 전달하는 중요한 도구다.

데이터 정리와 분석은 단순한 기술 작업이 아니라 **연구의 신뢰성을 뒷받침할 과학적 근거를 구축하는 과정**이다. 연구자는 정리 단계부터 철저한 검증과 관리를 통해 오류를 최소화하고, 연구목적에 가장 적합한 분석기법을 선택해 의미 있는 결론을 도출해야 한다.

연구결과를 설득력 있게 전달하는 데이터 보고

연구자는 데이터를 분석해 연구문제에 대한 답을 도출한 뒤, 그 결과를 논문에 명확하고 일관성 있게 보고해야 한다. 데이터 보고는 연구의 신뢰성과 투명성을 보여주는 중요한 단계이며, 독자가 결과를 쉽게 이해하고 연구의 타당성을 검토할 수 있도록 하는 핵심 과정이다. 따라서 분석한 데이터를 어떻게 정리해 제시할지, 어떤 시각화 방법을 활용할지, 그 결과를 어떻게 해석할지를 사전에 구체적으로 계획하고 신중하게 작성해야 한다.

1 표와 그래프의 활용

데이터를 효과적으로 전달하려면 텍스트만으로 설명하기보다는 표와 그래프 같은 시각 자료를 적절히 활용하는 것이 중요하다. 시각화는 복잡한 데이터를 간결하고 직관적으로 보여주어 연구자가 전달하고자 하는 핵심 메시지를 명확하게 표현할 수 있게 한다. 시각화를 어떻게 활용해야 효과적인지 구체적으로 살펴보자.

- **도표**table **:** 수치 데이터나 비교 데이터를 체계적으로 정리해 보여주는 데 적합하다. 변수별 평균값, 빈도수, 표준편차, 상관계수 등 기초 통계정보를 한눈에 확인할 수 있도록 한다. 표에는

반드시 제목과 번호를 붙이고, 단위와 부연 설명을 간결히 덧붙여 독자가 내용을 오해하지 않도록 해야 한다.

- **차트**chart**와 그래프**graph : 데이터의 흐름, 변화, 패턴 등을 시각적으로 표현하는 데 효과적이다. 대표적인 유형으로 막대그래프bar chart, 선그래프line graph, 히스토그램histogram, 원형차트pie chart, 박스플롯box plot 등이 있다. 그래프는 과도한 장식을 피하고 핵심 데이터를 중심으로 간결하게 표시해야 한다. 또한 축, 범례, 단위 등을 명확히 표기함으로써 정보 전달력을 높이는 것이 좋다.

2 결과 해석

분석 결과는 단순히 수치를 나열하는 데 그쳐서는 안 된다. 연구자는 결과가 연구문제에 어떻게 연결되는지를 해석하고 그 의미를 논리적으로 설명해야 한다. 예를 들어 분석 결과가 기존 연구와 일치하거나 다르다면 그 이유를 분석하고, 예상과 다른 결과가 나왔다면 그 의미와 연구적 시사점을 신중히 논의해야 한다. 또한 해석 과정에서 과도한 일반화나 근거 없는 추측을 피하고, 데이터가 뒷받침할 수 있는 범위 내에서 결론을 도출해야 한다. 필요하다면 표나 그래프에 간략한 해설을 덧붙여 독자의 이해를 도울 수 있다.

3 데이터 출처 명확히 밝히기

데이터의 신뢰성을 확보하려면 출처와 수집 방법을 명확히 밝혀야 한다. 특히 2차 데이터를 활용한 경우, 사용한 데이터의 출처(공공 데이터베이스, 기관 보고서 등)와 수집 시기, 가공 여부 등을 본문이나 각주, 참고문헌에 정확히 기재해야 한다. 모든 표와 그래프 아래에도 반드시 출처(자료 : ○○기관, ○○연도 등)를 표시하여 연구윤리를 준수해야 한다. 출처는 논문 인용 규칙(APA, MLA 등)에 맞춰 일관되게 표기한다. 필요하다면 원본 데이터의 접근 경로(URL 주소)나 디지털 객체 식별자(DOI)Digital Object Identifier를 함께 제공해 다른 연구자도 확인할 수 있도록 한다.

데이터 보고는 연구자가 수행한 분석의 투명성과 신뢰성을 보여주는 창구이자, 연구의 설득력을 높이는 핵심 단계다. 표와 그래프를 활용해 데이터를 직관적으로 제시하고 결과를 연구문제와 연결해 논리적으로 해석하며, 모든 데이터의 출처를 철저히 밝힘으로써 독자가 연구결과를 신뢰할 수 있도록 해야 한다.

데이터 활용 시 유의점

데이터는 논문의 신뢰성과 타당성을 결정짓는 가장 중요한 근거이므로 연구자는 데이터를 수집하고 활용할 때 과학적 엄밀성과 윤리적 책임을 동시에 고려해야 한다. 다음과 같은 사항들을 유의하면 데이터 활용의 신뢰성을 높일 수 있다.

1 데이터의 신뢰성 철저히 검증하기

수집한 데이터가 공신력 있는 출처에서 수집되었는지, 수집 절차에 오류나 왜곡이 없는지 꼼꼼히 점검해야 한다. 예를 들어 인터넷 포럼이나 개인 블로그 등 비공식적 출처에서 무분별하게 수집한 자료는 신뢰성이 낮아 결과를 왜곡할 수 있으므로 주의한다. 데이터의 신뢰성을 높이기 위해 다양한 출처에서 동일 주제를 비교하는 교차 확인cross-validation도 효과적인 방법이다.

2 데이터 조작 및 선택적 사용 절대 금지

연구자가 자신의 가설이나 주장을 뒷받침하기 위해 유리한 데이터만 선택하거나 불리한 데이터를 고의로 제외하는 것은 명백한 연구 부정행위다. 수집된 데이터는 있는 그대로 투명하게 보고해야 하고, 예상과 다른 결과가 나왔다면 그 원인을 정직하게 해석하는 태도가 필요하다. 연구윤리를 지키는 것은 연구자의 기본 의무이며, 이를 위반하면 논문 취소, 학위 무효 등 심각한 결과를 초래할 수 있다.

3 연구목적과 데이터 간 일관성 유지하기

연구문제와 맞지 않는 데이터를 억지로 분석하면 결과의 신뢰성과 논문의 논리성이 모두 훼손된다. 데이터 수집 단계부터 연구목적에 부합하는 변수와 자료만 선별하고, 분석 계획과 일관되게 연결되도록 관리해야 한다. 특히 다중 연구문제를 다룰 때는 데이터가 각 질문에 적합한지 꼼꼼히 점검해야 한다.

4 데이터 보안 및 개인정보 보호 철저히 준수하기

설문조사, 인터뷰 등 개인 식별 정보가 포함된 데이터를 사용할 때는 IRB 승인을 받아야 하고, 개인정보 보호법 등 관련 법규를 철저히 준수해야 한다. 연구대상자의 명시적인 동의를 얻고, 수집된 데이터는 암호화하거나 접근 권한을 제한해 보안을 유지해야 한다. 논문 공개 시에는 반드시 익명 처리하거나 민감 정보를 삭제해야 한다.

데이터는 학위논문이 학문적으로 신뢰받기 위한 객관적 증거이자 연구의 뼈대를 이루는 핵심 요소다. **연구자는 신뢰성 높은 데이터를 선택하고 분석 전에 체계적으로 정리하며, 연구문제와 논리적으로 연결되도록 설계해야 한다. 또한 분석 결과는 투명하고 윤리적으로 보고하며 개인정보와 보안은 철저히 관리해야 한다.** 데이터 활용은 연구자의 과학적 엄밀성과 윤리적 책임이 동시에 요구되는 과정임을 명심해야 한다. 이러한 기준을 철저히 준수할 때 비로소 연구의 신뢰성과 논문의 완성도가 높아지고, 학문적 기여도 또한 극대화된다.

셀파의 요약정리 2.1

학위논문은 단순한 글쓰기가 아니라 연구자가 학문적으로 새로운 지식을 생산하고 이를 설득력 있게 증명하는 공식적인 학술 문서다. 이를 위해 논문은 반드시 체계적인 이론적 배경과 신뢰할 수 있는 데이터라는 두 가지 핵심 조건을 갖추어야 한다. **이론적 배경과 데이터를 확보할 수 없는 주제는 애초에 시작하지 않는 것이 대학원생의 전략적 의사결정이다.**

■ 이론적 배경의 역할과 중요성

- 이론적 배경은 연구의 출발점이자 논리적 기반으로 연구 주제가 기존 연구와 어떻게 연결되는지 설명하고 연구의 정당성을 확보하는 역할을 한다.
- 연구자는 선행연구를 분석해 연구 공백을 파악하고, 이를 바탕으로 자신의 연구가 어떤 학문적 기여를 하는지 논리적으로 밝혀야 한다.

■ 이론적 배경 작성의 원칙과 방법

- 관련 연구를 체계적으로 정리하고, 논문 전체 흐름과 논리적으로 연결되도록 구성한다.
- 핵심 개념과 이론을 비교·분석하고 이를 연구모형과 연구문제로 자연스럽게 이어지게 한다.
- 객관적이고 학문적인 문체를 유지하고, 불필요한 개념은 과감히 제외한다.

■ 이론적 배경 작성 시 주의할 점

- 단순 요약이 아닌 비판적 분석이 필요하며, 인용 출처를 명확히 하고 최신 연구를 포함해 연구의 타당성과 신뢰성을 높여야 한다.

■ 데이터의 역할과 중요성

- 데이터는 연구자가 제시한 가설을 실증적으로 검증하고 연구결과를 뒷받침하는 객관적 근거다.
- 데이터의 신뢰성과 질이 논문의 신뢰성을 결정짓는다.

■ 데이터의 수집 방법

- 실험, 설문조사, 인터뷰 등 직접 수집한 1차 데이터와 공공데이터, 학술 데이터베이스, 기업 보고서 등 기존 자료인 2차 데이터를 연구목적에 맞게 활용한다.

- 데이터는 반드시 연구목적과 질문에 부합해야 하며, 수집 시 윤리적 기준과 개인정보 보안을 철저히 지켜야 한다.

■ 데이터 정리와 분석

- 수집한 데이터는 코딩과 클리닝을 거쳐 정리하고, 통계분석, 질적분석, 텍스트 분석 등 적절한 방법을 선택해 해석한다.
- 분석 결과는 표와 그래프 등 시각 자료로 명확히 제시하고, 연구문제와 연결해 논리적으로 해석한다.

■ 데이터 활용과 보고 시 주의점

- 데이터 출처를 명확히 밝히고, 선택적 사용이나 조작을 절대 금지해야 한다.
- 개인정보 보호와 연구윤리를 철저히 준수해야 한다.

SECTION

2.2 논문 주제 구체화하기

논문 주제는 연구의 방향과 범위를 결정하므로 신중하게 설정해야 한다. 특히 키워드 추출에서 선행연구 검토, 최종 연구모형 도출까지의 과정을 단계마다 체계적으로 진행하면 논문의 완성도를 높일 수 있다.

2.2.1 키워드 찾기

논문 주제를 구체화하는 첫걸음은 관심 있는 분야에서 **핵심 키워드**를 찾아내는 일이다. 키워드는 선행연구를 탐색하고 연구 흐름을 파악하며, 연구문제를 명확히 설정하는 출발점이다. 키워드를 어떻게 설정하느냐에 따라 선행연구의 질과 연구계획의 방향이 달라질 수 있다.

1 연구 관심 분야에서 핵심 키워드 추출하기

가장 먼저 자신이 연구하고자 하는 큰 주제를 종이에 써보고, 그와 관련된 주요 개념이나 변수, 조건 등을 5개~10개 정도 자유롭게 뽑아본다. 예를 들어 '직무만족'을 주제로 연구한다면 관련 키워드로는 '동기부여', '리더십', '조직문화', '성과', '근무환경' 등이 있을 수 있다. 이 단계에서는 키워드를 너무 좁게 설정하기보다 생각나는 관련 용어를 최대한 폭넓게 나열해보는 것이 좋다.

2 키워드는 논문 검색과 선행연구 흐름 파악의 출발점

찾은 키워드를 기반으로 RISS, DBpia, Google Scholar 등에서 관련 논문을 검색해본다. 검색 결과를 통해 해당 키워드가 학계에서 어떻게 정의되고 사용되는지, 연구 경향이 어떻게 변화해왔는지를 파악할 수 있다. 이 과정을 통해 키워드를 더 세분화하거나, 의미가 불분명한 키워드는 제외하면서 목록을 정제한다.

3 키워드를 바탕으로 연구 제목, 문제의식, 가설 구체화하기

잘 정리된 키워드는 연구 제목과 연구문제, 가설 수립의 토대가 된다. 예를 들어 '직무만족'과 '리더십'을 주요 키워드로 설정했다면, 이를 결합해 '리더십 유형이 직무만족에 미치는 영향'이라는 연구문제를 구체화할 수 있다. 또는 다른 키워드를 조합해 '근무환경이 직무만족에 미치는 매개효과'와 같은 새로운 가설을 도출할 수도 있다.

4 키워드 관리 팁

키워드는 문서나 스프레드시트로 정리하고, 검색 결과와 함께 간단한 메모를 남겨두면 연구계획서를 작성할 때 큰 도움이 된다. 키워드별로 관련 논문 목록을 함께 관리해두면 나중에 이론적 배경을 정리하거나 참고문헌을 작성하는 시간이 크게 절약된다.

키워드는 연구의 뿌리이자 나침반이다. 잘 정리된 키워드는 연구문제를 선명하게 하고, 논문 설계의 방향을 흔들림 없이 이끌어준다.

2.2.2 참고문헌 목록 만들기

키워드를 찾았다면 다음 단계는 관련 논문을 검색하고 참고문헌 목록을 체계적으로 정리하는 일이다. 참고문헌 목록은 단순한 인용 문서가 아니라 논문 구조를 설계하고 연구계획서를 작성할 때 핵심 근거로 활용된다.

1 키워드 기반으로 학술 데이터베이스 검색하기

RISS는 국내 논문 검색에 가장 널리 사용되는 대표적인 데이터베이스다. 검색창에 키워드를 입력한 뒤 연도, 주제 분야 등 필터filter를 설정해 관련성 높은 최신 논문부터 찾아본다. 필요하다면 DBpia, KISS, Google Scholar 등 다른 데이터베이스도 함께 활용해 검색 범위를 확장한다. 자세한 방법은 3.6절을 참고하라.

2 RISS의 내보내기 기능 활용하기

원하는 논문을 찾았다면 [그림 2-2]와 같이 RISS의 내보내기 기능을 이용해 선택한 논문의 서지 정보를 한 번에 저장할 수 있다. 내보내기 형식은 EndNote, Zotero, Mendeley, RefWorks 등 다양한 참고문헌 관리 프로그램에 맞게 선택할 수 있고, 이를 활용하면 추후 논문을 작성할 때 자동 인용 기능으로 효율이 크게 향상된다. 저장한 파일은 주기적으로 업데이트하는 습관을 들이는 것이 좋다. 자세한 내용은 2.4절을 참고하라. 참고로 Google Scholar에서도 인용하기 기능을 제공하며, RISS의 내보내기 기능과 유사한 방법으로 이용할 수 있다.

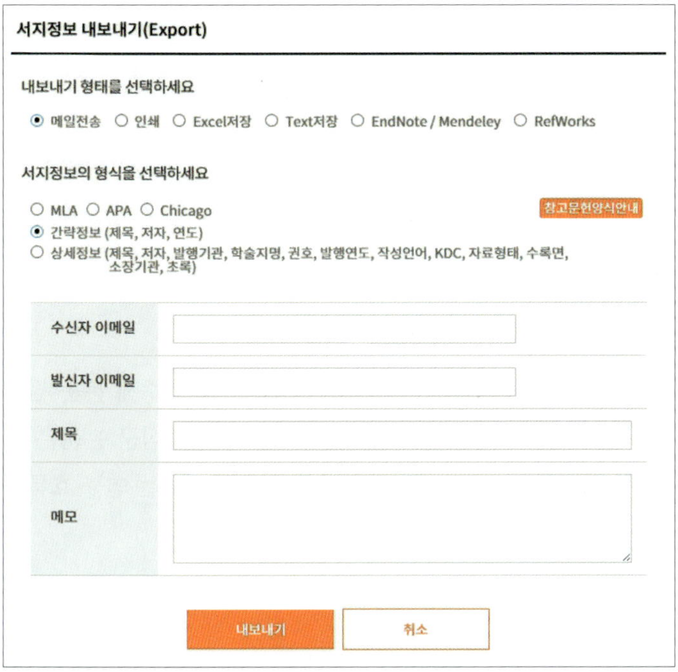

그림 2-2 RISS의 서지정보 내보내기 창

3 참고문헌 목록 정리 팁

참고문헌은 단순히 모아두지 말고 연구 주제나 변수, 연구방법론 등에 따라 폴더를 나눠 체계적으로 분류해두자. 각 논문 옆에 요약이나 핵심 키워드를 메모해두면 참고문헌을 다시 찾거나 인용할 때 시간을 절약할 수 있다.

4 참고문헌 목록의 활용 가치

잘 정리된 참고문헌 목록은 연구계획서 작성뿐만 아니라 서론, 이론적 배경, 선행연구 검토, 연구모형 설계 등 논문 전 과정에서 근거 자료로 활용된다. 또한 지도교수와 논의할 때 참고문헌 목록을 제시하면 연구 이해도를 높이고 더 구체적인 피드백을 받을 수 있다.

참고문헌 목록은 논문의 기초 설계도다. RISS의 내보내기 기능을 잘 활용하면 참고문헌을 훨씬 체계적이고 손쉽게 관리할 수 있고 논문을 작성하는 속도와 정확도가 한층 향상된다.

2.2.3 주요 키 논문 목록 만들기

참고문헌 목록을 충분히 확보했다면, 그중 핵심이 되는 **키 논문**key paper을 선별하는 단계가 필요하다. 키 논문은 연구자의 논문 구조와 논리 설계의 기준이 되며, 연구 방향을 구체화하고 연구계획서를 설득력 있게 작성할 수 있도록 돕는다.

1 키 논문 5편~10편 우선 선별하기

RISS, DBpia 등에서 수집한 참고문헌 중 영향력이 크거나 연구 주제와 직접 연결되는 논문 5편~10편을 우선적으로 선별한다. 주제를 설명하는 기초 논문basic paper, 최근 동향을 반영한 최신 논문current paper, 학계에서 널리 인용되는 고전 논문classic paper을 균형 있게 조합하는 것이 좋다. 지나치게 오래된 논문에만 의존하지 말고 최신 논문과 고전 논문을 적절히 조합해 연구 흐름을 넓게 파악해야 한다.

2 키 논문을 토대로 참고 핵심군 논문 구축하기

선별한 5편~10편의 키 논문을 토대로 인용문 추적backward & forward tracking과 유사 주제 논문 검색을 통해 50편~100편 규모의 참고 핵심군 논문core set을 구축한다. 이러한 참고 핵심군 논문은 연구자가 이론적 토대, 변수 정의, 연구모형 설계를 준비하는 실질적 기반이다. 이후에는 연구 흐름을 분석하고 논문 요약 표를 작성하거나 연구계획서를 구상할 때 핵심 자료로 활용된다.

3 키 논문의 역할

선정된 키 논문은 이론적 배경과 틀을 잡아주고 연구모형이나 변수 설정의 표준 예시가 된다. 연구자가 어떤 분석방법을 선택할지, 어떤 변수와 척도가 적절한지 참고할 수 있는 실질적인 가이드가 되어준다. 지도교수와 미팅할 때 키 논문을 중심으로 연구방향을 논의하면 훨씬 구체적이고 생산적인 피드백을 받을 수 있다.

4 키 논문 목록 관리 팁

선별한 키 논문은 별도의 폴더에 저장하고, 논문별로 핵심 정보(연구목적, 변수, 분석기법, 주요 결과 등)를 간단히 요약해두면 좋다. 요약 엑셀 표로 정리하면 논문 간 비교와 분석이 훨씬 수월해진다. 논문 제목만 저장하지 말고 PDF 파일도 함께 관리해 필요할 때 바로 열람할 수 있도록 한다.

5 키 논문 선정 이후 활용 계획

키 논문은 이론적 배경 작성부터 연구모형 도출, 연구가설 설정, 방법론 설계에 이르기까지 거의 모든 논문 작성 단계에서 직접 활용된다. 특히 논문 초안을 작성할 때 키 논문을 적절히 인용함으로써 연구의 신뢰도를 높이고 논문의 흐름을 자연스럽게 구성할 수 있다. 잘 선별된 키 논문은 연구계획에서부터 이론적 배경, 분석 설계까지 전 과정이 흔들리지 않도록 견고한 논리 구조를 만든다.

키 논문은 논문 작성의 뼈대이자 토대다. 논문을 제대로 선별해야 이후 연구계획서, 이론적 배경, 분석 설계까지 흔들림 없는 논리 구조를 세울 수 있다.

2.2.4 키 논문의 주요 내용을 엑셀 표로 요약하기

키 논문을 선별했다면 각 논문의 핵심 내용을 엑셀 표로 정리해 한눈에 비교할 수 있도록 체계화하는 단계로 넘어가야 한다. 이 과정은 논문별 핵심 정보의 공통점과 차이점을 쉽게 파악하게 해주고, 연구자가 자신의 연구설계에 필요한 아이디어를 구체화하는 데 큰 도움이 된다.

1 핵심 항목으로 표 구성하기

엑셀 표는 지나치게 많은 정보를 담기보다는 논문 간 비교가 용이한 핵심 항목 위주로 구성하는 것이 좋다. 일반적으로 포함하면 좋은 항목은 다음과 같다.

- **연구 제목 및 저자 :** 논문을 식별할 수 있는 기본 정보
- **연구목적 :** 해당 연구가 다룬 문제를 한 문장으로 요약
- **주요 변수 :** 독립변수, 종속변수, 매개변수, 조절변수 등
- **연구모형 :** 변수 간 관계나 연구 흐름을 간단한 모형으로 정리
- **연구방법 :** 데이터 수집 방법, 표본 수, 분석기법 등
- **주요 결과 :** 가장 핵심적인 결과와 그 시사점

2 논문 간 비교 편의성 높이기

엑셀 표로 정리하면 논문마다 어떤 변수와 분석방법을 사용했는지 한눈에 비교할 수 있어, 자신의 연구 주제에 가장 적합한 모형과 방법론을 설계할 때 큰 도움이 된다. 특히 변수 정의나 연구모형을 고민할 때는 유사 논문을 참고하여 연구설계의 실현 가능성을 높일 수 있다.

3 지도교수 미팅 자료로 활용하기

엑셀 표는 지도교수와의 미팅에서도 유용하게 사용된다. 여러 논문을 구두로 설명하는 대신, 표로 정리된 내용을 보여주면 어떤 논문을 어떻게 분석했는지 한눈에 전달할 수 있다. 덕분에 지도교수로부터 더 구체적이고 효율적인 피드백을 받을 수 있다.

4 표를 정리하고 업데이트하기

엑셀 파일은 논문별로 시트를 나누거나 하나의 시트에서 열column로 구분해 정리할 수도 있다. 논문 수가 많아지면 필터 기능으로 연구방법, 연도 등 기준에 따라 편리하게 정렬하거나 비교할 수도 있다. 작성한 표는 정기적으로 새로운 논문을 추가해 최신 상태를 유지하는 것이 중요하다. 논문 요약 엑셀 표는 [그림 1–3]을 참고하라.

표로 정리된 키 논문은 내 논문의 로드맵이다. 표를 활용해 논문 간 핵심 정보와 연구 흐름을 명확히 파악하면 연구계획서와 연구설계의 완성도를 높일 수 있다.

2.2.5 기존 연구 흐름을 분석하고 취할 부분과 차별화시킬 부분 정하기

연구 주제를 구체화하고 연구계획서를 설득력 있게 작성하려면, 기존 연구의 흐름을 정확히 분석한 뒤 그중 어떤 부분을 따르고 어떤 부분을 보완하거나 새롭게 확장할지를 명확히 설정해야 한다. 이러한 분석은 연구의 독창성과 학문적 기여도를 심사위원에게 효과적으로 보여주는 핵심 전략이다.

1 연대기 또는 주제별로 연구 흐름 정리하기

연구자는 선별한 키 논문과 참고문헌을 단순히 나열하는 데 그치지 않고, 그 속에서 연구의 발전 흐름을 구조적으로 정리해야 한다. 대표적인 정리 방법으로 다음과 같은 두 가지가 있다.

- **연대기적 정리 :** 연구가 처음 시작된 시점부터 최근까지 어떤 이슈가 제거되었고, 그에 따라 변수는 어떻게 변화해왔는지 시기별로 정리한다.
- **주제별 정리 :** 동일한 주제 안에서도 관점, 변수, 분석방법 등에 따라 논문을 그룹화해 연구 흐름의 맥락을 파악한다.

이러한 정리 방식은 연구계획서의 이론적 배경과 선행연구 분석 부분을 탄탄하게 구성하는 데 큰 힘을 발휘한다.

2 공통점과 차이점 파악하기

정리한 연구 흐름을 바탕으로 기존 연구들 간의 공통점(연구 주제, 사용한 변수, 분석방법 등)과 차이점(분석 대상, 연구 시기, 새로운 변수 등)을 비교한다. 이를 통해 자신의 연구가 기존 연구와 어떤 부분에서 연결되고 어떤 부분에서 차별화될 수 있는지를 구체적으로 파악할 수 있다.

3 참고할 점과 차별화할 점 도출하기

기존 연구에서 이미 검증된 변수, 신뢰도 높은 분석방법, 이론적 틀은 적극적으로 참고하고 활용하는 것이 좋다. 반면 기존 연구에서 충분히 다루지 않았거나 새로운 연구 상황(대상, 지역, 맥락 등)이 필요한 부분은 자신의 연구에서 새롭게 설정해 독창성을 확보할 수 있다. 예를 들어 동일한 이론을 다른 집단에 적용하거나 기존 변수에 새로운 매개변수를 추가하는 방식 등으로 차별화를 시도할 수 있다.

4 차별성을 논문에 명확히 드러내기

논문 심사위원은 연구의 차별성과 학문적 기여도를 가장 중요한 평가 기준으로 삼는다. 따라서 연구자는 연구계획서나 논문 본문에서 "본 연구는 기존 연구와 달리 ○○를 시도한다." 또는 "기존 연구에서는 다루지 않았던 ○○ 상황을 분석한다."와 같이 구체적인 문장으로 차별성을 명확히 밝혀야 한다.

5 분석결과를 표나 도식으로 시각화하기

기존 연구 흐름에 대한 분석 결과를 표나 도식으로 시각화하면 한눈에 비교하기 쉽다. 이를 지도교수의 미팅 자료나 연구계획서에 포함시키면 연구 배경과 연구목표에 대한 타당성을 높일 수 있다.

차별성은 논문의 무기이자 학문적 가치의 증거다. 기존 연구 흐름을 꿰뚫어 보고, 취할 점은 적극적으로 반영하고 보완할 점은 새롭게 확장해 연구의 독창성을 논리적으로 제시해야 한다.

2.2.6 연구설계 설명하기

기존 연구 흐름과 키 논문을 충분히 분석했다면, 이를 바탕으로 자신만의 연구설계를 구체화하는 단계로 나아가야 한다. 연구설계는 연구자의 아이디어를 실행 계획으로 구체화한 로드맵으로, 논문 작성의 출발점이자 지도교수와 소통할 수 있는 가장 중요한 자료다.

1 연구 주제와 목표 설정하기

연구자는 선별한 키 논문에서 얻은 변수, 이론, 연구 흐름을 참고해 자신만의 연구 주제를 한 문장으로 명확하게 정리해야 한다. 이어지는 연구목표research objective는 해당 주제를 통해 궁극적으로 무엇을 밝히고자 하는지 구체적으로 서술한 것이다. 이때 주제와 목표는 서로 불필요하게 중복되지 않도록 간결하게 작성해야 한다.

2 연구문제와 가설 설정하기

연구 주제를 설정했다면 이를 바탕으로 연구문제(RQs)Research Questions를 몇 가지로 구체화해야 한다. 연구문제에 따라 검증 가능한 연구가설hypothesis을 도출하며, 보통 "○○는 ○○에 영향을 미칠 것이다."와 같은 문장 구조로 작성한다. 이때 변수 간 관계가 명확히 드러나도록 표현하는 것이 중요하다.

3 변수 정의 및 연구방법 설계하기

연구 주제를 실제로 실행하기 위해서는 먼저 주요 변수(독립변수, 종속변수, 매개변수, 조절변수)를 명확히 정의해야 한다. 각 변수의 개념과 측정 지표를 간략히 설명하고, 어떤 방식으로 데이터를 수집하고 분석할 것인지를 구체적으로 정리한다. 예를 들어 설문조사 설계, 표본 선정 기준, 통계분석 도구에 대한 간략한 계획을 함께 기술하면 좋다.

4 연구설계 흐름 구조화하기

완벽할 필요는 없지만 '주제 → 목적 → 연구문제/가설 → 변수 → 방법'의 흐름이 자연스럽게 이어지도록 설계초안을 구성해야 한다. 이렇게 초안을 구조화하면 지도교수와의 미팅에서 구체적으로 피드백을 받는 데 큰 도움이 된다. 아이디어만 구두로 설명할 경우 추상적으로 받아들여지기 쉽지만, 설계 흐름이 정리된 문서를 제시하면 실현 가능성에 대한 논의가 더 구체적이고 생산적으로 이루어진다.

5 연구계획서와 일관성 유지하기

이 단계에서 정리한 연구설계는 곧 연구계획서의 핵심 내용으로 이어진다. 따라서 작성 과정에서 연구계획서의 기본 요소(배경, 목적, 연구문제, 방법, 기대효과)와의 논리적 일관성을 수시로 점검하는 것이 중요하다.

연구설계는 내 연구의 청사진이다. 키 논문 분석에서 얻은 근거를 바탕으로 주제부터 가설, 변수, 방법까지 논리적으로 연결하면 지도교수와의 논의도 더 빠르고 구체적으로 진행될 수 있다.

셀파의 요약정리 2.2

논문 주제는 연구의 방향과 범위를 결정짓는 가장 중요한 출발점이다. 주제를 막연히 정하는 것이 아니라 '키워드 추출 → 선행연구 분석 → 키 논문 정리 → 논문 요약 → 연구 흐름 분석 → 연구설계 구체화'의 단계별 과정을 거쳐 꼼꼼히 다듬어야 한다. 이로써 연구의 완성도와 설득력을 높일 수 있다.

■ **키워드 찾기**

- 연구 관심 분야에서 핵심 키워드를 5개~10개 정도 추출해 정리한다.
- 키워드는 논문 검색과 선행연구 탐색의 출발점이며, 제목 설정, 연구문제 구성, 가설 도출의 기반이다.

■ **참고문헌 목록 만들기**

- 선정한 키워드를 바탕으로 RISS, DBpia, Google Scholar 등에서 관련 논문을 폭넓게 수집한다.
- RISS의 내보내기 기능을 이용하면 참고문헌을 쉽게 저장하고, 참고문헌 관리 프로그램과 연동해 체계적으로 정리할 수 있다.

■ **키 논문 선별하기**

- 전체 참고문헌 중 주제와 가장 밀접하게 연결되고 영향력 있는 키 논문 5편~10편을 선별한다.
- 키 논문은 연구 배경, 연구모형, 분석방법 등을 선택하는 기준이다.

■ **키 논문의 주요 내용을 엑셀 표로 요약하기**

- 키 논문의 연구목적, 변수, 연구모형, 연구방법, 주요 결과를 엑셀 표로 정리해 비교·분석을 용이하게 한다.
- 이 표는 연구 흐름을 파악할 때를 비롯해 연구계획서를 작성할 때나 지도교수와 미팅할 때도 핵심 근거 자료가 된다.

■ 기존 연구 흐름 분석과 차별화 전략 도출하기

- 선별한 키 논문을 연대기 또는 주제별로 정리해 기존 연구의 흐름을 파악한다.
- 공통점과 차이점을 비교하여 자신의 연구가 어떤 점에서 기존 연구와 연결되며, 어떤 점에서 새롭고 독창적인지 구체화한다.
- 차별성은 논문의 학문적 기여도를 강조하는 핵심 근거다.

■ 연구설계 정리하기

- 키 논문 분석을 바탕으로 연구 주제와 연구목표를 명확히 정의한다.
- 연구문제, 가설, 변수 정의, 연구방법 등을 구조화해 정리한다.
- 이 설계의 완성도가 높을수록 지도교수와의 소통이 원활해진다.

지도교수와 연구모형 관련 미팅 전에 해야 할 일

❶ 키워드 찾기

❷ 참고논문 목록 만들기(RISS에서 내보내기 기능 이용)

❸ 주요 키 논문 목록 만들기

❹ 주요 키 논문의 모형만 찾아 정리하기(주요 키 논문 연구모형 모음 샘플)

❺ 찾은 모형에 대한 주요 내용(독립변수, 매개변수, 종속변수, 연구대상 등)을 하나의 엑셀 표로 정리하기

❻ 기존 연구 흐름을 분석하고 취할 부분과 차별화할 부분 정하기

❼ 과정 ❶~❻을 통해 자신의 연구모형이 추출되었음을 설명하기

❽ 연구모형만 달랑 만들지 말고, 연구모형 추출에 관한 모든 자료를 가지고 미팅하기

주제 설정은 논문 성공의 50%다. 체계적인 단계별 접근을 통해 주제를 구체화하면 연구 방향이 흔들리지 않는다.

SECTION

2.3 연구계획서 작성하기

연구계획서는 연구자가 자신의 연구 주제를 명확히 정의하고 이를 실현 가능한 단계로 구체화해서 문서로 정리한 것이다. 단순한 제안서가 아니라 연구의 전체 로드맵이자 실행 계약서에 가깝다. 연구자는 계획서를 통해 연구목적과 문제를 논리적으로 전개하고 선행연구 검토, 변수 설정, 분석 방법 등 핵심 요소를 미리 구조화할 수 있다. 이는 곧 연구의 완성도를 사전에 점검하는 과정이기도 하다. 또한 연구계획서는 지도교수와의 소통을 원활하게 하고, 심사위원이 연구의 타당성과 실현 가능성을 판단하는 핵심 근거다. 연구계획서가 허술하면 연구 도중에 수차례 수정과 지연이 발생하기 쉽다. 반대로 연구계획서가 탄탄하게 준비되면 연구자는 자신감 있게 연구를 수행할 수 있으며, 지도교수와 심사위원에게도 높은 신뢰를 줄 수 있다.

연구계획서는 보통 서론, 이론적 배경, 연구목적 및 문제, 연구방법, 기대효과 등으로 구성된다. 특히 서론은 연구계획서의 '첫인상'을 결정짓는 핵심 파트로, 연구의 필요성과 목적, 연구문제, 연구 범위, 주요 용어 정의 등을 통해 연구의 전체 방향성을 분명히 제시해야 한다.

2.3.1 연구계획서를 제대로 써야 하는 이유

연구계획서는 단순한 형식 문서가 아니라 논문 전체의 청사진이자 연구자의 생각을 구조화한 체계적인 설계도다. 계획서를 통해 연구자는 자신의 아이디어를 구조화하고, 연구 흐름과 실행 계획을 구체화할 수 있다.

1 연구계획서가 튼튼하면 논문이 흔들리지 않는다

연구계획서는 연구자가 어떤 순서로, 어떤 방법으로 연구를 진행할지 구체적으로 안내하는 일종의 **로드맵**roadmap이다. 연구계획서를 바탕으로 연구자는 주제에 맞는 자료 수집, 변수 설정, 분석 계획 등을 사전에 점검할 수 있다. 설계도가 튼튼하면 논문 작성 과정에서 시행착오와 방향 수정이 크게 줄어들고, 연구 전체가 흔들림 없이 안정적으로 진행될 수 있다.

2 연구계획서 한 장이 소통을 바꾼다

연구계획서는 연구자가 자신의 연구를 독립적으로 준비했다는 증거이며, 지도교수나 심사위원이 연구의 타당성과 실행 가능성을 판단하는 핵심 자료다. 계획서의 논리성과 구체성이 높을수록 지도교수는 연구에 대한 신뢰를 갖고 적극적으로 피드백을 줄 수 있다. 반면에 연구계획서가 허술하면 주제 변경이나 연구방법 수정이 반복되기 쉬워, 불필요한 일정 지연으로 이어지곤 한다.

3 연구계획서가 잘 되면 초안은 쉽게 따라온다

연구계획서는 초기에 시간을 들여 잘 작성해두면 이후 논문 작성 속도를 비약적으로 높여준다. 이론적 배경, 연구문제, 가설, 변수, 연구방법 등이 이미 구조화되어 있으므로 연구계획서를 바탕으로 논문 초안을 빠르게 완성할 수 있다. 즉 연구계획서는 논문의 미리쓰기draft이자 글쓰기의 방향을 잡아주는 초석인 셈이다.

4 책임 있는 연구는 연구계획서에서 시작된다

연구계획서에는 연구목적뿐만 아니라 데이터 수집 절차, 연구대상 보호 계획IRB, 분석방법의 타당성 등 윤리적 요소가 포함된다. 이는 연구자가 학문적 책임과 연구윤리를 준수하고 있다는 신뢰의 증거다. 지도교수와 심사위원은 이러한 부분을 꼼꼼히 점검하며, 연구가 학문적으로 안전하고 타당하게 진행될 수 있도록 지도한다.

잘 짜인 연구계획서는 연구의 불확실성을 줄이고, 연구자와 지도교수 모두에게 효율적인 소통과 실행의 기반을 제공한다.

2.3.2 연구계획서는 이렇게 구성하자

앞서 언급한 것처럼 연구계획서는 연구자의 아이디어를 구체적인 실행 계획으로 정리한 문서이며, 논문의 설계도이자 청사진이다. 지도교수와 심사위원은 연구계획서를 바탕으로 연구의 타당성과 실행 가능성을 판단한다. 따라서 연구계획서는 내용이 방대하거나 복잡할 필요는 없지만, 반드시 논리적으로 구조화되어야 한다.

연구계획서의 기본 구성

연구계획서는 본격적인 논문을 작성하기에 앞서 연구자가 수행하고자 하는 **연구의 방향성과 타당성을 미리 제시하는 문서**다. 따라서 논문과 구성이 유사하지만, 연구를 실행하기 이전 단계라는 점에서 몇 가지 구성상의 차이가 존재한다. 연구계획서는 일반적으로 [표 2-1]과 같은 항목으로 구성된다.

표 2-1 연구계획서의 기본 구성

기본 구성	내용	
연구 제목	연구대상, 연구목적, 연구방법이 포함되어야 함	
연구 필요성 및 연구목적	연구 필요성	연구를 왜why 하려고 하는가에 대한 내용을 담아야 함(실무적 필요성 중심) → **연구의 중요성**
	선행연구[19]	선행연구 요약, 선행연구의 한계, 선행연구의 한계에 기초한 본 연구의 필요성 기술(학문적 필요성 중심) → **연구의 차별성**
	연구목적	앞서 기술한 실무적·학문적 필요성에 따라 본 연구에서 하고자 하는 무엇what을 기술하기, 본 연구의 연구문제 및 연구가설을 풀어서 설명
연구방법	연구모형 및 가설	연구모형은 한 장의 그림으로 표현, 가설은 연구모형을 설명
	측정도구	본 연구에서 연구하게 될 변수의 측정 항목에 대한 출처 기술
	자료수집	모집단 및 표본에 대한 설명, 연구대상 및 자료 수집 절차 설명
	통계분석방법	수집된 자료를 어떤 통계분석방법으로 분석할 것인지에 대해 설명

이러한 구성은 논문의 기본 구조와 상당히 유사하다. 그러나 연구계획서는 실제 분석 결과나 논의 없이 계획 수준에서 연구의 방향성과 타당성을 검토하는 데 목적이 있다는 점에서 차이가 있다.

2.3.3 연구 주제를 담은 제목은 이렇게 정하자

연구계획서에서 가장 먼저 신경써야 할 요소 중 하나가 바로 **제목**title[20]이다. 제목은 연구의 첫인상이자 연구 내용을 응축한 문장으로 지도교수나 심사위원이 논문을 이해하는 출발점이다.

제목은 연구자가 다루는 **연구목적**, **연구대상**, **연구방법** 등을 함축하면서도 간결하고 명료하게 표현되어야 한다. [표 2-2]에서는 양적연구와 질적연구 논문의 실제 제목을 통해 좋은 제목이 어떤 요소를 포함하는지 확인할 수 있다. 참고로 논문 제목의 연구대상은 보라색, 연구목적은 주황색, 연구방법은 초록색으로 구분했다.

19 선행연구 기술은 이론적 배경으로 따로 정리하기도 하지만, 연구 필요성에 포함되는 것이 일반적이다.

20 연구계획서 심사 과정에서 연구 제목은 변경될 수 있다. 그러나 작성 초기부터 연구 주제를 명확히 담은 적절한 제목을 설정하는 일은 매우 중요하다. 이는 연구자가 해당 주제에 대해 얼마나 깊이 고민해왔는지를 보여주는 단적인 지표이기 때문이다.

표 2-2 좋은 논문 제목의 예

저자(발행연도)	논문 제목	연구 유형
오혜선(2007)	ADHD 성향 아동의 사회기술향상 프로그램 개발과 효과 연구	양적연구
김연주(2013)	자아존중감 향상을 위한 중학교 집단상담 프로그램 효과에 관한 메타 분석	
장희원(2021)	국내 중년 여성의 우울과 예측 요인의 구조적 관계: 상관계수를 이용한 메타분석적 구조방정식모형을 중심으로	
박옥례(2008)	여자양궁선수의 하위문화에 관한 질적사례 연구	질적연구
유수영(2020)	북한이탈주민의 결핵 투병 경험에 대한 내러티브 탐구	
엄연주(2021)	보건교사의 감염병 대응 경험과 역할에 관한 근거이론 연구	

이처럼 논문 제목에 연구대상, 연구목적, 연구방법 등 연구의 주요 요소를 명확하게 포함하면 연구의 방향과 의도를 효과적으로 드러낼 수 있다. 특히 학위논문을 준비할 때는 제목만으로도 연구설계의 윤곽이 드러나야 한다. 이를 위해 다양한 선행연구의 제목을 분석하며 제목 구성 전략을 익히는 것이 좋다.

2.3.4 연구의 필요성과 목적을 서론에 담자

서론은 연구계획서의 가장 첫 장으로 연구자가 왜 이 주제를 선택했는지, 어떤 문제를 해결하려는지, 연구가 사회와 학문에 어떤 의미를 갖는지를 압축적으로 보여준다. 좋은 서론은 독자에게 연구의 필요성을 납득시키고, 연구자에 대한 신뢰를 형성한다. 연구계획서의 서론을 작성할 때는 다음 두 가지를 주의해야 한다.

- 주제를 단순히 소개하는 데 그치지 않고 '문제 인식 → 배경 설명 → 연구목표와 문제 → 연구방법'의 개요로 이어지는 자연스러운 논리 흐름을 만들어야 한다.
- 독자가 연구 주제에 대한 배경지식이 없더라도 서론만으로 연구의 필요성과 목적을 이해할 수 있도록 명확하고 평이한 문장으로 기술해야 한다.

서론의 분량은 연구계획서 전체의 약 20%~30% 정도가 적당하다. 만약 내용이 길어진다면 배경 설명과 관련 문헌 검토는 '이론적 배경' 장으로 분리해 균형을 맞추는 것이 좋다.

1 연구의 필요성을 설명하자

연구의 필요성은 서론의 핵심이다. 이는 연구자가 이 주제를 왜 다루는지 논리적으로 설득하는 부분이다. 연구 필요성은 왜 이 연구를 수행해야 하는가에 대한 논리적 근거를 제시하는 부분으로, 다음 두 측면을 모두 포함하는 것이 바람직하다.

- **실무적 필요성 중심의 설명 :** 현재 사회나 현장에서 나타나는 문제 상황 또는 변화 양상에 주목하여 연구의 필요성을 도출한다. 해당 주제에 대한 실제적 수요, 정책적 요구, 제도적 공백 등을 구체적으로 서술한다.

  예 "○○ 현상이 증가하고 있음에도 불구하고 이를 뒷받침할 제도적 기반이 부족하다."
- **연구의 중요성과 설득력 :** 연구 필요성은 막연한 주장 대신 이론적·실증적 근거를 바탕으로 논리적으로 기술되어야 한다. 이 연구를 통해 어떤 문제를 해결할 수 있으며 어떤 기여를 할 수 있는지에 대한 구체적인 답이 제시되어야 한다.

  예 "본 연구는 ○○ 현상에 대한 이론적 설명력을 높이는 동시에, 실무적 개선방안을 제시할 수 있다."

2 선행연구를 통해 학문적 필요성을 밝히자

선행연구 분석은 기존 연구에서 무엇이 밝혀졌고 무엇이 밝혀지지 않았는가를 중심으로 서술하며, 학문적 필요성을 강조하는 기반이다. 이는 연구 필요성에 포함되어 작성되는 것이 일반적이다.

- **선행연구 요약 :** 본 연구와 유사하거나 관련 있는 연구의 주요 개념, 방법, 결과를 간략히 정리한다. 핵심 이론이나 연구 동향을 짧게 소개하면서 본 연구가 놓여 있는 학문적 맥락을 드러낸다.
- **선행연구의 한계 지적 :** 기존 연구들이 다루지 않은 주제, 변수, 표본, 분석방법, 또는 특정 맥락에서의 연구 공백을 구체적으로 제시한다.

  예 "대부분의 연구가 ○○ 집단만을 대상으로 하여 결과의 일반화에 한계가 있었다."
- **본 연구의 필요성 강조 :** 앞서 지적한 한계를 극복하기 위해 본 연구가 어떤 새로운 시도나 접근을 하는지 설명한다. 이는 본 연구의 차별성differentiation과 공헌점contribution을 드러내는 핵심 서술이다.

  예 "본 연구는 기존 연구들이 간과한 △△ 요인을 추가하여 ○○에 대한 통합적 분석을 시도하고자 한다."

3 연구목적을 분명히 하자

필요성을 충분히 설명했다면, 이제 연구자가 궁극적으로 달성하려는 연구목적을 한 문장으로 명확하게 제시한다. 이때 연구목적은 간결하면서도 주요 변수와 연구대상이 드러나도록 구성하는 것이 바람직하다.

예를 들어 다음과 같이 작성할 수 있다.

- 본 연구의 목적은 ○○ 고등학생을 대상으로 ○○ 프로그램이 학업성취도와 자아존중감에 미치는 효과를 검증하는 것이다.
- 본 연구는 ○○ 조직에서 리더십 유형과 직무만족도의 관계를 규명하고자 한다.

이처럼 연구목적은 기술적 설명과 이론적 또는 실무적 기여도를 포함하는 것이 바람직하다. 연구목적이 설정되었으면 그 뒤에는 구체적인 **연구문제**를 제시한다. 연구문제는 연구목적을 달성하기 위해 해결해야 할, 구체적이고 분석 가능한 소문제로 보통 2개~4개 정도가 적당하다. 다음 기준을 참고해 연구문제를 작성하면 도움이 된다.

- 측정 가능하고 분석 가능한 형태로 표현할 것
- 변수명, 관계성, 비교 대상을 명시할 것
- 불필요하게 모호한 질문은 배제할 것

예를 들어 다음과 같이 구성할 수 있다.

- ○○ 프로그램 참여 전과 후 학생들의 자아존중감에 차이가 있는가?
- ○○ 프로그램 참여 전과 후 학업성취도의 변화는 어떠한가?
- 성별에 따라 효과에 차이가 있는가?

2.3.5 연구방법론에 대해 설명해야 한다

연구방법은 연구계획서에서 연구목적과 연구문제 또는 가설을 어떤 방식으로 검증할 것인가how에 대한 구체적인 계획을 서술하는 부분이다. 연구의 타당성과 실행 가능성을 평가하는 데 매우 중요한 항목으로, 연구모형과 가설 설정, 변수 측정 방법, 자료 수집 방식, 통계분석 절차 등을 논리적으로 연결하여 제시해야 한다. 연구방법은 일반적으로 다음과 같은 네 가지 항목으로 구성된다.

1 연구모형 및 가설 설정하기

연구모형은 본 연구에서 검증하고자 하는 변수 간의 관계를 한눈에 보여주는 구조도다. 즉 독립변수와 종속변수, 매개변수나 조절변수가 어떻게 연결되는지를 하나의 그림으로 도식화하여 제시한다.

연구모형은 연구문제나 가설을 시각적으로 요약한 것이며, 일반적으로 [그림 2-3]과 같이 화살표

(⟶)를 활용하여 변수 간 관계 방향성을 나타낸다. 복잡한 모형이라도 핵심 경로와 변수만 간결하게 표현하는 것이 가독성 측면에서 바람직하다. 연구모형 아래에는 연구가설을 번호 또는 문장 형태로 서술하며, 각 가설은 도식의 경로를 설명하는 역할을 한다.

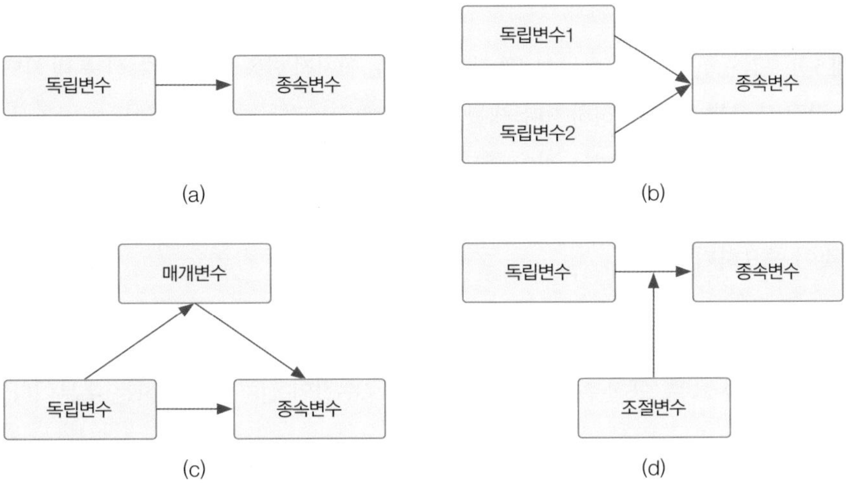

그림 2-3 연구모형의 예

- 가설 1 : ○○ 변수는 △△ 변수에 정(+)의 영향을 미칠 것이다.
- 가설 2 : ○○ 변수와 △△ 변수 간의 관계는 □□ 변수가 매개할 것이다.
- 가설 3 : ○○ 변수와 △△ 변수 간의 관계는 ◇◇ 변수에 따라 달라질 것이다.

가설은 연구자가 설정한 변수 간 인과적 또는 상관적 관계를 논리적으로 예측한 문장이며 실증 분석을 통해 검증 가능한 형태로 제시되어야 한다. [그림 2-3]의 (a)처럼 독립변수와 종속변수 간의 직선적 관계뿐 아니라 (c)~(d)처럼 매개변수나 조절변수가 포함된 복합적 경로에 대해서도 구체적인 가설을 설정해야 한다. 연구모형은 요약, 가설은 해석의 기능을 수행하며 두 요소는 반드시 논리적으로 연결되어야 한다. 즉 연구모형의 도식화는 변수 간 구조를 한눈에 보여주는 역할을 하며 가설은 그 구조 속 각 관계에 대해 이론적 근거를 바탕으로 한 명시적 검증 항목으로 기능한다. 따라서 연구자가 설정한 가설은 이론적 배경과 선행연구에 기반한 논리적 예측이라는 점에서 학문적 설득력을 지녀야 한다.

2 변수는 어떻게 측정할 것인가?

측정도구 항목에서는 본 연구에서 사용할 주요 변수가 어떤 문항으로, 어떤 방식으로 측정되는지를 구체적으로 설명한다. 변수별 측정 항목과 출처를 명확히 제시하며 기존 선행연구에서 차용한다면 원출처와 문항 수, 척도 유형 등을 함께 명시한다.

> ○○ 변수는 홍길동(2020)이 개발한 12개 문항으로 구성된 자기효능감 척도를 사용하였다.

리커트 척도 유형(예 5점, 7점 등), 하위요인 구분(예 정서적 만족, 인지적 만족 등), 점수 산출 방식도 기술한다. 연구자가 직접 도구를 일부 수정하거나 새롭게 개발했다면 전문가 검토 절차, 예비조사, 신뢰도 확보 방법 등에 대한 설명을 덧붙이는 것이 좋다. 측정도구의 명확한 제시는 연구결과의 신뢰성과 타당성 확보의 출발점이므로 모든 문항을 나열하지 않더라도 도구의 성격과 구성요소를 구체적으로 제시하는 것이 중요하다.

3 누구에게, 어떻게 자료를 수집할 것인가?

자료수집 항목은 연구의 대상과 표본, 표본추출 방법, 그리고 자료수집의 절차를 설명하는 부분이다.

- **연구대상(모집단) :** 본 연구가 어떤 모집단population을 대상으로 하는지를 서술하고, 그중 어떤 표본sample을 대상으로 연구를 수행할 것인지 명확히 한다.
  예 "이 연구의 모집단은 전국 ○○ 고등학교에 재학 중인 1학년 학생이며, 표본은 ○○ 지역의 5개 고등학교에서 무작위로 추출된 300명이다."
- **표본추출 방법 :** 무작위표집, 유의표집, 층화표집, 집락표집 등 구체적인 표본추출 방법을 제시하고, 해당 방법을 선택한 이유를 간단히 설명한다.
- **자료수집 절차 :** 설문, 면담, 관찰 등 자료 수집 도구와 그 실시 방식(대면, 온라인 등), 실시 기간, 회수율 등을 간략히 제시한다.
- 예 "202X년 3월부터 4월까지 연구자가 직접 현장을 방문하여 설문지를 배포하고 회수했다."

4 어떤 분석으로 가설을 검증할 것인가?

통계분석방법 항목에서는 수집된 데이터를 통해 어떻게 연구문제 또는 가설을 검증할 것인지를 분석기법 중심으로 설명한다. 연구목적과 변수 간 관계 유형에 따라 분석기법을 선택해야 하며, 그 선정 이유와 분석 순서를 논리적으로 구성하는 것이 중요하다.

- **기술통계 :** 조사 대상의 일반적인 특성 파악을 위해 빈도분석, 평균, 표준편차 등의 기술통계를 실시한다.
- **신뢰도 및 타당도 검증 :** 측정도구의 신뢰도를 크론바흐 알파Cronbach's α 등을 통해 확인하며, 필요시 탐색적 요인분석EFA 또는 확인적 요인분석CFA을 통해 타당도를 검토한다.

- **주요 분석방법 :** 연구가설 검증을 위해 사용할 상관분석, 회귀분석, 매개·조절효과 분석, 분산분석, 구조방정식모형 등의 구체적 분석기법을 제시한다. 각 분석의 목적을 비롯해 어떤 가설에 해당 분석의 대응 여부를 명확히 서술한다.
- **분석 도구 :** 사용 예정인 통계분석 도구(SPSS, AMOS, R, Mplus 등)를 명시하고, 분석 목적에 따라 프로그램 선택 이유를 간단히 기술한다.

셀파의 요약정리 2.3

연구계획서는 논문을 작성하는 출발점이자 전체 연구의 설계도이며, 지도교수 및 심사위원과의 소통을 원활하게 하고 연구의 방향성을 흔들림 없이 유지해 주는 핵심 문서다.

■ **연구계획서를 제대로 써야 하는 이유**

- 연구계획서는 연구의 배경과 필요성, 목표, 연구문제, 가설, 방법, 기대효과를 논리적으로 연결해 제시하는 청사진이다.
- 계획서가 탄탄할수록 연구자는 시행착오를 줄이고 진행 속도를 높일 수 있으며, 지도교수와의 신뢰도 높아진다.
- 연구윤리와 데이터 수집 절차의 타당성을 담보하는 근거의 역할도 한다.

■ **연구계획서는 이렇게 구성하자**

- 일반적으로 '배경 및 필요성 → 연구목적 → 연구문제/가설 → 연구방법' 순으로 작성한다.
- 각 항목은 독립적이면서도 논리적으로 이어져야 하며, 복잡한 내용은 표나 도식을 활용해 설명력을 높일 수 있다.
- 체계적으로 작성된 연구계획서는 곧 논문의 초안이 되므로 꼼꼼하게 준비할수록 논문 완성도가 높아진다.

■ **연구계획서를 가지고 지도교수와 논의하는 전략**

- 연구계획서를 작성한 후에는 사전 미팅을 잡아 직접 설명하고 핵심 피드백을 받는다.
- 연구 주제의 적절성, 자료 수집 가능성, 방법론의 타당성 등을 점검받는다.
- 피드백을 바탕으로 2차~3차 수정본을 준비하며, 핵심 조언은 별도로 정리해 향후 연구 진행 시 참고한다.

연구계획서를 제대로 작성하면 논문의 절반은 이미 완성된 것이다.

SECTION

2.4 논문 찾기의 전략 : 학술 데이터베이스 200% 활용법

논문을 작성하기에 앞서 연구자는 기존 연구를 철저히 검토하고 주제와 관련된 논문을 체계적으로 정리해야 한다. 이때 학술 데이터베이스를 활용한 검색은 연구의 기초를 다지는 중요한 과정이자 논문의 방향을 설정하는 데 결정적인 역할을 한다. 학술 데이터베이스를 효과적으로 활용하면 이론적 배경을 정리하고, 연구방법을 구체화하며 연구문제를 정교하게 다듬을 수 있다.

2.4.1 학술 데이터베이스의 중요성

학술 데이터베이스는 연구자가 학위논문을 포함한 모든 학술 연구를 준비할 때 반드시 활용해야 하는 기초 정보의 보고(寶庫)다. 학술 데이터베이스를 잘 활용하면 연구자는 단기간에 방대한 기존 연구를 검토할 수 있고, 자신의 연구가 어떤 맥락에서 차별성을 가질 수 있는지 전략적으로 설계할 수 있다.

1 연구 최신 동향 파악

학술 데이터베이스를 활용하면 특정 연구 분야에서 지금까지 어떤 연구가 이루어졌고 최근에는 어떤 주제와 방법론이 주목받고 있는지를 빠르게 파악할 수 있다. 예를 들어 RISS, DBpia, KISS 같은 국내 데이터베이스뿐만 아니라 Google Scholar, Scopus, Web of Science 등 해외 데이터베이스를 병행해 검색하면 최신 연구 트렌드를 놓치지 않고 반영할 수 있다.

2 이론적 배경 구축 기반

데이터베이스에서 수집한 논문들을 분석해 핵심 개념, 이론적 틀, 변수 정의 등을 정리하면 이론적 배경을 체계적으로 구성할 수 있다. 이는 연구자가 논문에서 제시하는 가설이나 연구모형의 타당성을 뒷받침하는 논리적 근거가 된다. 잘 정리된 이론적 배경은 연구계획서 작성과 논문 심사 과정에서 큰 신뢰를 준다.

3 연구 공백 탐색과 방향 설정

비슷한 주제의 논문을 여러 편 읽고 비교하다 보면 기존 연구에서 다루지 않았거나 충분히 탐색 되지 않은 부분을 발견할 수 있다. 이러한 연구 공백을 찾아내고 이를 보완하거나 새로운 맥락에 적용하면 연구의 독창성을 높일 수 있다. 이는 연구의 차별성과 학문적 기여도를 강조할 수 있는 핵심 논거다.

4 참고문헌 확보와 체계적 관리

데이터베이스 검색 결과를 바탕으로 논문별 참고문헌을 정리해두면, 논문 작성 단계에서 필요한 자료를 빠르게 찾아 인용할 수 있다. 특히 RISS의 내보내기 기능(2.2절 참고)이나 Google Scholar의 인용하기 기능 등을 활용하면 참고문헌 관리 프로그램과 쉽게 연동할 수 있어 편리하다. 연구자는 이를 통해 참고문헌 목록을 최신 상태로 유지하고, 인용 오류를 방지할 수 있다.

5 논문 검색 전략과 병행할 때 시너지 극대화

학술 데이터베이스의 효과는 효율적인 검색 전략과 함께할 때 더욱 빛을 발한다. 키워드 조합, 연도 필터링, 주제별 분류 등을 활용하면 방대한 논문 중에서도 연구 주제에 꼭 맞는 논문을 신속히 찾을 수 있다(3.6절 참고).

학술 데이터베이스는 내 연구의 나침반이다. 이를 최대한 활용해 최신 연구를 빠르게 파악하고, 연구 공백을 찾아내어 독창적이고 설득력 있는 연구 계획을 수립해야 한다.

2.4.2 논문 검색을 위한 주요 데이터베이스

연구자는 자신의 주제와 분야에 따라 전공 분야에 맞는 데이터베이스를 선택해 논문을 검색해야 한다. 데이터베이스마다 제공하는 자료의 범위와 특성이 다르므로 이를 정확히 이해하고 효율적으로 활용하면 필요한 논문을 빠르고 정확하게 찾을 수 있다.

1 Google Scholar

전 세계의 학술논문, 서적, 학회 발표자료 등을 폭넓게 검색할 수 있는 무료 학술 검색 데이터베이스다. 키워드로 논문을 검색한 뒤 인용 횟수를 확인할 수 있고, PDF나 HTML 등 다양한 형식의 원문에 쉽게 접근할 수 있다. 인용하기cite 기능을 활용하면 APA, MLA 등 다양한 인용 형식이 자동으로 생성되어 참고문헌을 정리할 때 유용하다.

2 RISS

한국연구재단이 운영하는 국내 학술 데이터베이스로 학위논문, 학술지 논문, 연구보고서 등을 통합 검색할 수 있다. 특히 학위논문 전문을 열람할 수 있고, 원문 다운로드 서비스를 제공한다. 내보내기 기능(2.2절 참고)을 활용하면 참고문헌 목록을 손쉽게 관리할 수 있어, 국내 연구자라면 필수로 활용해야 한다.

3 Web of Science

SCI급 저널을 포함한 전 세계 고품질 논문을 제공하는 글로벌 학술 인용 데이터베이스다. 논문별 인용 횟수, 인용 연계 논문 등을 확인할 수 있어 연구의 영향력 평가에 활용된다. 주제별 분석, 연구자별 h-index[21] 분석 등 고급 기능을 통해 최신 연구 트렌드를 파악할 때 유용하다.

4 Scopus

네덜란드 엘스비어 출판사에서 제공하는, 세계 최대 규모의 다학제 학술 인용 데이터베이스다. 저널 논문, 컨퍼런스 자료, 특허 정보까지 포함하며 논문별 인용 네트워크와 연관 주제 분석 기능도 지원한다. 연구자의 논문 수, 인용 수 등 연구 성과를 정량적으로 분석하고 시각화하는 데 강점이 있다.

5 PubMed

미국 국립의학도서관(NLM)United States National Library of Medicine에서 제공하는 의학 및 생명과학 분야 전문 데이터베이스다. MEDLINE[22] 논문을 포함해 전 세계 의학 연구자를 위한 최신 논문을 검색할 수 있다. 의학주제표목(MeSH)Medical Subject Headings을 활용한 고급 주제 검색이 가능하므로 의료·보건 연구에서 널리 활용된다.

6 IEEE Xplore

국제전기전자기술자협회(IEEE)Institute of Electrical and Electronics Engineers가 운영하는 공학, 전자공학, 컴퓨터 과학 분야의 핵심 데이터베이스다. 저널 논문, 컨퍼런스 자료, 기술 표준 문서 등을 포괄하며, 공학 기술 분야의 최신 기술 동향과 관련 논문을 빠르게 파악할 수 있다.

연구자는 한 가지 데이터베이스에만 의존하지 말고, 연구 주제에 따라 두세 군데의 데이터베이스를 병행해 활용해야 한다. 그래야 자료 누락을 방지하고 풍부한 선행연구를 확보할 수 있다. 논문을 검색할 때는 키워드 조합(AND, OR, NOT)을 적절히 활용하고, 연도나 주제별 필터를 이용하면 검색 결과를 효과적으로 좁힐 수 있다. 검색 후에는 내보내기 기능과 참고문헌 관리 프로그램과 연동해 자료를 체계적으로 관리하는 것이 좋다.

데이터베이스는 연구자가 신뢰할 수 있는 정보를 찾는 최전선이다. 각 데이터베이스의 특징을 이해하고 연구목적에 맞게 전략적으로 활용할수록 연구의 질과 속도가 함께 향상된다.

---

21 개별 연구자의 연구 업적과 성취, 학계에 미치는 영향력을 자연수로 표현한 것이다.

22 MEDLINE(MEDLARS Online)Medical Literature Analysis and Retrieval System Online은 의학 및 생명과학 정보를 제공하는 서지 데이터베이스다.

2.4.3 효과적인 논문 검색 전략

방대한 학술 데이터베이스에서 필요한 논문을 빠르고 정확하게 찾기 위해서는 체계적인 검색 전략이 필수다. 검색 전략을 잘 활용하면 중복 검색이나 불필요한 자료 검토 시간을 줄이고, 연구 주제에 꼭 맞는 논문을 효율적으로 신속하게 확보할 수 있다. 다음에 제시하는 전략들을 단계별로 적용해보자.

1 키워드 검색 전략

연구자는 자신의 연구 주제에서 핵심 개념을 추출해 다양한 형태의 키워드를 미리 준비해야 한다. 예를 들어 '소셜 미디어 마케팅'을 연구한다면, 영어와 한글 키워드는 물론이고 관련된 동의어와 하위 개념까지 고려해 폭넓게 구성한다. 다음과 같은 영어 키워드를 생각할 수 있다.

- Social Media Marketing
- Digital Advertising
- Online Promotion
- Consumer Behavior

키워드가 지나치게 포괄적이면 검색 결과가 방대해지고, 반대로 너무 구체적이면 필요한 자료를 놓칠 수 있으므로 주제에 따라 구체적인 수준으로 적절히 선택한다.

2 논리 연산자 활용하기

논문을 검색할 때 AND, OR, NOT과 같은 **논리 연산자**Boolean operator를 활용하면 검색 결과를 더욱 정밀하게 필터링할 수 있다. 논리 연산자는 대부분의 데이터베이스에서 대문자로 입력해야 인식되며, 그 의미는 [표 2-3]과 같다.

표 2-3 논문 검색할 때 활용할 수 있는 논리 연산자

연산자	설명	검색 예
AND	두 키워드를 모두 포함하는 논문 검색	Social Media AND Marketing
OR	두 키워드 중 하나라도 포함하는 논문 검색	Advertising OR Promotion
NOT	NOT 뒤에 나오는 키워드를 제외하고 검색	Marketing NOT Tourism

3 참고문헌 추적

중요 논문의 참고문헌 목록을 살펴보면 해당 주제의 선행연구를 추가로 확보할 수 있다.[23] 또한

23 이를 영어로 backward tracking이라 한다.

Google Scholar의 인용한 문헌 보기cited by 기능을 이용하면 해당 논문을 바탕으로 진행된 최신 연구를 추적할 수 있다.[24] 이 전략은 최신 연구 동향을 파악하고 선행연구 망을 빠르게 확장하는 데 매우 효과적이다.

4 출판 연도와 자료 유형 필터링

최신 연구 동향을 반영하기 위해 최근 3년~5년 사이에 출판된 논문을 우선 검색하는 것이 좋다. 데이터베이스마다 '출판 연도', '자료 유형(저널 논문, 학위논문, 리뷰 논문 등)' 필터 기능을 제공하므로 이를 활용해 검색 범위를 필요에 맞게 좁힐 수 있다.

5 논문의 인용 횟수 확인

인용 횟수가 많은 논문은 일반적으로 해당 연구분야에서 중요하게 인정받았을 가능성이 높다. Google Scholar, Scopus, Web of Science 등에서는 논문별 인용 횟수를 쉽게 확인할 수 있으므로 중요도와 신뢰성을 판단하는 지표로 참고한다.

6 검색 결과 정리와 관리

찾은 논문은 참고문헌 관리 프로그램에 바로 저장해두면 인용이나 참고문헌 작성 시 편리하다. 중요한 논문은 주제별, 연도별로 폴더를 나누어 분류하고, 메모 기능을 활용해 간단한 요약과 핵심 키워드를 기록해두면 좋다.

검색 전략이 곧 연구 시간을 절약하는 전략이다. 키워드 설계부터 논리 연산자 활용, 참고문헌 추적, 인용 횟수 확인까지 단계별로 전략을 세워 접근하면 필요한 논문만 정확하고 신속히 골라낼 수 있어 연구의 질과 속도가 함께 향상된다.

2.4.4 논문 정리 및 관리 방법

논문 검색이 끝났다면 다음 단계는 찾은 논문을 체계적으로 정리하고 효율적으로 관리하는 것이다. 논문 정리를 잘해두면 나중에 연구계획서를 작성하거나 이론적 배경을 구성하고 가설을 도출하는 과정에서 큰 시간을 절약할 수 있고, 참고문헌 오류나 인용 누락 같은 실수도 방지할 수 있다. 특히 처음 논문을 작성하는 연구자는 다음의 다섯 가지 방법을 실천하면 정리와 관리 효율이 크게 향상될 것이다.

---

24 이를 영어로 forward tracking이라 한다.

❶ 참고문헌 관리 소프트웨어 활용

EndNote, Mendeley, Zotero, RefWorks 같은 참고문헌 관리 프로그램을 활용하면 논문 PDF 파일과 인용 정보를 함께 저장하고, 필요할 때 바로 불러올 수 있다. 이들 프로그램은 Word 등 논문 작성 프로그램과 연동되어 자동으로 인용 형식을 맞춰주므로 수작업에 소요되는 시간을 크게 줄여준다. 논문을 주제, 변수, 연도별로 폴더에 분류해두면 특정 주제의 선행연구만 따로 검토할 때 유용하다.

❷ 논문 요약 작성

논문을 읽고 나서 핵심 내용을 간단히 요약해두면 다시 읽지 않고도 주요 내용을 빠르게 파악할 수 있다. 요약 시에는 연구목적, 연구방법, 핵심 변수, 주요 결과, 연구의 시사점을 중심으로 간결히 정리하는 것이 좋다. 또한 요약문 아래에 '본인 연구와의 연관성'을 한두 문장으로 메모해두면 연구계획서를 작성할 때 연결고리를 쉽게 찾을 수 있다.

❸ 엑셀 표 또는 노트 앱 활용

논문별 핵심 정보(제목, 저자, 출판 연도, 연구대상, 연구방법, 주요 결과 등)를 엑셀 표 형태로 정리해두면 다수 논문을 한눈에 비교할 수 있다. 원노트OneNote, 에버노트Evernote 등 노트 앱을 활용해 논문별로 노트를 만들고 주요 내용, 이미지, 메모를 함께 관리할 수도 있다. 필터 기능을 사용해 변수나 방법 기준으로 정렬하면 논문을 더 쉽게 찾을 수 있다.

❹ 핵심 개념 및 키워드 정리

각 논문에서 주요 개념과 키워드를 정리해 리스트로 정리해두면 연구문제를 설정하거나 연구모형을 설계할 때 아이디어 뱅크로 활용할 수 있다. 키워드별로 관련 논문 링크를 함께 저장해두면 검색 시간을 대폭 줄일 수 있다.

❺ 정기적 업데이트와 백업

논문 정리 파일은 주기적으로 최신 논문을 추가해 갱신해야 한다. 클라우드(구글 드라이브Google drive, 드롭박스Dropbox 등)와 외장 저장소 두 군데 이상에 백업해 데이터 손실에 대비하는 것이 바람직하다.

논문 정리는 연구의 기반이며, 잘 정리된 참고문헌은 연구자의 무기다. 논문 정리를 습관화하면 연구계획서와 논문 작성 속도가 놀랍도록 빨라지고, 실수도 확연히 줄어든다.

2.4.5 논문 정리 후 연구 적용

논문을 데이터베이스에서 검색하고 체계적으로 정리하는 것만으로는 충분하지 않다. 이렇게 정리한 논문들을 자신의 연구에 어떻게 구체적으로 적용할 것인지가 중요하다. 연구자는 정리한 논문을 바탕으로 연구 아이디어를 발전시키고, 연구계획서와 논문 작성에 실질적으로 반영해야 한다. 논문 정리의 효과를 극대화하려면 다음 네 가지 방식으로 연구에 전략적으로 적용하는 것이 중요하다.

1 이론적 배경 구축

정리된 논문은 연구자가 논문의 이론적 틀을 설계할 때 핵심 근거 자료로 사용된다. 선행연구의 주요 개념과 핵심 이론을 연결해 자신의 연구가 어디서 출발하고 어디로 확장되는지 논리적으로 설명해야 한다. 이론적 배경의 신뢰성과 깊이가 높을수록 논문 전체의 설득력도 강화된다.

2 연구방법 선정

유사한 주제를 다룬 논문을 통해 어떤 연구방법이 효과적으로 사용되었는지를 파악할 수 있다. 이를 바탕으로 자신의 연구문제에 적합한 자료 수집 방법, 표본 선정 기준, 분석기법을 선택한다. 이때 선행연구의 방법을 그대로 쓰기보다는 자신의 연구 맥락에 맞게 수정하거나 보완해 차별성을 확보한다.

3 연구 공백 식별 및 연구 방향 설정

여러 논문을 비교·분석하면 기존 연구에서 충분히 다루지 않은 변수, 맥락, 대상 집단 등을 발견할 수 있다. 이러한 공백은 연구자가 자신의 연구가 기존 연구와 어떻게 차별화될 수 있는지 보여주는 핵심 근거가 된다. 공백을 바탕으로 새로운 연구문제를 설계하고, 연구가설을 정교하게 다듬는 과정이 이어져야 한다.

4 논문 작성의 틀 형성

정리한 논문을 참고하여 본인의 논문 구조(서론, 이론적 배경, 연구모형, 연구방법, 결과, 논의)를 구체적으로 설계한다. 특히 키 논문들을 비교해 어떤 구조가 논리적 흐름을 잘 전달하는지 분석하는 것이 중요하다. 이 과정을 통해 논문 초안 단계에서부터 논리적 구조를 탄탄하게 잡을 수 있다.

논문 정리의 끝은 연구 적용이다. 철저한 논문 정리는 단순한 정보 수집이 아니라 연구 아이디어를 발전시키고 연구문제를 정교화하며 논문 완성도를 높이는 전략적 과정이다.

셀파의 요약정리 2.4

학술 데이터베이스는 연구자가 신뢰할 수 있는 자료를 찾고, 이론적 배경과 선행연구를 체계적으로 구축하는 데 필수적인 도구다. 이를 효과적으로 활용하면 연구의 최신 동향을 파악하고 연구 공백을 발견하며 전반적인 연구의 질을 높일 수 있다.

■ 학술 데이터베이스의 중요성

- 학술 데이터베이스는 특정 연구 분야의 최신 연구, 핵심 이론, 주요 변수 등을 신속하게 파악할 수 있는 기초 정보의 보고다.
- 연구자는 학술 데이터베이스를 이용해 이론적 배경을 정교하게 구성하고 연구문제를 구체화하며 연구 공백을 찾아 연구의 차별성을 확보할 수 있다.
- 참고문헌을 체계적으로 확보해 논문의 설득력을 높인다.

■ 논문 검색을 위한 주요 데이터베이스

- **국내 :** RISS(학위논문, 학술지), KISS, DBpia
- **해외 :** Google Scholar(무료 학술 검색), Web of Science(SCI급 인용 정보), Scopus(다학제 인용 데이터베이스), PubMed(의학·생명과학 분야), IEEE Xplore(공학·전자공학·컴퓨터 과학 분야)
- 각 데이터베이스의 특성을 이해하고 연구 주제에 맞게 여러 군데를 병행 활용하면 자료 누락을 최소화할 수 있다.

■ 효과적인 논문 검색 전략

- 키워드 조합과 논리 연산자(AND, OR, NOT)를 활용해 검색 결과를 정교화한다.
- 중요 논문의 참고문헌 목록과 인용문헌을 추적해 관련 논문을 추가 발굴한다.
- 최신 연구를 반영하기 위해 출판 연도 필터를 설정하고, 인용 횟수를 기준으로 신뢰도 높은 논문을 우선 검토한다.

■ 논문 정리 및 관리 방법

- EndNote, Mendeley, Zotero, RefWorks 같은 참고문헌 관리 프로그램으로 논문과 인용 정보를 체계적으로 관리한다.
- 제목, 저자, 연도, 연구방법, 핵심 변수, 주요 결과 등을 엑셀 표 또는 노트 앱으로 정리해 검색 효율성을 높인다.
- 주요 개념과 키워드를 따로 정리해 향후 연구문제를 설정하거나 이론적 틀을 설계할 때 활용한다.

■ 논문 정리 후 연구 적용

- 정리한 논문은 이론적 배경 구성, 연구방법 선택, 연구 공백 식별, 논문 구조 설계 등 연구계획서와 논문 본문에 직접 활용한다.
- 논문 데이터를 표나 도식으로 시각화해 지도교수 미팅이나 연구 발표에서 자료로 사용하면 논의가 훨씬 명확해진다.

SECTION

2.5 참고문헌 정리하기

참고문헌은 논문이 어떤 학문적 기반 위에 세웠는지를 보여주는 학문적 지문이다. 제대로 정리된 참고문헌은 독자가 연구의 출처를 쉽게 확인하도록 돕고, 심사위원에게는 연구자의 성실성과 전문성을 전달한다. 반대로 부정확하게 작성된 참고문헌은 논문 내용이 아무리 훌륭하더라도 완성도를 크게 떨어뜨린다.

2.5.1 참고문헌 정리, 왜 중요한가?

참고문헌은 연구의 신뢰성을 뒷받침하고 논문의 질을 결정짓는 핵심 요소다. 참고문헌을 제대로 정리하지 않으면 연구의 신뢰성을 의심받을 수 있지만, 꼼꼼하고 체계적으로 정리하면 연구자의 전문성을 확실히 드러낸다. 참고문헌이 중요한 이유는 다음 네 가지로 분명히 드러난다.

❶ **연구의 뿌리 :** 인용한 연구는 곧 연구자가 어떤 학문적 전통을 이어가는지를 보여준다. 참고문헌은 연구자의 학문적 맥락을 명확히 드러내는 길잡이 역할을 한다.

❷ **신뢰성 :** 체계적으로 제시된 참고문헌은 논지가 개인 의견이 아니라 학문 공동체가 인정한 논의의 연장선임을 입증한다.

❸ **연구 방향 :** 참고문헌을 정리하면 검토한 범위와 부족한 부분을 확인할 수 있어, 연구 공백을 찾고 연구문제를 다듬는 나침반이 된다.

❹ **심사 기준 :** 심사위원은 참고문헌을 통해 연구의 폭과 깊이, 최신성, 성실성을 평가한다. 일관된 정리는 논문의 신뢰도를 높인다.

참고문헌 정리는 논문을 완성하는 마지막 과정이자 연구 전체를 떠받치는 기초공사다. 논문의 완성도는 참고문헌에서 드러난다.

2.5.2 대표적인 참고문헌 인용 방식

참고문헌 정리는 연구자의 성실성과 학문적 신뢰성을 보여주는 과정이다. 대학, 학회, 학술지마다 요구하는 양식이 다르므로 반드시 해당 기관의 규정을 따라야 한다. 중요한 것은 어떤 양식을 선택하든 정확성과 일관성을 유지하는 것이다. 대표적으로 널리 인용되는 인용 방식에는 APA 스타일과 시카고 스타일이 있다.

❶ **APA 스타일 :** 미국심리학회(APA)American Psychological Association에서 제시한 방식으로, 사회과학·행동과학·경영학·간호학 등에서 가장 널리 사용된다. 국내 대학원 논문에서도 가장 일반적으로 채택된다.

❷ **시카고Chicago 스타일 :** 미국 시카고대학교 출판부가 제시한 방식으로, 인문학·예술·사회과학 분야에서 주로 사용된다. 각주footnote와 참고문헌 목록을 병행하는 것이 특징이다.

동일한 문헌이라도 인용 방식에 따라 저자명 배열, 연도 위치, 권호 표기, 이탤릭 사용 여부 등이 달라진다. [표 2-4]는 APA 스타일과 시카고 스타일의 차이를 보여준다.

표 2-4 APA 스타일과 시카고 스타일 비교

인용 방식	양식
APA 스타일	Bandura, A. (2006). Guide for constructing self-efficacy scales. *Self-efficacy beliefs of adolescents, 5*(1), 307-337.
시카고 스타일	Albert Bandura. "Guide for constructing self-efficacy scales." *Self-efficacy beliefs of adolescents* 5, no.1 (2006): 307-337.

대표적인 인용 방식인 APA 스타일과 시카고 스타일은 자주 사용되므로 [표 2-5]와 [표 2-6]의 정리 방법을 반드시 숙지하자.

표 2-5 APA 스타일 참고문헌 정리법

구분	작성 규칙	예
저자명	성 → 이름(이니셜) → 중간이름(이니셜) 순으로 표기	Nunnally, J. C.
복수저자	저자 사이를 쉼표로 구분, 마지막 저자 앞에 & 기호 사용	Bhushan, B., Jung, Y. C., & Koch, K.
단행본	저자. (출판연도). *제목*. 출판지: 출판사.	Nunnally, J. C. (1978). *Psychometric theory*. New York: McGraw Hill.

구분	작성 규칙	예
정기간행물 (학술지 논문)	저자. (출판연도). 제목. *간행물명*, *권*(호), 페이지.	Bhushan, B., Jung, Y. C., & Koch, K. (2009). Self-cleaning efficiency of artificial super hydrophobic surfaces. *Langmuir*, *25*(5), 3240-3248.
학위논문	저자. (출판연도). *제목(학위논문)*. 수여기관, 지역.	
웹 자료	웹페이지명 [Website]. (발행연도). Retrieved from URL주소.	

표 2-6 시카고 스타일 참고문헌 정리법

구분	작성 규칙	예
저자명	이름 → 중간이름(이니셜) → 성 순으로 표기	Jum C. Nunnally
복수저자	저자를 쉼표로 나열	Bharat Bhushan, Yong Chae Jung, Kerstin Koch
단행본	저자. *제목*. 출판지: 출판사, 출판연도.	Jum C. Nunnally. *Psychometric theory*. New York: McGraw Hill, 1978.
정기간행물 (학술지 논문)	저자. "제목." *간행물명* 권 no.호 (출판연도): 페이지.	Bharat Bhushan, Yong Chae Jung, Kerstin Koch. "Self-cleaning efficiency of artificial superhydrophobic surfaces." *Langmuir* 25, no.5 (2009): 3240-3248.
학위논문	저자. "제목." 학위, 수여기관, 출판연도.	
웹 자료	"페이지명." *사이트명*. Last modified 월 일, 연도. Accessed 월 일, 연도. URL주소.	

2.5.3 직접 인용, 간접 인용, 재인용

참고문헌을 정확히 정리하는 것 못지않게 중요한 것은 인용 방법이다. 인용은 단순히 다른 사람의 글을 가져오는 것이 아니라 연구자의 주장을 뒷받침하고 논리적 설득력을 높이는 과정이다. 따라서 직접 인용, 간접 인용, 재인용의 개념과 사용법을 명확히 이해하고 적절히 활용해야 한다.

1 직접 인용

직접 인용direct quotation은 타인의 연구 내용을 원문 그대로 가져오는 방식이다. 인용문 앞뒤에 큰따옴표(" ")를 붙이고, 출처와 페이지 번호를 함께 표기한다. 긴 문장을 직접 인용할 경우, 단락을 분리하거나 들여쓰기를 통해 본문과 구분한다. 직접 인용은 원저자의 표현을 그대로 제시함으로써 연구의 근거를 분명히 하고, 특정 문장의 중요성을 강조하고자 할 때 적합하다.

2 간접 인용

간접 인용paraphrase은 타인의 연구 내용을 연구자의 언어로 바꾸어 요약·설명하는 방식이다. 원문의 의미를 변형하지 않는 범위 내에서 재구성해야 하며, 출처를 반드시 표시해야 한다. 많은 대학원생이 간접 인용 시 출처를 생략하는데, 이는 표절로 간주될 수 있다. 따라서 자신의 언어로 재구성했더라도 반드시 출처를 남겨야 한다. 간접 인용은 논문의 흐름을 자연스럽게 이어가고 주장을 강화하는 데 유용하다.

3 재인용

재인용secondary quotation은 2차 문헌을 통해 1차 문헌의 내용을 알게 되었을 때 사용하는 방식이다. 예를 들어 윤선희(2020)의 연구를 직접 읽지 않았지만, 김석준(2025)이 이를 인용한 경우에 해당한다. 즉 연구자는 윤선희(2020)를 직접 확인하지 못했으므로 재인용 형식을 사용해야 한다.

가상의 원문이 다음과 같다고 하고, 직접 인용, 간접 인용, 재인용의 예를 [표 2-7]에서 확인해보자.

> 윤선희(2020). 논문작성법. 서울:한빛아카데미.
>
> 원문 112쪽의 내용 : 논문 작성에서 가장 중요한 것은 연구의 필요성을 독자에게 설득력 있게 제시하는 일이다.

표 2-7 논문 내 직접 인용, 간접 인용, 재인용 표시 방법

구분	예
직접 인용	• 윤선희(2020)는 "논문 작성에서 가장 중요한 것은 연구의 필요성을 독자에게 설득력 있게 제시하는 일이다."(p. 112)라고 하였다. • "논문 작성에서 가장 중요한 것은 연구의 필요성을 독자에게 설득력 있게 제시하는 일이다."(윤선희, 2020, p. 112).
간접 인용	• 김석준(2025)은 논문 서론이 단순한 배경 제시에 그치는 것이 아니라 연구 주제의 중요성을 학문적 맥락 속에서 분명히 보여주어야 한다고 강조하였다. • 논문 서론은 연구자가 다루는 문제의 중요성을 학문적 맥락 속에서 드러내야 한다고 주장하였다(김석준, 2025).
재인용	• 김석준(2025; 윤선희, 2020, 재인용)은 학위논문이 학문 공동체에서 새로운 지식 창출의 출발점이 된다고 보았다. • 학위논문은 학문 공동체에서 새로운 지식 창출의 출발점이 된다고 보았다(윤선희, 2020, 재인용; 김석준, 2025).

재인용은 가급적 최소화하는 것이 원칙이다. 원문을 직접 확인할 수 있음에도 2차 문헌에만 의존한다면 연구자의 성실성이 의심받을 수 있다. 따라서 재인용은 원저작물을 구할 수 없는 불가피한 경우에만 사용해야 하며, 가능하다면 반드시 원문을 찾아 직접 인용하는 것이 바람직하다.

셀파의 포인트 **재인용 출처 표기의 정확한 방법**

재인용 출처 표기는 몇 가지 원칙을 따라야 한다. 연구자가 2차 문헌을 통해 원문을 알게 되었다면 가능하면 원문을 찾아 확인한 뒤 자신의 인용 목적에 맞게 활용해야 한다. 다만 원문이 절판되었거나 접근이 불가능한 경우처럼 예외적인 상황에서는 재인용을 사용할 수 있다. 이때는 본문에 다음 예와 같이 표기하고, 참고문헌에 2차 문헌인 김석준(2025)을 기재한다.

예 김석준(2025; 윤선희, 2020에서 재인용)의 연구에서는...
(김석준(2025 → 2차 문헌, 윤선희, 2020 → 1차 문헌)

만일 2차 문헌에 인용된 1차 문헌을 직접 확인했다면 더 이상 재인용으로 처리할 필요는 없다. 이 경우 참고문헌에는 1차 문헌인 윤선희(2020)만 제시해도 연구윤리적으로 크게 문제되지 않는다.

그러나 1차 문헌의 내용과 2차 문헌의 언급을 함께 인용하고자 한다면, 본문에서는 재인용임을 밝히고 참고문헌에 1차 문헌과 2차 문헌 모두 기재해야 한다. 이때 참고문헌에 재인용이라는 말을 따로 쓸 필요가 없다.

2.5.4 참고문헌 관리, 이렇게 해보자

논문을 쓰다 보면 참고문헌의 양은 기하급수적으로 늘어난다. 석사 논문은 수십 편, 박사 논문은 수백 편의 문헌을 검토해야 하며, 이 과정에서 체계적 관리가 없으면 혼란이 생기기 쉽다. 따라서 효율적인 관리 도구와 전략을 활용하는 것이 필수다.

1 참고문헌 관리 프로그램 활용

2.2.2절에서도 언급한 바 있듯이 EndNote, Mendeley, Zotero와 같은 참고문헌 관리 프로그램은 데이터베이스에서 불러온 서지 정보를 자동으로 정리해주며, 본문 인용과 참고문헌 목록 형식도 일관되게 맞춰준다. 예를 들어 논문 작성 중 인용 스타일을 APA에서 시카고로 변경해야 하는 상황에서도 클릭 몇 번으로 전체 형식을 일괄 변경할 수 있다. 이는 수십, 수백 편의 문헌을 다루는 대학원생에게 시간을 크게 줄여준다.

2 데이터베이스 프로그램 연동

RISS, DBpia, KISS 같은 국내 데이터베이스는 물론 Google Scholar, Scopus, Web of Science 같은 해외 데이터베이스에서도 내보내기 기능을 통해 서지 정보를 손쉽게 참고문헌 관리 프로그램에 추가할 수 있다.

3 클라우드 동기화 기능

Mendeley와 Zotero는 클라우드 기반 동기화를 제공하므로 데스크톱, 노트북, 태블릿 등 다양한 기기에서 참고문헌을 확인하고 정리할 수 있다. 이 기능은 특히 공동연구나 팀 프로젝트에서 유용하다.

4 메모 기능과 병행

문헌을 마구잡이로 저장하지 않고 핵심 개념, 연구방법, 주요 결과를 짧게 메모해두면 이론적 배경을 작성할 때 큰 도움이 된다. 예를 들어 'A 연구 : 조직몰입과 직무성과의 관계, 표본 N=350, 다중회귀분석 사용'과 같은 메모는 나중에 빠르게 참고할 수 있다.

5 인용 오류 예방

프로그램을 활용하면 직접 입력하며 생기기 쉬운 철자 오류, 출판연도 오류, 저자명 누락 등을 줄일 수 있다. 더불어 논문 제출 과정에서 카피킬러의 '미인용 참고문헌 확인' 기능을 활용하면 본문에 인용되지 않은 문헌이 참고문헌 목록에 남아 있는지 쉽게 점검할 수 있다.

참고문헌 관리를 효율적으로 해두면 편리할 뿐 아니라 시간을 절약하고 오류를 줄이며 연구 신뢰성까지 높일 수 있다. 이러한 습관은 대학원 시절은 물론 이후 연구 활동에서도 오래가는 자산이 된다.

2.5.5 정리와 분류의 원칙

수십, 수백 편의 문헌을 효과적으로 활용하려면 정리와 분류의 원칙을 세워 두는 것이 중요하다. 이는 연구자가 방대한 문헌 속에서 길을 잃지 않고 필요할 때 적절한 논문을 즉시 찾아 쓸 수 있게 하는 일종의 내 연구 전용 도서관을 만드는 과정이다.

1 주제별 분류

연구자의 핵심 변수나 개념을 기준으로 문헌을 묶어두면 이론적 배경을 작성할 때 훨씬 수월하다. 예를 들어 '사회적 자본', '조직몰입', '심리적 자원'처럼 주요 변수를 중심으로 카테고리를 나누면 필요한 문헌을 빠르게 찾을 수 있다.

2 연도별 정리

최근 연구는 시의성을 보장하고, 고전 연구는 이론적 깊이를 보여준다. 같은 주제 안에서도 '2000년 이전 고전 연구', '2010년대 연구', '최근 5년 연구'처럼 시기별로 정리해두면 학문적 흐름을 한눈에 파악할 수 있어 연구 동향 분석에 큰 도움이 된다.

3 연구방법론별 분류

같은 주제를 다루더라도 설문조사, 실험 연구, 질적연구 등 접근 방식이 다를 수 있다. 추후 자신의 연구설계를 뒷받침할 때는 동일한 방법론을 활용한 선행연구를 인용하면 설득력이 높아진다. 따라서 양적연구(설문·실험)와 질적연구(면담·사례 연구)로 구분해 정리하는 것이 효과적이다.

4 연구목적·결과 요약

각 문헌의 연구목적, 표본, 분석방법, 주요 결과를 3줄~4줄로 요약해두면 이론적 배경이나 선행연구 정리 단계에서 시간을 크게 줄일 수 있다. 이때 엑셀이나 구글 시트를 활용하면 검색과 정렬이 가능해져 훨씬 효율적이다.

5 키워드 태그 활용

참고문헌 관리 프로그램은 각 문헌에 태그를 달 수 있다. 예를 들어 '리더십–변혁적', '청소년–심리적 자본'처럼 구체적인 태그를 붙여두면 나중에 검색만으로 원하는 문헌을 쉽게 불러올 수 있다.

참고문헌 정리와 분류는 논문 작성 속도를 높이고 연구 논리의 체계를 강화하는 전략적 도구다. 미리 분류 체계를 세워두면 이론적 배경 작성은 물론 학회 발표나 후속연구에서도 오래 활용할 수 있는 연구 자산이 된다.

2.5.6 연구의 설득력을 높이는 참고문헌 작성 전략

참고문헌은 어떤 문헌을 어떻게 인용했는지가 연구의 설득력을 결정한다. 잘 선별된 참고문헌은 독자와 심사위원에게 연구의 필요성과 학문적 가치를 명확히 전달한다.

1 최신 연구 반영

최근 5년 이내 발표된 연구를 반영하면 연구의 시의성과 현장성을 강조할 수 있다. 예를 들어 2025년 기준으로 코로나19 팬데믹 이후 온라인 학습 연구가 급격히 늘어난 흐름을 반영하면, 연구가 현재적 맥락과 연결되어 있음을 보여줄 수 있다. 반대로 오래된 연구만 인용하면 "이 주제는 이미 과거에만 논의된 것 아닌가?"라는 의문을 줄 수 있다.

2 고전 이론과 최신 연구의 균형

학문은 전통과 현재의 대화 속에서 발전한다. 따라서 해당 분야의 대표적 이론서는 반드시 포함해야 한다. 예를 들어 조직행동 연구에서 매슬로Maslow의 욕구위계이론(1943년)이나 허즈버그Herzberg의 동기–위생 이론(1959년)을 배제하면 연구 기반이 약해 보일 수 있다. 고전 이론을 바탕으로 최신 실증 연구를 함께 인용할 때 균형 잡힌 연구로 평가받는다.

3 권위 있는 출처 인용

개인 블로그나 신뢰도 낮은 자료보다 SSCI나 Scopus 등재 학술지, 해당 분야 권위자의 저서를 인용하는 편이 연구의 무게감을 높인다. 심사위원은 참고문헌을 통해 연구자가 어떤 학문 공동체에 속해 있는지 파악하기 때문에, 신뢰할 만한 출처의 활용은 연구의 설득력을 배가시킨다.

4 국내외 연구의 균형

한국어 논문이더라도 국제 학계의 흐름을 반영하지 않으면 연구 범위가 협소해 보일 수 있다. 반대로 해외 연구만 의존하면 한국적 맥락과 현실성이 약해진다. 국내외 연구를 균형 있게 인용하는 것이 중요하다.

5 참고문헌의 다양성

동일한 학자나 논문만 반복 인용하면 시야가 좁아 보인다. 심리학, 사회학, 경영학 등 인접 학문 분야의 연구를 포함하면 주제를 다각도로 조명하고 학제적 깊이를 확보할 수 있다. 이는 논문이 넓은 학문적 대화에 기여함을 보여준다.

참고문헌은 연구의 설득력을 극대화하는 전략적 장치다. 최신성과 고전성, 국내와 국제, 권위성과 다양성을 균형 있게 반영하면 된다. 참고문헌 목록만으로도 연구가 성실하고 체계적이며, 학문적 기여 가능성이 크다는 메시지를 전달할 수 있다.

셀파의 요약정리 2.5

참고문헌은 연구자의 학문적 기반을 보여주고 연구의 신뢰성을 뒷받침하는 핵심 장치다. 정확하고 체계적으로 정리된 참고문헌은 논문의 완성도를 높이며, 심사위원에게 연구자의 성실성과 전문성을 드러낸다. 반대로 부정확한 참고문헌은 연구 전체의 평가를 떨어뜨리는 주요 원인이 될 수 있다.

■ 참고문헌 정리, 왜 중요한가?

- 참고문헌은 연구자가 어떤 학문적 전통과 흐름을 이어받고 있는지를 보여주는 **연구의 뿌리**다.
- 논문의 설득력과 신뢰성을 높이는 근거 자료이며, 연구자에게는 연구 방향을 잡아주는 나침반이다.
- 심사위원은 참고문헌을 통해 연구자의 태도와 폭넓은 학문적 이해 수준을 평가한다.

■ 인용 방식과 학문적 신뢰성

- APA 스타일, MLA 스타일, 시카고 스타일 등 학문별 요구되는 인용 규칙을 일관되게 지켜야 한다.

구분	APA 스타일	시카고 스타일
저자명	성 → 이름(이니셜) → 중간이름(이니셜) 순으로 표기	이름 → 중간이름(이니셜) → 성 순으로 표기
복수저자	저자 사이를 쉼표로 구분, 마지막 저자 앞에 & 기호 사용	저자를 쉼표로 나열
단행본	저자. (출판연도). *제목*. 출판지: 출판사.	저자. *제목*. 출판지: 출판사, 출판연도.
정기간행물 (학술지 논문)	저자. (출판연도). 제목. *간행물명, 권*(호), 페이지.	저자. "제목." *간행물명* 권 no.호 (출판연도): 페이지.
학위논문	저자. (출판연도). *제목(학위논문)*. 수여기관, 지역.	저자. "제목." 학위, 수여기관, 출판연도.
웹 자료	웹페이지명 [Website]. (발행연도). Retrieved from URL주소.	"페이지명." *사이트명*. Last modified 월 일, 연도. Accessed 월 일, 연도. URL주소.

• 인용 방식은 연구자의 성실성을 드러내며, 표절을 예방하는 최소한의 장치다.
• 5년 내 이루어진 최신 연구와 고전 이론을 균형 있게 인용하면 연구의 시의성과 학문적 깊이를 동시에 확보할 수 있다.

■ **참고문헌 관리의 효율화**

• EndNote, Mendeley, Zotero 같은 관리 프로그램을 활용하면 대량의 문헌을 손쉽게 정리하고 인용 형식을 자동화할 수 있다.
• 데이터베이스에서 '내보내기' 기능을 통해 서지 정보를 불러오면, 수기 입력 시 발생하는 오류를 줄일 수 있다.
• 클라우드 동기화와 메모 기능을 활용해 다양한 기기에서 참고문헌을 관리할 수 있다.

■ **정리와 분류의 원칙**

• 주제별·연도별·방법론별로 문헌을 분류하면 연구 동향을 한눈에 파악할 수 있다.
• 각 문헌의 연구목적, 표본, 분석방법, 주요 결과를 요약 파일이나 엑셀 표로 정리해두면 활용하기 좋다.
• 태그 기능을 활용해 주요 키워드를 지정하면 필요할 때 원하는 문헌을 신속히 찾아낼 수 있다.

■ **연구의 설득력을 높이는 참고문헌 정리 전략**

• SSCI, Scopus 등 권위 있는 학술지 논문과 국내외 연구를 균형 있게 인용해야 한다.
• 인접 학문 분야까지 확장하면 연구의 폭과 학제적 기여도를 드러낼 수 있다.

참고문헌은 연구의 얼굴이다. 철저히 정리된 참고문헌은 연구의 신뢰성을 높이고, 학문적 기여를 명확히 드러낸다.

CHAPTER 03

논문 구조 이해하기

CONTENTS

SECTION

3.1 논문 구조의 큰 틀과 구성요소

논문은 단순한 글쓰기 과제가 아니다. 하나의 정교한 학문적 구조물이다. 건물을 지을 때 설계도를 먼저 그리고 기초공사부터 층을 하나씩 쌓아 올리듯이, 논문 역시 일정한 순서와 원리에 따라 구성된다. 특히 석사·박사 학위논문은 연구자가 일정한 학문적 절차를 밟아 **'문제 제기 → 분석 → 결론 도출'** 과정을 형식적이고 논리적으로 보여주는 문서이기 때문에, 전체 구조를 이해하는 것 자체가 논문 쓰기의 시작이자 핵심 전략이다. 이러한 논문의 기본 구조를 간단하게 정리하면 [그림 3-1]과 같다.

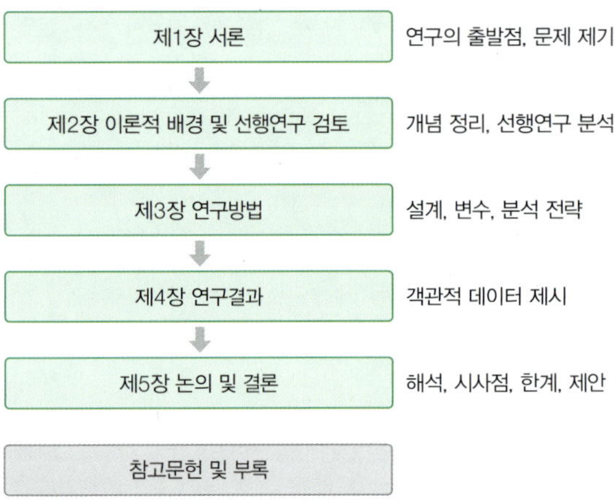

그림 3-1 논문의 기본 구조

3.1.1 논문의 기본 구조

1 서론

서론 introduction은 전체 논문을 여는 장으로, 독자에게 '왜 이 연구를 하는가?'를 설득하는 역할을 한다. 연구의 필요성과 중요성, 문제 제기, 연구목적과 질문, 가설, 용어 정의, 연구의 범위와 제한점 등을 서술한다. 또한 서론은 논문 전체의 서사를 열며, 독자가 이 논문을 끝까지 읽어야 하는 이유를 알려준다. 서론이 부실하면 논문의 방향성과 타당성에 대한 설득력이 약해질 수 있으므로 정교하게 설계되어야 한다.

2 이론적 배경 및 선행연구 검토

이론적 배경 및 선행연구 검토background/theoretical review 장은 연구의 기반과 논리적 토대를 제공하는 핵심 역할을 한다. 먼저 연구 주제와 관련된 주요 이론과 학문적 논의, 핵심 개념들을 정리하여 논리적 토대를 세운다. 동시에 국내외 선행연구들을 비교·분석하면서 현재 연구가 기존 연구와 어떤 차별성을 가졌는지를 밝혀야 한다. 즉 연구 공백을 논리적으로 입증해야 한다. 이 장의 완성도는 곧 연구자의 이론적 안목과 문헌 정리 능력을 보여주는 지표다.

3 연구방법

연구방법method 장은 연구설계와 수행 과정을 체계적으로 기술함으로써 연구의 신뢰성과 재현 가능성을 확보하는 데 목적이 있다. 연구대상, 표집 방법, 연구 절차, 도구(설문지, 측정척도 등), 분석 방법 등을 논리적으로 배열하여 독자가 '이 연구가 잘 설계되었는가?'를 판단할 수 있게 해야 한다. 특히 양적연구에서는 변수 정의와 통계 기법 선택의 타당성을 명확하게 밝혀야 하며, 질적연구에서는 분석 관점과 절차를 구체적으로 서술해야 한다.

4 연구결과

연구결과results 장은 수집한 데이터를 기반으로 연구문제에 답하는 핵심적인 부분이다. 연구결과는 도표, 표, 그래프 등을 활용하여 시각적으로 제시한다. 단순히 숫자와 자료를 나열하는 데 그치는 것이 아니라 어떤 경향이 있었는지, 변수 간 차이나 상관이 통계적으로 의미 있었는지를 논리적으로 설명해야 한다. 핵심 결과를 중심으로 서술하고, 불필요한 정보는 최소화해야 한다. 이 장은 논문에서 가장 높은 수준의 객관성이 요구되므로 통계적 오류나 논리적 비약이 있어서는 안 된다.

5 논의 및 결론

논의 및 결론discussion & conclusion은 연구결과의 의미를 해석하고, 연구가 지닌 학문적 기여를 설득력 있게 설명하는 장이다. 단순히 결과를 반복해서 말하는 것이 아니라 결과를 기존 연구와 비교하고, 이 연구가 어떤 새로운 통찰이나 지식을 더했는지를 설명해야 한다. 또한 연구의 시사점(학문적·실천적 의미), 한계점, 향후 연구 방향까지 함께 제시하여 연구의 맥락과 발전 가능성을 보여줘야 한다. 이 장은 연구자가 '이 논문이 왜 가치 있는가?'를 가장 설득력 있게 답해야 하는 공간이다.

6 참고문헌

참고문헌references은 논문 전체의 신뢰성과 학문적 정직성을 뒷받침하는 목록이다. 단순한 인용 목록이 아니라 이 연구가 어떤 이론적 전통과 학문적 대화 위에서 이루어졌는지를 보여주는 지표다. 참고문헌을 통해 독자는 연구자가 얼마나 충실하게 문헌을 조사했는지 판단할 수 있으므로 인용 형식을 정확하게 지켜야 한다. 실수가 발견될 경우, 연구자의 기본 역량과 연구윤리에 대한 신뢰도가 저하될 수 있다.

7 부록

부록 appendix 은 본문에 모두 담기 어려운 세부 자료와 보조 설명을 제공하는 공간이다. 설문지 원문, 인터뷰 질문지, 분석 코드북, 원자료 통계표, IRB 승인서 등이 부록에 수록된다. 부록은 본문을 깔끔하게 유지하면서도 연구의 투명성과 재현 가능성을 높이는 중요한 장치이다. 특히 질적연구나 혼합연구에서 그 중요성이 더욱 크다.

이처럼 서론부터 부록까지 각 장은 독립적인 역할을 하면서도, 논문이라는 하나의 구조물 안에서 유기적으로 연결된다. 각 장을 단순히 과제처럼 여겨 따로 작성하기보다는 전체 흐름 속에서 왜 이 장이 이 위치에 있는지, 앞 장의 논리를 어떻게 이어받고 있는지를 고려하며 집필해야 한다. 이러한 접근을 통해 논문은 비로소 설득력 있고 완성도 높은 형태를 갖추게 된다.

건물도 기초 설계 없이 시공하면 무너지듯이 논문도 전체 구조를 충분히 이해하지 못한 채 쓰기 시작하면 장별 분량이 어긋나고 논리 흐름이 단절되며, 결국 지도교수의 혹독한 수정 요청을 피하기 어렵다. 따라서 논문은 단순한 글이 아니라 설계와 조립의 산물이라는 인식을 갖는 것이 중요하다. 전체 구조를 꿰뚫는 시야를 먼저 확보하는 것, 그것이 바로 전략적인 논문 쓰기의 첫걸음이다.

3.1.2 학위논문을 설계하기 전에 알아야 할 구성요소

학위논문은 단순한 글이 아니다. 일정한 형식과 구성을 갖춘 공식 학문 문서다. 건물의 뼈대를 갖추듯 논문에도 필수 구성요소가 있으며, 이 구조를 올바르게 이해하고 따라야 완성도 높은 논문을 쓸 수 있다. 일반적으로 석사·박사 학위논문은 다음과 같은 구성요소를 갖추어야 한다.

1 간결한 표지 양식

논문의 첫인상을 결정짓는 표지에는 제목, 성명, 소속 대학원과 학과, 학위 과정, 제출 연도, 지도교수명이 포함된다. 학교마다 제공하는 양식이 다르므로 반드시 해당 대학의 논문 작성 지침을 확인해야 한다. 이 단계에서 형식적인 실수가 발견되면 논문 전체의 신뢰도에도 영향을 미칠 수 있다.

2 핵심을 담은 국문·영문 초록

초록 abstract 은 논문의 목적, 방법, 주요 결과와 결론을 간결하게 요약한 것이다. 학술지 논문은 보통 1쪽 이내로 작성하며 학위논문은 3쪽~5쪽 정도로 더 상세하게 기술한다. 국문 초록과 영문 초록을 모두 작성하는 것이 일반적이며, 독자가 본문을 읽기 전에 연구의 핵심 내용을 파악할 수 있도록 구성되어야 한다. 특히 영문 초록은 국제적 확산을 고려해 문법과 용어 선택에 주의해야 한다.

3 정중하고 절제된 감사의 글

감사의 글은 논문 지도에 도움을 준 교수, 연구 지원 기관, 가족이나 동료에 대한 감사를 표하는 공간이다. 정해진 형식은 없지만 성의 있고 정중한 표현이 바람직하며, 지나치게 개인적인 내용은 피하는 것이 좋다.

4 구조를 시각적으로 제시하는 목차

목차는 논문 전체의 구조를 시각적으로 제시하는 설계도다. 각 장, 절, 항목별 제목과 페이지를 일관된 형식으로 정리해야 하며, 논문 내용과 실제 페이지 번호가 반드시 일치해야 한다. 이론적 체계나 분석 흐름을 독자가 한눈에 파악할 수 있도록 구성해야 한다.

5 표와 그림을 정리한 목차

통계나 분석 결과를 표와 그림으로 제시하는 경우, 각각의 제목과 페이지를 정리한 목록이 필요하다. 특히 SPSS나 R로 생성한 분석 결과를 본문에 실을 경우, 출처와 설명을 도식화한 목차는 독자의 이해를 돕는다.

6 다섯 개 장으로 이루어진 본문 구성

논문의 본문은 일반적으로 '서론 → 이론적 배경 및 선행연구 검토 → 연구방법 → 연구결과 → 논의 및 결론'의 다섯 개 장으로 구성된다. 각 장의 구체적인 내용은 앞에서 살펴보았듯이 각각 독립적이면서도 서로 긴밀하게 연결되어야 한다. 하나의 흐름이 끊기면 전체 구조가 흔들릴 수 있으므로 구성의 논리성과 전개 방식에 유의해야 한다.

7 정확한 인용과 참고문헌 정리

참고문헌은 논문 전체의 신뢰도를 뒷받침하는 학문적 기반이다. 인용한 모든 자료는 인용 형식(APA, MLA, Chicago 등)에 따라 정확하게 표기해야 하며, 오탈자나 누락 없이 작성해야 한다. 참고문헌 작성은 학문 윤리를 지키는 기본적인 절차이므로 매우 세심한 검토가 필요하다.

8 재현 가능성과 투명성을 높이는 부록

부록은 본문에서 다룰 수 없는 보조 자료를 제시하는 공간이다. 설문지, 인터뷰 질문지, 코드북, 통계 원자료 등 연구를 재현하거나 추가 설명이 필요한 자료가 여기에 포함된다. 부록은 논문의 신뢰성을 높이는 데 기여하며, 질적연구나 복잡한 분석을 수행한 논문에서 특히 중요하다.

이처럼 학위논문은 내용뿐 아니라 형식과 구성의 완성도까지 함께 평가되는 글이다. 글을 쓰기에 앞서 논문이 갖추어야 할 기본 구조를 충분히 이해하고, 각 구성요소가 어떤 의미와 기능을 갖는지를 정확히 파악해야 한다. 그래야 논문을 효과적으로 설계하고 전략적으로 집필할 수 있다.

3.1.3 작성 순서는 이론적 배경과 연구방법부터, 실제 순서는 서론부터

논문은 겉으로 보기엔 제1장부터 제5장까지 순서대로 구성되어 있지만, 실제로 글을 쓰는 과정에서는 그 순서대로 작성되지 않는다. 많은 초보 연구자가 서론부터 써야 한다는 부담감에 시작을 미루는 것도 바로 이 때문이다. 하지만 논문을 작성할 때는 작성 순서와 제출할 때의 구성 순서가 서로 다를 수 있음을 이해하고 전략적으로 접근해야 한다.

1 이론적 배경 장과 연구방법 장부터 시작하자

논문은 서론 장이 아니라 이론적 배경 장 또는 연구방법 장부터 작성하면 수월하다. 서론 장은 연구의 필요성과 목적, 문제 제기 등 핵심 메시지를 담는 부분이므로, 연구 전체의 흐름이 어느 정도 잡힌 이후에야 자연스럽게 써진다. 반면에 이론적 배경 장은 선행연구를 정리하는 작업이므로 연구 초반부터 작성할 수 있으며, 연구방법 장은 설계 내용을 기술하는 곳이므로 비교적 부담 없이 시작할 수 있다. 이 두 장은 연구의 방향성과 논문 전체의 틀을 잡는 데 중요한 역할을 한다.

2 데이터 분석 이후에 연구결과 장을 작성하자

연구결과 장은 데이터를 수집하고 분석을 마친 이후에야 작성할 수 있다. 이 장은 연구가 실질적으로 중반 이상 진행되어 자료가 확보된 뒤에 본격적으로 작성하며, 도표와 통계 결과, 주요 수치를 일관성 있게 정리해야 한다. 질적연구도 분석을 마친 후 사례나 주제별로 결과를 서술한다.

3 서론 장과 논의 및 결론 장은 마지막 단계에서 작성하자

서론 장과 논의 및 결론 장은 초안 작성이 어느 정도 끝난 뒤에 작성하는 것이 좋다. 서론 장은 연구 전체의 방향과 타당성을 설명하는 부분이므로 연구 흐름이 잡힌 뒤에야 자연스럽고 논리적으로 구성할 수 있다. 논의 및 결론 장도 연구결과를 기반으로 해석하고 학문적 기여나 시사점을 제시하는 부분이므로 분석이 마무리된 뒤에 작성하면 논리적 정합성을 높일 수 있다.

4 참고문헌과 부록은 제출 직전에 정리하자

참고문헌은 논문을 작성하는 중간에도 계속 추가되므로 초반에는 인용만 정확히 기록하고 최종 원고를 제출하기 직전에 인용 형식에 맞게 정리하는 것이 효율적이다. 부록 역시 본문에 언급한 자료만을 첨부해야 한다. 설문지, 인터뷰 질문지, 코드북, 통계 원자료 등이 대표적이다.

5 부담을 줄이려면 작성하기 쉬운 장부터 시작하자

글쓰기에서 가장 어려운 단계는 처음 문장을 쓰는 일이다. 서론부터 완벽히 작성해야 다음으로 넘어갈 수 있다고 강박적으로 생각하면 글쓰기가 지체된다. 상대적으로 작성하기 쉬운 장부터 시작해 점차 초안을 만들어가면, 전체 논문을 일관성 있게 완성할 수 있다. 각 장을 독립적인 단위로 생각하되, 이후 자연스럽게 연결될 수 있도록 유연하게 수정해나가는 전략이 필요하다.

6 순서보다 논리, 완벽보다 반복을 지향하자

작성 순서는 연구자의 성향에 따라 다를 수 있다. 어떤 이는 서론부터 써야 전체 구조가 잡힌다고 느끼기도 하고, 또 어떤 이는 이론 정리부터 시작해야 연구의 흐름이 이해되기도 한다. 중요한 것은 정해진 순서대로가 아니라 논리적 흐름을 중심으로 쓰는 것이다. 한 번에 완벽하게 쓰려하기보다 초안을 쓰고 반복적으로 수정하며 구조를 정교화하는 태도가 중요하다.

이처럼 논문은 작성하는 순서와 제출할 완성본의 순서가 다를 수 있다는 점을 이해하고, 전체 틀을 미리 구상한 뒤 각 장의 작성을 유연하게 조절하는 것이 중요하다. 논문을 처음부터 끝까지 직선 한 줄처럼 쓰기보다 구조물을 블록처럼 쌓아가는 설계자의 마음으로 접근한다면 논문 작성은 훨씬 수월하고 전략적으로 이루어질 수 있다.

셀파의 요약정리 3.1

논문은 단순한 보고서가 아닌 학문적 구조물이다. '서론 – 이론적 배경 – 연구방법 – 연구결과 – 논의 및 결론'의 순차적 구성은 단지 형식이 아니라 연구의 논리 흐름을 표현하는 설계도다. 전체 구조를 명확히 파악하는 것은 논문 작성의 첫걸음이자 완성도 높은 결과물을 위한 핵심 전략이다.

■ 각 장의 역할과 기능 이해하기

- **서론 :** 연구의 필요성과 목적을 설득력 있게 제시하는 연구의 문지기
- **이론적 배경 및 선행연구 검토 :** 이론적 토대를 쌓고 기존 연구의 한계를 짚는 논리의 기반
- **연구방법 :** 연구설계를 구체화하여 신뢰성과 재현 가능성을 확보하는 실행 계획서
- **연구결과 :** 수집된 데이터를 통계적으로 분석하여 사실을 제시하는 공간
- **논의 및 결론 :** 결과를 해석하고 학문적·실천적 함의를 정리하는 연구의 목소리

■ 부속 요소의 의미와 중요성

- **초록 :** 연구 전체의 요약으로, 독자가 본문을 읽기 전에 핵심 내용을 이해하도록 도움
- **감사의 글, 목차, 참고문헌, 부록 :** 논문의 구조적 완성도와 신뢰성을 높이는 필수 구성요소

■ 작성 순서는 전략적으로 접근하자

서론 장부터 쓰는 것보다 이론적 배경 장과 연구방법 장부터 시작하는 것이 효율적이다. 연구결과 장은 데이터 확보 후에 작성하고, 서론 장과 결론 장은 전체 흐름을 파악한 뒤 작성하자. 참고문헌과 부록은 논문 마지막에 정리하되, 초반부터 인용 관리를 철저히 하자.

■ 논문 쓰기는 '설계'이자 '조립'의 과정이다

처음부터 완벽하게 쓰려하지 말고, 쓰기 쉬운 장부터 초안을 작성하며 점진적으로 다듬자. 논리적 흐름이 우선이며, 반복적인 수정을 통해 완성도를 높이는 태도가 중요하다.

논문은 한 줄 글쓰기가 아니라 **구조물 쌓기**다. 각 장의 기능과 전체 구조를 먼저 꿰뚫는 시야를 갖추면, 논문 쓰기의 부담은 줄고 완성도는 높아진다. 지금 중요한 것은 무작정 시작하는 것이 아니라 올바른 방향에서 시작하는 것이다.

SECTION

3.2 각 장의 역할과 쓰임새

3.1절에서는 논문을 하나의 학문적 구조물로 보고 전체적인 틀을 살펴보았다. 이제부터는 논문 구조를 이루는 각 장의 역할을 구체적으로 살펴보고자 한다. 논문은 단순히 정보나 주장을 나열한 글이 아니다. 서론부터 결론까지 각 장이 명확한 목적과 논리적 흐름을 가지고 구성된 구조물이다. 각 장은 독립적으로 기능을 수행하면서도 서로 유기적으로 연결되어 전체 논문의 일관성을 만들어낸다. 특히 학위논문에서는 제1장부터 제5장까지 각 장의 성격과 역할을 제대로 이해하고 작성해야 하며, 이를 통해 연구자는 더 설득력 있고 체계적인 논문을 완성할 수 있다. 이제 논문의 각 장이 어떤 기능을 하며, 그 안에 어떤 내용을 담아야 하는지 하나씩 구체적으로 살펴보자.

3.2.1 서론(제1장)

제1장, 서론은 논문 전체의 방향성을 제시하는 출발점이다. 독자에게 이 연구가 필요한 이유와 연구 주제를 분명히 전달하며, 연구 주제에 대한 문제의식과 타당성을 설득력 있게 제시하는 것이 이 장의 핵심 역할이다.

1 연구의 배경과 필요성

해당 연구가 왜 지금 이 시점에서 중요한지, 어떤 사회적·학문적 맥락에서 출발했는지를 설명한다. 이를 위해 관련 통계, 사회현상, 정책적 변화, 학문적 논쟁 등을 언급하며 독자의 공감을 끌어내야 한다. 이 과정은 연구 주제를 정당화하는 가장 첫 번째 단계이므로 설득력 있는 사례와 논거가 뒷받침되어야 한다.

2 연구목적과 연구문제

연구자가 궁극적으로 알고자 하는 것은 무엇인지, 어떤 질문에 답하려는지를 분명히 제시한다. 연구목적은 포괄적이고 일반적인 서술 형태로 작성하고, 연구문제는 구체적인 질문 형태로 작성하는 것이 일반적이다. 양적연구라면 연구문제와 함께 가설을 명시하고, 질적연구라면 탐색 방향과 범위를 명확히 설정하는 것이 중요하다.

3 연구의 범위와 제한점

연구자가 다루는 범위(대상, 지역, 시간 등)를 명확히 하고, 연구의 한계도 솔직하게 언급해야 한다. 예를 들어 중학생을 대상으로 한 연구라면 그 결과를 고등학생에게 일반화할 수 없음을 밝혀야 한다. 연구 제한점을 명확히 하는 것은 연구의 질을 낮추는 것이 아니라 연구자의 학문적 진지함을 보여주는 것이다.

4 핵심 용어의 정의

연구에서 반복하여 사용되는 핵심 개념이나 용어는 본문에서 혼동되지 않도록 서론에서 미리 정의해야 한다. 예를 들어 자기효능감, 사회적 지지와 같은 추상적인 개념은 기존 이론을 근거로 정의한 후 본 연구에서의 의미를 구체적으로 밝히는 것이 바람직하다.

5 논문 전체 구성의 안내

서론은 이 논문이 무엇을 다루는지, 어떤 방향으로 전개될지를 파악할 수 있도록 돕는 지도 역할을 한다. 따라서 서론은 '연구의 필요성 → 목적 → 문제 → 방법 → 구성' 순으로 간결하고 논리적으로 설계하는 것이 바람직하다.

이처럼 서론은 논문의 전제와 방향을 설정하는 핵심 축이다. 이 장이 탄탄하게 구성되면 논문 전체에 대한 신뢰도와 몰입도가 높아지고, 연구자가 제기하는 문제와 그 해결 과정이 설득력을 갖게 된다.

3.2.2 이론적 배경 및 선행연구 검토(제2장)

제2장, 이론적 배경 및 선행연구 검토는 연구자가 자신의 논문 주제를 어떤 학문적 맥락에서 바라보고 있는지를 보여준다. 해당 연구가 어떤 이론적 기반 위에서 출발했으며, 지금까지 어떤 선행연구가 축적되어 있는지를 검토하고 분석하는 것이 이 장의 핵심 목적이다. 즉 이 장은 연구의 기초와 토대를 세우는 작업이다.

1 핵심 개념과 이론 정리

연구자가 논문에서 다루는 핵심 용어와 개념이 기존 학계에서 어떻게 정의되고 활용됐는지를 정리해야 한다. 예를 들어 자기조절학습, 사회적 자본, 정서지능과 같은 개념이 있다면, 다양한 학자들의 정의를 비교·분석한 뒤 본 연구에서 정의를 명확히 밝혀야 한다. 이때 단순 나열보다 논리적인 구조화가 중요하다.

2 연구 주제와 관련된 이론 서술

논문에 적용할 수 있는 대표적인 이론을 소개하고, 해당 이론이 본 연구와 어떤 관련성이 있는지 설명한다. 예를 들어 사회인지이론, 자기결정성이론, 전환학습이론 등은 주제를 해석하는 중요한 틀이 될 수 있다. 연구자는 이론과 주제의 연결고리를 명확히 제시해야 한다.

3 주요 선행연구 흐름 검토

지금까지 어떤 연구가 있었고, 그 연구들이 어떤 방식으로 문제에 접근했는지를 분석해야 한다. 연구목적, 연구대상, 사용된 변수, 분석방법, 주요 결과를 중심으로 정리하면 도움이 된다. 특히 최근 5년 이내의 논문을 중심으로 최신 연구 동향을 반영하는 것이 바람직하다. 질적연구라면 주제 유사성 외에도 연구접근법이나 해석틀도 함께 검토하는 것이 효과적이다.

4 선행연구의 공통점과 차이점 분석

선행연구 검토는 단순 요약이 아니라 연구자의 분석과 통찰이 포함되어야 한다. 각 연구가 어떤 이론을 사용했고 어떤 대상을 분석했으며, 어떤 결과를 도출했는지 비교하는 과정에서 본 연구의 차별성과 필요성을 자연스럽게 드러낼 수 있다.

5 연구의 필요성과 연구 공백 도출

기존 연구에서 다루지 않은 주제, 접근하지 못한 대상, 적용하지 않았던 분석방법 등을 근거로 본 연구가 어떻게 새로운 기여를 할 수 있는지 제시해야 한다. 이 연구 공백이 곧 연구자가 채워야 할 방향이다. 따라서 선행연구 분석은 연구를 연결하는 동시에 차별성을 찾는 과정이기도 하다.

6 이후 장과의 연결고리 확보

이 장에서 다룬 이론과 개념, 변수들은 연구방법(제3장)에서 변수 정의와 도구 구성의 기준이 되며, 연구결과(제4장)와 논의 및 결론(제5장)에서도 일관된 해석의 틀로 작용한다. 이론적 배경이 탄탄하지 않으면 논문 전체가 흔들릴 수 있다.

결국 이론적 배경 및 선행연구 검토 장은 이 연구가 어디에서 출발했는지를 보여주는 곳이다. 연구자가 학문적 대화를 어떻게 계승하고 있는지를 보여주는 중요한 기초이므로 이 장을 충실히 작성한 논문은 높은 신뢰성과 정당성을 확보한다.

3.2.3 연구방법(제3장)

제3장, 연구방법은 본격적인 연구 수행의 설계도를 제시하는 장으로 이 연구를 어떻게 수행할 것인가에 대한 전략과 절차를 서술하는 핵심 부분이다. 이 장이 잘 짜여 있어야 연구자의 방법론 선택과

실행 과정에 신뢰가 생기고, 이후 연구결과의 해석과 논의도 설득력을 갖는다.

1 연구설계 유형 명시

양적연구인지, 질적연구인지, 혹은 혼합연구인지 먼저 분명히 해야 한다. 양적연구에서는 조사연구, 실험연구, 상관연구 등 연구설계 유형도 세부적으로 제시해야 한다. 질적연구에서는 사례연구, 내러티브 연구, 근거이론 연구, 문화기술지 등 연구 접근법의 성격을 분명히 설명해야 한다. 연구설계 유형은 전체 연구의 성격을 결정하는 중요한 출발점이므로 가장 먼저 제시한다.

2 연구대상과 표집 방법 기술

연구에 참여하는 대상이 누구인지, 몇 명인지, 어떤 기준으로 선정되었는지를 구체적으로 명시해야 한다. 예를 들어 '서울 소재 4년제 대학에 재학 중인 20대 여학생 200명'처럼 연구대상의 특성, 모집 방법, 표집 절차를 명확히 서술해야 한다. 또한 연구대상이 연구목적에 적합한지를 논리적으로 설명할 수 있어야 한다.

3 변수와 측정 도구 설명

양적연구에서는 독립변수, 종속변수, 통제변수 등의 명칭과 정의를 정확히 기술하고, 각 변수를 어떻게 측정했는지 구체적으로 설명해야 한다. 예를 들어 "우울 척도는 CES-D를 활용하였으며, 이는 총 20문항으로 구성되어 있고..."와 같이 도구의 신뢰도와 타당성 확보 여부도 함께 언급하면 좋다. 질적연구에서는 인터뷰 질문지, 관찰틀, 연구자의 참여 정도 등을 구체적으로 설명하는 것이 중요하다.

4 자료 수집 절차 정리

데이터를 어떤 절차와 순서로 수집했는지를 단계별로 명확히 보여줘야 한다. 예를 들어 '사전 동의서 확보 → 온라인 설문조사 실시 → 2주간 자료 수집 → 자료 정리 및 코딩' 등 시간적 순서와 실제 실행 과정을 구체적으로 기술해야 한다. 질적연구에서는 인터뷰 장소, 녹음 여부, 인터뷰 시간, 질문 방식 등을 구체적으로 설명해야 신뢰도가 높아진다.

5 자료 분석방법 제시

양적연구에서는 SPSS, R, AMOS, STATA 등 어떤 통계분석 도구를 활용했는지, 어떤 분석기법을 적용했는지를 설명해야 한다. 예를 들어 '기술통계 → 상관분석 → 회귀분석' 등의 순서를 밝히고, 각 분석기법의 목적과 선택 이유를 함께 기술하면 좋다. 질적연구에서는 코딩 방식, 분석 프레임, 해석 과정 등을 단계별로 설명하고 연구자의 해석 기준을 명확히 제시하는 것이 바람직하다.

6 윤리적 고려사항 포함

연구대상자의 개인정보 보호, 사전 동의, 연구목적 고지, IRB 승인 여부 등 연구가 윤리적으로 적절하게 수행되었음을 보여주는 것이 중요하다. 특히 석사·박사 학위논문에서는 IRB 심사 여부가 중요한 평가 기준이므로, 이를 명확히 기술하지 않으면 심사 단계에서 문제가 될 수 있다.

연구방법 장은 단순히 방법을 설명하는 장이 아니라 연구의 설계와 실행, 해석의 기초를 마련하고 연구의 정당성을 확보하는 곳이다. 이 장이 논리적으로 짜임새 있게 구성되어 있어야 연구결과(제4장)도 자연스럽게 신뢰를 얻는다. 따라서 이 장은 이론적 설명보다는 계획과 실행 중심의 실천적인 내용으로 채워져야 한다.

3.2.4 연구결과(제4장)

제4장, 연구결과는 연구자가 수집하고 분석한 데이터를 기반으로 실제 연구결과를 정리하여 제시하는 핵심 장이다. 이 장은 단순한 데이터를 나열하는 곳이 아니다. 논리적인 서술과 시각적인 구성으로 연구의 본질적 성과를 독자에게 효과적으로 전달해야 하는 데 목적이 있다. 따라서 객관적이면서도 명료하게 기술하는 것이 가장 중요하다.

1 분석 결과에 따른 결과 제시

제3장에서 제시한 분석 순서를 그대로 따라가는 것이 기본 원칙이다. 예를 들어 '기술통계 → 상관분석 → 회귀분석' 순서로 분석했다면, 분석 결과도 동일한 순서로 정리한다. 순서를 유지해야 독자가 혼란 없이 내용을 이해할 수 있다. 연구계획서에서 약속한 분석 순서를 그대로 지켜야 연구의 일관성과 논리성이 유지된다.

2 표와 그래프를 활용한 시각화

연구결과는 수치로 표현되는 경우가 많으므로 표table나 그림figure을 적절히 활용하여 정보를 시각화하는 것이 필수다. 표와 그림은 예를 들어 '표 4-1. 참여자의 인구통계학적 특성' 혹은 '그림 4-2. 회귀계수 그래프'처럼 제목을 붙여 본문에 삽입하되, 본문은 표나 그래프를 반복 설명하지 않고 그 의미를 해석하는 데 집중하는 것이 바람직하다. 표는 통계량을 간결하게 보여주고, 본문은 그 의미를 설명하는 구조가 이상적이다.

3 수치 해석의 객관성과 명료성 확보

통계적 결과는 객관적인 언어로 명확하게 표현해야 한다. 예를 들어 "p값이 0.5보다 작았으므로 통계적으로 유의하다."라거나 "β값이 .62로 높은 수준의 영향을 미친다."처럼 구체적인 수치와 논리적인 해석을 함께 제시해야 설득력이 생긴다. 단순히 "높았다.", "의미 있었다."라는 모호한 표현은 피하는 것이 좋다.

4 연구문제 또는 가설과 연결

분석 결과는 연구문제 또는 가설과 반드시 연결되어야 한다. 예를 들어 "이 분석 결과는 연구문제 1에 해당하며, 연구가설 1은 채택되었다."와 같이 연결고리를 명확히 제시해야 한다. 이 과정을 통해 독자는 분석 결과가 연구목적과 어떻게 연관되는지를 쉽게 이해할 수 있다.

5 예외적 결과의 서술

모든 결과가 가설에 부합하는 것은 아니다. 예상과 다른 결과가 나왔다면 결과를 숨기거나 생략하지 말고, 해당 결과의 의미나 해석 가능성을 간략히 기술해야 한다. 예를 들어 "예상과 달리 A 변수는 B 변수에 유의미한 영향을 미치지 않았다. 이는 기존 연구 C(2021)의 결과와 상충된다."와 같은 방식으로 후속 논의 장에서 확장될 수 있도록 단서를 남기는 것이 바람직하다.

6 질적연구의 결과 정리 방식

질적연구에서는 주제어, 범주, 핵심 문장 등을 제시하고, 참여자의 실제 진술을 인용하여 내용을 풍부하게 구성해야 한다. 주제별로 해석된 내용을 제시하고, 연구자가 발견한 핵심적인 의미를 요약해서 덧붙인다. 예를 들어 "참여자 A는 '항상 혼자였어요. 그래서 상담 선생님을 만나는 게 처음엔 두려웠어요.'라고 말했다. 이를 통해..."와 같은 형식으로 진술의 맥락과 함께 연구자의 해석을 덧붙이는 방식이 효과적이다.

연구결과 장은 연구자의 분석 능력과 서술력, 논리성을 가장 직접적으로 평가받는 곳이다. 분석 결과 자체보다 그 결과를 어떻게 제시하고 해석하느냐에 따라 논문의 완성도와 설득력이 결정된다. 또한 이 장은 논의 및 결론(제5장)으로 자연스럽게 이어지는 출발점이므로 객관적이되 충실한 결과 보고가 이루어져야 한다.

3.2.5 논의 및 결론(제5장)

제5장, 논의 및 결론은 앞서 제시한 연구결과를 심층적으로 해석하고 의미를 확장함으로써 연구의 최종 목적에 도달하는 장이다. 단순히 결과를 반복하는 데 그치지 않고 왜 그런 결과가 나왔는지, 기존 연구와 어떤 관련이 있는지, 이 연구가 학문적으로나 실천적으로 어떤 함의를 가지는지를 논리적으로 설명해야 한다. 이 장의 완성도는 연구자가 얼마나 비판적이고 통찰력 있게 자신의 연구를 해석했는지를 보여주는 척도다.

1 연구결과 요약과 해석

제4장에서 제시한 결과를 반복하는 대신, 그 결과의 의미와 이유를 해석 중심으로 작성해야 한다. 예를 들어 "A와 B의 관계가 유의미하게 나타난 것은, A가 B에 미치는 심리적 영향력이 기존 연구(C, 2019)와 유사하게 관찰되었기 때문이다."와 같이 기존 이론이나 선행연구와 연결하여 해석하는 방식이 설득력을 높인다. 이때 자신의 해석을 과도하게 주장하지 않도록 유의한다.

2 선행연구와의 비교

연구결과가 기존 연구와 일치하는지, 또는 어떤 차이를 보이는지를 분석적으로 서술해야 한다. 기존 연구와의 일치 여부는 연구결과의 신뢰성과 학문적 의미를 평가하는 핵심 기준이다. 예를 들어 "본 연구의 결과는 Kim(2015)의 연구와 차이를 보였는데, 이는 연구대상과 지역적 맥락의 차이에 기인한 것으로 해석된다."와 같이, 단순 비교가 아니라 맥락을 고려한 설명이 수반되어야 한다.

3 학문적 시사점과 실천적 시사점 구분

이 장에서는 연구가 이론적으로 어떻게 기여하는지(학문적 시사점), 실제 현장에서 어떻게 적용 가능한지(실천적 시사점)를 구분하여 기술한다. 예를 들어 "이 연구는 Z 이론의 타당성을 한국 중년 여성 집단으로 확장한 점에서 학문적 의의가 있다. 또한 여성 직장인을 위한 조직 내 심리상담 프로그램 개발에 실천적 기여를 할 수 있다."와 같이, 시사점은 막연한 이상론이 아니라 구체성과 현실성을 담아 기술하는 것이 바람직하다.

4 연구의 한계 인정

아무리 잘 설계된 연구라 하더라도 연구 범위, 방법, 자료, 해석 측면에서 한계는 존재한다. 연구자는 이를 명확히 언급함으로써 자신의 연구를 객관적으로 바라보는 태도와 학문적 정직성을 보여줄 수 있다. 예를 들어 "연구대상이 수도권 대학생으로 한정되어 있어 결과를 일반화하는 데에는 한계가 있다."라거나 "자기보고식 설문에 의존했기 때문에 사회적 바람직성 편향이 있을 수 있다."와 같이 구체적으로 기술한다. 이 한계를 기술해두면 이후 '후속연구 제언'으로 자연스럽게 연결할 수 있다.

5 후속연구 제언

자신의 연구가 끝이 아니라 학문적 대화의 일부임을 인식하고 미래 연구자에게 이어질 수 있는 방향을 제안해야 한다. 예를 들어 "후속연구에서는 다양한 연령층을 포함한 비교 연구가 필요하다."라거나 "양적연구 외에 심층 인터뷰를 기반으로 한 질적 접근도 병행될 필요가 있다."와 같이 연구설계, 주제, 방법, 데이터 등 구체적이고 실현 가능한 방향 제시가 중요하다.

6 연구의 핵심 메시지로 마무리

논문의 마지막 문단에서는 핵심 내용을 요약하고, 독자에게 여운과 정리감을 남겨야 한다. 예를 들어 "본 연구는 A와 B 간의 관계를 실증적으로 검증하여 X 이론의 적용 가능성을 보여주었으며, 향후 ○○ 분야에서 의미 있는 기초자료로 활용될 수 있을 것이다."와 같이 핵심 메시지를 다시 강조하고, 이 연구가 왜 중요한가에 대한 답을 마지막으로 제시하는 것이 좋다.

논의 및 결론 장은 지금까지의 연구 여정을 **지적 완결성**으로 연결하는 종착지이자 평가자에게는 연구자의 성찰과 사고 깊이를 드러내는 마지막 기회다. 이 장에서 드러나는 비판적 사고력, 분석력, 설득력은 논문의 질을 결정짓는 핵심 요소이므로 절대 가볍게 다루어서는 안 된다.

셀파의 요약정리 3.2

논문은 각 장이 서로 다른 기능을 수행하면서도 논리적으로 연결된 하나의 구조물이다. 각 장의 쓰임새를 명확히 이해하면 집필 순서를 전략적으로 조정할 수 있고, 각 장의 완성도 또한 높아진다.

■ 서론(제1장)

- **연구의 배경과 필요성 :** 사회적·학문적 맥락에서 왜 이 연구가 필요한지를 제시한다.
- **연구목적과 연구문제 :** 궁극적으로 밝히고자 하는 주제와 이를 위한 구체적 질문을 제시한다.
- **연구의 범위와 제한점 :** 연구가 다루는 대상을 명확히 하고 일반화의 한계를 인식한다.
- **핵심 용어 정의 :** 혼동을 막기 위해 반복되는 개념은 정확히 정의해둔다.
- **논문 구성 안내 :** 전체 논문의 흐름을 독자가 이해할 수 있도록 개요를 제시한다.

■ 이론적 배경(제2장)

- **핵심 개념 정리 :** 변수나 주제 관련 용어를 이론적 정의를 바탕으로 명확화한다.
- **적용 이론 서술 :** 연구 주제를 설명할 이론을 선정하고, 연구와의 연관성을 제시한다.
- **선행연구 분석 :** 기존 연구들의 경향, 차이점, 한계를 비교·분석한다.
- **연구 공백 도출 :** 본 연구가 기존 연구에서 놓친 점을 채울 수 있는 이유를 논리적으로 설명한다.

■ 연구방법(제3장)

- **연구설계 유형 명시 :** 양적·질적·혼합 방법 중 어떤 접근을 사용하는지를 명확히 한다.
- **연구대상 및 표집 :** 대상을 어떻게 선정하고 모집했는지를 구체적으로 기술한다.
- **변수와 도구 설명 :** 측정도구, 변수 정의, 신뢰도·타당도 확보 여부 등을 정리한다.
- **자료 수집 및 분석방법 :** 어떤 방식으로 데이터를 수집하고 분석했는지를 순서대로 제시한다.
- **윤리적 고려 :** IRB 승인 여부, 개인정보 보호 등 연구윤리 사항을 명확히 기술한다.

■ 연구결과(제4장)

- **분석 결과에 따른 구성 :** 제3장의 분석 계획 순서대로 결과를 배열한다.
- **표와 그래프 활용 :** 통계 데이터를 시각화하되, 본문은 해석에 집중한다.
- **객관적 수치 해석 :** 모호한 표현 없이 수치에 근거해 의미를 설명한다.

- **연구문제와 가설 연결 :** 결과가 어떤 연구문제 또는 가설과 연결되는지 명확히 한다.
- **예외적 결과 처리 :** 예상과 다른 결과도 숨기지 않고 간략히 기술한다.
- **질적연구일 경우 :** 참여자 진술과 주제어 중심으로 구조화하여 제시한다.

■ 논의 및 결론(제5장)

- **결과 해석과 의미 도출 :** 왜 그런 결과가 나왔는지 이론적·현상적으로 해석한다.
- **선행연구와 비교 :** 기존 연구와의 일치 또는 차이를 분석해 연구의 위치를 설명한다.
- **학문적·실천적 시사점 :** 이론에 대한 확장성, 실제 적용 가능성 등을 구분해 제시한다.
- **연구의 한계 :** 일반화 범위, 방법상의 한계 등을 구체적으로 언급한다.
- **후속연구 제언 :** 다음 연구자들이 참고할 수 있도록 구체적인 제안으로 마무리한다.
- **핵심 메시지 재강조 :** 이 연구의 의의와 기여를 다시 한번 강조하며 논문을 마무리한다.

각 장의 기능을 알면 글쓰기가 한결 쉬워진다. 논문에서 각 장은 내용을 담는 그릇이자 논리를 연결하는 통로다. 각 장의 역할을 명확히 이해하면 어떤 내용을 어떤 방식으로 서술해야 하는지 방향이 잡힌다. 글을 쓰기 전에 '이 장은 무슨 역할을 하는가?'라는 질문부터 시작하라. 그것이 전략적인 논문쓰기의 본질이다.

SECTION

3.3 장 사이에 논리적 연결 구조 만들기

논문은 단순한 정보의 나열이 아니다. 처음부터 끝까지 하나의 논리를 설득력 있게 전달하는 학문적 구조물이다. 각 장은 독립적으로 완결성을 갖추되, 전체 맥락 속에서는 유기적으로 연결되어야 한다. 지도교수나 심사위원이 논문을 평가할 때 특히 민감하게 보는 요소 중 하나가 논리의 흐름, 즉 "각 장이 어떻게 이어지는가?"다. 개별 장의 내용이 아무리 충실해도 장과 장 사이의 논리적 연결이 부자연스럽다면 독자는 핵심 논지를 이해하기 어렵다. 따라서 연구자는 각 장의 구성뿐 아니라 장과 장 사이의 **연결 설계**에도 전략적으로 접근해야 한다. 이는 논문 전체의 완성도를 높이고, 설득력 있는 글쓰기를 구현하는 핵심 전략이다.

이 절에서는 장별로 연결 문장을 작성하는 요령, 도입부와 결론부의 통합적 설계법, 지도교수가 중요하게 여기는 연결 포인트를 구체적으로 살펴본다.

3.3.1 장별 연결 문장의 중요성

논문은 각 장과 절이 유기적으로 연결되어 하나의 설득력 있고 통일된 논리 구조를 형성해야 한다. 따라서 각 장의 도입과 결론, 장과 장 사이를 잇는 **연결 문장**은 논문 전체의 흐름을 설계하는 데 핵심적인 역할을 한다.

1 장의 끝맺음과 다음 장의 도입을 자연스럽게 연결하라

예를 들어 제1장이 연구의 필요성과 목적을 다루고 있다면, 마지막 문단은 "이러한 문제의식을 바탕으로 본 연구에서는 기존 이론과 선행연구를 검토하고자 한다."처럼 전환 문장으로 마무리하는 것이 좋다. 그러면 제2장의 시작은 "본 장에서는 연구 주제와 관련된 기존 문헌을 검토하여 연구의 이론적 토대를 마련하고자 한다."와 같이 자연스럽게 연결된다. 이러한 연결은 독자가 논문 전체의 논리적 흐름을 놓치지 않고 따라가도록 돕는 내비게이션 역할을 한다.

2 논리적 단절을 피하기 위한 연결 문장을 설계하라

논문을 읽는 지도교수나 심사위원이 흔히 지적하는 문제는 갑작스럽게 화제가 바뀐다거나 장과 장 사이의 연결이 부자연스럽다는 점이다. 예를 들어 제2장에서 자기결정성이론을 이론적 배경으로 설명했지만, 제3장에서 해당 이론과 무관한 변수로 분석을 진행한다면 이론과 방법 사이에 단절이 생겨 독자가 혼란을 느끼게 된다. 이러한 단절을 방지하려면 각 장의 끝부분에 "다음 장에서는..." 또는 "이러한 이론적 논의를 바탕으로 본 연구의 설계와 분석방법을 제시하고자 한다."와 같은 연결 문장을 배치하여 논리적 흐름을 자연스럽게 이어주는 것이 좋다.

3 연결 문장으로 논문의 설계력을 드러내라

지도교수나 심사위원은 단순히 내용의 양이나 인용 논문의 수보다 연구자가 전체 흐름을 어떻게 구성하고 조직했는가를 더 중요하게 본다. 장 사이의 연결이 자연스럽고 논리적으로 이루어져 있으면 그 논문은 전문성이 있고 완성도가 높은 글로 평가받는다. 반대로 아무리 내용이 풍부하더라도 각 장이 따로 노는 것처럼 보이면 전체적인 구성력이 부족하다거나 이론과 방법이 따로 논다는 지적을 받을 수 있다.

4 연결 문장을 논리적 설득 도구로 활용하라

논문은 단순한 설명서가 아니라 주장을 전개하고 독자를 논리적으로 설득하는 글쓰기다. 따라서 장과 장 사이를 어떻게 매끄럽게 연결하느냐는 단순한 구성의 문제가 아니라 논증의 전략에 해당한다. 특히 서론과 이론, 이론과 방법, 방법과 결과, 결과와 논의 사이의 연결은 논리적 비약 없이 독자를 이끌어가는 핵심 장치다.

이처럼 장별 연결 문장은 논문 전체를 하나의 유기적인 구조로 설계하고, 독자가 논리 흐름을 놓치지 않도록 돕는 논리적인 다리 역할을 한다. 연구자가 연결 문장을 세심하게 신경쓰는 순간, 논문은 단순한 정보의 나열을 넘어 명료하고 설득력 있는 연구결과물로 거듭날 수 있다.

3.3.2 도입부와 결론부의 통합 설계 전략

논문에서 가장 많이 신경써야 하는 구간이 바로 도입부와 결론부, 즉 서론과 논의 및 결론이다. 이 두 부분은 단순히 각각의 장이라기보다 연구의 시작과 끝을 알리는 프레임 역할을 하므로 통합적인 설계가 필요하다.

도입부(서론)가 연구의 문제의식과 방향을 제시하는 나침반이라면, 결론부(논의 및 결론)는 연구 여정의 종착지에서 성과와 의미를 정리하는 안내문이다. 이 두 부분이 조화를 이루어야 논문의 설득력이 높아지고 평가자에게도 전체 구성이 명확한 논문이라는 인상을 남길 수 있다.

1 도입부에 제시한 문제의식과 목적은 결론부에서 반드시 회수하라

서론에서 연구문제나 가설을 제시했다면, 논의 및 결론에서는 이를 다시 언급하며 "본 연구에서는 이러한 문제를 해결하기 위해..." 또는 "앞서 제시한 연구문제에 대해 다음과 같은 결과를 확인할 수 있었다."와 같이 되짚어야 한다. 이는 연구자가 설정한 질문에 답을 제시했음을 보여주는 구조적 완결성을 의미한다. 초심자 논문에서는 이 연결이 약해져서 결론이 단순한 요약에 그치고, 연구 문제를 잊은 결론, 서론과 결론의 불일치로 지적받는 경우가 많다.

2 도입부에 강조한 필요성과 기여점을 결론부에서 실현 가능성으로 연결하라

서론에서 "학교 현장에서 실천 가능한 상담 개입 프로그램 개발이 시급하다."라고 언급했다면, 논의 및 결론에서 "본 연구는 실무 적용 가능한 기초자료를 제시했다는 점에서 현장성과 학문적 기여를 동시에 기대할 수 있다."라는 식으로 마무리하는 것이 좋다. 이는 단순한 반복이 아니라 연구 초기에 설정한 방향성과 문제 의식을 연구결과로 잘 회수하는 통합적 전략이다.

3 도입부와 결론부의 어조와 논리 톤을 일관되게 유지하라

서론에서 매우 학문적인 어조로 시작했는데, 논의 및 결론에서 갑자기 실천적 함의나 감정적 표현이 중심이 되면 논문의 일관성이 흐트러진다. 논의 및 결론의 메시지는 서론보다 더 구체적이고 함축적이되, 언어 톤은 서론과 일치해야 논문이 하나의 통일된 메시지로 읽힌다. 특히 질적연구에서는 서론에서 객관성을 강조했으나 논의 및 결론에서 서술자가 감정적으로 개입하는 실수가 자주 발생한다. 이러한 불균형은 지도교수나 심사위원에게 논리 구조가 분리되어 있다는 인상을 줄 수 있다.

4 도입부와 결론부는 서로 마주보는 구조로 설계하라

서론을 작성할 때 결론에서 어떤 메시지를 남길지 미리 설정해두는 것이 좋다. 예를 들어 상담 장면에서 자기이해의 중요성을 강조하려 한다면, 서론에서는 이 중요성에 대한 사회적·학문적 맥락을 설명하고, 논의 및 결론에서는 그러한 맥락 속에서 본 연구가 어떤 실질적 해석을 제공했는지를 정리하는 방식으로 구성한다. 이처럼 서론과 논의 및 결론이 서로를 반영하는 대칭형 구조로 설계하면 논문의 설득력이 높아진다.

5 논문 전체를 아우르는 입구와 출구로서의 대화를 설계하라

논문은 단순한 단락의 집합이 아니라 하나의 구조적 글쓰기이므로 첫 문장과 마지막 문장의 연결이 중요하다. 이상적인 구성은 서론에서 제시한 핵심 개념이나 키워드가 논의 및 결론에서도 동일하게 반복되며, "그래서 결국 우리는 무엇을 확인했는가?" 또는 "이 연구가 우리에게 무엇을 남기는가?"와 같은 물음을 스스로 회답하는 식으로 연결하는 것이다.

서론부와 결론부는 각자의 기능이 분명하지만, 서로를 반영하며 완결성을 갖춰야 한다. 연구자는 서론에서 제시한 방향성이 결론에서 어떻게 구체화되고 마무리되는지를 논리적으로 설계해야 한다. 이를 통해 논문 전체의 흐름이 끊기지 않으면서 조화롭고 설득력 있는 완성물로 마무리될 수 있다.

3.3.3 지도교수가 논문을 읽을 때 중요하게 보는 연결 포인트

지도교수는 논문을 단순히 단어 수준에서 읽지 않는다. "이 논문이 전체적으로 논리적 구조를 갖추고 있는가?", "각 장이 유기적으로 연결되어 자연스러운 흐름을 이루는가?", "연구문제에 대해 출발부터 끝까지 일관된 시선을 유지했는가?"를 중점적으로 살핀다. 따라서 연구자는 각 장의 개별적 완성도뿐 아니라 논문 전체의 연결성과 구조적 일관성을 염두에 두고 글을 써야 한다.

1 연구목적의 일관된 흐름 유지

지도교수는 서론에 제시된 연구목적이나 문제의식이 연구방법, 연구결과, 논의 및 결론까지 일관되게 반영되고 있는지를 꼼꼼히 살핀다. 예를 들어 서론에서 자기효능감 향상 방안을 탐색하겠다고 했는데, 연구결과에서 단순 만족도만을 분석한다거나 논의 및 결론에서 갑자기 실무 제언 중심으로 흐름을 바꾸면 "연구 초점이 흔들린다."라는 평가를 받을 수 있다. 연구목적은 논문의 방향지시등이다. 각 장에서 연구목적이 어떻게 구현하고 있는지를 스스로 점검하고, 연결 문장에서 이를 의식적으로 드러낼 수 있도록 문구를 반복하여 배치하는 것이 중요하다.

2 선행연구와의 연결성 설계

제2장에 제시한 선행연구가 연구방법(제3장)과 연구결과(제4장)에 어떤 영향을 미쳤는지가 논리적으로 연결되어 있어야 한다. 지도교수는 "기존 연구를 단순히 나열하기만 했는가?", 아니면 "그 연구들을 기반으로 자신의 연구를 정교화했는가?"를 구분해낸다. 예를 들어 선행연구에서 'A 변수와 B 변수의 상관이 높았다'는 사실을 언급했다면, 자신의 연구에서 왜 그 관계를 다시 검증하려는지, 혹은 어떤 새로운 접근으로 분석하려는지를 제3장에서 명확하게 설명해야 한다.

3 연구방법 선택의 논리적 정합성

연구방법은 단순히 기술적인 선택이 아니라 연구문제를 해결하는 데 적합한 설계인지를 근거로 삼아야 한다. 지도교수는 "왜 이 방법을 선택했는가?", "선행연구에서 자주 쓰였기 때문인가?", "혹은 연구자가 다루는 질문이 그 방법과 잘 맞기 때문인가?"를 중점적으로 살핀다. 따라서 연구방법(제3장)의 도입부에는 연구방법과 연구문제와의 적합성을 먼저 밝히고, 이전 장에서 다룬 이론이나 선행연구의 흐름과 자연스럽게 이어지도록 연결 문장을 배치하는 것이 바람직하다.

4 연구결과 해석의 이론적 통합

연구결과(제4장)에서 제시한 분석 결과는 논의 및 결론(제5장)에서 반드시 해석되어야 하고, 그 해석은 앞서 제시한 이론과 연결되어야 한다. 많은 대학원생이 숫자나 결과 도표만 제시하고 해석을 생략하거나 결과를 단편적으로만 언급하는 실수를 범하는데, 지도교수는 이 부분을 매우 중요하게 본다. 결과가 선행연구와 무엇이 같거나 다른지, 어떤 새로운 해석이 가능한지, 연구문제에 대한 답이 어떻게 정리되었는지는 지도교수가 집중적으로 피드백을 주는 핵심 항목이다.

5 용어와 논리의 일관성 확보

지도교수는 논문 전체를 읽으며 동일한 내용을 각 장에서 어떻게 표현하는지를 유심히 살핀다. 특히 "같은 말을 반복하되 표현이 뒤섞여 있지 않은가?", 혹은 "각 장의 관점이 서로 충돌하거나 논리적으로 불일치를 보이진 않은가?"에 주목한다. 예를 들어 서론에서는 사회적 지지를 주요 변수로 삼겠다고 해놓고 이론적 배경에서는 정서적 지지에만 초점을 맞춘다면, 용어 혼용으로 인해 논문의 일관성이 약해졌다는 지적을 받을 수 있다. 각 장에서 반복하여 등장하는 개념, 용어, 변수는 동일한 방식으로 사용되도록 조율해야 하며, 문장 표현 등이 일관성을 갖추도록 해야 논문의 완성도가 높아진다.

논문은 단순히 정보의 집합이 아니라 **학문적 구조물**이다. 지도교수는 논문의 흐름과 각 장의 연결이 얼마나 탄탄하게 이루어졌는지를 가장 먼저 살핀다. 연구자는 논문을 구성하는 동안 항상 "이 장은 앞 장과 어떻게 이어지는가?", "이 내용은 결론까지 자연스럽게 이어지는가?"를 스스로에게 질문해야 한다. 지도교수는 각 장의 연결성과 함께 논문 전체가 얼마나 치밀하게 설계되었는지를 평가하므로, 논문을 구조적 글쓰기라는 관점으로 바라보고 각 장을 조화롭게 연결하려는 노력이 필요하다. 그러한 내적 연결성의 설계야말로 학위논문이 갖추어야 할 가장 중요한 논리의 뼈대임을 잊지 말아야 한다.

셀파의 요약정리 3.3

학위논문은 정보의 나열이 아닌 논리적 설계물이다. 각 장은 개별 완결성을 가지되, 앞 장과 다음 장을 자연스럽게 잇는 연결 설계를 통해 하나의 유기적 구조로 통합되어야 한다.

■ **장별 연결 문장**

- 장을 마무리하는 문장은 다음 장의 도입부로 이어지게 구성하라.
  예 제1장 말미 : "이러한 문제의식에 따라 본 연구는 관련 이론과 선행연구를 검토하고자 한다."
  예 제2장 도입부 : "본 장에서는 기존 문헌을 고찰하여 이론적 토대를 마련한다."
- 연결 문장은 논리적 단절을 예방하는 장치다. 분석 이론과 사용 변수 사이, 이론과 방법 사이의 단절은 지도교수가 주로 지적하는 포인트다. 연결 문장은 '이론 → 방법', '방법 → 결과', '결과 → 논의' 사이를 설득력 있게 이어주는 내비게이션 역할을 한다.
- 장과 장 사이가 자연스러우면 연구자의 설계력도 높게 평가된다. 잘 짜인 연결 문장은 논리 구조의 통합성과 연구자의 전문성을 보여준다. 연결이 느슨하면 내용은 많은데 논문 설계가 약하다는 인상을 준다.

■ **도입부와 결론부의 통합 설계 전략**

- 서론에서 제기한 문제는 결론에서 반드시 회수하라. 연구문제에 대한 답이 결론에 명확히 드러나야 한다. 이는 논문 구조의 완결성을 결정짓는 핵심 기준이다.
- 필요성과 기여점을 실현 가능성으로 연결하라. '이 연구가 왜 필요했는가? → 그래서 어떤 의미 있는 기여를 했는가?'로 흐름을 이어야 한다.
- 어조와 논리 톤의 일관성을 유지하라. 서론은 학문적으로, 결론은 실천적으로 쓰되 논리적 톤과 표현 방식은 일관되게 유지해야 한다.
- 서론과 결론은 대칭 구조로 설계하라. 처음에 강조한 키워드나 사회적 맥락이 마지막에 다시 등장하면 논문은 통일된 메시지로 읽힌다.
- 논문의 첫 문장과 마지막 문장은 이어져야 한다. "이 연구는 무엇을 문제 삼았는가?"로 열고 "이 연구는 결국 무엇을 밝혔는가?"로 닫아야 한다.

■ 지도교수가 중점적으로 보는 연결 포인트

- **연구목적의 일관된 흐름 :** 연구목적이 서론부터 결론까지 흐름을 이끌고 있는지가 핵심 체크 지점이다.
- **선행연구와 방법론의 연결성 :** 제2장에서 검토한 이론과 선행연구가 제3장 방법 설계에 구체적으로 반영되었는지 살핀다.
- **연구방법의 논리적 정당성 :** 방법은 '기술'이 아니라 '논리적 선택'이다. 왜 이 분석법을 선택했는가에 대한 설명이 필요하다.
- **연구결과 해석의 이론적 통합 :** 제4장의 결과는 제5장에서 이론과 연결된 해석으로 이어져야 하며, 이는 논문의 설득력을 좌우한다.
- **용어와 개념의 일관성 유지 :** 변수명, 핵심 개념은 각 장에서 동일한 방식으로 반복되어야 하며, 용어나 개념이 혼용되면 논문 신뢰도가 저하된다.

논문에서 가장 중요한 것은 '무엇을 썼는가'가 아니라 '어떻게 연결했는가'다. 각 장은 독립적으로 완결되어야 하지만, 그보다 더 중요한 것은 논리적으로 자연스럽게 이어지는 흐름의 설계다. 지도교수는 항상 그 연결고리를 중심으로 논문을 평가한다. 따라서 모든 대학원생은 "이 장은 앞 장과 어떻게 이어지는가?", "결론은 서론에 답하고 있는가?"라는 질문을 계속 던지며, 논문을 논리적 건축물처럼 구성해야 한다. 연결은 전략이고, 설득은 구조다.

SECTION

3.4 학위논문과 학술지 논문의 결정적 차이

논문을 처음 쓰는 대학원생에게 학위논문을 완성하는 일은 그 자체만으로도 큰 도전이다. 하지만 많은 경우 졸업 후에는 해당 논문을 학술지에 투고하고자 하는 계획도 함께 세우곤 한다.

학위논문과 학술지 논문은 단순히 분량만 다른 것이 아니다. 글쓰기의 목적, 구조, 대상 독자, 표현 방식 등에서 본질적인 차이가 있다. 두 논문의 공통점은 모두 연구결과를 정리한 글이라는 점이지만, 학위논문은 연구자의 훈련과 설명에 초점을 맞추고, 학술지 논문은 전문 독자에게 정보를 전달한다는 점에서 근본적으로 다르다.

연구의 시작 단계부터 이러한 구조적 차이를 인식하고 글쓰기 전략을 세운다면, 학위논문을 학술지 논문으로 전환할 때 수정 방향이 분명해지고 논문의 완성도와 출판 가능성도 높일 수 있다. 다음에서는 학위논문과 학술지 논문의 차이를 세 가지로 살펴본다.

3.4.1 학위논문은 자기 설명, 학술지 논문은 정보 전달

1 학위논문은 자기 설명 중심

학위논문은 연구자가 자신이 수행한 연구를 지도교수나 심사위원에게 상세히 설명하는 글이다. 단순한 결과 제시를 넘어 연구자의 사고와 논리 전개 과정을 드러내며, 연구 배경부터 이론적 검토, 연구 과정의 세부 절차까지 친절하게 서술하는 것이 일반적이다. 이 글의 독자는 특정 분야의 전문가라기보다 연구자가 독립적인 학술 작업을 수행할 수 있는지를 평가하는 사람이다. 따라서 **자기 설명**self-explanation이 핵심이며, “본 연구자는 ○○의 문제점을 인식하고 연구의 필요성을 느꼈다.” 처럼 연구자의 시점을 드러내는 문장이 자주 등장한다. 연구 동기, 주제 선정 배경, 분석 도구의 선택 이유 등도 구체적으로 서술하는 방식이 요구된다.

2 학술지 논문은 정보 전달 중심

학술지 논문은 연구결과를 전문 독자에게 간결하게 전달하는 **정보 중심**의 글이다. 학술지 논문의 독자는 이미 해당 분야에 익숙한 연구자이므로, 불필요한 배경 설명이나 연구자의 동기 서술은 최소화되고, 핵심 결과와 그것이 주는 시사점을 압축적으로 정리하는 것이 중요하다. 자기 중심의 설명보다는 결과 중심과 문제 해결 중심으로 서술하는 방식이 요구된다.

예를 들어 학위논문에서는 "연구자는 이를 확인하고자 인터뷰 조사를 실시하였다."라고 쓰지만, 학술지 논문에서는 "본 연구는 인터뷰를 통해 ○○의 구조를 도출하였다."라고 쓴다. 즉 연구자의 존재는 뒤로 물러나고, 연구 자체가 전면에 등장하는 것이 특징이다.

3 학위논문은 친절하게, 학술지는 간결하게

학위논문은 길고 친절한 설명을, 학술지 논문은 짧고 임팩트 있는 전달을 목표로 한다. 학위논문은 100쪽~200쪽에 이르며, 개념 정의나 선행연구의 검토가 매우 세밀하게 이루어진다. 하지만 학술지 논문은 보통 15쪽~25쪽 분량으로 제한되며, 독자가 필요한 정보를 빠르게 파악할 수 있도록 압축된 표현을 사용해야 한다. 따라서 학위논문을 학술지 논문으로 전환하려면 단순한 요약이 아니라 전체 구조와 문장의 성격을 바꾸는 **재구성** 작업이 필요하다.

3.4.2 논문 구조와 서술 방식의 차이

1 구성 방식의 차이

앞서 3.1절에서 살펴봤듯이, 학위논문은 일반적으로 5개 장 이상의 구조를 갖는다. 서론(제1장), 이론적 배경 및 선행연구 검토(제2장), 연구방법(제3장), 연구결과(제4장), 논의 및 결론(제5장)을 기본으로 하며, 참고문헌, 부록, 설문지, 인터뷰 원자료 등이 별도로 첨부된다. 각 장은 독립적으로 긴 호흡의 서술을 요구하며, 독자가 연구의 전체 흐름을 따라올 수 있도록 친절한 연결 문장과 설명을 포함한다.

반면 학술지 논문은 대개 서론, 이론적 배경, 방법, 결과, 논의/결론의 4개 절 또는 5개 절로 구성된다. 각 절은 분량이 제한되고, 저널 형식에 맞춰 정해진 항목만을 간결하게 담아야 한다. 구조는 연구자의 판단보다 저널의 편집 규정과 심사 기준에 의해 결정되므로, 학위논문처럼 자유롭게 장을 나누기 어렵다.

2 분량과 서술 밀도의 차이

학위논문은 장당 20쪽~50쪽에 이를 정도로 분량이 방대하다. 일반적으로 전체 분량은 100쪽 이상을 요구하며, 박사 학위논문은 200쪽을 넘기도 한다. 연구자는 연구 과정 전반을 상세히 기술하고, 개념 정의와 변수 설명도 다층적으로 서술할 수 있다. 예를 들어 이론적 배경 및 선행연구 검토 장에서는 문헌 검토만 30쪽에 달할 수도 있다.

반면 학술지 논문은 전체 분량이 보통 15쪽~25쪽 내외로 제한되며, 이론과 배경은 2쪽~3쪽 내외로 작성한다. 또한 저널에 따라 전체 분량이 6,000단어~8,000단어로 명시되기도 한다. 이로 인해 학위논문에서 수십 쪽에 달하던 내용을 3쪽 이내로 압축해야 할 수 있다. 설명은 짧아지되 핵심은 분명히 담아야 하므로 높은 표현력과 편집력이 필수다.

3 설명 중심과 분석 중심의 차이

학위논문은 연구자의 설명 능력을 평가하는 글이기도 하다. 연구자가 문제를 어떻게 정의하고, 어떤 과정을 거쳐 연구를 수행했는지 자세히 서술하는 것이 중요하다. 특히 학위논문 심사에서는 연구 과정에 대한 깊은 이해도와 명확한 설명력을 주요하게 평가한다. 이 때문에 이론 설명, 개념 정의, 변수 간 관계를 서술하는 과정을 정성스럽고 친절하게 묘사하는 것이 좋다.

반면 학술지 논문은 결과와 학문적 기여 중심으로 구성된다. 설명은 최소화되고, 분석과 해석에 초점이 맞춰진다. 연구 동기나 과정에 대해 지나치게 서술하면 오히려 장황(張皇)하다[1]는 지적을 받을 수 있다. 따라서 학술지 논문에서는 "왜 이 연구를 했는가?"보다 "무엇을 발견했는가?", "그것이 왜 중요한가?"에 집중하여 서술하는 방식이 필요하다.

4 서술 방식의 차이

학위논문은 연속된 문장으로 전개되는 서술식 글쓰기가 중심이며, 에세이형 서술이 많다. 문단이 길고 연결어(한편, 그러나, 따라서 등)를 적극적으로 활용하여 논리적 흐름을 이끈다. 반면 학술지 논문은 정보 단위 중심으로 구성되므로, 문장이 짧고 끊어 읽기 쉽게 설계되어 있다. 또한 표, 그래프, 도표를 적극 활용하여 핵심 정보를 시각적으로 전달하는 경향이 강하다.

요약하자면 학위논문은 교육과 평가를 위한 훈련 보고서인 반면, 학술지 논문은 학계와 독자에게 정보를 전달하는 정보 보고서다. 이처럼 두 논문의 구조, 분량, 서술 방식의 차이를 명확히 이해하고, 목적에 따라 글쓰기 스타일을 조정해야 논문의 완성도와 설득력을 함께 높일 수 있다.

3.4.3 학위논문을 학술지 논문으로 전환할 때 꼭 알아야 할 6가지

석사·박사 학위논문을 마친 뒤, 이를 바탕으로 학술지에 투고하는 것은 연구자로서 자연스럽고 권장되는 과정이다. 그러나 학위논문을 단순 요약해 투고하면 퇴고 부족, 과잉 설명, 독자 고려 부족 등의 이유로 탈락할 가능성이 높다. 따라서 학위논문을 학술지 논문으로 전환할 때는 다음과 같이 여섯 가지 사항을 유의해야 한다.

---

1 매우 길고 번거롭다(출처 : 국립국어원 표준국어대사전).

1 연구 초점 재조정하기

학위논문은 학문적 훈련의 결과물이지만, 학술지 논문은 정보 전달과 연구 기여가 중심이다. 따라서 학술지 논문으로 전환할 때는 연구의 핵심 메시지를 압축하고, 독자가 주목할 만한 결과에 초점을 맞추어 편집해야 한다. "이 논문에서 독자가 꼭 알아야 할 핵심 메시지는 무엇인가?"를 먼저 정하고, 나머지 설명은 과감히 생략해야 한다.

2 이론은 줄이고 결과는 강조하기

학위논문에서는 개념 정의나 이론적 배경을 장황하게 설명하는 것이 허용되지만, 학술지 논문에서는 그럴 여유가 없다. 예를 들어 학위논문에서 20쪽을 할애하여 기존 연구 동향을 소개했다면, 학술지 논문에서는 1쪽~2쪽 이내로 요약해야 한다. 학술지 독자는 연구 배경보다 무엇을 밝혔고, 그것이 왜 중요한지에 더 큰 관심을 갖기 때문이다.

3 제목과 초록 다시 쓰기

학위논문 제목은 길고 설명적인 경우가 많지만, 학술지 논문은 간결하고 정보 중심의 제목이 선호된다. 예를 들어 학위논문에서는 "중년 여성의 우울과 예측 요인의 구조적 관계에 대한 연구 : 상관계수를 이용한 메타분석적 구조방정식모형 중심으로"라는 제목이 허용되지만, 학술지 논문이라면 "중년 여성의 우울 요인에 대한 메타분석적 구조모형 분석" 정도로 간결하게 줄이는 것이 바람직하다. 또한 초록도 200단어 내외로 정리하고 연구목적, 방법, 결과, 시사점의 4요소가 명확히 드러나야 한다.

4 학술지의 투고 규정 철저히 따르기

학술지마다 원고 분량, 표와 그림 형식, 인용 방식, 초록 작성 방식 등 세부 규정이 다르다. 아무리 내용이 훌륭해도 형식을 지키지 않으면 게재가 거절될 수 있다. 따라서 논문을 투고하기 전에 학술지를 미리 선정하고, 해당 학술지의 투고 규정과 샘플 논문을 철저히 분석하는 것이 중요하다.

5 독자 관점에서 수정하기

학위논문의 주요 독자는 연구의 전 과정을 평가하는 심사위원 3인~5인이다. 이들은 연구 배경, 설계, 분석의 전체 과정을 꼼꼼하게 검토한다. 반면 학술지 독자는 특정 분야의 전문가이며, 이들은 연구 배경과 세부 설계보다 핵심 분석과 논리 전개, 시사점에 더 집중한다. 그러므로 학술지 논문으로 전환할 때는 불필요한 설명을 줄이고, 요점 중심으로 간결하게 재구성해야 한다.

6 방대한 논문은 전략적으로 분할하기

학위논문이 방대한 내용을 담고 있다면, 이를 한 편의 학술지 논문으로 요약하기보다는 주제별로 나누어 여러 편으로 구성하는 것이 효과적이다. 예를 들어 이론적 비교와 실증 분석을 각각 독립된 논문으로 나눌 수 있고, 질적분석에서 도출된 특정 사례를 별도의 논문으로 발전시킬 수도 있다.

이처럼 학위논문을 학술지 논문으로 전환하는 작업은 단순히 분량을 줄이는 문제가 아니다. 글쓰기 방식, 독자층, 초점, 구성 방식까지 모두 달라지므로 전략적인 편집과 재작성 능력이 요구된다. 특히 학술지에 투고하는 목적이 출간인 만큼, 그 목적에 맞게 설득력과 정보 전달력을 높일 수 있도록 구조적으로 수정해야 한다.

셀파의 요약정리 3.4

학위논문과 학술지 논문은 분량의 차이를 넘어, 글쓰기의 목적, 독자, 구조, 표현 방식에서 본질적인 차이가 있다. 학위논문은 연구자 훈련과 설명 중심, 학술지 논문은 정보 전달과 연구 성과 중심이다.

■ 학위논문의 글쓰기 목적과 표현 방식

- 연구자의 시점 강조("본 연구자는…", "필요성을 느껴…")
- 연구 동기, 설계 이유, 배경 맥락을 상세히 설명
- 훈련과 평가가 목적 → 연구자의 이해도에 초점

■ 학술지 논문의 글쓰기 목적과 표현 방식

- 연구자의 존재를 배제하고 연구 자체를 전면에 배치
- 결과와 시사점 중심으로 간결하게 정리
- 학계와 독자에게 기여 → 성과의 설득력에 초점

학위논문은 '내가 왜 했는가'를 말하고, 학술지는 '무엇을 밝혔는가'를 보여준다.

■ 학위논문의 구조와 서술 방식

- 5개 장 이상의 독립적 구성
- 각 장마다 상세한 설명과 연결 문장 포함
- 부록, 설문지, 자료 등도 모두 포함

■ 학술지 논문의 구조와 서술 방식

- 4개 절 또는 5개 절로 간결하게 구성
- 저널 형식에 맞춰 표준화된 구조
- 설명 최소화, 정보 압축 강조

■ 학위논문과 학술지 논문의 분량과 밀도 비교

- **학위논문 :** 100쪽~200쪽 이상, 문헌 검토만 30쪽 이상 가능
- **학술지 논문 :** 15쪽~25쪽 내외, 이론과 배경은 2쪽~3쪽 이내로 압축

■ 학위논문과 학술지 논문의 서술 방식 비교

- **학위논문 :** 서술식, 에세이형, 친절한 연결어 다수 사용
- **학술지 논문 :** 짧은 문장, 시각 자료 활용, 정보 단위 중심 구성

■ 학위논문을 학술지 논문으로 전환할 때 유의해야 할 6가지 전략

- **연구 초점 재조정 :** 핵심 메시지를 뽑고 나머지 설명은 과감히 생략
- **이론은 줄이고 결과는 강조 :** 장황한 배경보다는 결과와 시사점을 중심으로 재구성
- **제목과 초록 다시 쓰기 :** 설명형은 정보 중심으로 간결하게, 초록에는 목적·방법·결과·의의가 명확히 담겨야 함
- **투고 학술지 규정 철저히 분석 :** 분량, 인용, 표기방식, 형식 오류는 탈락의 주요 원인
- **독자 중심으로 수정 :** 학술지 독자는 평가자가 아니라 전문가 독자임을 기억
- **전략적으로 분할하기 :** 학위논문 전체를 요약하지 말고, 주제별로 나누어 투고

학위논문은 학문적 훈련의 과정, 학술지 논문은 학문적 기여의 결과다. 두 글은 목적과 독자가 다르므로 전환 시에는 구조, 표현, 강조점 모두를 전략적으로 재설계해야 한다. 처음부터 두 논문의 차이를 알고 쓰면, 더 빠르고 성공적으로 논문 투고까지 이어질 수 있다.

SECTION

3.5 다양한 전공별 논문 구조 유형

3.4절에서는 글쓰기 목적에 따라 학위논문과 학술지 논문이 어떻게 다른 구조를 갖는지 살펴보았다. 이번 절에서는 연구 분야와 방법론에 따라 논문 구조가 어떻게 달라지는지를 중심으로 다양한 전공별 구조 유형을 비교하고자 한다.

논문 구조는 전공 분야와 연구방법에 따라 다양하게 구성된다. 따라서 '모든 논문은 이렇게 써야 한다'는 고정된 틀을 따르기보다는 자신이 속한 전공 분야에서 통용되는 구조를 이해하고, 연구 주제와 방법에 맞는 구조를 유연하게 선택할 수 있어야 한다. 특히 사회과학, 인문학, 자연과학, 공학은 연구 방식은 물론이고 논리 전개와 데이터 제시 방식에서도 뚜렷한 차이를 보인다. 또한 양적연구와 질적연구는 동일한 주제를 다루더라도 구성 방식과 강조점이 현격히 달라진다.

논문을 처음 쓰는 대학원생은 종종 **형식**에만 집중한 나머지, 각 전공 분야에서 요구하는 논리 구조나 강조 지점을 놓치곤 한다. 하지만 논문은 결국 해당 분야의 연구자들과 소통하기 위한 글이다. 따라서 해당 분야에서 통용되는 **글쓰기 관행**과 **구조적 흐름**을 익히는 것 자체가 전략적인 글쓰기의 출발점이라 할 수 있다.

3.5.1 양적·질적연구방법에 따른 논문 구조의 차이

논문의 구조는 사용하는 연구방법론에 따라 달라진다. 특히 양적연구와 질적연구는 연구의 전제, 목적, 분석 방식이 서로 다르기 때문에 논문을 구성하는 흐름이 뚜렷하게 구별된다. 연구자는 자신의 논문이 어떤 방법론을 따르는지에 따라 글쓰기 전략을 명확하게 달리할 필요가 있다.

1 양적연구 : 구조적 일관성과 분석 중심의 서술

양적연구는 수치화 가능한 데이터를 바탕으로 가설을 검증하는 연구 방식으로, 논리적 엄격함과 구조적 일관성을 가장 중요시한다. 일반적으로는 다음과 같은 구성 흐름을 따른다.

- **제1장 서론 :** 연구 배경, 문제 제기, 연구목적 및 가설 설정
- **제2장 이론적 배경 및 선행연구 검토 :** 개념 정리, 선행연구 분석
- **제3장 연구방법 :** 연구대상, 측정도구, 절차, 분석방법

- **제4장 연구결과 :** 통계분석 결과와 해석
- **제5장 논의 및 결론 :** 결과 해석, 시사점, 제한점, 후속연구 제언

이처럼 양적연구는 장별로 명확한 구획을 유지하고, 데이터 중심의 분석과 해석에 비중을 둔다. 모든 장은 연구가설의 검증을 중심으로 긴밀하게 연결되며, 재현 가능성을 중시하기 때문에 방법론의 세부 기술도 매우 구체적으로 제시된다.

2 질적연구 : 이야기 흐름과 맥락 중심의 서술

질적연구는 인간의 경험, 의미, 맥락을 심층적으로 탐색하는 데 목적을 두므로 이론적 기틀보다는 참여자의 목소리와 의미 해석에 초점을 둔다. 논문의 전개 방식도 탐구의 여정을 담아내는 데 중점을 두고, 양적연구의 분석 구조와는 다른 서사적 흐름을 지닌다. 질적연구의 전형적인 구성은 다음과 같다.

- **제1장 서론 :** 문제 제기, 연구목적, 연구 필요성, 연구자 관점
- **제2장 이론적 배경 및 관련 문헌 고찰 :** 개념 정리, 선행연구 분석
- **제3장 연구방법 :** 연구참여자, 자료 수집 방법, 분석방법, 연구자 윤리성
- **제4장 연구결과 :** 주제별로 서술된 참여자의 경험 이야기, 인용 중심의 해석
- **제5장 논의 및 결론 :** 주제의 재구성, 이론과의 연계, 함의 및 제언

질적연구에서 결과란 단순히 수치가 아니라 참여자의 경험과 그로부터 도출된 주제theme다. 따라서 연구결과(제4장)에서는 참여자의 서술적 인용과 함께 연구자의 해석이 중심이 된다. 이때 연구자의 자기위치성reflexivity이나 해석 관점을 명시하는 것도 중요하다.

3 문장 스타일과 정보 제시 방식의 차이

양적연구는 통계 수치와 그래프를 중심으로 결과를 제시하며, 객관적이고 수동적인 표현 방식을 사용한다. 반면 질적연구는 참여자의 인용과 서사적 흐름, 연구자의 해석을 강조하며, '나는...'이나 '연구자는...'과 같은 1인칭 표현도 비교적 자유롭게 사용되는 경우가 많다.

이처럼 양적연구와 질적연구는 단순히 분석 도구만 다른 것이 아니라 논문의 구조, 글쓰기 방식, 정보 전달 방식 전반에서 뚜렷한 차이를 보인다. 논문을 쓰기 전에 자신의 연구방법에 적합한 구조를 파악하고, 해당 연구 유형에서 요구하는 글쓰기 관행을 익히는 것이 중요하다. 특히 양적연구는 논리의 일관성과 엄밀성이 요구되며, 질적연구는 글쓰기 감각과 해석의 깊이가 요구된다. 자신이 수행하는 연구의 성격에 맞춰 논문의 구조를 철저하게 설계하고, 그 흐름에 맞는 방식으로 글을 전개하는 것이 전략적 글쓰기의 핵심이다.

3.5.2 전공별 논문 구조 비교 : 사회과학, 인문학, 자연과학, 공학

논문의 구성과 흐름은 연구방법뿐 아니라 전공 분야에 따라서도 상당한 차이를 보인다. '서론-이론적 배경-연구방법-연구결과-논의 및 결론'의 기본 틀을 공유하더라도, 강조되는 내용, 설명 방식, 분석 도구, 글쓰기 스타일은 전공의 특성에 따라 서로 다르게 나타난다. 특히 인문학과 자연과학은 논리 전개와 표현 방식에서 극단적인 대조를 이루며, 사회과학과 공학은 그 중간 영역에서 각자의 방식으로 학문적 글쓰기를 전개한다. 자신이 속한 전공의 논문 작성 관행을 정확히 이해해야 논문 구조를 효과적으로 설계할 때 결정적인 도움을 받는다.

1 사회과학 : 현상 설명과 인과관계 검증 중심

사회과학은 인간의 행위, 제도, 구조를 과학적으로 설명하고자 하며, 양적연구와 질적연구가 모두 폭넓게 활용된다. 논문은 보통 다음의 흐름으로 구성된다.

- **서론 :** 사회적 현상이나 정책 문제에 대한 문제의식 제시
- **이론적 배경 :** 기존 연구와 이론적 틀 소개, 변수 도출
- **연구방법 :** 설문조사, 실험, 통계분석 등
- **결과 및 해석 :** 표와 수치를 활용한 분석 결과 제시
- **결론 및 제언 :** 연구결과의 사회적 의미와 정책적 함의 설명

사회과학 논문에서는 이론적 배경이 핵심 역할을 하며, 변수 간 인과관계를 도출하는 논리적 설계가 구조의 중심을 이룬다. 또한 정책 제안이나 현실 적용 가능성도 자주 강조된다.

2 인문학 : 해석과 논증 중심

인문학은 철학, 역사, 문학 등의 영역에서 인간의 사유와 텍스트를 중심으로 의미를 분석하는 학문이다. 실증적 방법보다는 해석적, 비판적, 비교적 접근을 주로 사용한다. 인문학 논문은 일반적으로 다음과 같은 구조를 따른다.

- **서론 :** 문제의식 및 연구 주제 소개
- **본론 :** 주요 개념과 이론 설명, 연구대상에 대한 해석
- **결론 :** 논지 요약 및 이론적 기여 정리

인문학 논문에서는 이론적 배경이나 연구방법과 같은 장이 명시되지 않을 수도 있으며, 전체적으로 긴밀한 논리적 흐름 속에서 저자의 주장과 해석이 서술된다. 각 장은 인용을 중심으로 한 논증 구조를 가지며, 본문 전개 자체가 곧 분석이자 결과다. 표나 수치보다는 문헌 인용과 비교, 개념 해석이 중심을 이룬다.

3 자연과학 : 실험 기반의 결과 중심

자연과학 논문은 재현 가능성reproducibility과 객관성objectivity을 가장 중요하게 여긴다. 연구는 실험을 통해 얻은 데이터를 바탕으로 이루어지며, 논문 구조는 대부분 **IMRaD**Introduction, Method, Results and Discussion 형식을 따른다.

- **Introduction(서론) :** 문제 제기와 연구 필요성
- **Method(연구방법) :** 실험 설계, 장비, 시약, 분석 조건 등의 구체적인 설명
- **Results(연구결과) :** 도표와 그래프를 활용한 결과 제시
- **Discussion(논의 및 결론) :** 결과 해석, 기존 연구와의 비교, 의미 부여

자연과학 논문은 모든 단락이 짧고 명확해야 하며, 연구자의 주관적 해석은 최대한 배제하는 것이 원칙이며, 객관적인 실험 절차와 정량적 분석이 논문의 핵심이다.

4 공학 : 기술 응용과 시스템 구현 중심

공학 논문은 이론적 탐구보다는 구체적인 문제 해결을 중시하며, 실험 결과 자체보다는 적용 가능한 솔루션이나 시스템 구현 방식을 강조한다. 연구는 보통 특정한 기술적 문제를 해결하거나 시스템을 설계하는 방식으로 진행된다. 공학 논문은 일반적으로 다음과 같은 구조를 따른다.

- **서론 :** 기술적 문제와 연구의 필요성 설명
- **관련 연구 :** 기존 기술과 시스템 사례 설명
- **방법론 :** 시스템 설계, 알고리즘, 개발 방식 등의 구체적인 설명
- **실험 및 평가 :** 개발한 시스템의 성능 검증
- **결론 :** 기술적 성과 정리, 한계, 향후 개발 방향 제시

공학 논문은 실용성과 결과 중심의 특성이 뚜렷하다. 도식, 알고리즘, 절차도 등의 시각적 자료가 자주 활용된다. 기술적 명세서에 가까울 정도로 매우 구체적인 설명이 요구되며, 실용성과 구현 가능성이 강조된다.

전공별로 논문 구조를 한 번에 비교하면 논문 구조와 서술 방식이 어떻게 다른지를 명확하게 이해할 수 있다. [표 3-1]은 전공별로 연구의 구조적 특징, 논문이 중요하게 여기는 중심 요소, 대표적인 서술 방식의 차이를 요약한 것이다.

표 3-1 전공별 논문 구조의 차이

전공	구조적 특징	중심 요소	대표적 서술 방식
사회과학	이론 – 변수 – 검증	인과관계, 가설	통계적 설명, 정책 제언
인문학	해석 – 논증 중심	개념, 담론	인용 중심의 분석
자연과학	실험 – 결과 중심	수치, 실험	IMRaD 구조, 재현성
공학	문제해결 – 응용	시스템, 설계	알고리즘, 실용성 강조

이처럼 전공에 따라 논문의 구조와 전개 방식은 뚜렷하게 구분된다. 자신이 속한 학문 분야에서 통용되는 글쓰기 관행과 논리 전개 흐름에 익숙해지는 것이 중요하다. 각 전공이 중요하게 여기는 분석 방식과 결과 제시 방법을 충분히 이해한 뒤, 그에 맞는 구조를 설계해야 논문의 완성도를 높일 수 있다.

3.5.3 복수 분석 단계를 포함한 복합 논문 구조

대학원 수준의 논문 중 상당수는 하나의 분석만으로 연구를 마무리하지 않는다. 하나의 연구 주제를 더 입체적으로 탐색하고자 할 때, 다양한 분석기법을 단계적으로 결합한 복합 구조가 활용된다. 이러한 방식은 특히 양적연구에서 흔히 사용되며, 연구의 신뢰도와 설명력을 높이기 위한 전략적 선택이다. 복수 분석 구조의 개념을 이해하고 이를 적절히 설계할 수 있다면, 보다 설득력 있는 논문을 작성할 수 있다.

1 탐색–확인 구조 : 단계적 분석 흐름

복수 분석 구조는 1단계에서 탐색적 분석exploratory analysis, 2단계에서 확인적 분석confirmatory analysis을 수행하는 단계적 흐름으로 구성되는 경우가 많다. 다음과 같은 단계가 대표적인 사례다.

1단계 탐색적 요인분석(EFA) Exploratory Factor Analysis : 여러 문항이 어떤 요인으로 묶이는지 탐색
2단계 구조방정식모형(SEM) Structural Equation Modeling : 요인 간의 인과관계 검증

또는 1단계에서 빈도분석이나 기술통계를 수행하고, 2단계에서 상관관계 및 회귀분석을 통해 가설을 검증하는 방식도 있다. 이를 통해 단순한 관계 확인을 넘어 변수 간의 구조적 관계를 설득력 있게 입증할 수 있다.

2 질적–양적 혼합 구조 : 혼합연구 방식

혼합연구mixed method research는 질적 탐색과 양적 검증을 결합한 구조를 갖는다. 다음과 같은 단계가 대표적인 사례다.

1단계 심층 인터뷰 : 핵심 변수와 설문 문항의 기초가 될 질문 도출

2단계 설문조사 : 도출된 내용을 바탕으로 설문지를 구성하여 양적 검증 수행

이처럼 질적연구로 시작하여 양적연구로 이어지는 방식은 현실 맥락을 반영하면서도 정량적 일반화를 동시에 꾀할 수 있어 복잡한 사회현상을 분석하는 데 적합하다. 최근에는 교육학, 심리학, 간호학, 사회복지 분야 등에서 널리 사용된다.

3 계층적·중다모형 구조 : 분석의 확장과 심화

복수 집단 간 차이 또는 모형 간 관계를 단계적으로 검증하기 위해 계층적 분석이나 중다모형 분석 방식이 활용된다. 예를 들어 다음과 같은 사례가 대표적이다.

- 전체 집단 분석 → 남녀 집단으로 나누어 다중회귀분석
- 기본 모형 검증 → 매개효과·조절효과 모형 추가 검증

이와 같은 방식은 연구가 진행됨에 따라 분석의 깊이를 점진적으로 더해가며, 한 편의 논문 안에서 단일 분석에 그치지 않고 논리적 확장을 시도한다는 점에서 학문적 기여도가 높다.

4 구조에 반영된 다단계 결과 구성

복합 구조를 갖춘 논문은 단일 분석 결과만으로 구조화하기엔 한계가 있다. 이에 따라 다음과 같은 구조로 조정하기도 한다.

- **연구결과 장을 두 개로 분리** : 제4장 탐색적 분석 결과, 제5장 확인적 분석 결과
- **연구방법 장에서 분석 단계를 구분하여 설명** : 3.2 분석 절차, 3.3 분석 도구 및 단계
- **결론 장에서 단계별 결과를 통합적으로 해석** : 분석 간 일관성과 차이점을 함께 논의

이러한 구성은 독자에게 연구가 다층적 논리로 설계되었음을 명확히 전달하는 방법이다.

5 복합 구조 설계를 위한 준비 요소

두 가지 이상의 분석을 통합하려면 다음과 같은 요소를 사전에 준비해야 한다.

- **충분한 표본 수 확보** : 각 분석 단계에 필요한 최소 표본 수가 충족되어야 한다.
- **자료 정합성 유지** : 분석 간 동일한 변수와 설계 논리가 유지되어야 한다.

- **분석 능력 확보 :** 각 분석기법을 이론적으로 이해해야 하며, 소프트웨어 활용 능력이 필요하다.

이러한 사항을 종합적으로 고려하여 설계 초기 단계부터 지도교수와 면밀하게 논의를 거쳐야 한다. 특히 연구계획서 단계에서부터 복수 분석 구조를 예고하고, 그에 맞춰 자료 수집과 분석 절차를 정밀하게 세우는 것이 핵심 전략이다.

지금까지 살펴본 복합 논문 구조를 [표 3-2]와 같이 정리할 수 있다.

표 3-2 복합 구조 유형과 활용 예시

복합 구조 유형	분석 흐름	주요 활용 분야
탐색-확인 구조	EFA → SEM, 기술통계 → 회귀분석	심리학, 교육학
질적-양적 혼합 구조	심층 인터뷰 → 설문조사 구성 및 양적 검증	간호학, 사회복지
계층적·중다모형 구조	회귀분석 → 조절효과 분석 → 다집단분석	경영학, 상담심리
다단계 결과 구조	분석결과를 별도 장으로 구성(예 제4장, 제5장)	다양한 분야에 적용 가능

복합 논문 구조는 다소 복잡하지만, 그만큼 논문의 깊이와 학문적 기여도를 높이는 강력한 방법이다. 대학원 수준의 학위논문에서는 이러한 복합 구조를 시도함으로써 단순한 분석을 넘어 입체적인 연구 성과를 이룰 수 있다. 중요한 것은 복합 논문 구조가 분석을 많이 하는 것이 아니라 **연구문제에 가장 적합한 분석을 단계별로 적절히 배치하는 전략**임을 기억해야 한다.

셀파의 요약정리 3.5

논문은 정해진 틀이 아니라 전공과 방법론에 따라 달라지는 유연한 구조를 갖는다. 연구자는 자신의 분야 특성과 연구방법에 따라 가장 적절한 구조를 설계해야 하며, 이것이 전략적 논문 쓰기의 핵심 출발점이다.

■ 양적연구와 질적연구 비교

구분	양적연구	질적연구
구조	서론 → 이론 → 방법 → 결과 → 결론	서론 → 이론 → 방법 → 주제별 결과 → 해석 중심 논의
중심	가설 검증, 수치 분석, 통계 기법	경험 해석, 맥락 이해, 서사적 구성
표현	객관적·수동적 표현, 제3자 시점	연구자 시점, 인용과 해석 강조
특징	구조적 일관성, 재현성 중시	이야기 흐름, 연구자의 해석력 중시

양적연구는 수치를 말하고, 질적연구는 맥락을 말한다. 연구방법론에 따라 논문 구조가 달라지므로, 설계 초기에 이를 분명히 설정해야 한다.

■ 전공별 논문 구조의 차이

전공	구조적 특징	중심 요소	서술 방식
사회과학	이론 – 변수 – 가설 검증	인과관계, 통계적 검증	표·그래프 활용, 정책 제언 포함
인문학	해석 – 논증 중심	개념, 담론	문헌 인용 중심, 서사형 해석
자연과학	IMRaD 구조	실험, 수치, 재현성	짧은 단락, 도표 중심 제시
공학	문제 해결 중심	시스템 설계, 응용 가능성	절차도, 알고리즘, 성능평가 강조

전공마다 글쓰기 습관과 논리 흐름이 다르다. 논문을 읽는 독자도 다르기에 해당 분야의 글쓰기 관행을 익히는 것이 중요하다.

■ 복합 분석 구조 : 고급 논문 설계를 위한 전략

복수 분석을 결합한 논문 구조는 연구를 입체적이고 정교하게 설계하는 데 도움이 된다. 대표적인 유형은 다음과 같다.

복합 구조 유형	분석 흐름	대표 활용 분야
탐색 – 확인 구조	요인분석 → 구조방정식	교육학, 심리학
질적 – 양적 혼합 구조	인터뷰 → 설문 및 검증	간호학, 사회복지
계층적·중다모형 구조	회귀 → 조절·매개 → 다집단 분석	상담, 경영학
다단계 결과 구조	결과 장을 2개 이상으로 분리	다양한 분야

복합 구조는 분석을 많이 하는 것이 아니라 연구문제에 맞는 분석을 전략적으로 배치하는 것이다. 설계 단계에서부터 구조를 예고하고, 표본 수와 분석방법을 충분히 확보해야 한다. 연구방법 장에서 단계별 절차를 구분해 기술하고, 결론에서는 분석 결과를 통합적으로 해석하는 방식이 효과적이다.

논문은 하나의 정답이 있는 글쓰기가 아니다. 전공 특성, 연구방법, 자료 성격에 따라 구조와 서술 방식이 달라지며, 연구자는 그 차이를 이해하고 주도적으로 설계할 수 있어야 한다. 구조를 복사하지 말고 구조를 설계하라. 자신의 연구 주제에 가장 알맞은 방식으로 논리 흐름을 구축하는 것이 진짜 전략적 논문 쓰기다.

SECTION

3.6 잘 쓴 논문의 구조를 내 논문에 적용하는 법

대학원에서 논문을 처음 작성할 때 많은 학생이 어려워하는 점 중 하나는 '논문을 어떻게 구성할 것인가'에 대한 감각을 갖는 일이다. 이론이나 분석기법을 어느 정도 이해하고 있더라도, 그것을 논문이라는 구조 안에 어떻게 배열하고 논리의 흐름을 만들 것인지는 또 다른 역량이다. 특히 잘 쓰인 논문은 단지 내용이 풍부한 것에 그치지 않고, 구성과 서술 흐름에서 뛰어난 전략이 엿보인다.

따라서 논문을 쓰기 전에 잘 구성된 논문의 구조를 벤치마킹하는 습관을 들이는 것이 중요하다. 이는 표절과는 전혀 다른 개념이며, 학술적 글쓰기의 구성 전략을 배우는 정당한 학습법이다. 선배 연구자의 논문이나 동일한 전공의 우수 논문을 분석하고, 이를 자신의 연구 주제에 맞게 구조화해보는 연습은 실제 논문 초안을 짜는 데 큰 도움이 된다.

이 절에서는 우수 논문의 구조를 분석하고, 이를 자신의 논문 설계에 효과적으로 적용하는 전략을 단계별로 소개한다.

3.6.1 선배 논문의 구조를 분석하는 법

잘 쓰인 논문은 내용뿐 아니라 전체 구조와 서술 흐름에서도 배울 점이 많다. 같은 전공이나 유사한 주제를 다룬 석사·박사 선배들의 논문을 참고하면 어떤 순서로 논리를 전개하고 있는지, 이론적 배경은 어떤 방식으로 구성되었는지, 연구방법 장에서 어떤 흐름으로 내용을 풀어냈는지 등을 보다 구체적으로 체감할 수 있다.

1 논문의 목차 구성을 중심으로 구조 분석

논문의 목차는 글 전체의 설계도와 같다. 목차만 살펴보아도 해당 논문이 어떤 흐름으로 전개되고 있는지를 한눈에 파악할 수 있다. 예를 들어 다음과 같은 질문을 던져 보자.

- 제1장은 어떤 흐름으로 구성되었는가?
  예 문제 제기 → 목적 → 필요성 → 제한점 순인가?
- 제2장은 이론적 배경과 선행연구를 어떻게 구분했는가?

- 제3장의 연구방법은 연구대상, 도구, 절차 등이 얼마나 세분화되어 있는가?
- 제4장의 결과분석 장은 어떤 방식으로 정리되어 있는가?

이러한 구조적 분석을 통해 자신의 논문에 적용할 수 있는 **구성의 틀**을 확보할 수 있다.

2 전공 내 연구유형에 따른 구조 차이 이해

동일한 분야에서도 연구유형에 따라 논문 구조가 달라진다. 예를 들어 심리학에서는 실험 중심의 양적연구가 가설 설정과 분석절차 중심으로 구성되는 반면, 인터뷰 기반의 질적연구는 연구참여자 소개, 분석 절차, 주제 도출의 흐름이 강조된다.

이처럼 연구유형에 따라 구조적 특성이 다르므로 자신의 연구유형에 맞는 선배 논문을 여러 편 분석해보는 것이 좋다. 3편 이상 정리해 비교하다 보면 반복하여 나타나는 구조 패턴이 자연스럽게 보이기 시작할 것이다.

3 구조는 참고하되, 내용은 독립적으로 설계

잘 쓰인 논문을 참고하다 보면 구조뿐 아니라 표현 방식이나 논리 흐름도 매력적으로 느껴질 수 있다. 하지만 무엇보다 중요한 것은 자신만의 내용적 독립성을 확보하는 것이다. 논문의 전체 구조는 충분히 응용하고 발전시킬 수 있지만, 연구문제나 가설, 변수 선택은 철저히 자신의 연구설계에 맞추어야 한다.

예를 들어 선배 논문이 '사회적 지지 → 스트레스 → 우울'이라는 모형을 제시했다면, 자신의 논문은 '교사 지원 → 학습 몰입 → 학업 효능감'처럼 구조는 유지하되 내용을 독립적으로 구성하는 방식이 바람직하다. 이러한 전략은 논문에 논리적 통일성과 전략적 구성을 부여하면서도 표절의 위험 없이 건전한 학습을 가능하게 만든다.

정리하면 선배 논문은 논문 구조와 흐름을 배우는 교과서이자 자신의 글쓰기를 점검할 수 있는 거울이다. 특히 논문 초안을 작성하기 전에 구조가 잘 짜인 논문을 몇 편 정리해두면 지도교수와의 미팅, 연구계획서 작성, 자료 수집 설계 등 모든 단계에서 큰 도움이 된다.

3.6.2 학술 데이터베이스에서 유사 논문 구조를 분석하는 법

논문 작성 초기에는 반드시 자신의 주제와 유사한 구조를 가진 논문을 찾아 분석해야 한다. 이때 가장 효율적인 도구가 바로 학술 데이터베이스다. 국내외 대표적인 학술 데이터베이스로 RISS, DBpia, KISS, Google Scholar가 있으며, 이 플랫폼을 활용하면 키워드 기반으로 논문을 쉽게 검색하고 논문 구조를 분석하는 데 필요한 자료를 확보할 수 있다.

1 RISS와 DBpia를 활용한 논문 검색 전략

RISS와 DBpia는 학위논문과 학술지 논문을 모두 확인할 수 있는 대표적인 학술 데이터베이스다. 두 플랫폼의 특징은 다음과 같다.

- **RISS :** 학술연구정보서비스라고도 하며, 국내 석사·박사 학위논문은 물론, 각종 학술지와 연구보고서를 폭넓게 제공한다. 특히 [그림 3-2]와 같이 학위논문이라는 검색 범주가 명확히 구분되어 있어, 논문 구조를 참고하거나 선행연구를 정리할 때 유용하다.
- **DBpia :** 학술지 논문 중심의 플랫폼으로, 다양한 전공 분야의 출판 논문을 검색할 수 있다. 저자, 발행연도, 주제어 등 기준에 따른 세부 필터링 기능이 잘 갖추어져 있다.

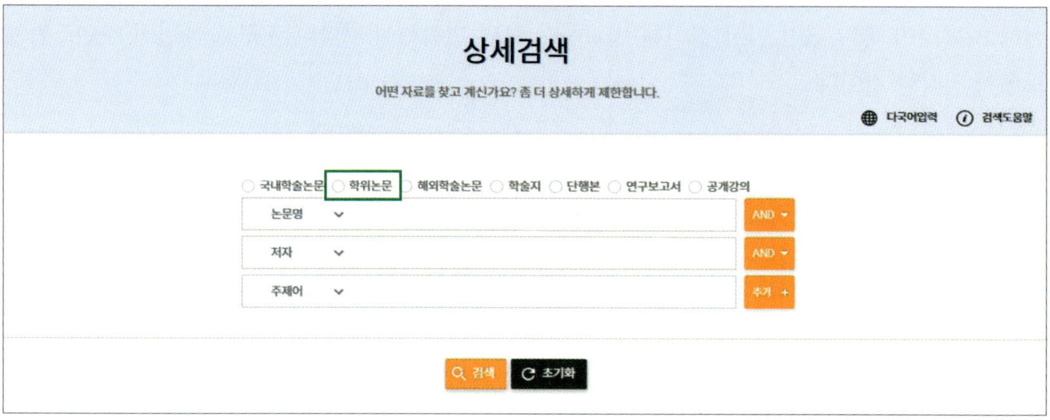

그림 3-2 RISS의 상세검색 화면

이러한 플랫폼에서 논문을 검색할 때는 연구 주제와 관련된 키워드를 적절히 조합하고, 학위논문과 학술지 논문을 구분하여 검색하는 것이 중요하다.

2 제목·목차·초록 중심의 구조 파악

논문 전체를 처음부터 정독하기보다 먼저 살펴봐야 할 것은 제목, 목차, 초록이다. 이 세 요소를 중심으로 분석하면 논문의 전반적인 구조와 논리 흐름에 대한 정보를 빠르게 얻을 수 있다. 예를 들어 다음과 같은 질문을 던져보자.

- 이 연구는 어떤 문제를 어떤 방식으로 풀었는가?
- 제1장은 어떤 흐름으로 구성되었고, 연구목적은 어떻게 제시되었는가?
- 연구방법 장에서는 어떤 도구와 절차를 사용했는가?
- 논의 장에서는 연구결과를 어떤 방식으로 해석하고 연결했는가?

이러한 흐름을 중심으로 5편~10편 정도의 논문을 정리해보면 자주 사용되는 구조적 패턴과 문장 표현 방식, 서술 흐름 등을 자연스럽게 체득할 수 있다.

3 구조 비교를 위한 엑셀 표 작성

유사 논문을 분석할 때는 [그림 1-3]과 같은 형태의 표로 정리해두는 것이 효과적이다. 이러한 엑셀 표는 논문 간 구조를 한눈에 비교할 수 있게 해주고, 자신의 논문 목차를 설계할 때도 큰 도움이 된다.

4 검색 키워드 조합을 통한 주제 정교화 훈련

학술 데이터베이스 검색 과정은 단순히 논문을 찾는 데 그치지 않고, 논문을 보는 눈을 길러주는 훈련이 된다. 특히 검색 키워드를 조합하고 정제하는 과정에서 자신의 연구 주제를 정밀하게 다듬을 수 있다. 예를 들어 키워드를 '초등학생 정서 조절'로 설정했을 때 관련 논문이 너무 많다면, 키워드를 구체적으로 조합(예 정서 조절 AND 자기표현 능력)하여 검색 폭을 조절할 수 있다(2.4절 참고). 이러한 키워드 조절 과정은 실제 논문 작성 시 연구문제를 명확하게 설정할 수 있으며 변수를 설정할 때도 긍정적인 영향을 준다.

요약하자면 RISS와 DBpia를 활용한 논문 구조 분석은 논문을 더 잘 쓰기 위한 연습이자 논문 초안 설계의 초석이 된다. '검색 → 분석 → 비교 → 표 작성'의 과정을 반복할수록 논문을 구성하는 감각이 자연스럽게 체득되고, 막막했던 글쓰기 작업도 훨씬 체계적이고 예측 가능한 작업으로 전환된다.

3.6.3 논문 쓰기 전 목차 초안부터 그리는 법

논문을 본격적으로 쓰기 전에 가장 먼저 해야 할 작업 중 하나는 바로 **목차 초안 그리기**다. 많은 대학원생이 문장부터 쓰기 시작하지만, 구조 없이 글을 쓰는 것은 목적지 없이 운전을 시작하는 것과 같다. 목차 초안은 논문의 골격을 설계하는 작업이다. 이 과정을 통해 논문의 전체 흐름과 논리 구조가 구상된 설계도, 즉 구조적 청사진을 마련할 수 있다.

1 논문의 흐름을 시각화하는 설계도, 목차 초안

논문은 학문적 구조물이다. 서론, 이론적 배경 및 선행연구 검토, 연구방법, 연구결과, 논의 및 결론이라는 큰 틀 안에서 자신의 연구가 어디에 위치하고 어떤 흐름으로 전개될지를 미리 설계해야 한다. 이때 다음과 같은 질문을 통해 목차 초안을 점검할 수 있다.

- 제1장은 왜 이 연구를 시작하게 되었는가에 답하고 있는가?
- 제2장은 어떤 이론과 선행연구를 기반으로 하는가?

- 제3장은 어떤 데이터를, 어떤 방식으로 수집·분석하려는가?
- 제4장은 어떤 방식으로 결과를 제시할 것인가?
- 제5장은 어떤 해석과 시사점을 도출할 것인가?

2 전형적인 목차 구성을 내 논문에 맞게 변형하기

다음은 일반적인 사회과학 석사·박사 논문의 구성 예시다. 이를 기반으로 자신의 주제와 연구설계에 맞게 변형할 수 있다.

제1장 서론
  1절 연구 배경 및 필요성
  2절 연구목적
  3절 연구문제(또는 가설)
  4절 연구의 범위와 제한점
  5절 용어의 정의
제2장 이론적 배경
  1절 핵심 개념 정의
  2절 관련 이론 고찰
  3절 선행연구 검토
  4절 본 연구의 차별성 및 시사점
제3장 연구방법
  1절 연구모형 및 가설
  2절 연구대상 및 표집방법
  3절 측정도구 및 변수 정의
  4절 자료수집 및 분석방법
제4장 연구결과
  1절 기술통계 및 변수분석
  2절 가설 검증 결과
  3절 추가 분석(필요시)
제5장 논의 및 결론
  1절 연구결과 요약
  2절 논의 및 해석
  3절 이론적·실무적 시사점
  4절 연구의 한계와 후속연구 제안

이 목차 틀을 빈칸처럼 활용해 자신의 논문에 맞게 하나하나 채워나가다 보면 초안을 구성하는 작업이 훨씬 수월해진다.

3 목차 초안을 지도교수와의 소통 도구로 사용하기

막상 연구계획서를 작성하려고 하면 전체 윤곽이 잡히지 않아 지도교수와의 대화 자체가 막막해지는 경우가 많다. 이럴 때 간단한 수준이라도 목차 초안이 있다면 논리의 흐름을 빠르게 설명할 수 있고, 구체적인 피드백도 받을 수 있다. 예를 들어 "제2장에서 ○○○ 이론을 다루려 합니다. 그런데 제3장에서 이를 분석 도구로 어떻게 연결할지가 고민입니다."처럼 지도교수와의 소통을 보다 구조적이고 전략적으로 이끌 수 있다.

4 목차 초안으로 글쓰기의 진입 장벽 낮추기

글을 시작하지 못하는 큰 이유 중 하나는 어디서부터 써야 할지 모르기 때문이다. 목차 초안을 미리 만들어두면 어떤 순서로 쓸지를 계획할 수 있어 글쓰기의 진입 장벽이 크게 낮아진다. 반드시 1.1절부터 순차적으로 쓰지 않아도 된다(3.1절 참고). 각 장의 초안을 독립적으로 작성해도 무방하므로 유연한 글쓰기 전략도 가능해진다.

결론적으로 목차 초안을 작성하는 일은 논문 전체의 설계를 구체화하고 방향성을 확보하는 첫걸음이다. 무작정 문장부터 쓰기보다 논문 구조를 먼저 설계하는 습관을 들이면, 논문 작성 과정을 훨씬 효율적이고 예측 가능한 작업으로 만들 수 있다.

셀파의 요약정리 3.6

처음 논문을 쓰는 대학원생에게 가장 큰 장벽은 '**어떻게 구성할 것인가**'다. 논문의 내용을 담는 그릇, 즉 구조와 서술 흐름을 어떻게 짜는가는 고유한 역량이자 전략이다. 잘 구성된 논문을 분석하고 이를 응용하는 일은 모방이 아닌 훈련이며, 전략적 글쓰기의 시작점이다.

■ 선배 논문의 구조 분석은 글쓰기의 교과서다

- 목차를 통해 논문의 전체 설계도를 읽어라. 제1장의 문제 제기 흐름, 제2장의 이론 정리 방식, 제3장의 연구방법 세분화 방식 등과 같이 구조적 질문을 던지며 분석하라.
- 연구유형에 따른 구조 차이를 파악하라. 이 연구가 실험 중심인지 인터뷰 중심인지, 혹은 가설 설정이 중심인지 주제 도출이 중심인지 파악해보자. 적어도 3편 이상 논문을 비교·분석하면 구조 패턴이 보인다.
- 구조는 참고하되, 내용은 독립적으로 설계하라. 논리 흐름은 유지하되, 주제와 변수는 자신의 연구에 맞게 구성하라.
  예 '사회적 지지 → 스트레스' 대신 '교사 지원 → 학습몰입'

■ 학술 데이터베이스로 구조 분석을 자동화하라

- **대표 플랫폼 :** RISS(학위논문 검색에 강점), DBpia(학술지 중심, 필터 기능 우수), KISS, Google Scholar
- **검색 전략 :** 주제어 – 대상 – 변수를 명확히 설정하여 검색 정교화
  예 초등학생 AND 스트레스 AND 자기효능감
- **분석 초점 :** '제목 → 목차 → 초록' 순으로 구조를 읽고, 5편~10편 정도를 비교하여 패턴 체득
- **구조 비교를 위한 엑셀 표 작성 :** 각 논문의 구조 요소(연구문제 제시 방식, 이론 구성 흐름, 결과 제시 유형 등)를 동일 기준으로 정리

■ 논문 쓰기 전에 목차 초안을 먼저 그려라

- **목차 초안은 논문 설계의 청사진 :** 목적 없이 문장부터 쓰지 말고, 전체 흐름을 시각적으로 설계하라. 각 장의 핵심 질문을 먼저 점검해보라.
- **전형적 구성에서 내 논문에 맞게 수정하라 :** 일반적 예시를 '빈 틀'로 삼아 내 주제에 맞게 맞춤 설계하라.

  예 이론 장에서 다룰 개념은 무엇인가, 분석 장은 몇 절로 나눌 것인가?
- **목차 초안은 지도교수와 소통하는 가장 좋은 도구 :** 구조를 제시하며 논리 흐름을 설명하면 피드백이 구체적이고 생산적이다.
- **글쓰기 진입 장벽 낮추기 :** 목차 초안이 있으면 처음부터 완성된 문장을 쓰지 않아도 된다. 각 장 초안을 따로따로 써나가며 조립하는 방식도 가능하다.

논문을 잘 쓴다는 것은 내용만 잘 아는 것이 아니라 어떻게 구조화할지를 아는 것이다. 좋은 논문을 분석하고 구조를 벤치마킹하며, 내 논문에 맞는 설계도를 직접 그려보는 연습이야말로 전략적인 논문 쓰기의 시작이다. 무엇을 쓸까보다 먼저 어떻게 짤까를 고민하라. 그때부터 논문은 더 이상 막막한 작업이 아니라 예측 가능하고 구조화된 설계 프로젝트가 된다.

CHAPTER 04

논문 작성하기 : 양적연구 사례 중심으로

CONTENTS

SECTION

4.1 내용구조분석방법으로 논문 구조 설계하기

4.1.1 내용구조분석방법이란

이 장은 논문의 구조에 맞춰 글을 구성하는 훈련을 다룬다. 핵심은 각 장의 필수 구조를 먼저 확정하고, 그 구조에 맞게 근거와 문장을 배치하는 것이다. 이 책에서는 실제 사례 논문을 문단이나 소절 단위로 분해하고, 각 문단의 주제어를 도출해 그것이 논문 구조의 어느 요소에 해당하는지를 분석하는 과정을 안내한다. 이러한 훈련을 통해 논문의 전체 흐름을 한눈에 파악할 수 있으며, 궁극적으로는 자신의 연구에 적용해 논문 작성법을 체계적으로 익힐 수 있다.

이 장에서 다루는 분석 절차는 **내용구조분석방법**이다. 이 방법은 각 문단의 주제어를 추출해 핵심 내용을 파악하고, 이를 논문의 기본 구조 틀(서론의 문제 제기, 선행연구 요약, 한계, 학문적 필요성, 연구 목적 등)과 대조함으로써 주제어가 전체 구조 속에서 어떻게 배치되는지 확인하는 방식이다. 이후 절에서는 이러한 방법을 실제로 적용해 사례 논문을 분석하고, 그 결과를 구조 분석표로 정리하는 과정을 단계별로 살펴본다.

이를 위해 제시하는 구조 분석표는 연구자가 사례 논문을 구조화할 수 있도록 고안된 실습 도구다. 연구자는 자신의 연구방법론과 유사한 논문을 선정한 뒤, 이 책에서 소개하는 방식으로 문단 주제어 중심의 분석 연습을 수행한다. 이후 이 분석표를 자신의 논문 초고에 적용해 '구조-주제어-내용'의 빈칸을 채우듯 집필하면, 불필요한 중복을 줄이고 논리적 골격을 강화할 수 있다. 이러한 훈련을 거듭하면 각 장의 문장이 자연스럽게 구조적 흐름을 따르게 되며, 서론, 이론적 배경, 연구방법, 연구결과, 결론이 유기적으로 맞물려 완성도 높은 논문을 완성하게 된다.

내용구조분석방법의 절차

1 사례논문 선정

분석할 사례 논문을 먼저 선택한다. 자신의 연구방법론과 유사한 논문이 좋다. 학술지 투고를 목표로 한다면 학술지 논문을, 석사논문을 목표로 한다면 석사논문을, 박사논문을 목표로 한다면 박사논문을 선정한다. 형식과 구조 자체는 비슷하지만, 논문 수준에 따라 분량과 심층성에 차이가 있기 때문이다.

이 책에서는 지면의 한계로 양적연구방법 중 모형연구를 다룬 학술지 논문을 사례로 제시한다. 다만 정성적 연구 등 다른 연구방법을 사용하는 연구자라도 동일한 절차를 통해 논문 구조를 파악하고 집필법을 익힐 수 있다.

2 문단별 주제어 중심의 사례논문 분석

사례논문은 문단별 주제어를 중심으로 분석한다. 이 책의 구조 분석표는 '논문의 구조 → 문단의 주제어 → 문단의 내용요약' 순으로 구성되어 있지만, 실제 분석 단계에서는 '문단의 내용요약 → 문단의 주제어 → 논문의 구조' 순으로 이루어진다. 내용요약은 주제어 도출을 위한 과정일 뿐이므로 충분히 훈련된 연구자라면 '문단 주제어 찾기 → 구조 파악'의 2단계만으로도 효율적인 분석을 할 수 있다.

3 나만의 논문 흐름 설계

사례논문 분석을 통해 구조를 파악했다면, 이를 바탕으로 자신의 논문 주제어 흐름(플로우)을 설계한다. 먼저 '장－절－문단' 순서의 큰 틀을 잡고, 각 문단의 역할(문제 제기, 선행연구 요약, 한계, 필요성, 연구목적, 연구방법, 결과 해석, 함의 등)을 한 줄로 정리한다. 그 다음 각 문단에 적합한 주제어 1개~3개를 배치하고, 주제어에 연결할 근거(관련 논문, 표·그림, 분석 결과 등)를 함께 매칭한다. 이렇게 정리하면 단 한 장의 플로우 차트만으로도 '무엇을, 어떤 순서로, 어떤 근거를 통해 말할지'를 한눈에 파악할 수 있다.

4 내 논문 집필하기

논문 집필은 분석의 역순으로 진행하면 효율적이다. 먼저 전체 구조 플로우를 세우고, 다음으로 주제어 플로우를 구성한다. 각 주제어에 맞는 내용을 문단 단위로 채운다. 한 문단에는 하나의 주제만 다루고, 첫 문장은 주제문으로 시작하는 것이 좋다. 겹치는 주제어는 통합하거나 하위 문단으로 재배치하며, 논리적 연결이 끊어지는 부분에는 '따라서', '그러나', '이에 따라'와 같은 짧은 전환 문장을 적절히 사용해 흐름을 매끈하게 만든다. 이러한 과정을 따르면 초안 작성 속도가 빨라지고, 글의 일관성과 완결성도 함께 높아진다.

각 장별 구체적인 논문 작성 방법은 다음과 같다.

장별 논문 작성 방법

1 서론 : 문제 제기에서 연구목적까지 논리의 사다리를 세운다

서론 장은 '실무적 필요성(문제 제기) → 선행연구 요약 → 선행연구의 한계 → 학문적 필요성 → 연구목적' 순으로 구성한다.

먼저 사회적·현장적 배경 속에서 왜 이 주제가 지금 중요한가를 구체적 수치나 정책적 맥락과 함께 제기한다. 다음으로 핵심 변수와 관련된 선행연구의 주요 결과를 흐름 중심으로 간략히 요약하되, 연구 맥락과 표본, 방법의 차이가 결과 해석에 미치는 영향을 함께 언급한다. 이어서 선행연구의 공백과 편중, 방법론적 한계를 명확히 드러내고, 그 공백을 메울 학문적 필요성을 논리적으로 제시한다. 대부분의 선행연구의 한계는 선행연구의 흐름 속에서 드러난 연구 공백을 찾는 것에서 비롯하고, 그 공백을 보완하는 것이 본 연구의 차별점이자 학문적 필요성으로 이어진다.

마지막으로 연구의 목적을 문장 수준에서 분명히 표현한다. 대부분은 연구문제나 가설을 연구목적에 맞는 문장 형태로 다듬어서 제시하면 된다. 서론을 작성한 후에는 구조 분석표를 활용해 각 문단의 주제어가 서론의 구성요소와 정확히 대응되는지, 그리고 문제 제기에서 연구목적까지의 전개가 누락 없이 이어지는지 점검한다.

2 이론적 배경 : 개념 정의, 이론적 근거, 변수 간 관계의 사다리로 쌓는다

이론적 배경 장은 '핵심 개념의 정의 → 구성요소 제시 → 변수 간 관계의 설명'으로 이어지는 논리적 사다리 구조로 작성한다.

먼저 연구에 사용할 주요 개념을 명확히 정의한다. 그다음 해당 개념이 어떤 하위 요소(구성 차원)로 이루어져 있는지 기술한다. 이때 측정도구의 구조나 이론적 모형을 근거로 하위 요소를 제시하면 타당성이 높아진다. 다음으로 각 변수 간 관계를 다룬다. 이론적 근거와 선행연구 결과를 바탕으로 변수가 어떤 경로를 통해 영향을 주고받는지 설명한다. 이때는 '주장 → 근거 → 귀결'의 흐름을 따르고, 선행연구 결과의 일치·불일치와 그 원인(표본, 맥락, 방법 등)을 함께 제시하여 연구 필요성을 강조한다. 마지막으로 이러한 논리를 바탕으로 연구모형 또는 가설로 자연스럽게 연결되도록 구성한다.

3 연구방법 : 재현 가능한 설계 설명서를 쓴다

연구방법 장은 연구모형 및 가설, 측정도구, 자료수집, 통계분석방법을 명료하게 기술한다. 먼저 연구모형을 그림이나 도식으로 제시하고 각 가설을 번호와 함께 명확히 정리한다. 다음으로 각 변수를 어떻게 측정했는지 기술한다. 이때 측정도구의 출처(근거 선행연구), 문항 예시, 점수화 방식, 신뢰도와 타당도 근거를 함께 기술한다. 이어서 자료수집 과정을 설명한다. 연구대상과 표본추출방법(데이터 수집 방법과 일정), 연구윤리 절차, 결측치 및 이상치 처리 방침 등 연구의 전 과정을 재현 가능한 수준으로 상세하게 설명한다. 마지막으로 통계분석방법을 제시한다. 수집된 데이터를 어떻게 분석하고 어떤 통계 기법을 사용했는지 구체적으로 밝힌다.

4 연구결과 : 연구문제(가설)의 순서로 분석 결과를 작성한다

연구결과 장은 인구통계학적 변인 특성(빈도와 비율), 주요 변수의 기술통계, 신뢰도 및 타당도, 상관관계분석, 연구모형 검증을 순서대로 보고한다.

먼저 표와 간단한 서술로 표본의 기본 특성을 제시해 데이터의 맥락을 파악하게 한다. 다음으로 핵심 변수들의 평균, 표준편차, 왜도와 첨도 등 기술통계를 보고하여 자료의 분포와 정규성을 확인한다. 이어서 측정도구의 신뢰도와 타당도를 제시하고, 변수 간 상관관계분석을 통해 예비적 관계 패턴을 보여준다. 마지막으로 연구모형 검증 결과를 가설 제시 순서에 따라 서술하고, 계수와 검정통계, 효과크기, 신뢰구간 등을 함께 보고한다. 필요에 따라 매개효과, 조절효과, 다집단 검증 등을 추가해 분석의 깊이를 보완한다. 작성 후에는 구조 분석표를 활용해 표와 그림, 본문 서술이 중복 없이 호응하는지, 분석 결과의 제시 순서가 서론의 연구문제 제시 순서와 정확히 일치하는지 점검한다.

5 결론 : 연구결과, 의미 해석, 학문적·실무적 시사점, 한계점 및 제언을 쓴다

결론 장은 '연구배경, 연구목적, 연구방법의 간결한 요약 → 핵심 연구결과 제시 → 결과를 바탕으로 한 제언 → 학문적·실무적 시사점 연구의 한계와 향후 연구 방향'의 순서로 작성한다.

먼저 서론에서 제시한 문제의식과 목적을 간결히 상기시키고, 본 연구의 설계적 특징을 한두 문장으로 요약한다. 이어서 가설 또는 연구문제에 대한 직접적인 답을 핵심 수치와 함께 제시하고, 그 의미를 이론의 언어로 해석해 학문적·실무적 기여 지점을 분명히 한다. 다음으로 현장 적용 가능성을 고려해 실무적·정책적 제언을 구체적으로 서술한다. 마지막으로 표본, 측정, 설계, 외적 타당성 등의 측면에서 연구의 한계를 투명하게 밝히고, 그 한계를 보완하기 위한 향후 연구 과제와 방법론적 제안을 제시하며 장을 마무리한다. 작성 후에는 구조 분석표를 활용해 서론의 질문과 결론의 답이 문장 수준에서 호응하는지, 과장된 일반화가 없는지, 제언이 실제 결과의 범위 안에서 제시되는지 점검한다.

SECTION

4.2 서론 작성하기

논문에서 서론은 단순한 시작이 아니라 독자가 논문 전체의 맥락을 이해하고 연구의 정당성을 받아들일 수 있도록 설계하는 공간이다. 서론이 부실하면 아무리 정교한 이론적 틀과 분석 결과가 있어도 논문 전체의 설득력이 약해진다. 반면에 서론이 탄탄하면 연구자가 어떤 문제의식에서 출발해 어떤 질문을 던졌는지, 그것이 왜 중요한지를 자연스럽게 전달한다. 이는 지도교수나 심사위원에게 "이 논문이 왜 존재해야 하는가?"라는 질문에 대한 가장 명쾌한 첫 번째 답변이 된다.

4.2.1 서론의 구조

서론은 일반적으로 다음의 네 가지 핵심 요소로 구성된다. 첫째, 사회적·실무적 필요성을 바탕으로 문제를 제기해 연구 주제의 시의성과 필요성을 보여주어야 한다. 둘째, 관련 선행연구를 요약해 연구 배경을 정리해야 한다. 셋째, 기존 연구들이 가진 한계점을 짚어 본 연구의 학문적 필요성을 강화해야 한다. 넷째, 연구목적과 연구문제를 구체적으로 제시해 연구의 전체 방향을 분명하게 설명해야 한다.

이처럼 서론은 연구자의 문제 인식 능력과 학문적 기여 가능성을 드러내는 중요한 지표다. 서론의 구조를 상세하게 설명하면 다음과 같다.

1 실무적 필요성(문제 제기)

실무적 필요성은 **연구 주제가 사회적, 정책적, 실무적으로 왜 중요한지를 설명하는** 부분이다. 사회 변화, 인구 구조, 기술 환경, 제도적 요구 등 현실적 조건을 근거로 이 연구가 지금 수행되어야 할 필요성을 제시해야 한다. 특히 복지, 교육, 건강, 행정 등 다양한 분야의 현장에서 겪는 문제와 연결지어 서술하는 것이 중요하다. 실무적 필요성은 연구가 단순한 학문적 탐색을 넘어 실제 사회에 기여할 수 있음을 보여주는 출발점이다.

2 선행연구 요약

선행연구 요약은 연구자가 설정한 주요 개념이나 변수들이 기존 문헌에서 어떻게 정의되고 어떤 관계로 설명되는지 정리하는 부분이다. 변수의 개념적 정의와 함께 이들 사이의 인과관계, 상관관계,

매개효과, 조절효과 등에 대한 기존 연구의 결과를 요약하는 것이 중요하다. 이를 통해 본 연구에서 설정한 이론적 모형이나 가설의 타당성을 입증할 수 있고, 독자는 이를 바탕으로 연구의 흐름을 이해할 수 있다.

3 선행연구 한계

선행연구의 한계는 본 연구의 학문적 차별성과 필요성을 강조하는 부분이다. 기존 연구에서 다루지 못한 연구대상, 변수 간 관계, 분석방법, 이론 적용 등 다양한 측면을 비판적으로 검토하면서 본 연구가 어떤 점에서 새로운 접근을 시도하는지 설명해야 한다. 이러한 서술을 통해 본 연구의 정당성을 확보하고, 이후 이론적 배경과 가설 설정으로 자연스럽게 연결할 수 있다.

4 학문적 필요성

학문적 필요성은 본 연구가 기존 연구와 어떻게 차별화되고 어떤 학문적 기여를 할 수 있는지 밝히는 부분이다. 이론적 확장가능성, 새로운 변수 설정, 기존 관계에 대한 재검토, 새로운 연구모형의 제시 등은 연구의 학술적 가치를 높이는 요소다. 이때 연구자가 기존 문헌을 바탕으로 새로운 해석이나 이론적 통찰을 도출하여 학문의 발전에 기여하고자 했음을 강조하는 것이 중요하다. 학문적 필요성은 단순한 연구 반복이 아닌, 연구의 독창성과 이론적 의미를 전달하는 데 목적이 있다.

5 연구목적

연구목적은 연구자가 궁극적으로 해결하고자 하는 연구문제나 분석하고자 하는 관계를 명확히 제시하는 부분이다. 일반적으로 주요 변수 간의 영향관계나 구조를 규명하고자 하는 목적을 기술하며, 연구문제 또는 연구가설이 설정된다. 연구목적은 간결하면서도 구체적이어야 하며, 이후 이론적 배경, 연구모형, 연구방법 등을 전개할 때 기준이 되는 핵심 요소다. 이 항목은 서론의 마무리이자 전체 연구의 방향을 제시하는 역할을 한다.

4.2.2 네 가지 실제 사례로 배우는 서론 작성법

이제 실제 우수 논문 사례를 통해 서론의 모범적인 구성 방식을 살펴보겠다. 이 장에서 소개하는 우수 논문은 다음과 같이 네 편으로, 각 절에서 구조별로 발췌하여 분석한다. 이 중 [논문 2]~[논문 4]는 영어 논문을 번역한 내용을 중심으로 발췌했으며 문단 구성을 확인하기 쉽게 일부 줄바꿈을 조정했다.

- **[논문 1]** 장애노인과 비장애노인의 디지털정보활동이 삶의 만족도에 미치는 영향 – 사회관계망의 매개효과를 중심으로[1]
- **[논문 2]** 소셜 미디어 기술이 공급자 및 고객 관계 관리에 미치는 영향[2]
- **[논문 3]** 제조업체의 지속가능성에 대한 전략적 지향 연구[3]
- **[논문 4]** 온라인 쇼핑 구매자의 배송 및 고객 서비스 경험이 고객만족도에 미치는 영향[4]

사례로 제시된 논문들은 연구 주제에 대한 사회적·학문적 필요성을 분명히 제시한다. 선행연구를 바탕으로 변수와 변수 간 관계를 체계적으로 정리하며 기존 연구의 한계를 짚고, 본 연구의 차별성과 연구 공백을 보완하려는 의지를 드러낸다. 또한 연구목적과 연구문제(또는 가설)를 명확하게 제시해 논문 전체의 방향성을 잘 안내한다.

이 책에서는 이러한 우수 사례를 단순히 제시하는 데 그치지 않고 4.1절의 **내용구조분석방법**을 활용하여 서론의 구성 방식을 구체적으로 분석한다. 또한 문단별로 간단한 요약을 제시해 서론이 어떤 흐름으로 구성되어 있는지를 한눈에 파악할 수 있도록 돕는다. 이러한 분석방법은 대학원생이 단순히 좋은 서론을 따라 쓰는 것이 아니라 그 속에 담긴 구조적 원리를 이해하고 자신의 연구 주제에 맞게 재구성하도록 돕는 효과적인 도구다. 실제 사례 분석과 내용 구조 파악을 병행함으로써 서론 작성의 핵심 요소가 실제 논문에서 어떻게 구현되는지를 명확하게 확인할 수 있고, 자신의 서론을 구성할 때 참고할 수 있는 구체적인 기준도 마련할 수 있다.

논문 1 서론 분석

1 우리나라는 고령화 사회로 진입하면서 노인 인구의 증가와 함께 장애를 가진 노인 인구도 꾸준히 증가하는 추세이다. 전체 등록 장애인 264만 명 중 만 65세 이상 장애노인의 비율은 전체 장애인의 53.9%에 이르며, 이 중 독거 장애노인은 64.6%에 달한다[1]. 이는 장애노인의 복지와 지원이 중요해지고 있음을 시사한다.

1 임정미·주은선(2025). 장애노인과 비장애노인의 디지털정보활동이 삶의 만족도에 미치는 영향 –사회관계망의 매개효과를 중심으로. 한국콘텐츠학회논문지, 25(1), 377–396.

2 Cho, Y. S., Edevbie, N., Lau, A. K., & Hong, P. C. (2020). The impact of social media technologies on supplier and customer relationship management: An empirical analysis in the US. IEEE Access, 8, 220878–220888.

3 Hong, P., Jagani, S., Kim, J., & Youn, S. H. (2019). Managing sustainability orientation: An empirical investigation of manufacturing firms. International Journal of Production Economics, 211, 71–81.

4 Cao, Y., Ajjan, H., & Hong, P. (2018). Post–purchase shipping and customer service experiences in online shopping and their impact on customer satisfaction: An empirical study with comparison. Asia Pacific Journal of Marketing and Logistics, 30(2), 400–416.

삶의 만족도는 장애노인뿐만 아니라 가족과 사회 전체에도 중요한 영향을 미치는 지표로, 장애노인의 삶의 질 향상을 위해 그 중요성이 부각되고 있다[2]. 특히 노년기에는 자신의 삶을 되돌아보며 만족감을 느끼는 것이 중요한데, 이는 장애노인의 삶에 중요한 요인으로 작용한다[3]. 하지만 현재까지의 선행연구를 살펴보면 주로 노인이나 장애노인을 대상으로 한 삶의 만족도 연구에 초점을 맞추었고, 장애노인과 비장애노인을 비교한 연구는 상대적으로 부족하다. ❷

정보화 사회로 진입하면서 디지털 관련 변인들과의 연관성에 대한 연구의 필요성이 증대되고 있다. 이 가운데, 정보화 사회에서 장애노인의 삶의 만족도에 영향을 미치는 요인으로 디지털정보활동에 주목한다. 디지털정보활동이란 디지털 리터러시를 기반으로 원하는 작업을 수행하고 필요한 정보를 얻는 지식과 능력을 포함하며, 최근 연구에서 디지털 리터러시와 유사변수로 간주된다. 디지털 리터러시는 정보화 시대에 확장된 개념으로 개인이 정보통신기술 환경에서 인터넷과 모바일 등을 효율적으로 활용할 수 있게 하는 의식, 기술, 이해를 의미한다[4]. 디지털 리터러시와 디지털정보활동 모두 4차 산업혁명 시대에서 기존의 활동을 대체할 새로운 활동으로 주목받고 있다. ❸

디지털정보활동과 삶의 만족도 간에는 긍정적인 상관관계가 있음이 검증된 바 있다. 노인 이론 중 하나인 활동이론에 따르면, 노인들의 다양한 활동은 사회관계망을 유지하고 확장하며, 삶의 질을 향상하는 데에도 영향을 준다[5]. 기존에는 경제활동과 사회활동의 빈도가 중요한 요소로 여겨져 왔으나, 최근에는 디지털정보활동까지 포함하여 측정할 필요성이 대두되고 있다. 특히, 기존의 사회 환경적 제약으로 인해 다양한 활동이 제한되어왔던 장애노인에게 디지털 기술은 이러한 제약을 줄이고 새로운 경험과 다양한 활동을 가능하게 한다. 디지털정보활동을 통해 형성된 다양한 사회적 관계는 더 나아가 사회관계망으로 발전할 수 있다. ❹

사회관계망은 삶의 만족도에 중요한 영향을 미치는 변수로, 이를 통해 제공되는 도구적 및 정서적 지지는 신체적, 심리적 자원을 제공하는 중요한 역할을 한다. 사회관계망 내에서 구성원 간의 상호작용을 통해 자원과 재화, 서비스 등이 교환되며, 이는 삶의 부정적인 영향을 완화하고 심리적 안녕감을 높이는 데 기여한다[6][7]. 또한 여러 연구에서 사회관계망이 삶의 만족도를 높이는 중요한 요인임이 검증되었으며 [8][9], 장애인의 경우에도 사회관계망은 삶의 만족도를 높이는 긍정적인 역할을 한다. ❺

그러나 디지털 리터러시와 디지털정보활동과 관련된 사회관계망에 대한 연구는 비교적 많지 않다. ❻

이상에서 살펴본 바와 같이, 디지털정보활동, 사회관계망, 그리고 디지털정보활동과 삶의 만족도, 사회관계망과 삶의 만족도에 관한 연구는 분절적으로 수행된 경향이 있다. 더욱이 장애노인만을 대상으로 하거나 노인 전체를 대상으로 연구된 경우가 대다수로 이들에 대한 비교가 이루어진 경우는 미미하다. ❼

이에 본 연구에서는 디지털정보활동을 중심으로 사회관계망과 삶의 만족도 간의 관계와 그 영향력을 종합적으로 분석하고자 하며 특히, 디지털정보활동이 삶의 만족도에 미치는 영향을 사회관계망이 매개하는지를 검증하여 이들 간의 심층적인 관계를 규명하고자 한다. 또한 장애노인과 비장애노인의 삶의 만족, 디지털정보활동, 사회관계망의 차이를 비교함으로써 장애노인의 삶의 만족도를 높일 방안을 모색하고자 한다. ❽

[논문 1]의 서론은 실천적 사회문제를 출발점으로 삼아, 장애노인의 삶의 만족도를 중심으로 디지털정보활동과 사회관계망의 중요성을 논리적으로 전개하고 있다. [표 4-1]은 이러한 서론의 구성 흐름을 한눈에 파악할 수 있도록 각 문단의 주제와 내용을 요약한 것이다.

표 4-1 [논문 1] 서론의 구조 요약

논문의 구조	문단의 주제어	문단의 내용 요약
실무적 필요성 (문제 제기)	❶ 노인인구와 장애노인 인구 비율 증가	우리 사회가 고령화됨에 따라 장애노인 인구, 특히 독거 장애노인 비율이 높아짐. 이에 따라 장애노인 복지와 삶의 질 향상이 중요한 사회적 과제로 대두됨.
	❷ 노인 삶의 만족도의 중요성과 선행연구 한계	삶의 만족도는 장애노인의 삶의 질과 사회 전반에 중요한 지표로 간주되며, 특히 노년기에는 삶에 대한 만족감이 중요하게 작용함. 그러나 기존 연구 중 장애노인과 비장애노인을 비교한 연구가 드묾.
선행연구 요약	❸ 디지털 활동과 삶의 만족도의 관계	디지털정보활동은 정보화 사회에서 중요성이 커지고 있으며, 디지털 리터러시 기반의 정보 활용 능력임. 4차 산업혁명 시대의 새로운 활동으로 주목받고 있음.
	❹ 노인의 사회관계망과 삶의 만족도와의 관계	디지털정보활동은 삶의 만족도와 긍정적 상관관계를 가지며, 노인 활동 이론에 따르면 다양한 활동은 삶의 질을 향상시키는 데 기여함. 장애노인에게는 디지털 기술이 사회적 활동 제약을 극복할 수 있게 해줌.
	❺ 사회관계망과 삶의 만족도의 관계	사회관계망은 삶의 만족도에 중요한 영향을 미치며, 정서적·도구적 지지를 통해 심리적 안녕감에 기여함. 장애인에게도 동일하게 긍정적 효과가 있음.
선행연구 한계 및 학문적 필요성	❻ 선행연구의 한계	디지털 리터러시 및 정보활동과 관련된 사회관계망 연구는 상대적으로 적으며, 이들 간의 구조적 관계 규명이 필요함.
	❼ 본 연구의 학문적 필요성	분절적·편중된 선행연구의 공백을 메우기 위해 두 집단의 통합 비교가 필요함을 제시함.
연구목적	❽ 본 연구의 연구목적	디지털정보활동, 사회관계망, 삶의 만족도 간 관계 및 매개효과를 장애노인과 비장애노인 간 비교를 통해 검증하여 삶의 만족도 증진 방안을 탐색하고자 함.

논문 2 서론 분석

❶ 공급망 관리와 기술의 발전은 점점 더 전 세계적으로 고도로 전문화된 네트워크의 형성을 촉진하고 있다[1-4]. 특히 다양한 기술 네트워크가 널리 활용됨에 따라 소셜 미디어는 오늘날 대부분의 비즈니스 모델에서 핵심 개념으로 자리 잡고 있다[5-8]. 닐슨 컴퍼니[9]의 조사에 따르면 미국 소비자들은 인터넷 사용 시간의 거의 4분의 1을 소셜 네트워킹 사이트에 할애하고 있으며, 2018년 1월 기준 전 세계 인구의 약 42%인 32억 명이 소셜 미디어를 활발히 이용하고 있는 것으로 추산된다[10].

❷ 조직들은 이제 소셜 미디어 플랫폼을 수익성 향상, 문제 식별, 혁신 촉진, 고객과의 상호작용, 고객 요구에 대한 신속한 대응, 조직 성과 개선 등을 위한 도구로 활용하고 있다[11][12]. 또한 소셜 미디어는 조직 내부에서 정보와 지식이 원활히 공유될 수 있도록 지원하며 고객과 외부 조직과의 상호작용을 촉진하고, 개선된 비즈니스 인텔리전스를 바탕으로 업무 관련 최신 정보와 우수 사례를 제공한다[13][14].

이처럼 소셜 미디어는 마케팅[15], 정보시스템[16] 등 여러 학문 분야에서 상당한 주목을 받고 있으나, 운영관리(Operations Management, OM) 분야에서는 여전히 초기 연구 단계에 머물러 있다[17]. 또한 기존 문헌은 소셜 미디어가 조직 성과에 미치는 영향에 대한 실증적 근거가 불충분하며, 더 나아가 소셜 미디어에 관한 연구는 충분히 진행되지 않았고, 기존 문헌은 소셜 미디어가 기업 성과에 미치는 영향에 대해 충분한 실증적 근거를 제공하지 않는다고 보고된다[18]. ❸

한편, 지난 수십 년 동안 기업 간 경쟁의 본질은 공급망 관리(Supply Chain Management, SCM) 중심으로 이동해 왔으며[19-21] 이에 따라 많은 선행연구들은 공급망 내 관계 관리가 시장에서 경쟁우위를 유지하기 위해 반드시 체계적이고 효율적으로 관리되어야 할 최우선 과제 중 하나라고 강조해 왔다[3][22][23]. ❹

이러한 배경에서 본 연구는 운영관리 관점에서 소셜 미디어 기술이 관리공급자관계관리(Supplier Relation ship Management, SRM)와 고객관계관리(Customer Relationship Management, CRM)에 어떤 역할을 수행하는지를 실증적으로 규명하고자 한다. ❺

[논문 2]의 서론은 소셜 미디어와 공급망 관리라는 주제를 둘러싼 사회적 변화와 학문적 논의의 흐름을 따라가며, 산업환경 변화 속에서 드러나는 연구 공백을 중심으로 논의를 전개한다. [표 4-2]는 이러한 서론의 구성 흐름을 한눈에 파악할 수 있도록 각 문단의 주제와 내용을 요약한 것이다.

표 4-2 [논문 2] 서론의 구조 요약

논문의 구조	문단의 주제어	문단의 내용 요약
실무적 필요성 (문제 제기)	❶ 공급망 디지털화와 소셜 미디어의 부상	기술 발전과 함께 글로벌 공급망이 고도로 전문화되고 있으며, 소셜 미디어가 핵심 비즈니스 도구로 부상하고 있음. 소셜 미디어의 확산은 연구의 사회적 중요성을 부각시킴.
선행연구 요약	❷ 조직 운영에서 소셜 미디어의 역할 확대	소셜 미디어는 고객과의 상호작용, 문제 해결, 혁신 촉진, 내부 지식 공유, 비즈니스 인텔리전스 개선 등 다양한 기능을 통해 기업의 운영성과를 향상시키는 수단으로 사용됨.
선행연구 한계	❸ OM 분야의 소셜 미디어 연구 부족	마케팅·정보시스템 분야에서는 소셜 미디어 연구가 활발하나, OM 분야는 아직 초기 단계에 머물러 이론적 정립과 조직 성과에 대한 실증적 근거가 모두 부족함.
학문적 필요성	❹ SCM에서 관계 관리의 중요성	공급망 중심의 경쟁 환경 속에서 관계 관리는 경쟁우위를 확보하기 위한 핵심 요소로, 이를 체계적이고 효율적으로 관리해야 한다는 학문적 필요성이 강조됨.
연구목적	❺ 소셜 미디어 역할 분석	운영관리 관점에서 소셜 미디어 기술이 공급업체 및 고객과의 관계 관리에 미치는 역할을 실증적으로 분석하고자 함.

논문 3 서론 분석

❶ 지속가능성에 관한 연구는 기존의 경제적 차원(예: 저비용, 우수한 품질, 빠르고 신뢰할 수 있는 납기)에서 가치사슬 전반의 포괄적 요인(예: 기업의 사회적 책임, 기업 평판, 지속가능성 성과)으로 전환되는 추세를 보이고 있다[1-4]. 이러한 변화는 경제적, 환경적, 사회적 책임 측면에서 이해관계자의 요구가 증가한 데 따른 것이다. 문제는 '이러한 복합적 요구를 어떻게 측정 가능한 성과로 전환할 수 있는가'다[5][6]. 이를 위해 전략적 가치의 우선순위를 명확히 하고, 고객, 공급업체, 내부 부서를 함께 참여시켜 바람직한 성과를 달성할 필요가 있다[7-13].

❷ 지속가능성 분야에 대한 연구 관심이 증가했음에도 불구하고, 지속가능성 이니셔티브와 관련된 전방(front-end)의 불확실성과 후방(back-end)의 복잡성 관리는 여전히 불분명하다[14-17]. 지속가능성 의사결정과 조직 내부 프로세스는 자주 단절되며, 지속가능성 지향(sustainability orientation)은 기업 수준에서 시작되더라도 사업부 수준(예: 공장 단위)에서는 효과적으로 연계되지 않는 경우가 많다[18][13][19]. 이에 따라 지속가능성 지향이 실제 성과에 미치는 영향에 대해서는 혼재된 연구결과가 보고된다[20-23].

❸ 핵심 기업 관점에서 최고경영진은 환경적·사회적 책임과 같은 지속가능성의 전략적 의도를 전달하고, 기업 내부 프로세스가 이를 제품과 서비스에 반영하기를 기대한다[24-26]. 본 연구는 지속가능성 성과 달성을 위한 두 가지 주요 동기 요인으로 경영진의 진정성(integrity)과 책무성(accountability)을 제안한다. 또한 기업이 지속가능성의 전략적 의도를 제품 차별화 기준으로 전환하고, 이를 내부 부서 프로세스와 외부 네트워크 실행을 통해 구체화하는 과정을 제시한다.

❹ 선행연구는 고객 서비스[27][28], 목표 달성[29], 전략적 대응성[29], 흡수 역량[30] 등 다양한 전략적 지향성을 다뤘다. 본 연구는 기존 연구와 달리 지속가능성 지향 자체를 이론적으로 탐구하며, 국제제조전략조사(International Manufacturing Strategy Survey, IMSS) 6차 버전(IMSS-VI)을 활용한다. 이는 이전 연구(IMSS-IV, IMSS-V)와 달리 표본이 더 크고(n = 749), 변수 구성도 현저히 다르다.

❺ 이 연구는 최고경영진 이론, 전략적 의도 이론, 성과사슬 이론을 바탕으로 지속가능성 요건의 전방 불확실성과 후방 복잡성 간의 연결을 단순화하여 설명한다. 더 나아가 경영자가 지속가능성 지향을 전략적 차별화 요소로 활용하여 경쟁우위를 확보하는 방법을 이해할 수 있도록 돕는다.

[논문 3]의 서론은 실무적 문제의식에서 출발해 연구 공백을 짚고, 복수 이론을 활용한 개념 중심의 구조화 방식으로 연구목적과 방법론을 체계적으로 전개한다. [표 4-3]은 이러한 서론의 구성 흐름을 한눈에 파악할 수 있도록 각 문단의 주제와 내용을 요약한 것이다. 이를 중심으로 각 구조를 상세히 살펴보자.

표 4-3 [논문 3] 서론의 구조 요약

논문의 구조	문단의 주제어	논문 내용 요약
실무적 필요성 (문제 제기)	❶ 지속가능성 요구의 확장과 실무적 과제	지속가능성에 대한 관심이 기존 경제적 요소에서 CSR, 기업 평판, 지속가능성 성과 등으로 확장되고 있으며, 이해관계자의 복합적인 요구를 실행 가능한 조직 성과로 전환하는 것이 주요 과제로 부각되고 있음.
선행연구 한계	❷ 전략과 실행 간의 단절	지속가능성 전략이 전방(전략 수립)과 후방(공장 수준 실행) 간의 연계 부족으로 인해 성과로 이어지지 못하는 사례가 많으며, 지속가능성 지향과 성과 간 관계에 대한 연구결과도 일관되지 않음.
선행연구 요약	❸ 경영진의 역할과 실행 메커니즘	본 연구는 경영진의 진정성과 책무성을 핵심 메커니즘으로 제안하고, 전략적 의도가 제품 차별화, 내부 협력, 외부 네트워크 실행으로 어떻게 이어지는지를 체계적으로 설명하고자 함.
학문적 필요성	❹ 기존 연구와의 차별성 강조	기존 연구는 고객 서비스, 목표 달성, 전략적 대응성, 흡수 역량 등 개별 요소에 초점을 두었으나, 본 연구는 지속가능성 지향에 초점을 두며 IMSS-IV를 활용해 더 넓은 범위와 새로운 변수 구성을 적용함.
연구목적	❺ 이론적 틀을 바탕으로 한 실증 분석 및 전략적 시사점	최고경영진 이론, 전략적 의도 이론, 성과사슬 이론을 바탕으로 지속가능성 전략의 불확실성과 복잡성 간 관계를 설명하고, 이를 통해 기업이 지속가능성을 전략적 차별화 수단으로 활용하는 실증적 방안을 제시하고자 함.

논문 4 서론 분석

보편화된 인터넷과 모바일 및 소셜 미디어를 통한 기술 발전은 전 세계 전자상거래(e-commerce)의 성장을 전례 없는 수준으로 끌어올렸다. 오늘날 소비자들은 온라인에서 활발하게 쇼핑하고 있으며, 전 세계 전자상거래 매출은 수년간 지속적으로 성장해왔고, 2020년에는 27조 달러를 초과할 것으로 전망된다[7]. 이러한 추세는 특히 아시아-태평양 지역과 같은 신흥시장에서 두드러지며, 2016년 한 해 동안 해당 지역의 전자상거래 매출은 31.5% 증가하여 세계 최대의 소매 전자상거래 시장으로 자리잡았으며, 2016년에 1조 달러를 돌파하고, 2020년에는 2조 7,250억 달러에 이를 것으로 전망된다[7]. 아시아-태평양 지역 내에서 중국은 전 세계 소매 전자상거래의 약 47%를 차지하며, 2016년 매출은 8,990억 9,000만 달러에 달해 4,233억 4,000만 달러 규모의 북미를 제치고 세계 두 번째로 큰 지역 전자상거래 시장이 되었다[7]. ❶

과거 전자상거래의 급격한 성장과 향후 예상되는 전망은 배송과 결제 방식의 발달 등 다양한 요인에 기인한다[7]. Jain 외[16]의 선행연구를 검토한 결과 제품의 가용성, 배송의 적시성, 상품의 상태, 반품의 용이성을 비롯해 전자상거래 플랫폼의 품질, 제품 품질, 가격 등이 온라인 쇼핑 고객의 만족도와 재구매 의도에 영향을 미친다고 정리된다. 그러나 이들의 연구에 따르면 배송이나 반품 서비스 같은 구매 이후 활동(post-purchase activities)과 고객의 태도·행동 간 관계를 본격적으로 다룬 연구가 매우 부족하다. 즉 이러한 구매 이후 활동이 고객 서비스와 비교하여 전자상거래 성과에 얼마나 중요한지는 아직 불명확하다. ❷

3 하지만 무료 배송이 제공되지 않을 경우 소비자들이 구매를 포기한다는 보고가 있으며, 소비자의 약 78%는 온라인 구매 결정에서 무료 배송을 '매우 중요'하거나 '어느 정도 중요'하다고 인식하고 있다[37]. UPS와 Com Score의 공동 연구에 따르면 무료 배송과 신속한 배송이 고객만족의 핵심 요소로 보고되었다[24]. 또한 당일 배송은 바로 만족할 수 있는 서비스임에도 대체로 비용이 높기 때문에 대부분의 소비자는 추가 비용을 지불하려 하지 않는다. 이에 따라 기업은 공급망을 통합하고 인근 매장에 무료 배송하는 전략을 택하기도 한다[34].

4 이러한 배경에서 공급망 전문가 Hau Lee는 배송과 같은 구매 이후 활동을 다섯 가지 핵심 전략 중 하나로 간주한다[19]. 실제로 인터넷 소매업체들은 이윤을 극대화하고 경쟁우위를 확보하기 위해 고객에게 제공하는 배송 및 배송 방식을 전략적으로 조정한다[40]. UPS와 comScore[6]의 연구에 따르면 미국 온라인 쇼핑 이용자가 가장 선호하는 요소 또한 배송과 관련된 항목으로, 무료 또는 할인 배송, 예상 시간 내 배송, 유연한 배송 방식, 그리고 반품 서비스 등이다. 다른 연구 또한 온라인 쇼핑에서 배송이 중요한 요인임을 일관되게 뒷받침한다[33].

5 구매 이후 활동의 중요성은 고객 서비스, 고객만족이라는 정서적 반응(post-affective state), 그리고 이후의 정서적 행동에서 인식되고 있다[30][36]. 그러나 이러한 활동이 고객만족에 미치는 영향을 다룬 학술적 연구는 여전히 제한적이다. 특히 신뢰할 수 있는 설문 도구를 바탕으로 이론에 기반한 실증연구는 전자상거래 연구에서 매우 부족하다.

6 이에 본 연구는 배송, 추적, 반품 등 구매 이후 물류활동이 고객만족도와 재구매 의도에 미치는 영향을 탐색하고자 한다.

7 또한 선행연구에 따르면 경제적 요인과 문화·사회적 요인은 전자상거래에서 소비자 행동에 영향을 미친다[2]. 그러나 신흥시장에서 지역 간 구매 이후 물류활동을 체계적으로 비교한 연구는 여전히 부족한 실정이다. 이에 본 연구는 이러한 문헌적 공백을 보완하고자 하며, 연구자의 경험과 접근가능성을 고려하여 중국과 대만을 비교 대상으로 설정하였다. 두 지역은 문화적·사회적으로 유사하고 경제 발전 수준도 유사하여 비교 연구에 적합하다. 본 연구는 중국과 대만 간의 구매 이후 물류활동이 고객만족과 어떤 차이를 보이는지를 분석함으로써 연구모형과 가설의 타당성을 보다 심화시키는 데 기여하고자 한다.

이 논문의 서론은 전자상거래의 성장 배경을 시작으로 선행연구의 흐름, 실무적 필요성, 연구 공백, 그리고 연구목적과 비교 대상까지 체계적으로 다룬다. 또한 전반적으로 실무적 변수를 중심으로 한 실증 설계를 강조하는 방향으로 구성되어 있다. [표 4-4]는 이러한 서론의 구성 흐름을 한눈에 파악할 수 있도록 각 문단의 주제와 내용을 요약한 것이다. 이를 중심으로 각 구조를 상세히 살펴보자.

표 4-4 [논문 4] 서론의 구조 요약

논문의 구조	문단의 주제어	논문 내용 요약
실무적 필요성 (문제 제기)	❶ 전자상거래 급성장과 아시아-태평양, 중국 지역의 부상	인터넷, 모바일, 소셜 미디어의 발전으로 전자상거래 시장이 급성장하고 있으며, 특히 아시아-태평양과 중국이 시장을 주도하고 있음. 이러한 성장세는 연구의 사회적·실무적 중요성을 보여줌.
선행연구 요약	❷ 구매 이후 활동이 고객만족에 미치는 영향	기존 연구들은 배송 가능성, 시간, 반품 용이성이 고객만족과 재구매 의도에 영향을 미친다고 보고함. 그러나 구매 이후 활동과 고객 태도·행동 간 관계에 대한 명확한 분석은 부족함.
	❸ 무료배송과 고객의 구매 결정	실증 연구에 따르면 다수의 소비자가 무료배송을 구매 결정의 핵심 요소로 간주하며, 이에 따라 기업은 유연한 배송 전략을 구사함.
	❹ 공급망 전략으로서의 구매 이후 활동의 중요성	Hau Lee 등은 구매 이후 물류활동을 공급망 전략의 핵심 요소로 제시하였으며, 다양한 실증 연구에서도 그 중요성이 강조됨.
선행연구 한계	❺ 구매 이후 활동과 고객 서비스·고객만족 간 관계에 대한 실증적 연구 부족	정서적 행동, 감정적 행동의 중요성은 인식되고 있으나 구매 이후 활동의 상대적 역할을 실증적으로 분석한 연구는 드물며, 신뢰할 수 있는 설문 도구를 활용한 연구도 제한적임.
연구목적	❻ 구매 이후 물류활동이 고객만족과 재구매 의도에 미치는 영향 분석	본 연구는 배송, 추적, 반품 등 구매 이후 물류활동이 고객만족과 재구매 의도에 미치는 영향을 실증적으로 분석하고자 함.
연구목적과 학문적 필요성	❼ 중국과 대만 간 사문화·사회 비교를 통한 이론적 확장	문화적·경제적으로 유사한 중국과 대만을 비교·분석하여 구매 이후 물류활동이 고객만족에 미치는 영향을 검토하고, 기존 연구의 공백을 메우며 이론적 타당성을 확장하고자 함.

지금까지 논문 네 편을 살펴봤다. 모든 논문이 서론을 완전히 정형화된 구조로 작성하는 것은 아니며, 경우에 따라 하나의 문단 안에 실무적 필요성과 선행연구의 한계가 함께 서술되거나, 선행연구 요약과 학문적 필요성이 결합되어 제시되기도 한다. 하지만 사례 논문처럼 각 구성요소를 식별하고 구조적으로 정리해보는 과정은 서론의 핵심 구조를 이해하고 이를 자신의 논문에 적절히 적용하는 데 도움이 된다.

서론 구성 방식 비교

[논문 1]은 실천적 사회문제를 출발점으로 논리적 흐름을 구성하고, [논문 2]는 산업환경 변화 속 연구 공백을 강조한다. [논문 3]은 복수 이론을 토대로 개념 중심의 구조화를 시도하며, [논문 4]는 실무적 변수에 기반한 실증 설계를 강조한다.

이처럼 서론 구성 방식은 연구 주제와 목적, 이론적 접근에 따라 문제 제기 방식, 선행연구 활용, 이론 도입 방식 등이 다양하게 나타난다. [표 4-5]는 네 편의 논문 사례를 중심으로 서론에서 실무적 필요성, 선행연구 정리, 학문적 필요성, 연구목적 설정 등이 어떻게 전개되는지를 비교한 것이다. 이를 참고해 자신의 연구 주제와 목적에 가장 잘 어울리는 서론 구성 방식을 설정하기 바란다.

표 4-5 서론 서술 방식 비교표

구분	논문 1	논문 2	논문 3	논문 4
실무적 필요성 (문제 제기)	사회 변화 과정을 단계적으로 설명하며 실무적 필요성을 구체화함.	기술 변화와 산업 흐름을 소개하며 연구의 필요성을 자연스럽게 이끎.	사회 요구와 기업의 어려움을 함께 제시하며 연구 필요성을 강조함.	시장 상황과 지역 사례를 구체적으로 들며 연구 필요성에 대한 현실적인 문제를 보여줌.
선행연구 요약	변수별로 연구 내용을 차례로 소개함.	소셜 미디어의 여러 기능을 나열하며 역할을 설명함.	경영진의 행동 과정을 중심으로 기존 연구를 정리함.	구매 이후 활동을 세부 항목별로 나누어 간단히 정리함.
선행연구 한계	기존 연구의 부족한 점을 직접적으로 지적함.	다른 분야와 비교하며 연구가 적다는 점을 설명함.	전략과 실행이 이어지지 못한 점을 중심으로 문제를 제시함.	실증연구와 측정도구 부족을 구체적으로 언급함.
학문적 필요성	부족한 부분을 보완하기 위해 두 집단 비교의 필요성을 제시함.	운영관리 관점에서 이론을 발전시킬 필요성을 밝힘.	기존 연구를 더 넓은 이론과 자료로 확장할 필요성을 강조함.	중국·대만 비교를 통해 이론의 적용 범위를 넓히려 함.
연구목적	변수 간 관계를 비교·검증해 삶의 만족도 향상 방안을 찾고자 함.	소셜 미디어가 관계 관리에 미치는 영향을 분석하고자 함.	지속가능성 전략의 실행 과정을 이론으로 설명하고 시사점을 제시함.	구매 이후 활동이 만족도와 재구매에 미치는 영향을 분석하고, 두 지역을 비교함.

4.2.3 서론 구성 전략

서론은 논문의 서두로서 연구의 필요성과 목적을 설득력 있게 제시하고, 독자가 연구의 전개 방향을 이해할 수 있도록 돕는 핵심 구성요소다. 효과적인 서론을 구성하려면 **실천적·사회적 문제를 출발점으로 삼는 방식**이 바람직하다. 고령화, 디지털 기술의 발전, 시장 구조의 변화 등 현실적 상황을 구체적으로 서술함으로써 독자의 관심을 유도하고 연구 주제의 타당성과 시급성을 부각할 수 있다.

선행연구에 대한 서술에서는 **기존 연구의 흐름을 간략히 정리한 뒤 그 한계를 구체적으로 지적하고 현재 연구의 필요성을 도출하는 방식**이 효과적이다. 이는 연구자가 해당 분야에 대한 충분한 배경 지식을 갖추고 있음을 드러내며, 새로운 시도에 대한 학문적 정당성을 확보해준다. 이와 함께 이론적 접근의 필요성을 설명하거나 분석 틀을 제시해 본 연구가 단지 실무적 과제 해결이 아닌 이론적 기여를 지향한다는 점도 함께 서술할 수 있다.

연구목적은 **서론의 말미에 간결하고 명확하게 제시되어야** 한다. 어떤 변수 간의 관계를 어떤 방식으로 분석하는지, 그 분석을 통해 어떤 실천적·학문적 함의를 기대하는지를 독자가 분명히 인식할 수 있도록 구성해야 한다.

이처럼 서론은 '문제 제기 → 선행연구 분석 → 연구 필요성 제시 → 연구목적 서술'의 논리적 흐름을 따라 구성한다. 연구자는 자신의 주제와 성격에 맞는 전략을 선택하여 독자의 이해와 관심을 효과적으로 이끌어야 한다.

셀파의 요약정리 4.2

서론은 논문의 시작이자 전체 연구의 흐름을 제시하고 정당성을 확보하는 핵심 구조다. 잘 구성된 서론은 연구자가 왜 이 주제를 선택했는지, 기존 연구는 무엇을 놓쳤는지, 본 연구는 어떤 차별성과 기여를 갖는지를 독자에게 명확히 설명함으로써 논문 전체의 설득력을 강화한다. 서론은 단순한 소개가 아니라 논문 전체를 안내하는 지적 설계도이자 연구 수행의 정당화 도구로 이해해야 한다.

■ 서론의 핵심 구성요소

- **실무적 필요성 :** 연구 주제가 사회·정책·현장 문제와 어떻게 연결되는지를 설명하여 '왜 지금 이 연구가 필요한가?'를 설득한다.
- **선행연구 요약 :** 주요 개념이나 변수 간 관계가 기존 문헌에서 어떻게 다뤄졌는지를 요약하며 연구의 이론적 기초를 제시한다.
- **선행연구의 한계 :** 기존 연구에서 다루지 못한 대상, 변수, 방법 등을 비판적으로 지적하며 본 연구의 차별성과 연구 필요성을 강조한다.
- **학문적 필요성 :** 새로운 이론적 시도나 기존 이론의 확장 가능성을 설명하여 연구의 학문적 의의를 부각시킨다.
- **연구목적 :** 본 연구가 궁극적으로 해결하고자 하는 문제나 검증하고자 하는 관계를 명확히 제시하여 전체 논문의 방향성을 설정한다.

■ 서론 작성의 전략

- 서론은 연구 주제를 단순히 소개하는 공간이 아니라 연구자의 문제의식, 독창성, 학문적·실무적 기여 가능성을 체계적으로 설득하는 장이다.
- 각 문단마다 어떤 기능(문제 제기, 문헌 요약, 연구목적 등)을 수행하는지를 명확히 구분하여 논리적 구조를 설계하는 것이 중요하다.
- 다른 논문의 서론을 참고할 때에는 '좋은 표현'을 모방하기보다 각 문단의 주제와 구조를 분석하여 자신만의 흐름을 구축하는 연습이 필요하다.

- 실제 논문에서는 서론의 구성요소가 명확히 구분되지 않고 혼합될 수 있으므로 이를 유연하게 이해하고 자신의 논문에서는 각 요소를 균형 있게 구성하도록 노력해야 한다.

서론은 독자에게 '이 연구가 왜 존재해야 하는가'에 대한 첫 번째 답변이다. 4.2절은 이 질문에 설득력 있게 답할 수 있도록 서론의 구조와 구성 전략을 제시하며, 연구자가 자신만의 논리적 출발점을 명확히 구축할 수 있도록 안내한다.

SECTION

4.3 이론적 배경 및 선행연구 검토 작성하기

이론적 배경은 본 연구가 어떤 이론과 선행연구를 기반으로 하는지를 설명하는 부분이다. 주제에 대한 개념을 정리하고, 변수 간 관계를 선행연구를 통해 설명함으로써 연구모형과 가설의 정당성을 확보하는 역할을 한다. 단순히 관련 논문을 나열하는 것이 아니라 핵심 개념이 무엇이며 변수들이 어떻게 연결되는지, 어떤 이론적 근거가 있는지를 구조적으로 정리해야 한다. 이를 통해 독자는 연구자가 설정한 모형이 왜 필요한지를 자연스럽게 이해할 수 있다.

4.3.1 이론적 배경의 구조

이론적 배경은 일반적으로 다음의 네 가지 핵심 요소로 구성된다.

❶ 연구에서 사용하는 개념이나 변수를 명확히 정의해야 한다. 같은 용어라도 연구에 따라 의미가 달라질 수 있으므로 기존 정의들을 비교한 뒤 연구의 목적에 가장 적합한 정의를 채택하거나 재구성하는 것이 바람직하다. 변수에 하위 구성요소가 있다면 각 하위 구성요소에 대한 내용을 설명한다.

❷ 변수 간의 관계를 설명해야 한다. 변수들이 어떤 구조 속에서 연결되어 있는지에 대해 선행연구를 바탕으로 서술하고, 유사한 연구를 묶어 공통점과 차이점을 중심으로 정리하는 방식이 효과적이다.

❸ 변수 간 관계를 뒷받침할 수 있는 이론적 틀을 제시해야 한다. 이론은 개념 간 관계를 구조화하고, 연구모형을 설계하는 기준이므로 간결하게 소개한 뒤 본 연구에 어떻게 적용되는지 연결지어 설명해야 한다.

❹ 개념 정의, 변수 간 관계, 이론적 근거를 바탕으로 가설을 도출한다. 가설은 본 연구의 분석 방향을 제시하는 핵심 문장이므로 선행연구와 이론으로부터 도출된 논리적 결과로 제시해야 한다.

이처럼 이론적 배경은 단순한 문헌 요약이 아니라 연구자가 말하고자 하는 주장을 이론적으로 설계하고 뒷받침하는 구조다. 각 요소가 유기적으로 연결되어야 연구의 흐름을 좋게 하고 설득력을 높일 수 있다. 이론적 배경의 구조를 상세하게 설명하면 다음과 같다.

1 개념 정의

이론적 배경의 시작점은 연구에서 다루는 핵심 개념 또는 변수들을 명확히 정의하는 것이다. 이는 연구자가 사용하는 용어의 혼란을 방지하고 독자가 연구 내용을 일관되게 이해할 수 있도록 돕는다. 이를 위해 선행연구에서 해당 개념이 어떻게 정의되어 왔는지를 폭넓게 검토하고 다양한 정의들을 비교한 뒤, 본 연구의 목적과 분석 대상에 가장 적합한 정의를 선정하거나 재구성한다. 특히 개념이 학제 간 연구에서 활용되는 경우에는 각 분야에서의 정의 차이를 고려해 명확하게 개념화하는 작업이 필요하다. 또한 연구에서 사용하는 개념이 단일 요소가 아니라 다차원적 구성으로 이루어진 경우에는 각 하위 요소를 체계적으로 설명해야 한다. 이는 개념의 세부 구조를 명확히 함으로써 측정도구의 타당성을 확보하고, 분석 결과에 대한 해석의 정밀도를 높이기 위함이다.

2 변수 간 관계

개념 정의에 이어 변수 간에 어떠한 관계가 존재하는지를 이론적·경험적 근거를 바탕으로 설명한다. 독립변수, 종속변수는 물론 매개변수, 조절변수 등 주요 변수들이 어떻게 연결되는지 밝히고, 변수 간의 영향 경로를 논리적으로 서술한다. 변수 간 관계의 방향성(인과적 영향, 정적 또는 부적 관계 등)을 구체적으로 명시하면 독자가 연구의 분석 방향을 명확히 이해할 수 있다. 이 과정은 선행연구의 단순한 나열이 아니라 관련 연구를 논리적 흐름에 따라 정리하는 것이다.

3 이론적 근거

이론적 근거는 변수 간 관계를 설명하고 예측하는 데 필요한 이론적 틀을 제시하는 단계다. **이론** theory 이란 특정 현상이나 변수 간의 관계를 체계적으로 설명하는 명제나 개념적 틀을 의미한다. 연구자는 연구문제와 관련된 주요 이론을 간략히 소개하고, 해당 이론이 본 연구에 적합한 이유와 기존 연구에서의 활용 범위를 제시해야 한다.

이론적 근거는 연구의 논리적 정합성을 뒷받침하고 해석의 기준을 제공한다. 이론을 활용함으로써 변수 간 관계를 단순한 상관이 아니라 인과적 메커니즘으로 설명할 수 있다. 예를 들어 행동과학에서는 합리적 선택이론, 사회학에서는 사회자본이론, 교육학에서는 인지부하이론 등 각 영역에서 검증된 이론을 바탕으로 연구현상을 분석한다. 이처럼 적절한 이론을 선택하면 연구의 설명력과 타당성을 높일 수 있다.

또한 단일 이론만으로 연구현상을 충분히 설명하기 어렵다면 두 개 이상의 이론을 통합적으로 활용할 수도 있다. 이를 통해 연구자는 복합적인 변수 관계를 다차원적으로 탐색하고 연구의 논리적 깊이를 더할 수 있다.

4 가설 제시

이론과 선행연구를 기반으로 연구자가 검증하고자 하는 가설을 체계적으로 제시한다. 가설은 독립변수와 종속변수 간 관계를 논리적으로 연결하여 서술해야 하며, 연구모형 내에서 각 변수의 역할과 흐름에 따라 적절한 순서로 제시하는 것이 바람직하다. 가설이 여러 개면 관련성에 따라 주제별로 묶어 제시하는 것이 독자의 이해를 돕는다. 각 가설의 설정 근거가 충분히 제시되어야 하며, 가설 제시는 이후 연구모형 구성과 분석방법으로 자연스럽게 연결되는 이론적 배경의 종결부 역할을 한다. 일부 연구에서는 연구방법 장에 가설을 별도로 제시하기도 한다(4.4절 참고).

4.3.2 네 가지 실제 사례로 배우는 이론적 배경 작성법

4.2절에서 살펴본 서론 작성법과 마찬가지로 이번에도 실제 우수 논문 사례를 통해 이론적 배경의 모범적인 구성 방식을 살펴보겠다. 사례로 제시된 논문들은 핵심 개념을 명확하게 정의하고 변수 간 관계를 선행연구에 기반해 체계적으로 설명하며 이론적 틀을 통해 개념 구조를 구체화하고 분석 틀을 이론적으로 정당화한다. 또한 연구자가 설정한 가설을 기존 연구와 이론에 근거해 논리적으로 도출하고 있어, 연구모형의 타당성과 분석 방향을 분명하게 제시한다. 이번에도 내용구조분석방법을 활용하여 이론적 배경 구성 방식을 구체적으로 분석한다. 이러한 분석은 연구자들이 자신의 연구 주제에 맞는 이론적 배경을 구성할 때 실질적인 참고 기준이 될 수 있으며, 논리적 일관성과 이론적 타당성을 갖춘 논문 작성을 위한 토대가 된다.

논문 1 이론적 배경 분석

> **1. 삶의 만족도**
>
> 삶의 만족도는 자신의 삶에 대한 주관적 평가로, 과거에는 단순한 만족도로 여겨졌으나, 긍정심리학이 대두되면서 과학적 방법을 적용한 삶의 만족도, 즉 주관적 상태에 관한 연구가 이루어졌다[10]. 학자들은 삶의 만족도를 삶에 대한 주관적 평가로 정의하며, 이를 삶에 대한 적응정도를 나타내는 척도로 보았다[11]. 특히, 노인에게 삶의 만족도는 노인복지의 실천 여부와 복지의 궁극적인 목표를 평가하는 중요한 지표로 간주되었다[12].
>
> ❶ 장애인에게 있어서도 삶의 만족도는 중요한 지표로 간주되며, 이러한 접근은 궁극적으로 장애인의 사회적 통합과 평등하고 존중받는 사회를 만드는 데 기여할 수 있다[13]. 장애인의 삶의 만족도는 정서적인 부분뿐만 아니라, 사회적, 경제적 측면에서 중요한 역할을 한다. 특히 장애노인에게는 지역사회 안에서의 적응과 행복을 위한 욕구에 부합하는 서비스가 중요하며[14], 삶의 만족도를 높이기 위해 경제적 지원뿐만 아니라 여가활동과 사회활동을 통한 정서적 지원도 필요하다[15]. 이러한 이유로 장애노인의 삶의 만족도와 관련된 다양한 정책과 논의, 연구가 필요함을 알 수 있다.

2. 사회관계망

인간은 사회적인 존재로서, 인간의 성장과 발달 과정에서 환경적 요인들과 사회적 관계의 영향을 받는다[16]. 이러한 사회적 관계를 나타내는 주요 지표 중 하나가 사회관계망으로, 다양한 자원과 서비스를 주고받는 관계를 의미한다[17]. 사회관계망에는 개인과 개인 또는 그룹 간의 일상생활 속에서 형성되는 소속감과 물리적 도움을 주고받는 유대를 포함한다[18]. 사회관계망이라는 용어는 Barnes(1954)가 노년학에서 처음 사용한 이후 다양한 용어(사회적 지원망, 사회적 네트워크 등)와 혼용되어 사용되고 있다[19].

사회관계망에 대한 연구가 이루어짐에 따라, 연구자들은 사회관계망을 다소 다르게 정의하고 있다. 이를 살펴보면 Milardo(1988)는 사회관계망을 가족과 관련된 모든 종류의 사회집단으로 정의하였고[20], Bott(1971)는 사회관계망에 가족, 친척, 친구, 이웃, 직장동료 등 외부 사회와의 관계를 포함한다고 보았다[21]. 임광규(2015)는 사회관계망을 단순히 사람들의 집합이라기보다는 구성원들이 개인에 미치는 ❷ 영향 관계 체계로 이해하고, 개인이 처한 상황에도 영향을 미친다고 강조하였다[22]. 이러한 학자들이 사회관계망에 대해서 동일하게 제시하지는 않지만, 사회관계망의 정의는 일상생활에서 관계를 형성하여 신체적, 정서적, 물질적 서비스를 교류하는 상호 유대관계로 볼 수 있다.

장애노인은 노화와 함께 사회관계가 축소되어 사회적 고립으로 이어질 가능성이 높다[23]. 더욱이 장애노인은 일상생활에 어려움을 겪기 때문에, 사회관계망은 일상생활 수행 능력을 돕고 경제적, 심리적 지원을 제공하는 중요한 역할을 수행한다. 장애인실태조사에 따르면, 65세 이상 장애인의 37.2%가 일상생활 수행 시 주위의 지원이 필요하며, 대부분 가족 구성원이나 공적 서비스 제공자로부터 지원을 받고 있는 것으로 나타났다[1]. 특히 65세 이상 장애인은 공적 서비스 제공자에게 주된 지원을 받는다고 확인되었다. 가족과 공적 서비스 제공자는 모두 장애노인에게 중요한 사회관계망으로 작용하며, 다양한 측면에서 도움을 제공한다는 점에서 장애노인의 사회관계망은 그들의 삶에 필수적이라고 할 수 있다.

3. 디지털정보활동

정보화 시대에서 디지털 관련 역량은 중요한 역량이라고 볼 수 있다. 장애노인에게 디지털정보활동은 다양한 정보를 제공하는 방법일 뿐만 아니라, 활동의 주체가 되어, 스스로의 삶을 영위하고 정서적인 안정과 삶의 질을 높이는 데 도움을 준다[24]. 서론에서 언급한 바와 같이 디지털정보활동은 디지털 리터러시를 기반으로 하여 다양한 디지털 역량을 포함한다. 실제로 디지털 기반 활동은 '정보화 활동', '디지털 리터러시 활동', '디지털정보활동'이라고 칭하며, 디지털정보활동은 디지털 리터러시의 특성과 많은 부분이 부합한다[25]. 본 연구에서는 이 다양한 용어들을 '디지털정보활동'이라는 용어로 통합하여 사용하고 ❸ 자 한다.

디지털정보활동이 확대된 배경에는 4차 산업 혁명과 COVID-19 이후 비대면화 가속화로 인한 디지털 정보활동의 중요성 확대가 있다[26]. 디지털 정보 기술의 발전은 기존의 온라인상거래와 정보검색 외에도 비대면 화상회의, 키오스크 등의 일상화를 통해 생활환경을 변화시키고 사회 전반에 영향력을 행사하였다[27][28]. 그러나 디지털정보활동의 보편화 가운데 일부 사람들은 여전히 소외되고 있다. 즉, 디지털 정보 활용에 취약한 노인과 장애인은 정보 소외와 불평등한 상황에 놓일 가능성이 커졌다. 과도한 디지털정보활동은 오히려 소외와 고립을 초래할 수 있다고 지적한다[29]. 실제로 디지털 정보격차 실태 조사에 따르면, 장애인에 대한 디지털 기기 보급은 증가하였으나, 여전히 비장애인에 비하면 낮다[30][31]. 또한 장애노인의 디지털정보활동 참여율도 여전히 낮은 수준으로 확인되었다[32]. 이는 장애노인에게 있어서 여전히 디지털 격차가 존재하며, 디지털정보활동을 수행하는 데 있어 어려움이 있음을 시사한다.

4. 디지털정보활동, 사회관계망 및 삶의 만족도의 관계

4.1 디지털정보활동과 사회관계망

정보화 사회에서는 사회관계망이 기존보다 훨씬 폭넓은 범위를 수용할 수 있게 되었다. 개인은 다양한 인터넷 공간에서 자유롭게 가입 및 탈퇴가 가능해지고, 유연성과 자율성을 바탕으로 사회구조의 다양한 분야에서 사회변화를 주도하는 중추적인 역할을 수행할 수 있게 되었다[33].

기존에는 장애노인이 겪는 불편함으로 인해 다양한 사회활동에 제약이 존재했었다. 그러나 디지털 변혁으로 인해 온라인 커뮤니티라는 새로운 공간이 생겨나면서, 그 속에서 새로운 사회관계망이 형성되어 신체적 제약과 거의 무관하게 되었다. 즉, 신체적 제약으로 거동이 불편한 장애노인에게 온라인 사회참여는 사회적 소외와 소통 문제를 해결할 수 있는 대안으로 떠오르게 되었다[34]. 온라인상에서의 사회참여는 장애 발생 전의 사회관계망을 유지하는 데 도움을 주며, 장애노인의 소외와 고립을 막고, 사회와의 소통과 정보 습득을 돕는 좋은 수단으로 활용될 수 있다[35]. 다른 연구에서도 인터넷을 이용한 이메일이나 메신저를 통한 관계 형성이 편의성을 제공하고 기존에 형성된 사회관계를 지속, 강화하며 인터넷상의 커뮤니티나 카페를 통해 새로운 유형의 관계를 형성하고 강화한다고 보았다[36]. 정찬우, 최희정(2022)의 연구에서도 디지털 정보 활용 역량이 비공식적 관계망 성원들과의 관계의 지속에 영향을 미치는 것도 확인되었다[37].

4 반면, 노인층을 대상으로 한 연구에서는 디지털 관련 변인이 사회관계에 부정적인 영향을 미친 경우도 존재한다. 디지털 환경에 적응하기 어려운 노인층은 오히려 소외가 강화되고, 고립과 갈등으로 이어질 수 있다고 보고했다[31][38][39]. 다른 연구에서는 SNS의 이용이 주관적 행복감을 낮추며, 악성루머와 부정적인 댓글이 우울증과 불안감을 야기하여 디지털정보활동이 심리적 안정감에 부정적인 영향을 미친다고 주장하였다[40].

한편, 장애인을 대상으로 한 디지털 관련 변인 연구에서는 장애유형에 따라 정보 접근성이 달라질 수 있다는 점에서, 환경을 포함한 다각적인 접근이 필요함을 시사하였다[41]. 성인 지체장애인을 중심으로 한 연구에서는 디지털 미디어 시대에서 디지털 리터러시가 중요한 역량으로 작용한다는 점에서 중요하게 다룰 필요가 있다고 보았다[35].

이처럼, 노인과 장애인을 대상으로 한 다양한 연구에서 디지털 관련 변인이 중요한 역할을 수행함을 확인할 수 있었다. 실제로 정보활동 능력에 따라 사회관계망을 확장하고 유지하는 역할 수행으로 사회적 지지체계를 제공하는 긍정적인 역할까지 나타낸다. 디지털정보활동을 통해 사회관계망이 확장되고 이러한 사회관계망을 통해 얻은 사회적 지지는 역할상실로 인한 소외와 고립을 해소할 수 있음도 보여준다[27]. 이상의 선행연구를 바탕으로 본 연구에서는 장애노인과 비장애노인을 대상으로 두 변인의 영향 관계를 검증하고자 한다.

4.2 디지털정보활동과 삶의 만족도

다양한 디지털정보활동은 개인의 사회적 관계뿐만 아니라 삶의 만족도에도 영향을 미친다. 디지털정보활동을 통해 생활이 편리해지고 사회적 교류가 활발해지면서[42], 이는 심리적 안정과 정서적 안정에 도움을 주어 삶의 질에 긍정적인 영향을 미칠 수 있다[32]. 실제 노인들을 대상으로 한 디지털 관련 변수와 삶의 만족도에 관한 연구를 살펴보면, 노인 집단 내의 정보격차를 분석하고 디지털 기술 채택과 활용이 노인의 삶의 만족도에 미치는 영향을 분석한 결과, 디지털 기술을 이용하는 노인의 삶의 만족도가 높음이 확인되었다[43]. 이외에도 다양한 연구에서 노인의 디지털정보활동이 삶의 만족도에 긍정적인 영향을 미친다는 점이 공통적으로 보고되고 있다[44-47]. ❺

반면, 디지털정보활동의 격차로 인해 소외와 도태를 경험한다고 보고한 연구도 존재한다. 디지털정보활동이 우울에 영향을 준다는 결과[29][48], 스마트폰의 과의존에 관한 연구[49], 스마트폰 중독에 대한 연구[50] 등에서도 디지털정보활동이나 디지털 관련 변인이 긍정적인 영향뿐만 아니라 부정적인 영향도 미칠 수 있음을 확인하였다. 이러한 선행연구들을 고려할 때, 디지털정보활동이 실제 삶의 만족도에 있어서 긍정적으로 작용하는지에 대한 면밀한 연구가 필요하다고 판단된다.

4.3 사회관계망과 삶의 만족도

사회관계망은 앞서 언급한 바와 같이, 유대를 주고받는 관계로, 사회적 지지를 제공 받을 수 있는 관계로 볼 수 있다. 따라서 사회관계망은 개인의 정서에 다양한 영향을 미친다. 사회관계망은 삶의 만족도에 대해 지속적인 상호작용을 통해 정서적인 안정감을 제공하며, 정신적 스트레스를 완화하고, 자아존중감을 높이는 긍정적인 영향을 미친다[51][52]. 그러나 사회관계망이 감소하여 주위로부터 소외될 경우, 우울증과 불안 증상이 발생할 가능성이 높아진다고 확인되었다[7].

먼저, 가족 관계망에 대한 연구에서는, 가족 관계망 중에서도 배우자 중심형에서 삶의 만족도가 높게 나타났고, 무 관계형(관계없음)에서는 삶의 만족도가 가장 낮은 것으로 나타났다[53]. 다른 연구에서는 사회관계망, 연계형 사회적 자본, 그리고 그에 대한 참여 정도가 높아질수록 삶의 만족도가 높아진다고 검증되었다[54]. 이를 통해 다양한 사회관계망의 수단이나 경로를 다각화하는 것이 중요함을 시사했다. 장애근로자의 사회관계망과 만족도에 대한 연구에서도, 사회관계망이 다양할수록 장애근로자의 생활만족도가 높아진다고 나타났다[55]. 이처럼 지역주민, 노인, 장애인 모두에게 사회관계망은 그들의 삶의 만족도를 증진시키는 영향요인임을 확인할 수 있다. ❻

[논문 1]의 이론적 배경은 삶의 만족도, 사회관계망, 디지털정보활동의 개념 정의와 이들 변수 간 관계를 중심으로 구성되어 있다. [표 4-6]은 이러한 이론적 배경의 구성 흐름을 한눈에 파악할 수 있도록 각 문단의 주제와 내용을 요약한 것이다.

표 4-6 [논문 1] 이론적 배경의 구조 요약

논문의 구조	문단의 주제어	논문 내용 요약
개념 정의	❶ 삶의 만족도 정의	삶의 만족도는 삶에 대한 주관적 평가이며, 긍정심리학을 배경으로 정서적, 사회적, 경제적 측면에서 중요한 지표로 인식됨. 특히 장애인과 노인에게 삶의 질을 평가하는 핵심 지표로 활용됨.
	❷ 사회관계망 개념 및 구성	사회관계망은 개인 간 유대와 자원 교류를 의미하며, 다양한 학자들에 의해 정의됨. 장애노인에게는 신체적, 정서적, 물질적 지원을 제공하는 중요한 관계망으로 작용함.
	❸ 디지털정보활동의 정의와 사회적 의미	정보활동, 리터러시 활동 등을 통합한 개념으로 디지털 격차, 참여 저조 문제와 연결됨. 디지털 소외 가능성도 지적.
변수 간 관계	❹ 디지털정보활동과 사회관계망의 관계	디지털정보활동은 온라인 사회참여와 커뮤니티 형성 등을 통해 사회관계망 확장에 기여하나, 디지털 적응 어려움은 소외와 고립을 초래할 수 있음.
	❺ 디지털정보활동과 삶의 만족도의 관계	디지털정보활동은 편의성을 향상하고 사회적 교류를 증가시켜 삶의 만족도에 긍정적 영향을 주는 반면, 과도한 활동은 우울과 고립을 초래할 수 있음.
	❻ 사회관계망과 삶의 만족도의 관계	사회적 지지는 정서 안정, 자아존중감 향상에 기여하며, 사회관계망 감소는 우울·불안 증상을 유발함. 다양한 연구에서 사회관계망이 삶의 만족도를 높이는 주요 요인으로 검증됨.
이론적 근거	❶~❸ 주요 개념에 대한 이론적 해석	사회관계망, 디지털정보활동, 삶의 만족도 모두 주요 이론과 다양한 학자들의 정의와 개념 구성요소에 근거해 설명됨. 개념의 하위 요소와 기능이 구체적으로 기술됨.
가설제시		이 연구에서는 가설 제시가 제3장 연구방법에서 제시됨.

논문 2 이론적 배경 분석

A. 개념 정의

1) 공급자관계관리(SRM)와 고객관계관리(CRM) 실행

선행연구에 따르면 SRM과 CRM은 경쟁우위를 유지하고 비즈니스 운영을 최적화하기 위한 전제 조건으로 인식된다[24-26]. 정보시스템 관점에서 SRM과 CRM은 인적 자원, 프로세스, 기술, 전반적인 비즈니스 활동을 통합한 정보시스템으로, 공급자 및 고객과의 관계 개선을 도모하는 것으로 정의된다[27-
❶ 29].

반면, 전략적 관점에서 SRM과 CRM은 기업이 공급자 및 고객과 효과적인 관계를 개발하고 유지하기 위한 조직의 프로세스와 루틴으로 이해된다[26][30]. 본 연구에서는 정보시스템 관점보다는 공급 네트워크 당사자 간의 공급망 관계 차원에서 CRM과 SRM을 다룬다. 따라서 SRM과 CRM을 장기적인 관계 형성 및 유지를 위한 조직 기반의 관계 실행 방식으로 정의한다[2][31][32].

즉, 전략적 SRM 및 CRM 실행은 다양한 공급자 및 고객과의 관계 강화를 통해 협업, 프로세스 개선, 품질 향상, 수요 예측을 개선하는 동시에 재고, 리스크, 비용을 감소시키는 것을 목표로 한다[33][34].

2) 소셜 미디어 기술(social media technology)

소셜 미디어 기술은 사람들이 비디오, 사진, 이미지, 텍스트, 아이디어, 인사이트, 유머, 의견, 소문, 뉴스 등의 콘텐츠를 공유하는 데 사용하는 온라인 자원으로 정의된다[36](p. 274). 이러한 기술은 정보 공유, 오락 추구, 제품이나 이슈에 대한 의견 표현 등 다양한 목적에 활용된다[36]. 대표적인 소셜 미디어 플랫폼으로는 Blogger, Twitter, Facebook, LinkedIn, Flickr, YouTube, Ning, Igloo 등이 있다.

기존 연구들은 소셜 미디어가 재무성과 향상[37][38], 조직 학습[39][40], 직원 성과[41][42], 혁신[14][43] 등을 개선하는 데 활용될 수 있음을 보여주고 있다. Rodriguez 외[44]는 소셜 미디어가 고객 지향 활동을 긍정적으로 유도하며, 판매 및 비즈니스 성과에도 영향을 준다고 주장하였다. Trainor 외[2]는 소셜 미디어 사용이 기업의 내외부 협업을 촉진하여 운영 효율성을 높일 수 있다고 보았고, Lam 외[14]는 소셜 미디어 이니셔티브(전략적 활동)가 운영 효율성 및 혁신성을 향상시킨다고 밝혔다. ❷

소셜 미디어는 소비자 행동에 막대한 영향을 줄 수 있으며, 소비자의 구매 결정은 소셜 미디어 사용에 대한 낙관, 혁신 수용, 불편감, 불안 등의 감정에 의해 좌우된다[8].

〈표 1〉은 지난 10년간 소셜 미디어 사용이 다양한 조직 성과에 미친 주요 연구결과를 요약한 것이다(표 생략).

B. 사회연결망 이론(social network theory)

본 연구는 사회연결망 이론에 기반하고 있다[48]. 사회연결망 이론은 행위자(actor)들 간 관계 패턴을 분석하며, 이들이 상호작용하여 하나의 네트워크를 형성하는 방식에 주목한다[49]. 네트워크 관점에서 네트워크 시스템은 개인, 조직, 공동체 등 서로 연결된 행위자를 나타내는 노드(node)와, 이들 간 교환 관계를 나타내는 연결선(line)으로 구성된다[50][51].

공급망에서 핵심 기업(focal firm), 공급자, 고객 간 구조적 관계는 CRM과 SRM 활동을 통해 형성되며, 이는 〈그림 1의 Case A〉와 같이 도식화할 수 있다(그림 생략). 이 경우에 CRM과 SRM 활동을 통해 중심 기업과 개별 고객, 개별 공급자 간에는 이미 사회연결망이 형성되었을 가능성이 높다. 이 단계에서는 기업과 개별 고객, 기업과 개별 공급자 간의 관계는 여전히 서로 단절된 묶음, "클러스터"로만 존재한다. 이는 고객 간 또는 공급자 간에 직접적 연결이 없기 때문이며, 진정한 사회연결망으로 발전하지 못한다. ❸

반면, 〈그림 1의 Case B〉는 소셜 미디어의 영향을 받은 CRM과 SRM으로 인해 사회연결망이 확장된 구조를 보여준다. 이 경우에 고객과 공급자는 소셜 미디어 플랫폼을 통해 정보와 지식을 공유하고 상호작용함으로써 연성 연결(soft ties) 기반의 네트워크를 형성하게 된다[48]. 여기서 연성 연결은 정보 공유, 선호도 등의 관계를 의미하며, 기존의 금전·물류 흐름 기반의 경성 연결(hard ties)과 구분된다. 〈그림 1〉의 점선은 소셜 미디어 영향으로 새롭게 형성된 연성 연결을, 실선은 기존 공급망 네트워크에 이미 존재하던 경성 연결을 의미한다. 이처럼 고객과 공급자 간의 확장된 사회연결망은 핵심 기업에 정보 우위를 제공하며, 이는 CRM과 SRM 실행의 효과성을 높이는 데 기여할 수 있다. 즉 사회연결망 이론은 소셜 미디어 플랫폼이 고객과 공급자가 자율적으로 네트워크를 형성하게 함으로써, CRM과 SRM 실행을 보다

효과적으로 만든다고 본다.

(중략)

따라서 본 연구는 소셜 미디어 기술이 네트워크 관점에서 CRM 및 SRM의 효과적 실행에 긍정적 영향을 미칠 것이라는 가설을 설정한다. 이후 절에서는 이러한 문헌 고찰을 바탕으로 보다 구체적인 연구가설을 도출한다.

C. 가설 설정

1) CRM 실행에서 소셜 미디어의 역할

소셜 미디어는 고객과 상호작용하기 위한 핵심 수단으로 자리 잡고 있다[52]. Della Corte, Iavazzi와 D'Andrea[53]는 기업들이 소셜 미디어를 활용해 고객 피드백과 제품 충성도를 추적한다고 보고하였다. Lee, Hutton과 Shu[54]는 소셜 미디어가 제품 리콜과 같은 상황에서 정보 확산에 효과적이라고 주장하였고, Trusov 외[55]는 소셜 미디어 사용이 고객과의 상호작용 기회를 증가시켜 고객 관계를 강화할 수 있다고 밝혔다.

❹ 같은 맥락에서 Parveen 외[18]는 소셜 미디어가 정보 접근성을 높여 고객 관계를 개선할 수 있다고 보았으며, Acker 외[56]는 소셜 미디어가 효과적으로 관리되고 CRM과 연계될 경우, 고객만족과 재무성과에도 긍정적 영향을 미칠 수 있다고 주장하였다. 또한 선행연구의 증거에 따르면 소셜 미디어가 정보 공유를 통해 고객 신뢰를 높이고, 결과적으로 고객 관계를 개선하는 데 도움이 될 수 있음을 시사한다[57–59].

이러한 논의를 바탕으로 다음과 같은 가설을 설정한다.

H1. 소셜 미디어 기술은 CRM 실행에 긍정적인 영향을 미친다.

2) SRM 실행에서 소셜 미디어의 역할

문헌에 따르면, 제품 개발 초기 단계에서 기업은 유사한 관심사를 가진 사용자들을 가상 커뮤니티에 참여시켜 경험과 지식을 공유함으로써 개발 과정에 도움을 얻을 수 있다[60][62]. Swain과 Cao[62]는 공급망 파트너들이 소셜 미디어를 적극 활용할 경우 운영 생산성과 성과가 향상될 수 있다고 주장하였다.

❺ Lam 외[14]는 소셜 미디어가 외부 지식과 정보를 시각적으로 제공함으로써 공급망 전반에 걸친 인텔리전스를 강화한다고 보았으며, Singh 외[63]는 소셜 미디어 데이터를 분석함으로써 제품 품질 및 안전성을 개선하기 위해 공급자와 협력할 수 있는 다양한 방안을 사전에 파악할 수 있다고 하였다.

요컨대 소셜 미디어는 지식 및 정보 공유를 통해 공급자와의 파트너십을 강화하는 데 중요한 역할을 한다고 볼 수 있다. 이에 따라 다음과 같은 가설을 설정한다.

H2. 소셜 미디어 기술은 SRM 실행에 긍정적인 영향을 미친다.

3) CRM, SRM, 시장성과 간 관계

❻ Kuei 외[64]는 조직 성과 향상과 공급자 관계 개선이 밀접하게 연관되어 있다고 하였으며, Kiarie[65]는 SRM이 기업의 운영 성과 및 생산성과 유의미한 관계가 있다고 강조하였다. 기존 연구들도 SRM이 기업의 경쟁력을 유지하고 수익성을 향상하는 데 기여함을 지적하고 있다[32][66].

문헌에 따르면 CRM은 고객만족을 기반으로 장기적인 고객 관계를 구축하고 유지할 수 있도록 도와준다 [67]. Bhat과 Darzi[68]는 효과적인 CRM 실행이 고객 유지와 충성도를 향상시킴으로써 기업의 경쟁 우위와 긍정적으로 연관되어 있다고 주장하였다. 또한 Ryals[69], Kasim과 Minai[70]는 CRM이 고객 중심 접근 방식을 통해 고객 상호작용을 개선하고, 제품 및 서비스의 가치를 높이며, 최종적으로 고객 만족도와 시장성과를 향상시킬 수 있다고 밝혔다.

이러한 논의를 종합하면 기업의 CRM 및 SRM 실행은 고객만족과 긍정적으로 관련되며, 이는 다시 시장 성과로 이어진다고 볼 수 있다. 이에 다음과 같은 가설들을 설정한다.

H3. CRM은 고객만족과 정(+)적인 관계를 가진다.

H4. SRM은 고객만족과 정(+)적인 관계를 가진다.

H5. 고객만족은 시장성과와 정(+)적인 관계를 가진다.

[논문 2]의 이론적 배경은 개념 정의, 사회연결망 이론, 변수 간 관계, 가설 설정의 단계로 전개된다. [표 4-7]은 이러한 전개 과정을 한눈에 보여주기 위해 각 문단의 주제와 핵심 내용을 요약한 것이다.

표 4-7 [논문 2] 이론적 배경의 구조 요약

논문의 구조	문단의 주제어	논문 내용 요약
개념 정의	❶ SRM 및 CRM 정의	SRM과 CRM은 공급자 및 고객과의 관계를 장기적으로 유지·개선하기 위한 전략적 실행 개념으로 정의됨. 정보시스템적 관점보다는 네트워크 기반의 관계 관리 차원에서 접근하며, 협업·프로세스 개선·품질 향상·비용 절감 등을 목표로 함.
	❷ 소셜 미디어 기술 정의	소셜 미디어는 다양한 정보·의견·감정 등을 공유하는 온라인 플랫폼으로, CRM·SRM 실행뿐만 아니라 재무성과·조직학습·혁신 등 조직의 다양한 측면에 긍정적 영향을 미침. 주요 플랫폼과 관련 연구결과도 요약되어 있음.
이론적 근거	❸ 사회연결망 이론	본 연구는 사회연결망 이론에 근거해, 소셜 미디어가 고객·공급자와의 연성 연결을 통해 CRM·SRM 실행을 강화한다고 설명함. 이는 기존의 경성 연결 중심의 공급망 구조를 보완하며, 정보 우위를 통해 기업 성과에 긍정적으로 기여함.
변수 간 관계	❹~❻ 변수 간 인과관계	소셜 미디어 기술은 CRM 및 SRM 실행을 강화하며, 이 두 변수는 고객만족에 긍정적 영향을 주고, 고객만족은 다시 시장성과에 영향을 미친다고 설명됨. 이러한 관계는 이론적 배경 전체를 통해 단계적으로 제시됨.
가설 제시	❹ CRM 실행에서 소셜 미디어의 역할	소셜 미디어는 고객과의 상호작용, 피드백 수렴, 정보 확산 등을 통해 CRM 실행을 강화하며, 고객만족과 기업 성과에 긍정적 영향을 미친다고 보고됨. → 가설 1(H1)

논문의 구조	문단의 주제어	논문 내용 요약
	❺ SRM 실행에서 소셜 미디어의 역할	소셜 미디어는 공급자와의 정보 공유·지식 교류를 촉진하여 SRM 실행을 강화하고, 운영성과와 제품 품질 향상에 기여함. → 가설 2(H2)
	❻ CRM, SRM, 고객만족 및 시장성과의 관계	CRM 관행과 SRM 관행은 고객만족에 영향을 주고, 이는 다시 시장성과와 정(+)적인 관계를 가진다고 밝히며, 이 일련의 경로에 대한 구조적 관계를 검증하고자 함. → 가설 3~가설 5(H3~H5)

논문 3 이론적 배경 분석

2. 이론적 배경

본 연구는 최고경영진 이론, 전략적 의도 이론, 그리고 성과사슬 이론의 세 가지 관점을 채택한다.

첫째, 최고경영진 이론은 조직의 성과 달성에서 최고경영진의 역할을 강조한다. 특히 최고경영진의 특성(예: 개인적·사회경제적 속성)이 전략적 선택에 영향을 미치고, 이는 바람직한 성과로 이어진다고 본다[31].

둘째, 전략적 의도 이론[32-34]은 전방의 불확실성에 대응하기 위한 전략 수립과 후방의 복잡성에 대응하는 전략 실행을 구분한다. 지속가능성 맥락에서 이러한 전략은 자사 제품의 개발 기준, 즉 수주 경쟁요소(order winners)를 경쟁사와 차별화할 필요가 있다[35-40].

❶ 셋째, 성과사슬 이론은 조직 성과가 단일 지표가 아니라 연쇄적이고 다차원적 구조로 구성된다는 점을 시사한다. 예컨대 재무적 성과는 단순히 전략적 의도의 결과가 아니라 전략적·운영적 실행의 일련의 과정을 통해 도출된다[41-44].

[그림 1]은 지속가능성 지향 관리가 바람직한 성과로 이어지는 개념적 논리를 제시한다(그림 생략). 이는 최고경영진의 전략적 지속가능성 의도가 조직 차원의 실행으로 이어지고, 그 결과 조직의 측정 가능한 성과가 달성되는 흐름을 보여준다. 지속가능성 요건은 지속가능성 목표의 정의(즉, 전략 수립)와 복잡성 관리(즉, 전략 실행) 모두를 포함한다[45]. 실제로 기업의 지속가능성 지향성은 제품과 서비스를 개발하고 고객에게 전달하는 과정에서 검증된다. 본 연구는 지속가능성 전략 수립을 전방 프로세스로, 지속가능성 실행을 공급망 후방의 운영 실행으로 구분한다. 즉 지속가능성 지향성 관리는 이 두 범주의 프로세스를 효과적으로 통합하는 것을 의미한다.

2.1. 지속가능성 지향성을 통한 전략 수립

경쟁적인 시장 환경과 이해관계자의 지속가능성 요구에 대응하여, 최고경영진은 고유한 가치 요소를 갖춘 제품을 창출·전달함으로써 전략적 지향성을 전달하고 실행한다[46-49].

❷ 이들은 기능, 비용, 품질, 납기와 같은 경쟁 적격 요소(qualifiers)를 충족하는 동시에 안전과 건강 증진, 생태계 보호, 제품 수명 종료 후 재활용 문제 등을 포괄하는 지속가능성 관행을 반영한다[50-52].

지속가능성 지향성은 친환경 제품 및 공정, 사회적 복지 기여, 안전하고 건강한 경영 방식 등 고유한 고객가치 요소를 수주 경쟁 요소로 작용하도록 한다[53-56].

2.2. 내부 및 외부 통합을 통한 운영 실행

부품의 상당 부분이 공급업체 네트워크에서 생산되므로 지속가능성 지향성 관리는 내부와 외부의 통합을 필요로 한다. 이는 기업 내부뿐 아니라 공급업체 네트워크 전반에 걸친 프로세스를 포괄한다[57-59].

수주 경쟁 요소가 명확히 설정되면, 운영 실행은 마케팅 기능(수요 예측)과 소싱 기능(부품 확보) 간의 부문 간 협력 프로세스를 통해 이루어진다[60][61]. ❸

지속가능성 지향성의 결과는 운영 품질 성과[61-63]와 조직 생산성 성과[64-66]로 나타난다.

[논문 3]의 이론적 배경은 전략 수립(전방)과 실행(후방)의 구분을 중심으로 전개되며, 최고경영진 이론, 전략적 의도 이론, 성과사슬 이론을 근거로 변수 간 관계를 설명한다. [표 4-8]은 이 과정을 한눈에 보여준다.

표 4-8 [논문 3] 이론적 배경의 구조 요약

논문의 구조	문단의 주제어	논문 내용 요약
개념 정의	❷ 지속가능성 전략 수립(전방 프로세스)	경쟁 적격 요소(기능, 비용, 품질 등)와 수주 경쟁 요소(친환경, 사회공헌 등)를 정의하고, 이를 바탕으로 고유한 고객 가치를 창출함으로써 지속가능성 전략적 지향을 형성함.
	❸ 지속가능성 실행(후방 운영 실행)	내부 마케팅과 외부 소싱의 통합을 통해 지속가능성 전략을 실현하며, 실행 성과는 운영 품질 성과와 조직 생산성 성과로 나타남. 실행 범위는 공급업체 네트워크 전체를 포함함.
이론적 근거	❶ 최고경영진 이론	최고경영진의 개인적·사회경제적 특성이 전략적 선택에 영향을 미치며, 이러한 전략 선택이 조직 성과로 이어짐. 본 연구는 경영진의 지속가능성 의도를 중요한 전략 수립 요인으로 제시함.
	❶ 전략적 의도 이론	전략은 전방의 불확실성 대응(전략 수립)과 후방의 복잡성 대응(전략 실행)으로 구분되며, 지속가능성 전략은 제품 개발 기준을 경쟁사와 차별화된 고유 요소 확보로 연결해야 함.
	❶ 성과사슬 이론	조직 성과는 단일 지표가 아니라 전략적·운영적 실행의 연쇄적 결과라는 관점에서, 지속가능성 전략 수립과 실행 모두가 성과에 영향을 미치는 메커니즘을 설명함.
변수 간 관계	❶ 지속가능성 전략 수립 → 실행 → 성과	[그림 1]을 통해 최고경영진의 전략적 지속가능성 의도 → 실행 활동 → 조직 성과로 이어지는 논리적 흐름을 제시함. 전략 수립은 전방 프로세스, 실행은 후방 공급망 활동으로 구분됨.
	❷~❸ 전략 수립 – 실행 – 조직 성과 연계 구조	전략 수립과 실행이 단순히 선형적으로 분리된 것이 아니라 전방·후방 프로세스의 통합적 실행을 통해 운영 품질과 생산성 성과에 영향을 미친다는 점을 강조함.
가설제시		이 연구에서는 가설 제시가 제3장 연구방법에서 제시됨.

논문 4 이론적 배경 분석

본 절에서는 전자상거래와 온라인 쇼핑, 온라인 쇼핑에서의 고객 서비스 역할, 지역 간 고객만족에 관한 기존 문헌을 포괄적으로 검토한다. 이러한 문헌 고찰을 바탕으로 본 연구는 온라인 쇼핑 환경에서 구매 이후 물류 서비스(배송, 추적, 반품)와 고객 서비스가 고객만족과 구매 의도에 미치는 영향을 설명하기 위한 연구모형과 가설을 제시한다(그림 1 생략).

1. 전자상거래와 온라인 쇼핑

Kalakota와 Whinston[17]은 전자상거래를 인터넷과 온라인 플랫폼을 통해 정보, 제품, 서비스의 구매 및 판매와 관련된 모든 활동으로 정의하였다. 이러한 활동은 엔터테인먼트, 금융 및 정보 서비스, 생활 필수 서비스(예: 홈쇼핑), 교육 및 훈련 등 네 가지 소비 목적을 중심으로 이루어진다. 소비자 관점에서 온라인 쇼핑은 전자상거래의 핵심적인 부분으로, 고객은 오프라인 매장이 아닌 온라인 웹사이트를 통해 제품, 정보, 서비스를 구매한다.

구매 활동은 사전 활동, 구매, 사후 활동의 세 단계로 구성된다[11]. 이 중 사후 활동에는 제품 지원 서비스, 고객 서비스, 배송, 수리, 반품 등이 포함된다[2][42].

❶ 전자상거래 제공자와 이용자 모두에게 온라인 쇼핑과 관련된 요인을 이해하는 것은 중요하다. 많은 선행연구는 온라인 쇼핑 환경에서의 고객만족 요인을 탐색하였으며, 이들 요인은 구매 의도 및 실제 구매 결정과 밀접한 관련이 있는 것으로 나타났다. 주요 요인으로는 고객 서비스, 전자 서비스 품질, 보안, 주문 이행, 유용성 및 가격, 사용 편의성과 편리성, 신뢰 등이 있다[3][4][28][33]. 본 연구는 결코 고객만족에 이르는 요인들을 포괄적으로 설명하려는 것을 의도하지 않는다. 이미 많은 선행연구가 이 주제를 다루어 왔다. 예를 들어 Liu 외[22]는 만족도에 영향을 미칠 수 있는 요인으로 정보 품질, 웹사이트 디자인, 상품 속성, 거래 역량, 보안/개인정보 보호, 결제, 배송, 고객 서비스를 포함한 여덟 가지를 제시하였다. McKinney 외[23]는 정보 품질과 시스템 품질이 고객만족에 영향을 미치는 두 가지 주요 요인임을 발견하였다. Szymanski와 Hise[35]는 편의성, 제품 제공/정보, 사이트 디자인, 재무적 보안이 고객만족에 영향을 미치는 네 가지 요인이라고 결론지었다.

본 연구는 이렇게 다양한 요인을 모두 설명하려는 것이 아니라 특히 구매 이후 활동(즉 배송, 추적, 반품)이 고객만족에 어떤 영향을 미치는지를 중점적으로 다룬다.

2. 고객 서비스의 역할

고객 서비스는 폭넓은 의미로 사용되며, 제품 선택과 지원 과정에서 판매원 서비스, 문제 해결, 이메일 등 다양한 채널을 통한 Q&A 응답, 고객이 원하는 정보 제공, 결제 및 신용 거래 처리, 반품 처리 등 물류활동까지 포함된다[28][41]. ❷ 본 연구에서는 배송, 추적, 반품과 같은 물류활동은 별도로 구분하고, 고객 서비스는 응답의 신속성, 접근 용이성, 상호작용 품질 등을 중심으로 다룬다.

Norizan과 Abdullah[25]는 지각된 고객 서비스 품질이 고객만족에 유의미한 영향을 미치며, 이는 다시 재구매 의도에 영향을 미친다고 밝혔다. Reibstein[29]은 구매 이후 고객 지원 서비스가 고객만족의 핵심 요소임을 강조하였다. 특히 고객 문의와 불만에 신속하게 응답하고 서비스에 쉽게 접근할 수 있으며, 양질의 서비스를 제공받았다는 인식은 전자상거래 기업의 성공을 이끄는 핵심 요소임이 확인되었다[15][22].

이러한 선행연구를 바탕으로 다음 가설을 제시한다.

H1. 고객 서비스는 고객만족과 정(+)의 관계가 있다.

3. 구매 이후 물류 서비스의 역할

제시간 배송과 배송 및 처리 서비스는 고객만족을 예측하는 데 있어 가격에 비하면 중간 정도의 중요성을 가지는 것으로 나타났다[29]. 선행연구에 따르면 고객에게 제품을 정확하게 배송하고, 반품을 적절히 처리하는 것은 온라인 쇼핑 고객의 만족에 영향을 미치는 요인으로 보고되었다[15]. Ho와 Wu[14]는 전자상거래에서 고객만족을 결정하는 가장 중요한 요인으로 물류 특성을 제시했으며, 여기에는 제시간 배송, 사후 수리, 보증 제공, 반품 가능성 등이 포함된다. ❸

이에 따라 본 연구는 다음 가설을 설정하였다.

H2. 배송 서비스는 고객만족과 정(+)의 관계가 있다.

H3. 배송 추적 서비스는 고객만족과 정(+)의 관계가 있다.

H4. 반품 서비스는 고객만족과 정(+)의 관계가 있다.

4. 고객만족과 지속적인 온라인 쇼핑

전자상거래에서의 선행요인과 고객만족에 주목한 선행연구 대부분은 고객만족이 구매 의도에 어떤 영향을 미치는지에 초점을 맞춰왔다. Lee와 Lin[18]은 서비스 품질과 고객만족이 구매 의도와 유의미한 관계가 있다고 보고하였다. 온라인 쇼핑몰의 서비스 품질에 만족한 고객은 재구매를 할 가능성이 높으며, 친구와 가족에게 추천할 것으로 기대된다. 이에 본 연구는 다음과 같은 가설을 제시한다. ❹

H5. 고객만족은 향후 온라인 쇼핑과 정(+)의 관계가 있다.

5. 지역/국가 간 전자상거래와 고객만족

현지 문화는 온라인 쇼핑 행동과 그 결과에 영향을 미친다. 예를 들어 말레이시아 소비자는 온라인 쇼핑보다 오프라인 쇼핑을 선호하는데, 이는 쇼핑과 동시에 친구나 가족과 식사 같은 활동을 함께할 수 있기 때문이다[39]. 또한 온라인에서는 흥정이 어려운 점도 이유 중 하나다. 그러나 중국과 대만은 문화적 유사성이 크기 때문에 온라인 쇼핑에서 특히 구매 이후 물류활동과 관련된 고객만족 요인에서 체계적인 차이가 있을 것으로 기대되지 않는다. 이에 따라 다음과 같은 가설을 설정한다. ❺

H6. H1~H5의 관계는 중국과 대만의 온라인 쇼핑 고객에게서 유사하게 나타날 것이다.

[논문 4]의 이론적 배경은 전자상거래와 온라인 쇼핑의 개념 정의, 고객 서비스의 역할, 구매 이후 물류 서비스, 고객만족과 재구매 행동, 국가 간 비교를 차례로 다룬다. [표 4-9]는 이러한 전개 과정을 한눈에 보여주기 위해 각 문단의 주제어와 핵심 내용을 요약한 것이다. 이를 바탕으로 구체적인 구조를 살펴보자.

표 4-9 [논문 4] 이론적 배경의 구조 요약

논문의 구조	문단의 주제어	논문 내용 요약
개념 정의	❶ 전자상거래 및 온라인 쇼핑 정의	전자상거래는 인터넷 기반의 상품 및 서비스 거래이며, 온라인 쇼핑은 그 하위 개념으로 사전 활동, 구매, 사후 활동의 세 단계로 구성됨. 본 연구는 이 중 사후 활동에 주목함.
	❷ 고객 서비스의 정의	고객 서비스는 문제 해결, 정보 제공, 결제 및 반품 처리 등 다양한 활동을 포함하며, 응답 속도, 접근성, 상호작용 품질 등이 핵심 요소로 작용함.
변수 간 관계	❷ 고객 서비스 → 고객만족	서비스 질은 고객만족에 직접적인 영향을 미치며, 이는 다시 구매 의도 및 재구매 행동으로 연결됨.
	❸ 배송·추적·반품 서비스 → 고객만족	배송 정확성, 추적 가능성, 반품 용이성 등 구매 이후 물류 서비스가 고객만족에 유의미한 영향을 미침.
	❹ 고객만족 → 재구매 의도	고객만족은 재구매 및 추천 등 재구매 행동으로 이어짐.
	❺ 중국/대만 비교	중국과 대만은 문화적 유사성이 크므로 구매 이후 만족 요인이 유사할 것이라는 비교 가능성 설명.
이론적 근거	❷ 고객 서비스 → 만족	고객 문의 응답, 접근성, 서비스 품질 등이 고객만족을 형성한다는 기존 연구 다수 존재.
	❸ 물류 서비스 → 만족	배송 시간, 반품 절차 등이 고객만족에 미치는 영향을 설명한 선행연구 다수 존재.
	❹ 만족 → 재구매 의도	고객만족이 재구매 가능성과 추천 의도 등 행동적 결과로 이어진다는 이론적 배경 제시.
	❺ 지역 간 문화와 쇼핑 행동	말레이시아 등 지역별 문화 차이가 쇼핑 방식에 영향을 미친다는 기존 연구를 통해 국가 간 차이 분석의 당위성을 설명함.
가설 제시	❷ H1 : 고객 서비스 → 고객만족	고객 서비스는 고객만족에 정(+)의 관계가 있다는 가설 제시.
	❸ H2~H4 : 배송·추적·반품 → 고객만족	각각의 물류 서비스 요소가 고객만족에 미치는 영향을 독립적으로 가설화함.
	❹ H5 : 고객만족 → 향후 쇼핑 행동	만족한 고객이 재구매 또는 추천을 할 가능성이 높다는 가설 제시.
	❺ H6 : 국가 간 구조 유사성	H1~H5의 관계가 중국과 대만 간에 유사하게 나타날 것이라는 가설 제시.

이론적 배경의 구성요소(개념 정의, 변수 간 관계, 이론적 근거, 가설 제시)는 **실제 논문 작성 시 하나의 문단이나 문장에서 혼재되어 등장하는** 경우가 많다. 따라서 이를 구분해 읽고 분석하는 연습을 통해 각 요소가 어떻게 연결되는지를 파악하고 자신의 논문에 자연스럽게 적용할 수 있어야 한다.

이론적 배경 구성 방식 비교

[논문 1]은 개념 정의와 변수 간 관계 설명을 중심으로, 특정 이론을 직접 명시하지 않고 선행연구를 바탕으로 개념적 해석을 자연스럽게 녹여내는 구조를 취한다. [논문 2]는 명확한 이론을 중심으로 개념을 정의하고, 변수 간 인과관계를 논리적으로 전개한 뒤 각 관계에 대해 문단별로 가설을 제시함으로써 '이론–개념–가설'이 유기적으로 연결된 구조를 보여준다. [논문 3]은 최고경영진 이론 등 복수 이론을 바탕으로 전략적 지속가능성 지향의 전개 과정을 설명하지만, 가설은 이론적 배경에서 제시하지 않고 연구방법 장에서 다루어 이론 중심 서술의 특징을 보인다. [논문 4]는 변수 정의, 변수 간 관계, 해당 관계에 대한 가설을 일대일로 대응시키는 구조로, 실증 분석을 목적으로 한 논문에서 자주 사용되는 전형적인 '변수–관계–가설' 중심의 구성 방식을 따른다.

이처럼 각 사례는 연구 성격과 분석 목적에 따라 이론적 배경의 전개 방식에 차이를 보인다. [표 4–10]은 네 편의 논문 사례를 중심으로 이론적 배경에서 개념 정의, 변수 간 관계, 이론적 근거, 가설 제시 등이 어떻게 전개되는지를 비교한 것이다. 이를 참고해 자신의 논문 설계에 적합한 구조를 선택하여 논리적 흐름과 타당성을 확보하기 바란다.

표 4–10 이론적 배경 서술 방식 비교표

구분	논문 1	논문 2	논문 3	논문 4
개념 정의	주요 변인을 개별 문단으로 정의함.	주요 변인을 구분하여 정의함.	주요 변인을 구분하여 정의함.	주요 변인을 개별 문단으로 정의함.
변수 간 관계	각 변수별 관계를 구체적으로 설명함.	인과적 구조로 전개함.	인과적 구조로 전개함.	각 변수별 관계를 구체적으로 설명함.
이론적 근거	개념 설명 안에서 자연스럽게 이론적 해석 병합함.	주요 이론을 명시적으로 제시함.	복수 이론을 명시적으로 제시함.	각 변수에 직접 연결함.
가설 제시	없음 (연구방법 장에서 제시)	문단별로 가설 제시함.	없음 (연구방법 장에서 제시)	문단별로 가설 제시함.
특징 요약	개념 정의 → 변수 관계 중심이며 이론 명시는 최소화함.	이론–개념–가설이 대응되고, 이론에 기반한 명확한 구조와 가설을 연결함.	이론 중심, 가설은 유보하며 전략적 전개를 강조함.	실증연구 중심, 변수–관계–가설 3단 구조를 강조함.

4.3.3 이론적 배경 구성 전략

이론적 배경은 논문의 이론적 토대를 형성하는 핵심 구성요소로 연구자가 설정한 개념과 변수, 변수 간 관계, 분석 틀에 대한 이론적 정당성을 제시하는 부분이다. 이 책에서 제시한 네 편의 논문 사례를 비교해보면 이론적 배경을 구성하는 방식에 공통점과 차별점이 존재한다. 이를 통해 연구자는 자신의 연구에 적합한 이론적 배경 구성 전략을 구체화할 수 있다. 그 전략은 다음과 같이 다섯 가지로 정리할 수 있다.

1 개념 정의 선행

주요 변수에 대한 개념 정의는 반드시 선행해야 한다. 이 절에서 소개한 모든 논문에서 공통으로 확인되는 사항은 연구자가 다루는 주요 개념과 변수를 명확히 정의한다는 점이다. 이때 단순한 사전적 정의나 개인적 해석에 그치지 않고, 선행연구에 기반한 해석과 해당 연구대상의 특성에 맞춘 설명이 필요하다. 개념 정의는 이론적 배경의 시작을 넘어 이후 변수 간 관계 설명과 이론 적용을 뒷받침하는 출발점이 된다.

2 관계 설명 방식

변수 간 관계를 설명하는 방식에는 두 가지 주요 접근이 있다. 첫째, [논문 1]과 [논문 4]처럼 **두 변수 간의 관계를 쌍별로 나누어 설명**하는 방식이다. 이 방식은 각 변수의 연결성을 세밀하게 제시하는 데 유리하며 실증적 연구설계와 잘 맞는다. 둘째, [논문 2]와 [논문 3]처럼 **전체 변수 간의 인과 구조를 모형적으로 통합해 설명**하는 방식이다. 이 접근은 이론 적용과 분석 틀 구성에 적합하며 복합적인 변수 구조를 가진 연구에서 효과적이다.

3 이론 활용

이론은 단순히 나열하는 것이 아니라 **변수 간 관계를 뒷받침하는 논리적 근거로 기능해야 한다.** [논문 2]와 [논문 3]은 대표적으로 이론을 변수 관계 설명에 자연스럽게 결합시켜 연구모형을 정당화하고 논리적 일관성을 확보한다. 따라서 연구자는 자신이 사용하려는 이론이 어떤 방식으로 변수 간 연결을 설명하는지 명확히 인식하고, 이를 텍스트에 유기적으로 통합해야 한다.

4 가설 제시

가설 제시는 모든 논문에 동일한 방식으로 등장하지 않는다. 일반적인 학술논문이나 실증 연구에서는 이론적 배경의 마지막에 가설을 명시하는 경우가 많지만([논문 2], [논문 4] 참고), 학위논문에서는 [논문 3]처럼 연구방법 장(제3장)에서 별도로 가설을 정리하는 방식도 널리 사용한다. 한편 탐색적 연구나 이론 중심 논문에서는 [논문 1]과 같이 가설을 제시하지 않고 변수 간 관계를 이론적 논의만으로 전개하기도 한다.

5 전략적 구성

이론적 배경은 하나의 고정된 템플릿으로 작성하는 것이 아니라 연구 주제, 변수 구조, 분석방법, 이론적 접근 방식에 따라 전략적으로 구성되어야 한다. 예를 들어 변수 간 인과관계가 명확하고 실증 검증이 중심인 연구라면 '개념 정의 → 변수 관계 설명 → 가설 제시'라는 일대일 대응 구조가 효과적이다. 반면 이론적 설명력이 더 중요하거나 선행연구가 부족하면 이론 중심 구조를 채택하거나 개념 정의와 관계 논의에 집중한 다음 가설은 이후 제시하는 방식도 고려할 수 있다.

셀파의 요약정리 4.3

이론적 배경은 연구자가 설정한 문제를 정당화하고, 변수 간 관계를 설명하는 핵심 구성요소다. 연구 주제와 관련된 이론·변수·선행연구를 논리적으로 엮어 연구설계의 기반을 마련하는 데 목적이 있다. 이론적 배경은 보통 '개념 정의 → 변수 간 관계 설명 → 이론적 근거 제시 → 가설 도출'로 이어지는 기능 중심 구조를 따른다.

■ 이론적 배경의 구성 방식

- 이론적 배경은 개념 정의, 변수 간 관계, 이론적 설명, 가설 제시의 네 가지 요소로 구성된다.
- 각 구성요소는 별도 문단으로 구분되어 나오는 것이 아니라 하나의 문단 안에서 혼재되거나 유기적으로 연결될 수 있다.
- [논문 1]~[논문 4]에서도 네 요소가 모두 포함되지만 순서와 배치는 연구 성격에 따라 유연하게 조정된다.

■ 주요 요소별 정리 전략

- **개념 정의 :** 주요 변수와 개념은 사전적 정의가 아니라 선행연구에 근거한 분석적 정의를 제시한다.
- **변수 간 관계 :** 변수 간 인과·매개·조절 등 관계를 중심으로 선행연구를 요약하고 구조를 설계한다.
- **이론적 근거 :** 변수 간 관계를 뒷받침하는 이론적 배경이나 학술적 논의를 구체적으로 제시한다.
- **가설 제시 :** 앞서 설명한 변수 간 관계와 이론적 논의를 종합해 연구의 방향성과 검증 항목을 도출한다.

이론적 배경은 자료를 한데 모아 정리하는 공간이 아니라 연구자가 자신의 연구를 설계하는 이론적 기둥이다. 4.3절은 이러한 요소, 구조, 논리 흐름을 실제 논문 사례 중심으로 제시하며, 대학원생이 연구 주제를 정당화하는 글쓰기를 실천할 수 있도록 안내한다.

SECTION

4.4 연구방법 작성하기

연구방법은 연구자가 설정한 문제와 가설을 **어떻게**how 검증하고자 하는지, 그 설계의 논리와 타당성을 보여주는 핵심 구조물이다. 연구방법이 모호하거나 설득력이 부족하면 아무리 흥미로운 문제의식과 정교한 분석이 있어도 논문 전체의 신뢰성과 재현 가능성은 의심받는다. 반면에 치밀하게 구성된 연구방법은 연구목적과 질문에 적합한 설계가 이루어졌음을 보여주며, 연구자가 데이터를 어떻게 수집하고 분석했는지를 통해 결과 해석의 타당성을 자연스럽게 확보한다.

이 장에서는 연구문제 또는 가설을 검증하기 위한 절차를 중심으로 **연구대상, 측정도구, 자료수집 및 분석방법 등 핵심 설계 내용을 구체적이고 이해하기 쉽게 기술해야 한다**. 연구방법의 완성도는 논문의 신뢰도와 직결되며 학문적 기여를 뒷받침하는 가장 실질적인 기반이다.

연구방법은 크게 네 가지 구성요소로 체계화된다. 각각은 연구자가 설정한 가설과 연구문제를 실증적으로 검증하기 위한 구체적인 실행 계획이며, 논문 전체의 설계도를 이루는 중심축이다. 이 네 가지 요소가 유기적으로 연결될 때 연구의 흐름은 자연스럽고 타당하게 전개된다.

4.4.1 연구방법의 구조

1 연구모형 및 가설

본 연구가 어떤 논리적 구조를 기반으로 변수 간 관계를 설정하는지를 보여주는 부분이다. 연구자는 변수 간 관계를 이론적 근거와 선행연구를 토대로 정리하고, 이를 바탕으로 가설을 도출한다. 이러한 논리 구조는 연구모형 그림으로 시각화해서 독자가 연구의 방향성과 핵심 내용을 한눈에 이해할 수 있도록 제시한다.

2 측정도구

각 변수를 어떻게 정의하고 어떤 항목으로 측정할지를 설명한다. 이를 위해 변수의 조작적 정의를 분명히 하고, 활용한 설문 문항이나 검사 도구를 구체적으로 제시해야 한다. 또한 해당 도구가 어떤 선행연구에 기반하는지, 신뢰도와 타당성이 어떻게 확보되었는지를 함께 제시해서 정당성을 확보한다.

3 자료수집

연구의 대상이 누구이며 어떻게 선정되었는지를 설명한다. 표본선정 기준, 표본 규모, 표본추출 방법, 자료 수집 절차를 논리적으로 정리해야 한다. 이는 연구결과의 일반화 가능성과 재현 가능성을 평가하는 데 핵심적인 근거다.

4 통계분석방법

수집된 자료를 어떤 방식으로 분석했는지를 설명한다. 연구목적과 가설에 부합하는 분석기법(기술통계, 신뢰도 분석, 회귀분석, 매개·조절효과 검증 등)을 선택하고, 사용 이유와 절차를 명확히 설명해야 한다. 분석방법의 선택은 곧 연구결과 해석의 가능성과 신뢰도에 직결되므로 단순히 분석 도구만 나열하지 말고 해당 분석이 적절한 이유를 논리적으로 전달하는 것이 중요하다.

4.4.2 세 가지 실제 사례로 배우는 연구방법 작성법

논문 2 연구방법 분석

A. 측정도구

❶ 본 연구에서 사용된 모든 측정 척도는 기존 선행연구를 기반으로 구성되었으며, 연구목적에 맞게 일부 항목을 수정·보완하여 사용하였다. 설문 문항은 7점 리커트 척도(Likert scale)를 기준으로 응답자가 해당 진술에 대해 얼마나 동의하는지를 측정하도록 설계되었다.

❷ 소셜 미디어 관련 척도는 Jayachandran 외[31]와 Trainor 외[2]의 연구를 바탕으로 개발되었다. 특히 소셜 미디어 기술은 크게 두 가지 차원, 즉 '소셜 미디어 기능'과 '소셜 미디어 활용도'로 구분하여 측정되었다. 소셜 미디어 기능은 기업이 소셜 미디어 채널을 얼마나 폭넓게 활용하는지를 측정하였고, 소셜 미디어 활용도는 소셜 미디어를 통해 획득한 정보 및 지식을 고객 및 공급자 관리에 얼마나 적극적으로 활용하는지를 평가하였다.

❸ 기업의 CRM 실행 수준은 Reinartz 외[67]의 연구에 기반하여 측정하였고, SRM 실행 수준은 Swink 외[32]의 연구를 참고하여 구성하였다. 이들 척도는 고객 및 공급자와의 정보 공유, 비용 효율성, 기술 활용, 장기적 관계 유지 등을 포함하는 요소들을 포괄한다.

❹ 고객만족도는 다양한 기존 연구[71][72]를 바탕으로 측정되었으며, 시장성과 역시 선행연구[73]를 참고하여 평가하였다. 이 외에도 본 연구에서는 세 가지 통제변수를 포함하였다. 첫째, 기업 규모는 정규직 직원 수로 측정하였고, 둘째, 기업 연령은 창립 이후 경과된 연수로 측정하였다. 셋째, 기업의 산업군 구분을 위해 2자리 SIC(Standard Industrial Classification) 코드를 적용하였다.

❺ 또한 공통방법분산(Common Method Variance, CMV) 가능성을 최소화하기 위해 Bastien 외[74]의 연구를 기반으로 응답자의 불면 척도를 측정하는 마커 변수(marker variable)를 적용하였다. 본 연구에서 사용된 모든 측정 항목의 세부 내용은 부록에 제시되어 있다.

B. 표본

본 연구는 Dillman 외[75]의 연구 절차를 따라 설문을 설계하여 1차 데이터를 수집했다. 특히 적절한 응답자로부터 표본을 확보하기 위해 다음 기준을 설정하였다. (i) 조사 대상 기업은 고객 및 공급자 관리를 위해 최소 하나 이상의 소셜 미디어 채널을 운영하고 있어야 한다. (ii) 설문 응답자는 반드시 해당 기업의 정규직 직원이어야 한다. (iii) 동일 조직 내 응답자가 두 명 이상이면 직급이 가장 높은 응답자를 선택한다[73]. ❻

미국 내 운영관리자 241명을 대상으로 설문조사 초청장을 발송하였으며, 최종적으로 117명의 응답을 확보하였다. 응답률은 48.52%였다. 표본의 인구통계학적 특성은 〈표 2〉에 요약되어 있다(표 생략). ❼

[논문 2]의 연구방법은 선행연구를 토대로 구성된 측정도구와 설문을 통한 표본 수집 과정을 중심으로 정리되어 있다. [표 4-11]은 이러한 연구방법의 구성을 한눈에 파악할 수 있도록 요약한 것이다.

표 4-11 [논문 2] 연구방법의 구조 요약

논문의 구조	문단의 주제어	논문 내용 요약
연구모형 및 가설		이 논문에서는 연구모형이 별도로 제시되지 않고, 가설은 이론적 배경 장에서 함께 제시됨.
측정도구	❶ 리커트 척도 기반	모든 척도는 선행연구 기반으로 구성되었으며, 일부 항목은 연구목적에 따라 수정·보완되었음. 7점 리커트 척도로 설계됨.
	❷, ❸ 변수별 측정기준	소셜 미디어 기능과 활용도는 각각 Jayachandran 등과 Trainor 등의 척도를 기반으로 구성되었으며, 기능적 사용 폭과 정보 활용도 수준을 측정함(❷).
		CRM은 Reinartz 등, SRM은 Swink 등의 척도를 기반으로 측정되었으며, 장기적 관계 및 비용 효율성 등을 포함함(❸).
	❹ 통제변수	고객만족도 및 시장성과는 기존 다수의 선행연구에 기반하여 측정되었으며, 기업 규모·연령·산업 분류 등 세 가지 통제변수도 함께 수집됨.
	❺ 마커 변수	CMV를 줄이기 위해 Bastien 등의 마커 변수를 활용함. 세부 항목은 부록에 수록됨.
자료수집	❻ 설문 설계 기준, 응답자 조건	Dillman 등의 설문조사 절차를 따라 표본을 수집하였으며, 소셜 미디어 채널 운영 기업의 정규직 직원 중 직급이 높은 응답자를 기준으로 표본을 선정함.
	❼ 표본 수 및 응답률	총 241명에게 발송하였고, 최종 117명의 응답을 확보(응답률 48.52%). 인구통계학적 특성은 별도 표에 요약.
통계분석방법		이 논문에서는 통계분석방법을 연구결과 및 분석 장에서 기술함.

3. 연구모형 및 가설 설정

❶ 본 절은 주요 구성개념을 정의하고, 이들 간의 관계에 대한 이론적 근거를 바탕으로 아홉 개의 연구가설을 제시한다. 각 구성개념은 그 핵심 속성을 기반으로 정의되며, 신뢰할 수 있고 측정 가능한 지표로 설명된다. 〈표 1〉은 각 개념의 정의와 관련 선행연구를 요약하고, 〈그림 2〉는 〈표 1〉의 변수를 토대로 변수 간 관계를 시각화한 연구모형을 제시한다(표 및 그림 생략).

3.1. 전략적 지속가능성 지향(SSO), 운영 지속가능성 실행(OSI), 공급자 기반 협업(SBC), 수요 기반 생산(DBP) 간의 관계

❷ 기업은 경쟁적 시장 환경에 대응하기 위해 전략적 지향성을 설정한다. 전략적 지향성은 최고경영진이 주도하는 사업 방향과 목표를 의미하며, 이는 조직 구성원에게 수용되고 외부 이해관계자의 지지를 받는다[27][49][67–69]. 지속가능성을 중시하는 기업일수록 전략적 지속가능성 지향(Strategic Sustainability Orientation, SSO)의 중요성을 인식하고 수용할 가능성이 크다[13][70]. 기존의 고객 지향, 시장지향, 혁신지향 등의 전략과 달리 SSO는 (1) 이해관계자의 압력과 규제 요건을 반영하는 제도적 동기[71][72], (2) 제품 및 서비스의 수주 경쟁 요소를 구체화하는 조직 내부 프로세스[73]라는 두 축을 포함한다. 경영진이 추상적 지속가능성 지향을 구체적인 제품 및 서비스 요건으로 정의하면, 이는 경영 프로세스를 통해 실행 가능해진다[74–76]. 이에 따라 다음 가설을 설정한다.

***H1**. SSO는 운영 지속가능성 실행(Operational Sustainability Implementation, OSI)과 정(+)의 관계를 가진다.*

❸ SSO는 제품과 서비스의 수주 경쟁 요소의 형태로 구체화될 수 있으며[72][74–76], 명확히 정의된 전략적 의도는 단순히 최고경영진의 논의 수준을 넘어 실행 가능한 조직 프로세스와 절차로 구체화·제도화되어야 한다. 이러한 실행 수준은 표준 문서화, 모범 사례 정립, 외부 책무성 등으로 나타난다. 공급자 기반 협업(Supplier-Based Collaboration, SBC)은 핵심 및 전략적 공급자들과의 정보 공유, 공동 접근법 개발, 협력적 의사결정을 의미한다. 실제 리콜 사례(예: 도요타 리콜 등)는 공급자의 지속가능성 기준 미준수가 기업 평판에 심각한 영향을 미칠 수 있음을 보여준다[77][78]. 따라서 기업의 SSO는 SBC를 적극 고려하는 방향으로 진화하고 있다[59][79]. 이에 따라 다음 가설을 제시한다.

***H2**. SSO는 SBC와 정(+)의 관계를 가진다.*

❹ 기업은 고객 요구 변화에 대응하여 SSO를 제품 및 서비스의 수주 경쟁 요소 형태로 명확히 한다[80–83]. 명확하게 정의된 SSO는 고객의 관점에서 제품과 서비스를 차별화하려는 기업의 전략적 의도를 반영한다. 기업은 SSO 요구사항을 전략적 공급자에게 명확히 전달할 뿐 아니라 고객 중심 생산방식(Customer-Driven Production Methods)도 병행하여 실행한다.

이는 고객을 의사결정에 참여시켜 주문량을 계획하고 생산일정을 안정화하며, 공급망의 불확실성(채찍효과, bullwhip effect)을 최소화하는 방식으로 구현된다. 지속가능성은 환경적, 경제적, 사회적 책임의 균형, 즉 트리플 바텀 라인(Triple Bottom Line)을 지향하는 것으로 정의되며, SSO를 중시하는 기업일수록 시간, 비용, 납기, 환경 목표 관점에서 낭비를 최소화하기 위해 고객 중심 생산방식을 모색한다[84]

[85]. 따라서 SSO를 채택한 기업은 수요 기반 생산(Demand-Based Production, DBP) 방식을 더욱 적극적으로 실행할 가능성이 높다. 이에 따라 다음 가설을 제시한다.

H3. SSO는 DBP 실행과 정(+)의 관계를 가진다.

최근 다양한 공급자 네트워크가 제품 개발과 최종 납품 과정에 활발히 참여하고 있다[12][83][86]. 이러한 지속가능성 지향 실행은 세 가지 형태의 SBC를 요구한다. (1) 핵심 정보 공유와 같은 커뮤니케이션 활동, (2) 비용 절감 방안에 대한 공동 의사결정을 포함한 상호이해, (3) 혁신적 문제 해결을 위한 협업적 접근 등 운영 우수성에 대한 헌신이 그것이다[29][48][70]. 기업은 변화하는 고객의 복잡한 요구에 대응하기 위해 전략적·운영적 수준에서 주요 공급자를 파트너로 통합하려는 노력을 기울인다. 이때 핵심은 내부 실행 활동, 즉 운영 지속가능성 실행(OSI)을 외부 실행 활동, 즉 SBC 활동으로 전환하는 것이다. 따라서 다음 가설을 설정한다. ⑤

H4. OSI는 SBC와 정(+)의 관계를 가진다.

OSI는 운영 목표와 생산 방식을 고객의 수요 패턴에 맞추어 조정하는 것을 의미한다[29][87]. 이를 위해서는 지속가능성 및 사회적 인증과 같은 프로그램의 공식화, 교육훈련 프로그램과 같은 표준화된 절차, 지속적인 커뮤니케이션과 직원 참여 등이 필요하다[48][88]. 내부 실행 노력에는 주문 계획, 생산 일정 안정화, 채찍효과 최소화 등을 위한 고객 참여가 포함된다. 고객과의 관계 강화는 수요 예측 정확도 향상, 정보 통합, 고객 지향적 생산 방식(pull production) 구현으로 이어진다[81][83]. 결국 내부 OSI 목표는 생산 후방(back-end)의 DBP 활동으로 전환된다. 따라서 다음 가설을 설정한다. ⑥

H5. OSI는 DBP 실행과 정(+)의 관계를 가진다.

SBC는 기업이 고객 요구에 따라 생산량, 시간, 가격 측면에서 보다 유연하고 신뢰성 있게 대응할 수 있도록 돕는다[89]. SBC 실행은 공급자를 제품 설계 초기 단계, 제조 개선 프로그램, 비용·품질·유연성 향상과 관련된 운영 역량 강화 활동에 참여시키는 것을 가능하게 한다[29][90]. 이러한 적극적인 협업은 제조기업이 고객 지향적 생산 방식을 도입하고 수요 예측의 정확도를 높이며 정보 통합을 강화함으로써 고객 반응성을 제고하는 데 기여한다[59][79]. 이는 외부의 실행 활동인 SBC와 내부 실행 활동인 DBP를 통합하는 과정으로 볼 수 있다. 따라서 다음 가설을 설정한다. ⑦

H6. SBC는 DBP 실행과 정(+)의 관계를 가진다.

3.2. 수요 기반 생산, 운영 품질 성과, 조직 생산성 성과 간의 관계

DBP는 외부 고객의 요구사항에 효과적으로 대응하는 내부 프로세스를 촉진하며, 품질, 납기, 신뢰성 요구에 초점을 맞춘 생산운영 전략이다[91]. 예측 정확도의 향상은 생산운영에 충분한 대응 시간을 제공하여 구성원의 동기와 만족도를 제고한다[92][93]. 정보 통합이 강화되면 제품 맞춤화, 신제품 출시, 고객 서비스 품질이 함께 향상된다[83][94]. 마케팅 부서가 신뢰할 수 있는 수요예측 정보를 제공하면, 생산 부서는 보다 안정적이고 예측 가능한 방식으로 생산일정을 수립할 수 있다. 이러한 환경은 작업자가 위험 요소가 높은 작업환경에서도 건강과 안전을 개선할 수 있는 방식으로 업무를 관리하도록 돕는다. 결국 내부 실행 활동인 DBP는 측정 가능한 운영 품질 성과(Operational Quality Outcomes, OQO)로 연결된다. 따라서 다음 가설을 설정한다. ⑧

H7. DBP는 OQO와 정(+)의 관계를 가진다.

9 DBP는 구체적이고 측정 가능한 조직 생산성 성과를 지향한다[91][95]. 시간 효율성과 고객 중심 목표를 중시하는 DBP는 리드타임 단축, 제조 및 조달 비용 절감을 가능하게 한다. 예측 정확도가 향상되면 원자재, 물, 에너지 등 자원이 효율적으로 소비되고[92], 이는 오염물 배출 저감과 생산 폐기물 감소로 연결된다[70][96]. 또한 정보 통합 능력이 향상되면 생산 계획 수립, 조달 일정 관리, 납기 목표 달성 가능성이 높아진다[97][98]. 고객 데이터를 기반으로 생산 방식(예: 생산 스케줄링, 안전재고 관리 등)을 설정함으로써 비용 절감, 납기 신뢰성, 조달 비용, 리드타임, 폐기물 저감 등 고객 가치를 달성할 수 있다. 결국 내부 실행 활동인 DBP가 측정 가능한 조직 생산성 성과(Organizational Productivity Outcomes, OPO)로 연결된다. 따라서 다음 가설을 제시한다.

H8. DBP는 OPO와 정(+)의 관계를 가진다.

10 OQO는 고객의 다양한 요구를 얼마나 잘 충족하는지를 평가하는 질적 성과 지표이며[99-101], 동시에 내부 이해관계자인 구성원의 안전과 건강 측면도 포함한다. 반면 OPO는 조직의 효율성을 측정하는 계량적 성과 지표로, 외부의 경쟁 벤치마크를 기준으로 한다[29][30][102-104]. OPO는 대체로 외부에 보고되는 정량적 결과이기 때문에 내부의 질적 성과(즉 OQO)가 선행되어야 한다. 성과사슬 이론은 외부의 정량적 성과(즉 OPO)가 내부의 질적 성과(즉 OQO)에 의해 결정됨을 시사한다[44]. 예를 들어 고객만족과 같은 내부 질적 지표는 낮은 제조비용이나 신뢰성 있는 납기 성과와 같은 조직 수준의 생산성 성과로 이어질 수 있다. 따라서 다음 가설을 제시한다.

H9. OQO는 OPO와 정(+)의 관계를 가진다.

4. 연구방법 및 측정

4.1. 데이터 수집 절차 및 연구 데이터베이스

11 본 연구는 앞서 제시한 연구가설을 검증하기 위해 IMSS-VI의 설문 데이터를 활용하였다. IMSS는 1992년부터 시작된 국제 공동조사로, 제조업 분야의 여러 국가 기업들로부터 수집된 실증 데이터를 축적해왔다. 현재까지 20개국 이상을 아우르며, 주요 목적은 국제 제조 실천 관행의 패턴을 규명하는 데 있다. 또한 최신 데이터를 확보하기 위해 4년마다 새로운 조사가 시행된다. IMSS에 대해 보다 자세한 정보는 주요 운영 및 공급망 관리 연구[29][70][105-107]에서 확인할 수 있다.

12 본 연구에서 사용된 데이터는 2013년부터 2014년 사이에 수집된 IMSS-VI 데이터로, 총 23개국 930개 제조기업의 응답이 확보되었다. 이 중 불완전 응답 181건은 분석에서 제외하고, 최종적으로 749개 제조기업의 응답을 실증분석에 사용하였다. 유효 표본은 국제 산업 분류(ISIC) 기준 2자리 코드상 25번~30번에 해당하는 산업군에 속하는 기업으로 구성되었다. 응답자의 지역, 산업군, 기업 규모에 따른 분포는 〈표 2〉에 제시되어 있으며, 지역별로는 유럽이 51.3%, 아시아·태평양이 38.3%를 차지하였다(표 생략). 기업 규모별로는 소규모 기업이 23.8%, 중간 규모 기업이 39.9%, 대규모 기업이 36.0%로 나타났다.

4.2. 공통방법분산(CMB) 및 비응답 편향

13 본 연구의 주요 변수(지속가능성 지향, 실행 관행, 성과 결과 등)는 동일 기업의 단일 응답자로부터 수집되었기 때문에 설문 도구는 공통방법분산(Common Method Bias, CMB)에 노출될 수 있다. 이를 최소화하기 위해 다음 세 가지 절차를 적용하였다.

첫째, Podsakoff 외[108]와 MacKenzie와 Podsakoff[109]의 제안에 따라 설문 항목은 명확하고 간결하게 구성하였다. 둘째, 독립변수(지속가능성 지향 및 운영 실행 관행)와 종속변수(성과 측정)를 설문지 내 별도 섹션에서 구분하여 측정하였다. 이는 CMB 발생 가능성을 줄이는 효과적인 방식으로, 기존 연구[29][30][70][110][111]에서도 활용된 바 있다. 셋째, 통계적 검증을 실시하였다. 먼저 Lindell과 Whitney[112]의 방법을 적용하여 상관행렬을 가장 낮은 양의 상관계수로 조정한 후 분석한 결과, 유의미하게 낮은 쌍별 상관관계는 나타나지 않았다. 다음으로 AMOS를 활용해 공통잠재요인(Common Latent Factor, CLF) 기법을 적용하였다. 모든 관측변수에 CLF를 연결하여 확인적 요인분석(CFA)을 수행한 뒤 CLF를 포함한 모형과 제외한 모형을 비교한 결과, 표준화 회귀계수(standardized regression weights) 차이가 0.200을 초과하지 않아 CMB의 존재 가능성이 낮음을 확인하였다[109]. ⑭

한편 IMSS 데이터는 여러 국가의 연구자들이 지역별로 수개월에 걸쳐 수집하였기 때문에 응답 시점(early vs. late respondents)을 구분하기 어려웠다. 이에 따라 Armstrong과 Overton[113]이 제안한 비응답 편향(non-response bias) 검증은 수행하지 못하였다. ⑮

4.3. 측정도구

각 구성개념의 측정 항목은 광범위한 문헌 조사를 통해 도출하였다. 본 연구에서 사용된 측정 문항은 〈표 3〉에 제시되어 있다. SSO는 Burritt 외[99], Figge 외[114], Hahn 외[13]의 연구를 검토한 뒤, IMSS-VI 설문 문항에서 관련 항목을 선정하였다(표 생략). ⑯

OSI의 측정 문항은 Leonard와 McAdam[100], Jiang과 Bansal[115], Kocmanova 외[116]의 연구에서 도출하였다. SBC의 측정 문항은 Heide와 Miner[117], Liao 외[89], Holweg 외[118]의 연구를 기반으로 선정하였다. DBP의 측정 문항은 Farris 외[82], Hopp과 Spearman[80], Koufteros 외[81]의 연구를 참고하였고, OQO 및 OPO의 측정 문항은 Burritt 외[99], Leonard와 McAdam[100]의 연구에서 추출하였다. ⑰

4.4. 자료 분석

자료 분석은 IBM® SPSS® AMOS 22.0을 활용하여 SEM으로 수행하였다. Garver와 Mentzer[119]의 제안에 따라 측정모형(즉 CFA)과 구조모형(경로분석) 두 단계를 포함하는 SEM 접근법을 사용하였다. SEM은 다음과 같은 장점을 지닌다. 첫째, 다수의 외생변수와 내생변수를 동시에 분석할 수 있다. 둘째, 내생변수 간 다중공선성 문제를 효과적으로 완화할 수 있다. 셋째, 다중 문항 측정을 통해 교차곱에 기반한 잠재변수 점수를 산출할 수 있다. ⑱

EFA는 SPSS를 사용하여 수행하였으며 CFA와 구조모형 분석은 AMOS를 활용하였다. 모든 분석은 Hair 외[120]의 권고에 따라 분포 가정이 자유로운 최대우도추정법(Maximum Likelihood, ML)을 적용하여 모형 적합도를 평가하였다. ⑲

[논문 3]의 연구방법은 연구모형 및 가설 설정, 자료수집과 측정도구, CMB 통제, 통계분석 절차로 구성되어 있다. [표 4-12]는 이러한 연구방법의 전개 과정을 항목별로 정리한 것이다.

표 4-12 [논문 3] 연구방법의 구조 요약

논문의 구조	문단의 주제어	논문 내용 요약
연구모형 및 가설	❶ 연구모형 개요	구성개념(SSO, OSI, SBC, DBP, OQO, OPO)을 정의하고, 변수 간 관계를 도식화한 연구모형과 함께 총 9개의 가설을 제시함.
	❷ SSO와 OSI	SSO는 제도적 동기와 내부 프로세스로 구성되며, OSI로의 실행 가능성을 설명하며 가설 1(H1)을 제시함.
	❸ SSO와 SBC	SSO는 SBC 실행과 연결되며, 제품 리콜 사례와 전략 변화에 대한 대응 필요성을 근거로 가설 2(H2)를 제시함.
	❹ SSO와 DBP	SSO는 고객 중심 생산방식(즉 DBP)과의 정(+) 관계로 이어지며, 트리플 바텀 라인 접근을 통해 가설 3(H3)을 설정함.
	❺ OSI와 SBC	운영 실행 노력인 OSI가 외부 실행 성과인 SBC 활동으로 이어진다는 논리로 가설 4(H4)를 제시함.
	❻ OSI와 DBP	OSI는 고객 수요 중심 생산으로 전환되며, 정보 통합과 직원 참여 기반의 실행 체계를 통해 가설 5(H5)를 도출함.
	❼ SBC와 DBP	SBC가 고객 요구에 대한 유연한 생산 실행(즉 DBP)으로 이어짐을 설명하며 가설 6(H6)을 설정함.
	❽ DBP와 OQO	DBP는 품질, 납기, 직원 만족에 긍정적 영향을 미치며, 이를 통해 OQO로 이어짐을 설명하고 가설 7(H7)을 제시함.
	❾ DBP와 OPO	DBP는 자원 효율성, 납기 신뢰성, 폐기물 저감 등의 측면에서 OPO와 정(+)의 관계를 가지며 가설 8(H8)을 제시함.
	❿ OQO와 OPO	질적 성과(즉 OQO)가 계량적 성과(즉 OPO)로 이어지는 성과사슬 이론을 바탕으로 가설 9(H9)을 설정함.
측정도구	⓰ 측정 항목 도출 근거	각 개념의 측정 문항은 선행연구를 기반으로 도출되었으며, IMSS-VI 설문 문항에서 항목이 선정됨.
	⓱ 척도 출처 정리	OSI, SBC, DBP, OQO, OPO 각각의 문항은 기존 신뢰성 있는 연구를 바탕으로 구성되었으며 〈표 3〉에 정리함.
자료수집	⓫ 데이터 출처 및 설문 개요	IMSS-VI 데이터는 20개국 이상 제조기업을 대상으로 수집된 국제 설문으로, 연구가설 검증에 활용됨.
	⓬ 표본 구성	2013년~2014년에 수집된 총 930개 응답 중 749개 제조기업 데이터를 최종 분석에 사용함. 산업군과 지역별 분포는 〈표 2〉로 제시됨.
	⓭ CMB 방지 절차	동일 응답자에게서 주요 변수를 수집함에 따라 CMB 가능성이 존재하며, 이를 최소화하기 위해 세 가지 절차를 적용함.
	⓮ CMB 방지 설계 전략	첫째, 설문 항목을 명확하게 구성하고, 둘째, 독립변수와 종속변수를 분리하여 측정하며, 셋째, CLF 기법으로 통계적 검증을 실시함.

논문의 구조	문단의 주제어	논문 내용 요약
	⑮ 비응답 편향 검증 여부	IMSS 데이터는 응답 시점 분류가 어려워 Armstrong과 Overton의 비응답 편향 검증은 수행하지 못함.
통계분석방법	⑱ SEM 분석 개요	SEM은 CFA와 경로분석을 포함하며, AMOS 22.0을 사용해 분석을 수행함.
	⑲ EFA 및 CFA 수행 방식	EFA는 SPSS로, CFA 및 구조모형은 AMOS로 수행하였으며 최대우도추정법을 적용함.

논문 4 연구방법 분석

A. 자료 수집

온라인 쇼핑 경험이 있는 개인은 고객 서비스, 반품, 배송, 추적 등 구매 이후 활동에 대해 의견을 가질 가능성이 높고, 이에 대한 경험을 구체적으로 보고할 수 있다. 따라서 본 연구는 연구목적에 부합하기 위해 온라인 쇼핑 경험이 있는 개인을 대상으로 자료를 수집하였다. ❶

표본 추출 기준은 다음과 같다. 조사 시점 기준으로 만 18세 이상이며, 중국 또는 대만 국적을 가진 자로서 현재 해당 국가에 거주하고, 자국 내에서 온라인 쇼핑을 한 경험이 있는 개인에 한해 참여하도록 하였다. 특히 중국처럼 지리적으로 넓은 국가에서의 표본 다양성을 확보하기 위해, 미국의 한 대학교 MBA 통계 수업에 재학 중인 중국 출신 학생 19명과 대만 출신 학생 6명이 위 조건을 충족하는 응답자를 발굴하는 데 도움을 주었다. ❷

이들은 인구통계학적으로 다양한 배경을 가진 30명을 층화표집(stratified sampling) 방식으로 선정하도록 안내받았으며, 중국과 대만 전역에서 중국과 대만은 문화적으로 유사하지만 온라인 쇼핑 환경에는 다소 차이가 있음을 고려하였다. ❸

조사는 2014년 4월 26일부터 5월 12일까지 설문조사 플랫폼(surveymonkey.com)을 활용해 온라인 설문을 실시하였으며, 이메일을 통해 응답자에게 배포하였다. 설문지는 온라인 쇼핑과 설문지 설계에 전문성을 가진 전문가 두 명에게 검토를 받았으며, 그들의 피드백을 반영하여 문항의 액면타당도(face validity)와 내용타당도(content validity)를 확보하고자 했다[26]. ❹

문항 표현과 내용상의 문제를 사전에 확인하기 위해, 중국과 대만 출신 MBA 통계 수업 수강생 각 5명씩 총 10명을 대상으로 파일럿 테스트를 실시하였다. 파일럿 응답자들은 설문지에 대한 의견을 서면으로 제출하였으며, 이를 바탕으로 설문지가 일부 수정되었다. 설문지는 응답자의 모국어로 작성된 후 영어로 번역하였고, 다시 역번역(back-translation) 절차를 거쳐 번역 정확성을 검증하였다. ❺

중국에서는 총 395명의 응답이 수집되었으며, 이 중 온라인 쇼핑 경험이 없는 4명과 중국 국적이 아니거나 중국에 거주하지 않는 7명을 제외한 384명의 응답만 최종 분석에 포함되었다. 대만에서는 총 147명의 응답이 수집되었으며, 이 중 온라인 쇼핑 경험이 없는 2명을 제외한 145명이 최종 분석에 포함되었다. 이는 Hair 외[13]가 제시한 부분최소제곱법(PLS) 분석의 최소 요구치인 75개 관측치를 상회하는 수준이다. ❻

7 중국 표본의 경우 여성 비율은 63.8%였고, 22세에서 45세 사이가 76.5%였으며 취업자는 69.5%였다. 대만 표본은 여성 비율이 66.9%, 22세에서 45세 사이가 82.7%, 취업자는 59.3%로 나타났다(〈표 I〉 생략). 응답자의 학력 수준은 다양했으며, 고등학교 졸업 이하 학력자는 중국 5.5%, 대만 11.7%, 전문학사 학위는 각각 15.1%, 62.8%였다. 학사 학위 소지자는 중국 64.8%, 대만 12.4%였으며, 석사 또는 전문학위는 각각 12.5%와 11.0%, 박사학위는 각각 1.3%와 0.7%를 차지하였다. 중국 응답자의 다수(73.7%)는 '자주' 또는 '매우 자주' 온라인 쇼핑을 한다고 응답했으나, 대만 응답자의 동일 비율은 38.0%에 그쳤다. 방문한 온라인 쇼핑몰 수는 대부분 3개 이하(중국 77.3%, 대만 75.5%)였으며, 주요 사이트로는 타오바오(Taobao), 징둥(Jingdung), 아마존(Amazon), 당당(Dangdang) 등이 포함되었다.

B. 통제 변수

8 본 연구는 온라인 쇼핑 환경에서 구매 후 배송, 추적, 반품 서비스가 고객만족도에 미치는 영향을 분석함에 있어 다른 요인의 영향을 통제하고자 하였다. 선행연구에 따르면 전자상거래에서 소비자 행동은 문화적·사회적, 경제적, 인구통계학적 요인의 영향을 받는 것으로 나타난다[2]. 이에 본 연구는 문화적·사회적으로 배경과 경제 발전 수준이 유사한 중국과 대만을 비교 대상으로 설정하였다. 또한 온라인 쇼핑 경험에 영향을 미칠 수 있는 인구통계학적 차이를 통제하기 위해 다양한 통제 변수를 포함하였다.

9 웹 기반 쇼핑에 대한 인식에서 성별 차이가 존재한다는 점은 여러 선행연구에서 확인된 바 있으며[8][38], 이는 쇼핑 과정의 다양한 측면에서 고객만족도에 영향을 줄 수 있기 때문에 통제하는 것이 중요하다. 이와 마찬가지로 연령 역시 온라인 쇼핑 이용과 관련 행동 차이에 영향을 미칠 수 있으므로[32] 본 연구에서는 연령 변수를 통제하였다. 또한 소득 수준은 온라인 쇼핑의 빈도, 총 지출 금액, 제품·브랜드 선호 등에 영향을 미치며, 이는 다시 온라인 쇼핑 만족도로 이어질 수 있으므로 소득 변수를 통제하는 것 역시 중요하다[20]. 마지막으로 온라인 쇼핑 이용 빈도 역시 고객만족도와 관련된 요인이 될 수 있으며, 자주 쇼핑을 하는 이용자는 온라인 쇼핑에 대해 다른 인식을 가질 수 있기 때문에[21] 본 연구에서는 해당 변수도 함께 통제하였다.

C. 구성개념 및 조사 도구

10 본 연구에서 사용된 변수들은 다문항 반영형 척도(multi-item reflective measures)를 기반으로 조작화되었다. 각 구성개념에 대한 설문 문항은 기존 연구에서 제시된 측정 항목을 채택하였으며, 중국과 대만의 온라인 쇼핑 맥락에 적합하도록 일부 문항은 수정·보완되었다. 〈표 II〉에는 설문 문항과 해당되는 구성개념, 주요 참고 문헌이 정리되어 있다(〈표 II〉 생략).

11 모든 설문 문항은 5점 리커트 척도(1점 = '전혀 그렇지 않다', 5점 = '매우 그렇다')로 응답하도록 구성되었다. 설문 도구와 구성개념 간 관계는 대만 응답자 33명과 중국 응답자 40명을 대상으로 파일럿 테스트를 실시하여 검증되었으며, 응답자 피드백과 예비 분석 결과를 반영해 문항을 수정하였다. 이를 통해 설문 도구의 내용타당도와 액면타당도를 확보하였다[26].

[논문 4]의 연구방법은 표본 추출과 자료 수집, 측정도구와 통제 변수 설정 과정을 중심으로 서술되어 있다. 학술지 논문 특성상 연구모형과 가설은 이론적 배경 부분에서 제시되며, 통계분석방법

은 연구결과 및 분석 장에서 따로 다루어진다. [표 4-13]은 이러한 연구방법의 구성을 한눈에 정리한 것이다.

표 4-13 [논문 4] 연구방법의 구조 요약

논문의 구조	문단의 주제어	논문 내용 요약
연구모형 및 가설		이 논문에서는 연구모형이 별도로 제시되지 않고, 가설은 이론적 배경 장에서 함께 제시됨.
자료수집	❶ 자료수집 대상 및 기준	온라인 쇼핑 경험이 있는 개인을 대상으로 자료 수집함. 이들은 구매 후 활동에 대한 의견을 보고할 수 있는 조건을 갖춤.
	❷ 표본 추출 기준	만 18세 이상, 중국 또는 대만 국적 보유자이며, 자국 내 온라인 쇼핑 경험자만 조사에 참여하도록 함. 표본 다양성 확보를 위해 현지 학생이 응답자를 모집함.
	❸ 표본 구성 방식	국가별로 30명씩 층화표집하여 선정함. 중국과 대만 간의 온라인 쇼핑 환경 차이를 고려하여 구성함.
	❹ 설문 시행 및 타당도 확보	2014년 4월~5월 온라인 설문을 실시하고, 전문가 검토를 통해 설문지의 내용타당도와 액면타당도를 확보함.
	❺ 파일럿 테스트	중국과 대만 출신 학생 각각 5명씩을 대상으로 파일럿 테스트pilot test를 진행하고, 피드백을 반영하여 문항을 수정함. 역번역 절차도 시행함.
	❻ 최종 응답자 수 및 분석 기준	중국 384명, 대만 145명의 유효 응답을 확보함. PLS 분석 기준에 따라 충분한 표본임을 설명함.
	❼ 응답자 특성 요약	성별, 연령, 학력, 온라인 쇼핑 빈도 등 응답자 특성을 기술함. 중국 응답자의 온라인 쇼핑 빈도가 대만보다 높은 경향을 보임.
측정도구	❽ 국가 선택 및 비교 논리	중국과 대만은 문화·사회·경제적 배경이 유사하여 비교 대상군으로 적절하며, 온라인 쇼핑 경험에 영향을 미치는 다양한 변수를 통제함.
	❾ 통제변수 항목 정리	성별, 연령, 소득, 쇼핑 빈도를 주요 통제 변수로 설정함. 이는 온라인 쇼핑 만족도에 영향을 미칠 수 있음에 따라 통제함.
	❿ 변수 조작화 및 항목 출처	모든 변수는 다문항 반영형 척도 기반으로 조작화되었으며, 기존 연구 문항을 수정하여 사용함. 설문 문항과 문헌 출처는 〈표 II〉에 제시됨.
	⓫ 척도 방식 및 타당도 검증	5점 리커트 척도를 사용하였으며, 예비조사를 통해 설문 문항을 검토하고 내용타당도 및 액면타당도를 확보함.
통계분석방법		구체적인 통계분석 절차는 연구결과 및 분석 장에서 기술됨.

연구방법 구성 방식 비교

세 논문은 연구방법 장의 구성에서 뚜렷한 차이를 보인다. [논문 2]와 [논문 4]는 연구모형 도식을 별도로 제시하지 않고 가설을 이론적 배경 장에 포함하여 제시한다. 반면 [논문 3]은 방법 장의 서두에 연구모형과 가설을 함께 제시해 이후 분석의 흐름을 한눈에 파악할 수 있도록 한다.

측정도구 서술에서도 차이가 나타난다. [논문 2]는 척도 수준과 문항 출처를 간결히 정리한 최소 기술형에 가깝고 [논문 3]은 개념별 문항과 출처를 표로 체계화한 투명성 강조형, [논문 4]는 역번역과 전문가 검토, 파일럿 테스트 등 절차를 명시한 타당도 확보형에 가깝다.

자료수집 서술에서는 [논문 2]가 표집 기준과 응답률을 함께 보고하는 기준+성과 보고형, [논문 3]은 외부 구축 데이터의 출처와 선별 기준을 명확히 적시한 데이터 출처 명시형, [논문 4]는 비교 설계를 전제로 표집 절차 중심으로 서술한 설계 의도 중심형을 보인다.

편의·편향 통제에서도 차이가 있다. [논문 2]는 지표·변수 기반의 통제 항목을 명시하고 [논문 3]은 설문 설계 단계에서 분리·명확화와 추가 통계 검증 절차를 병행한다. [논문 4]는 역번역과 파일럿 테스트 등 절차적 통제를 전면에 배치한다.

분석 절차 제시 방식은 [논문 3]이 '탐색 → 확인 → 구조'로 이어지는 단계형 흐름을 연구방법 장에 명시한 반면, [논문 4]는 예측지향 경로모형의 사용을 간단히 밝히고 세부 내용은 결과 장에서 풀어 쓴다. [논문 2]는 분석 상세를 결과 장에 배치하고 방법 장에서는 측정·표본·통제의 핵심만 압축하여 다룬다.

종합하면 복합적 모형이나 다단계 가설을 다루는 연구에서는 연구방법 장 서두에 연구모형과 가설을 일괄 제시하는 구성이 설계의 가시성을 높인다. 반대로 가설을 이론적 배경 장에서 이미 정리한 연구라면 연구방법 장을 '측정-표본-편향 통제-분석 개요'로 간결하고 정확하게 구성하는 전략이 적합하다. 무엇보다 모형·가설의 위치, 측정도구의 출처와 검증 절차, 표집 기준과 보고 항목, 편향 통제 유형, 분석 단계 공개 수준을 원칙으로 정해 일관되게 적용하는 것이 바람직하다.

표 4-14 연구방법 서술 방식 비교표

구분	논문 2	논문 3	논문 4
연구모형 및 가설	별도 모형은 제시하지 않고, 가설은 이론적 배경 장에 서술함.	서두에 연구모형 도식과 가설 9개(H1~H9)를 일괄 제시함.	연구모형 도식은 없고, 가설은 이론적 배경 장에서 제시함.
측정도구	7점 리커트 척도임. 문항은 선행연구 기반으로 수정·보완함.	IMSS-VI 설계를 준용함.	5점 리커트 척도. 기존 문항을 맥락에 맞게 수정하고 역번역+전문가 검토+파일럿 테스트로 내용타당도와 액면타당도를 확보함.

구분	논문 2	논문 3	논문 4
자료수집	소셜 미디어 채널을 운영하는 고위 직급 종사자를 대상으로 표집함.	다국가 제조기업(IMSS 2차 자료)을 활용함.	중국·대만 온라인 쇼핑 경험자(만 18세 이상)를 대상으로 국가별 층화표집함. 온라인 설문을 실시하고 파일럿 테스트로 10명을 먼저 설문조사함.
통계분석방법	방법 장에는 상세 절차를 최소화하고, 분석 상세는 결과 장에서 보고함.	EFA(SPSS) → CFA/SEM(AMOS, MLE)순으로 수행함. CFA로 수렴·판별타당도와 신뢰도를 검증함.	PLS-SEM을 사용하며 표본 적합성 근거를 제시함.
특징 요약	산업·조직 맥락과의 정합성이 높고, 마커 변수로 CMV를 관리함.	이론 – 모형 – 가설 – 분석이 일관된 SEM 체계로 가시성이 높음.	국가 간 비교 설계와 PLS-SEM을 결합해 실무적 시사를 강화함.

4.4.3 연구방법 구성 전략

연구방법은 모형·가설 배치 원칙, 측정도구의 척도·출처·검증, 자료수집의 표집틀·절차·성과, 편의·편향 통제의 절차적·통계적 방법, 통계분석 절차의 단계 요약이라는 다섯 가지 축으로 구성하는 것이 바람직하다. 연구의 성격에 따라 세부 배치를 선택하되, 선택한 원칙은 논문 전체에 걸쳐 일관되게 적용해야 한다. 다음 다섯 가지 전략에 따라 구성하면 논문을 읽는 사람과 심사위원 모두에게 명료한 구조를 보여줄 수 있다.

1 모형·가설 배치 원칙

연구방법 장의 서두에 연구모형과 가설을 함께 제시할지, 혹은 모형 도식을 생략하고 이론 장에서 가설을 마무리할지를 먼저 결정한다. 모형이 복합적이고 가설 단계가 많다면 연구방법 장 서두에 모형 도식과 가설 요약을 함께 배치해 설계의 가시성을 높인다. 반대로 이론적 배경 장에서 이미 가설을 충분히 전개했다면 연구방법 장은 '연구문제 재확인 → 분석 단위와 표집틀 → 측정·자료·분석 개요' 순서로 간결히 정리한다. 선택한 배치를 논문 전체에서 일관되게 유지하는 것이 중요하다.

2 측정도구 : 척도·출처·검증

측정도구는 척도 수준(예 5점, 7점 리커트), 문항 출처와 수정 근거, 타당도·신뢰도 확보 절차를 한 세트로 기술한다. 문항 출처는 표 형태로 정리하면 투명성이 높다. 번역된 문항을 사용한다면 역번역, 전문가 검토, 파일럿 테스트 등 검증 절차를 명시한다.

3 자료수집 : 표집틀·절차·성과

자료수집은 표집틀과 모집단, 표본 선정 기준(포함·제외 조건), 수집 절차(방법, 기간, 도구), 성과 지표(최종 수집 수, 유효 표본 수, 응답률 등)를 구분해 보고한다. 비교 설계 연구라면 층화 기준과 집단 간 균형 정보를 함께 제시한다. 2차 데이터를 사용할 때는 데이터 출처, 수집 프레임, 선별 기준을 명확히 밝히고 비응답 편향 검증이 어렵다면 그 사유를 투명하게 기술한다. 이 절의 목표는 '누가, 언제, 어떻게, 얼마나'를 한눈에 파악할 수 있게 만드는 것이다.

4 편의·편향 통제 : 절차적·통계적

편의 통제는 절차적 방법과 통계적 방법을 짝지어 보고하면 설득력이 높다. 절차적 통제에는 문항 난이도, 순서 조정, 설문 분리, 익명성 보장, 역문항 등이 포함된다. 통계적 통제에는 마커 변수 활용, 공통잠재요인 검증, 통제변수 투입 등이 있다. 통제변수는 이론적 근거를 갖춘 최소 집합으로 선정하고 분석 단계에서의 투입 위치를 사전에 명시한다. 어떤 편향을 어떤 방법으로 줄였는가를 한 문단 안에서 명확히 전달하도록 정리한다.

5 통계분석 절차 : 단계 요약

분석방법은 선택한 접근의 단계 흐름을 요약하고 사용한 소프트웨어와 추정법을 명확히 기재한다. 확인적 접근이라면 모형 적합도, 수렴·판별타당도, 신뢰도 등의 평가 기준을 미리 밝히고, 예측지향 접근이라면 측정모형 평가와 구조모형 평가의 순서를 제시한다. 상세 수치와 표는 연구결과 장에 제시하되, 연구방법 장에는 평가 기준과 보고 원칙을 남겨 독자가 분석 경로를 미리 이해할 수 있도록 한다.

셀파의 요약정리 4.4

연구방법은 연구자가 설정한 문제와 가설을 어떤 방식으로 검증할 것인지, 그 설계의 논리와 실행 구조를 제시하는 핵심 파트다. 신뢰성 있는 결과를 도출하기 위해 연구대상, 절차, 측정도구, 분석 방법까지 모든 단계를 투명하고 체계적으로 기술해야 한다. 이 과정에서 연구자의 판단과 논리 설계가 명확히 드러나야 한다. 연구방법은 단순한 기술이 아니라 '무엇을, 어떻게, 왜' 했는지를 독자에게 설득하는 글쓰기임을 보여준다.

■ 연구방법의 핵심 구성요소

- **연구대상 및 표집방법 :** 연구 참여자 수, 선정 기준, 표집 방법 등을 구체적으로 기술한다. 표본이 모집단을 얼마나 대표하는지, 표본 수를 어떻게 결정했는지(계산 근거 포함)를 설명해야 한다.
- **측정도구 :** 주요 변수를 어떤 도구(척도)로 측정했는지 밝히고 문항 구성, 점수 체계, 타당도·신뢰도 정보를 포함해 제시한다.
- **연구절차 :** 자료 수집 과정, 실시 순서를 설명하고 윤리적 고려 사항 등을 포함해 설계 전반을 서술한다.
- **분석방법 :** 가설 검증을 위한 통계분석방법을 선택한 이유와 구체적 분석 절차를 설명한다. 또한 정규성이나 등분산성과 같은 사전 조건을 확인했는지도 기술해야 한다.

■ 효과적인 연구방법 작성 전략

- 연구자는 왜 이 방법을 선택했는지를 반드시 설명해야 한다. 절차만 나열하지 말고, 연구목적에 적합한 설계였음을 설득력 있게 기술해야 한다.
- 윤리적 절차(IRB 승인 여부, 동의서 작성 등), 분석 도구의 정당성, 변수 측정 방식의 구체성은 심사 시 중요한 평가 요소이므로 빠짐없이 기재해야 한다.
- 통계분석은 변수 유형에 맞는 분석방법을 선택했는지, 상관관계나 회귀분석 등을 사용하는 이유가 연구문제와 어떻게 연결되는지를 설명해야 한다.

연구방법은 단순히 '어떻게 연구했는지'만 기록하는 게 아니라 '왜 이렇게 연구했는가'를 설명하는 논리 구조다. 4.4절에서는 각 구성요소를 누락 없이 기술하는 법과 함께 자신의 연구설계를 설득력 있게 풀어내는 전략적 글쓰기의 원리를 다룬다.

SECTION

4.5 연구결과 작성하기

연구결과는 연구자가 수집하고 분석한 데이터를 바탕으로 설정한 가설이나 연구문제가 어떻게 검증되었는지를 가장 직접적으로 보여주는 핵심 구간이다. 이 장은 단순히 분석 결과를 나열하는 데 그쳐서는 안 되며, 독자가 논리적 흐름을 따라 주요 발견을 자연스럽게 이해할 수 있도록 구조화되어야 한다.

아무리 정밀한 분석이더라도 표현이 모호하거나 일관성이 없으면 연구의 신뢰도는 쉽게 훼손된다. 반면에 명확하고 체계적으로 제시된 연구결과는 가설이 어떤 근거로 채택되거나 기각되었는지를 설득력 있게 보여주며, 이후 논의와 이론적 함의를 이끌어내는 토대가 된다. 연구결과는 연구자가 어떤 데이터를 통해 어떤 결론에 도달했는지를 증명하는 장이므로 타당성을 확보하기 위해 분석 절차와 해석의 근거를 정확하게 제시해야 한다.

4.5.1 연구결과의 구조

연구결과는 각 가설이나 연구문제에 대한 분석을 통계분석 절차에 따라 서술하되, 독자가 직관적으로 이해할 수 있도록 도표와 수치를 명확히 제시하고 핵심 결과를 요약·해석해야 한다. 또한 결과 해석은 이론적 배경 및 연구모형과 연결되어야 하며, 이를 통해 후속 논의와 결론으로 자연스럽게 이어지는 다리 역할을 한다. 일반적으로 연구결과는 다음의 다섯 가지 절차로 구성되며 각 항목은 연구의 타당성과 신뢰성을 뒷받침한다.

1 인구통계학적 변인 특성(빈도, 비율)

처음에는 조사 표본의 인구통계학적 특성을 제시한다. 성별, 연령, 학력, 직업 등과 같은 기초 변수에 대한 빈도와 백분율(%)을 제시해서 연구 표본이 모집단을 어느 정도 대표하는지 보여준다. 이는 연구결과의 일반화 가능성(외적 타당도)을 평가하는 기초자료가 된다.

2 주요 변인 기술통계

연구의 핵심 변인에 대해 평균, 표준편차, 왜도skewness, 첨도kurtosis 등을 제시하여 표본 데이터의 분포 특성을 설명한다. 특히 왜도와 첨도는 정규성 여부를 판단하는 지표로, 이후 사용할 통계분석

기법의 적절성을 검토하는 기준이다.

3 신뢰도 및 타당도

설문을 통해 측정된 변인이 얼마나 일관되고 정확하게 구성개념을 반영하는지 확인한다. 크론바흐 알파Cronbach's α 계수와 같은 신뢰도 분석으로 내적 일관성을 평가하고, 확인적 요인분석CFA을 통해 구성타당도, 수렴타당도, 판별타당도를 검토한다(5.4절 참고). 측정도구의 신뢰성과 타당성이 확보되어야 이후 분석 결과의 해석이 정당화된다.

4 상관관계분석

변수들 간의 관계 방향과 강도를 파악하는 단계다. 회귀분석이나 구조방정식모형SEM 처럼 인과 경로를 전제로 하는 분석을 진행하기 전에 변수들이 선형관계를 가질 가능성이 있는지를 확인한다. 따라서 상관관계 분석은 전체 분석의 기초 정보를 제공한다.

5 연구모형 검증

마지막으로 연구자가 설정한 가설을 실증적으로 검토한다. 회귀분석, 매개·조절효과 분석, SEM 등 다양한 분석기법을 사용하여 변수 간 인과관계를 확인하며, 각 가설이 채택되는지를 수치적으로 제시한다. 이 단계는 연구문제에 대한 실질적인 답변이 제시되는 핵심 구간이다.

4.5.2 실제 사례로 배우는 연구결과 작성법

논문 2 연구결과 분석

A. 척도의 신뢰도와 타당도 검증

❶ 우선 척도의 신뢰도는 크론바흐 알파(Cronbach's *α*) 계수를 통해 검증되었다. 모든 변수의 알파 계수는 .710에서 .901 사이로, 일반적으로 수용 가능한 기준치인 .70 이상을 만족하였다[76][77].

❷ 다음으로 구성타당도(construct validity)를 검증하기 위해 확인적 요인분석(CFA)을 실시하였다[78]. CFA 결과(χ^2 = 381.183, 자유도 = 215, Normed χ^2 = 1.773, CFI = .895, PNFI = .673, RMSEA = .082, RMSEA 90% 신뢰구간 = .068 ~ .095)는 모든 요인 적재값이 권장 기준치인 .50 이상을 충족하였다[77]. 이러한 척도 평가 결과는 〈표 3〉에 요약되어 있으며, 기술 통계량과 변수 간 상관관계는 〈표 4〉에 제시되어 있다.

표 3. CFA 결과

요인과 항목	적재값[a]	표준오차[b]	t값	유의확률	α
소셜 미디어 기술(출처: [2], [31])					
기능(function)					
sf1	.616			***	
sf2	.556	.183	4.533	***	.710
sf3	.752	.236	5.285	***	
sf4	.572	.202	4.621	***	
사용(usage)					
su1	.835			***	.833
su2	.855	.127	8.088	***	
CRM(출처: [67])					
cr1	.700				
cr2	.818	.152	8.242	***	
cr3	.783	.148	7.911	***	.893
cr4	.775	.136	7.833	***	
cr5	.888	.146	8.866	***	
SRM(출처: [32])					
sr1	.650				
sr2	.744	.153	6.589	***	
sr3	.786	.148	6.852	***	.817
sr4	.575	.135	5.347	***	
sr5	.740	.151	6.566	***	
고객만족(출처: [71], [72])					
cs1	.783			***	
cs2	.910	.089	11.050	***	.901
cs3	.775	.110	9.029	***	
cs4	.892	.094	10.793	***	
시장성과(출처: [73])					
매출 성장	.948			***	
시장 점유율 성장	.821	.068	12.229	***	.895
순이익률	.824	.061	12.306	***	

N = 117; ** $p < 0.001$

[a] 표준화된 회귀 가중치

[b] 적재값이 고정값 1.0으로 설정된 경우 추정되지 않음

표 4. 상관관계와 기술통계량

변수	1	2	3	4	5	6	7	8	9	평균	표준편차
1. 소셜 미디어 기술의 기능										3.90	1.42
2. 소셜 미디어 기술의 사용	.423**									3.59	1.87
3. CRM	.283*	.556**								4.26	1.61
4. SRM	.233*	.433*	.670**							3.82	1.30
5. 고객만족	.306**	.303**	.510**	.333**						4.91	1.21
6. 시장성과	.186*	.261**	.383**	.277*	.645**					4.59	1.23
7. 불면[a]	.083	−.035	−.001	.063	−.016	−.151				2.43	1.05
8. 기업 연령[b]	.094	−.022	−.136	−.073	−.233*	−.116	−.064			4.78	1.79
9. 기업 규모[c]	.125	.193*	.179	.235*	−.017	.134	−.166	.541**		4.61	2.02
10. 산업	−.007	.033	−.046	−.078	.077	.036	−.036	.192*	.128	1.90	0.28

N = 117

* $p<.05$ 수준에서 유의함.

** $p<.01$ 수준에서 유의함.

[a] CMV 평가를 위한 마커 변수

[b] 기업 운영 연수

[c] 상시 근로자 수

B. CMV 검증

본 연구의 자료는 각 기업에서 한 명의 응답자로부터 수집되었기 때문에, CMV 문제에서 완전히 자유로울 수 없다[79]. 이에 따라 CMV 위협을 사전에 방지하기 위한 조치로 설문지에 마커 변수를 포함하였다[79][81]. Simmering 외[82]의 지침에 따라 본 연구에서는 불면(insomnia)을 마커 변수로 선택하였다. 해당 변수는 본 연구의 다른 변수들과 이론적으로 관련이 없고, 실제로 다른 변수들과의 상관관계도 가장 낮게 나타났으며 그 결과는 〈표 4〉에 제시되어 있다. 본 연구에서 사용된 불면 척도 항목은 부록에 포함되어 있다. ❸

사후적(ex-post) 접근 방식으로 데이터 수집 후 공통잠재요인(CLF) 분석을 수행하여 CMV의 잠재적 위협을 조사하였다[72][79][82]. 이는 측정 모형에 공통잠재요인을 추가했을 때 구조적 모수의 변화 여부를 검증하는 방식이다. 분석 결과 모수 변화는 매우 미미하였으며, CMV가 설명하는 분산은 1% 미만으로 나타났다. 이는 본 연구에서 CMV가 광범위한 문제로 작용하지 않음을 시사한다. ❹

〈그림 2〉는 IBM AMOS 24를 통해 수행된 CMV 검정 결과를 보여준다(N = 108, 마커 변수에서 결측 응답 9건). 적합도 지수는 다음과 같다. χ^2 = 507.392, 자유도 = 302, 표준화 χ^2 = 1.680, CFI = .879, PNFI = .647, RMSEA = .080(90% 신뢰구간: .067 ~ .092) ❺

그림 2. CMV 평가를 위한 CLF 분석 결과

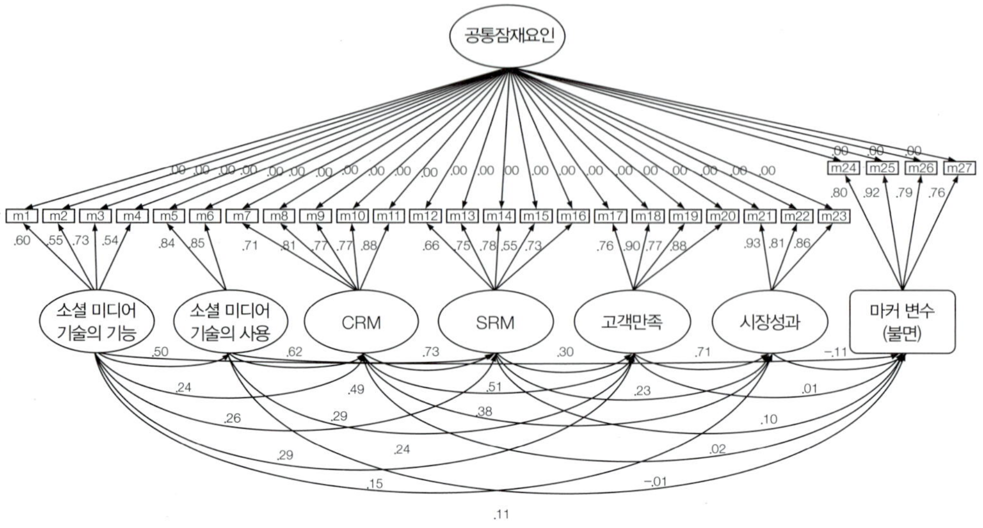

C. 구조방정식모형(SEM) 분석 결과

6 본 연구에서 제시한 가설들을 검증하기 위해 SEM 분석을 실시하였다. 모형의 적합도는 다양한 적합도 지수를 통해 평가되었다. 분석 결과, 모든 적합도 지수는 기준값에 도달하거나 매우 근접하였으며, χ^2= 395.565, 자유도 = 223, 표준화 χ^2(Normed χ^2) = 1.774, CFI = .890, PNFI = .691, RMSEA = .082와 같다.

7 〈그림 3〉은 본 연구에서 가설화한 구조모형의 분석 결과를 보여준다. SEM 분석 결과, 소셜 미디어는 CRM(β = .907, t = 2.921, p = .003)과 SRM(β = .780, t = 2.863, p = .004) 모두에 유의미한 정(+)의 영향을 미치는 것으로 나타나, 가설 H1과 H2는 지지되었다.

그림 3. 가설적 구조모형의 분석 결과(*N*=117, 표준화 경로 계수, 괄호 안 숫자는 t값. ****p*<.001, ***p*<.01)

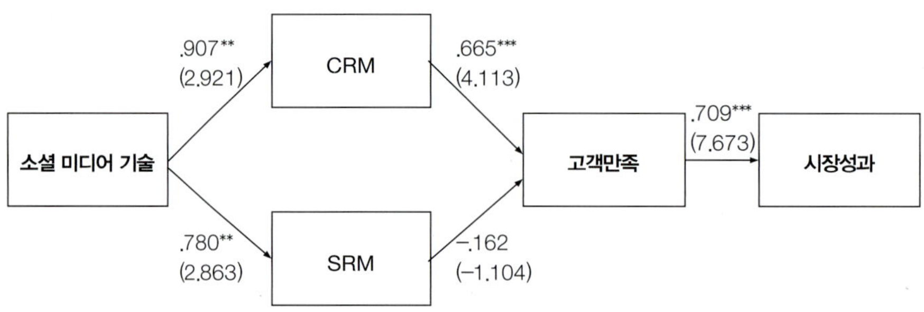

8 또한 CRM은 고객만족에 유의미한 영향을 미치는 것으로 나타났으나(β = .665, t = 4.113, p < .001) SRM은 고객만족에 유의미한 영향을 미치지 않는 것으로 나타났다(β = -.162, t = -1.104, p = .270). 따라서 가설 H3은 지지되었으나 H4는 기각되었다.

마지막으로 고객만족은 기업의 시장성과에 유의미하게 기여하는 것으로 나타났다(β = .709, t = 7.673, p < .001). 이에 따라 가설 H5도 지지되었다.

D. 사후분석

가설 H4는 본 연구의 표본에서 지지되지 않았으나(〈그림 3〉 참조), 〈표 4〉에서는 SRM이 CRM과 고객만족 모두와 유의미한 상관관계를 갖는 것으로 나타났다. 이는 SRM이 CRM을 매개로 하여 고객만족에 간접적인 영향을 미친다는 점을 시사한다. ⑨

이에 해당 관계가 수정된 SEM을 검증하였으며, 그 결과는 〈그림 4〉에 제시되어 있다(χ^2 = 387.509, 자유도 = 221, 표준화χ^2 = 1.753, CFI = .894, PNFI = .688, RMSEA = .081). 검증 결과 SRM은 CRM에 유의미한 정(+)적 영향을 미쳤다(β = .536, t = 3.935, p < .001). 반면에 SRM과 고객만족 간의 직접적인 관계는 여전히 유의하지 않았다(β = −.176, t = −1.151, p = .250). 이는 CRM이 SRM과 고객만족 간 관계를 매개하고 있음을 의미한다.

그림 4. 사후분석 결과(N=117, 표준화 경로 계수, 괄호 안 숫자는 t값. ***p<.01, **p<.05) ⑩

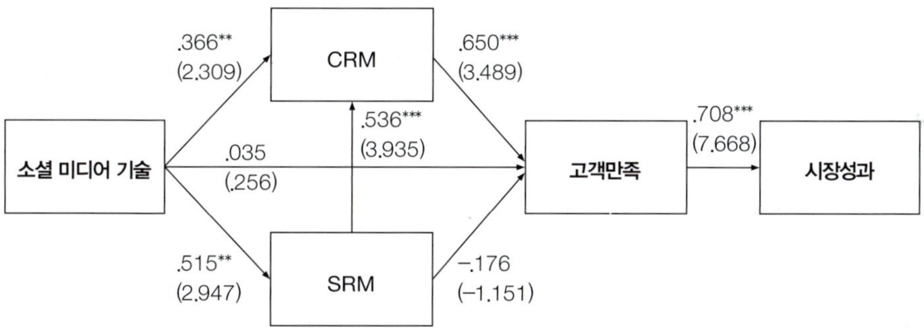

CRM의 매개효과 유의성을 검증하기 위해 추가로 Sobel 검정[83]을 수행하였다. z값은 다음과 같은 공식에 의해 계산되었으며, 여기서 x는 SRM과 CRM 간의 비표준화 회귀계수, y는 CRM과 고객만족 간의 비표준화 회귀계수, S.E.x와 S.E.y는 각각의 표준 오차를 의미한다. Sobel 검정 결과, CRM은 SRM과 고객만족 간의 관계에서 유의미한 매개효과를 보였다(z = 2.608, S.E. = 0.121, p = 0.009). ⑪

또한 사후분석의 SEM 결과에 따르면, 소셜 미디어는 고객만족에 직접적인 영향을 미치지 않았으나(β = .035, t = .256, p = .798), CRM을 매개로 하여 고객만족에 유의미한 간접효과를 보였다(β = .650, t = 3.489, p < .001). 이러한 결과는 〈그림 4〉에 제시되어 있다. ⑫

[논문 2]의 연구결과는 인구통계학적 특성, 주요 변인 기술통계, 신뢰도와 타당도, 상관관계분석, 연구모형 검증의 다섯 단계로 전개된다. [표 4-15]는 이러한 연구결과의 구조를 한눈에 파악할 수 있도록 각 항목의 주제와 핵심 내용을 요약한 것이다.

표 4-15 [논문 2] 연구결과의 구조 요약

논문의 구조	문단의 주제어	논문 내용 요약
인구통계학적 변인 특성	❺ 응답자 수 및 결측값	CMV 분석 파트에서 분석에 포함된 총 표본 수 N = 108과 마커 변수의 결측 9건을 보고함. 구체적인 빈도와 비율 제시는 없지만, 표본 특성과 분석 가능 사례의 범위를 제시함.
주요 변인 기술통계	❷ 기술통계 및 상관관계	기술통계량과 상관관계는 〈표 4〉에 제시되어 있음. 본문에서는 직접 수치를 나열하지 않고 표를 통해 확인하도록 구성됨.
신뢰도 및 타당도	❶~❷ 신뢰도(크론바흐 알파), 구성타당도(CFA)	❶에서 크론바흐 알파 값이 .710~.901로 기준치 만족. ❷에서는 CFA 결과 모든 문항의 요인 적재값이 .50 이상, 분석 적합도 지수(CFI, RMSEA 등)도 권장 수준 충족함.
상관관계분석	❸~❺ CMV 대응 및 변수 간 상관관계	❸에서 마커 변수를 사용해 CMV를 통제함. 해당 변수는 다른 변수와의 상관이 가장 낮음. ❹에서는 공통잠재요인(CLF) 분석을 통해 CMV의 잠재 영향을 검토했으며 모수 변화 미미(1% 미만)로 CMV 영향이 크지 않음을 확인. ❺에서는 AMOS 결과(χ^2 = 507.392, CFI = .879, RMSEA = .080 등)와 적합도 지수를 제시하여 분석 신뢰성을 보강함.
연구모형 검증	❻~❽ SEM 분석	모형 적합도 양호(χ^2 = 395.565, CFI = .890, RMSEA = .082). H1, H2, H3, H5 지지, H4 기각. 소셜 미디어 → CRM·SRM 유의, CRM → 고객만족 유의, SRM → 고객만족은 비유의. 고객만족 → 시장성과 유의.
사후분석	❾~⓬ 사후분석	가설 H4 기각을 보완하기 위해 SRM → CRM → 고객만족 경로를 수정해 검증. 수정모형 적합도 양호(CFI = .894, RMSEA = .081). Sobel z = 2.608(p = .009)로 CRM의 매개효과 유의. 소셜 미디어는 고객만족에 직접효과 없음, CRM 매개 시 간접효과 유의.

사후분석의 활용 가능성

연구결과는 일반적으로 인구통계학적 특성, 기술통계, 신뢰도와 타당도, 상관관계분석, 연구모형 검증의 다섯 항목으로 구성된다. 그러나 일부 연구에서는 **사후분석**post hoc analysis과 같은 추가 분석이 포함되기도 한다. 특히 SEM과 같은 경로분석에서는 일부 가설이 기각되거나 경로 계수가 예상과 달리 나타날 때, 그 원인을 면밀히 탐색하기 위해 사후분석이 수행된다.

[논문 2]에서도 SRM이 고객만족에 직접 효과를 보이지 않는다는 분석 결과가 나타나자, SRM이 CRM을 매개로 간접 효과를 미치는지 추가로 검토했다. 이를 위해 기존 구조모형을 수정한 후 적합도를 재검토하고 매개효과의 통계적 유의성을 Sobel 검정으로 검증했다.

이처럼 사후분석은 기존 연구모형의 한계를 보완하거나 데이터에서 발견된 새로운 관계를 설명하는 방법으로 활용된다. 따라서 연구자는 주요 분석에 더해 사후분석의 필요성을 판단하고 그 결과를 통합적으로 보고함으로써 연구의 설명력을 높일 수 있다.

4.5.3 연구결과 구성 전략

연구결과 장은 '인구통계학적 특성 → 주요 변인의 기술통계 → 신뢰도·타당도 검증 → 상관관계분석 → 연구모형 검증과 사후분석'의 순서로 구성하는 것이 바람직하다. 각 단계마다 표와 수치, 기준 충족 여부, 한 줄 해석을 세트로 제시하는 구성을 권장한다. 이렇게 작성하면 해석의 투명성과 심사의 효율성이 동시에 높아진다. 표와 그림에는 필수 통계치와 해석의 단서가 포함되어야 하며, 본문은 표의 핵심만 문장으로 재진술한다. 다음의 구성 순서를 권장한다.

연구결과 장의 단계별 구성

1 인구통계학적 특성 보고

표본크기, 결측 처리, 기술적 특성을 먼저 제시한다. 성별, 연령, 학력 등 기본 특성의 빈도와 백분율을 표로 정리하고, 분석에 포함된 최종 사례 수와 제외 기준을 명확히 밝힌다. 결측값, 극단치 처리, 유효표본 선정 규칙을 한 문장으로 요약해 외적 타당도 판단의 근거를 제시한다. 결측값으로 제외된 사례의 사유는 본문이나 주석에 함께 명시한다.

2 주요 변인의 기술통계

핵심 변인의 평균, 표준편차, 왜도, 첨도를 표로 제시하고 정규성 가정의 충족 여부를 간단히 서술한다. 척도 범위와 해석 방향(값이 높을수록 무엇을 의미하는지)을 표 주석에 명시한다. 본문에서는 표의 모든 수치를 나열하기보다 범위와 패턴 중심으로 요약한다. 역채점 여부는 본문이나 주석에 명시한다.

3 신뢰도 및 타당도 검증

측정도구의 신뢰도와 타당도는 연구결과 장에서 독립된 섹션으로 제시한다. 신뢰도는 크론바흐 알파 값으로 보고하고, 타당도는 CFA 결과의 요인 적재값 범위, 평균분산추출, 판별타당도 기준 충족 여부를 표 한 장으로 요약한다. CFI, TLI, RMSEA 등 모형 적합도 지수는 필수 지표만 제시하고 권장 기준의 충족 여부를 한 문장으로 정리한다.

4 상관관계분석

변수 간 상관행렬을 표로 제시하고 상관의 방향과 크기를 한 문장으로 요약한다. 다중공선성 위험은 상관과 더불어 VIF 값 또는 Tolerance(공차 한계) 값을 활용해 간단히 확인한다.

5 연구모형 검증과 사후분석

가설 검증 결과를 경로별로 정리하고, 추정치, 표준오차, 검정통계, 유의확률을 함께 제시한다. 가설의 채택 또는 기각 여부는 표에 기호로 표기하고, 본문은 핵심 패턴만 요약한다. 매개·조절·간접

효과가 포함된 경우에는 부트스트랩 신뢰구간과 효과크기를 함께 보고한다. 필요하다면 대안모형 비교, 강건성 점검, 추가 사후분석 등을 별도 소단락으로 구성해 해석의 일관성을 강화한다.

표와 서술의 연계 원칙

표와 서술은 표 우선, 문장 요약 원칙에 따라 구성한다. 모든 수치와 추정치는 표나 그림에 제시하고, 본문은 그 의미를 한 줄로 간결히 해석한다. 단계별로는 심사위원이 확인해야 할 핵심 지표만 최소 세트로 선별해 일관되게 사용한다. 결측 처리, 역채점, 기준선, 표본 선택 기준 등은 각주로 모아 본문의 가독성을 높인다. 최종 모형은 경로계수와 유의성 표기를 포함한 도식 형태로 제시하고, 본문에서는 핵심 경로만 언급해 메시지를 선명하게 유지한다. 또한 본 분석과 사후분석은 소제목으로 분리해 제시하여 논문의 중심 주제가 흐트러지지 않도록 한다.

셀파의 요약정리 4.5

연구결과는 수집된 데이터를 바탕으로 연구문제와 가설을 검증하는 핵심 장이다. 단순히 수치를 나열하는 것이 아니라 독자가 분석의 논리적 흐름을 따라 주요 발견을 이해하도록 체계적으로 서술해야 한다. 이 장은 이후 논의와 결론으로 이어지는 다리 역할을 하므로 분석 절차와 해석 근거를 명확히 제시하는 것이 좋다.

■ **연구결과 작성의 핵심 구성 방식**

❶ 인구통계학적 특성
❷ 주요 변인의 기술통계
❸ 신뢰도 및 타당도 검토
❹ 변수 간 상관관계분석
❺ 연구모형 검증

각 절차는 수치와 도표, 요약 해석을 함께 제시하여 독자가 연구설계를 이해하고 가설 검증 과정의 타당성을 평가할 수 있도록 해야 한다.

■ **분석 절차별 요점**

- **인구통계학적 특성 :** 표본의 성별, 연령, 학력 등 기본 정보로 표본의 대표성과 외적 타당성을 설명한다.
- **기술통계 :** 평균, 표준편차, 왜도, 첨도 등을 통해 데이터의 분포 특성을 설명하며, 분석기법 선택의 타당성을 확보한다.
- **신뢰도 및 타당도 :** 크론바흐 알파 계수, CFA 등을 통해 측정도구의 일관성과 구성개념 적합성을 검토한다.
- **상관관계분석 :** 변수 간의 기초적 연관성을 확인하여 이후 분석의 전제 조건을 검토한다.
- **연구모형 검증 :** 회귀분석이나 SEM으로 가설의 채택 여부를 실증적으로 판단한다.

■ **사후분석의 활용**

필요에 따라 사후분석이 포함되기도 한다. 이는 일부 가설이 기각되었거나 예기치 않은 결과가 도출되었을 때 원인을 탐색하거나 새로운 관계를 검토하는 보완 절차다. SEM 연구에서 자주 활용되며 매개효과나 간접효과를 추가로 검증하는 데 쓰인다. 일반적으로는 Sobel 검정 외에도 부트스트래핑 검정 등이 활용된다. 사후분석은 모형의 설명력을 보완하고 결과 해석의 설득력을 높인다.

연구결과 작성은 단순 보고가 아니라 의미를 드러내는 작업이다. 도표와 해석을 정교하게 연결하고, 가설의 지지 여부를 이론과 연계해 서술하는 것이 핵심 전략이다. 4.5절은 표본 특성에서 주요 결과, 보완 분석까지의 흐름을 따라 단계별 글쓰기의 실제를 안내한다.

SECTION

4.6 논의 및 결론 작성하기

결론은 논문의 마지막 장이지만 단순한 마무리가 아니다. 이 절은 연구의 여정을 압축하여 보여주는 정리의 공간이자 연구결과의 의미를 학문적·실천적으로 확장하는 출발점이다. 결론에서는 연구문제에 대한 답을 분명히 제시하고 그에 따른 함의와 한계, 향후 연구 방향을 제안함으로써 논문 전체의 완결성과 가치를 높인다. 만약 이 절이 추상적이거나 모호하다면 독자는 연구결과의 의미와 학문적·실무적 기여를 제대로 파악하기 어렵다. 반대로 논리적으로 정돈되고 설득력 있는 결론은 심사위원에게 연구의 의의와 기여를 명료하게 제시하며, 연구자의 학문적 통찰력과 성숙도를 보여줄 수 있다. 결국 결론은 논문을 마치는 마지막 문장이 아니라 다음 연구의 출발점이자 학문적 대화에 참여하는 연구자의 목소리다.

4.6.1 결론의 구조

결론은 논문의 핵심 내용을 압축적으로 정리하고 연구의 가치와 확장가능성을 드러내는 마지막 단계다. 이 절은 단순히 연구가 끝났음을 알리는 선언이 아니라 지금까지의 분석을 통해 어떤 답을 얻었는지, 그 답이 학문과 실무에 어떤 의미를 가지는지를 보여주는 공간이다. 보통 결론에는 연구목적과 분석방법, 주요 분석 결과, 이 결과가 의미하는 학문적·실무적 함의, 본인의 연구결과와 관련된 타 연구결과와의 비교, 연구의 의의와 한계, 향후 연구 방향이 기술된다. 일반적으로 결론은 다음의 다섯 가지 핵심 구성요소로 체계화될 수 있다.

1 연구배경·연구목적·연구방법 요약

결론의 서두에서는 연구의 배경과 목적, 연구에서 사용한 방법을 간략하게 요약한다. 이는 본문 전체를 다시 서술하는 것이 아니라 연구를 시작하게 된 문제의식과 그에 대한 접근 방식을 간결하게 정리하는 것이다. 보통 학위논문에서는 2문단 또는 3문단, 학술지 논문에서는 1문단 이내로 축약된다. 이 과정은 독자가 연구의 전체 맥락을 다시 확인하고 결론에서 제시하는 핵심 내용을 더욱 명확히 이해하도록 돕는다.

2 연구결과 제시

본 연구의 핵심 결과를 요약하고 이를 선행연구와 비교·대조하며 해석한다. 단순히 가설의 채택 여부를 나열하는 것이 아니라 결과가 기존 이론이나 선행연구와 어떤 관계에 있는지 설명해야 한다. 만약 선행연구와 다른 결과가 도출되었다면, 그 이유를 제시하여 연구결과의 타당성과 학문적 위치를 명확히 할 필요가 있다. 또한 결과가 연구문제나 목적과 어떻게 연결되는지를 해석함으로써 독자가 결과의 의미를 입체적으로 이해할 수 있도록 한다.

3 결과를 바탕으로 한 제언

도출된 결과를 바탕으로 정책적·교육적·조직적·임상적 제언을 제시한다. 제언은 결과의 직접적인 연장선에서 도출되어야 하며 실현 가능성과 현실 적합성을 고려한다. 예를 들어 특정 집단을 대상으로 한 연구라면 해당 집단의 특성과 적용 가능성을 함께 서술해서 실무 현장에서의 활용도를 높일 수 있다.

4 학문적·실무적 시사점

연구가 학문적으로 어떤 기여를 했는지 실무 현장에 어떤 통찰을 제공했는지를 구체적으로 서술한다. 학문적 시사점은 기존 이론을 보완하거나 새로운 이론적 프레임을 제시한 부분, 특정 맥락에서 이론을 실증적으로 확장한 부분을 중심으로 제시한다. 실무적 시사점은 실제 현장에서 어떤 방식으로 활용될 수 있는지, 예를 들어 기술 도입 조건, 조직 관리 전략, 고객 대응 방식 등 실질적인 개선 방향을 제시한다. 이를 통해 연구의 응용 가능성과 실효성을 강조할 수 있다.

5 연구의 한계·향후 연구 방향 제시

아무리 정교한 연구라도 한계가 존재하며, 이를 인식하고 설명하는 것은 연구자의 성숙도를 보여준다. 표본 구성, 연구설계, 측정도구, 자료 수집 시점 등에서 발생할 수 있는 제한점을 명확하게 기술하되 단순히 나열하지 말고 해석에 미치는 영향과 보완 방법까지 함께 제시해야 한다. 또한 후속연구자가 참고할 수 있도록 구체적이고 실질적인 연구 확장 경로를 제안한다. 예를 들어 다른 국가나 집단을 대상으로 한 비교 연구, 종단적 데이터를 활용한 추적 연구, 변수 재조정이나 모형 수정 등이 있다. 이를 통해 독자에게 해당 주제 연구가 앞으로 어떻게 발전할 수 있을지를 전망하게 한다.

4.6.2 세 가지 실제 사례로 배우는 결론 작성법

논문 2 결론 분석

A. 실무 및 연구에의 시사점

본 연구의 결과는 기업의 실무와 향후 연구에 있어 몇 가지 의미 있는 시사점을 제공한다. 첫째, 소셜 미디어 활용이 기업의 CRM 실행에 유의미한 영향을 미치며, 이는 고객만족과 시장에서의 경쟁우위로 이어진다는 점이 밝혀졌다. 이러한 결과는 소셜 미디어 기술이 CRM 실행 역량을 강화함으로써 조직 성과를 개선할 수 있음을 시사한다. 이는 내부 및 외부 협업을 촉진하여 내부적 해결책을 개선하고, 기업의 효율성을 높일 수 있다고 주장한 Trainor 외[2]의 선행연구와 일치한다. 또한 본 연구결과는 소셜 미디어를 CRM과 함께 효과적으로 관리하는 것이 고객만족과 기업 성과에 긍정적인 영향을 미친다는 선행연구의 주장[45][46][56]을 실증적으로 지지한다. ❶

둘째, 새로운 기술 해결책이 등장하면 많은 기업이 이를 무조건적으로 모방하고 도입하는 경향이 있으나, 실제 성과는 기업마다 큰 차이를 보인다. 이러한 현상은 제도적 동형화(isomorphism)로 설명되며, 소셜 미디어 기술 역시 그 사례가 될 수 있다[73]. 본 연구의 사후분석 결과 소셜 미디어 자체의 사용은 조직 성과에 직접적인 영향을 주지 않는 것으로 나타나, 단순한 기술 도입만으로는 경쟁우위를 확보하기 어렵다는 점을 시사한다[84]. 다시 말해 본 연구는 기업이 시장 경쟁에서 흔히 채택하는 모방 전략의 한계를 실증적으로 보여준다. 반면 소셜 미디어 플랫폼과 CRM 실행의 결합을 통해 기업은 고객의 니즈에 더 효과적으로 대응하고 제품이나 서비스에 대한 피드백을 얻을 수 있으며, 이를 통해 고객에게 더 나은 제품과 서비스를 제공할 수 있음을 확인하였다. 따라서 경영자들은 기존 CRM 프로그램을 소셜 미디어 플랫폼과 통합하여 두 가지 이니셔티브 간의 시너지를 극대화하고, 동시에 소셜 미디어 인프라에 대한 투자를 확대하는 방안을 고려해야 한다. ❷

셋째, 본 연구는 소셜 미디어가 기업의 SRM 실행에도 유의미한 긍정적 영향을 미친다는 사실을 밝혀냈다. 이 결과는 소셜 미디어 기술이 고객의 실시간 관심과 변화하는 니즈를 공급자에게 신속히 전달함으로써 불필요한 재고를 줄이고 납기와 운영 효율성을 개선하여 SRM 역량을 강화할 수 있음을 시사한다. 더불어 본 연구결과는 소셜 미디어가 기업-소비자(B2C) 관계를 넘어 기업 간(B2B) 관계를 강화할 수 있다는 초기 실증적 근거를 제공한다. 예를 들어 구매기업은 소셜 미디어 플랫폼을 통해 잠재적 공급자에게 광범위하고 신속하게 니즈를 전달할 수 있으므로 더 효율적이고 저비용으로 최적의 공급자를 찾을 수 있다. 또한 소셜 미디어 플랫폼을 활용하면 구매자와 공급자는 과거의 Q&A, 기업 프로필, 진행 현황, 신제품 개발 정보 등 다양한 기록과 정보를 공유할 수 있어, 투명성과 신뢰를 제고할 수 있다. ❸

넷째, 본 연구결과에 따르면 SRM 실행은 기업의 운영 성과에 직접적인 영향을 미치지 않았다. 대신 사후분석 결과, CRM이 SRM과 고객만족 간의 관계를 긍정적으로 매개하는 것이 밝혀졌다. 이는 SRM 실행의 이점이 CRM 활동과 효과적으로 결합할 때 조건부지만 기업 성과로 이어질 수 있음을 의미한다. ❹

또한 본 연구는 이론적으로도 기여를 한다. 첫째, 본 연구는 소셜 미디어 기술이 핵심 기업, 고객, 공급자 간 사회적 네트워크를 형성하는 역할을 개념화하였다. 이를 통해 사회연결망 이론을 운영관리(OM) 문헌에 통합하고 적용하는 데 기여한다[50][85][87]. 둘째, 본 연구는 소셜 미디어 기술, CRM, SRM의 통합적 프레임워크가 지식창출과 우수한 조직성과를 유도하는 전략적 자원이라는 점을 실증함으로써 기업의 지식기반 관점(knowledge-based view)을 지지한다.

⑤ 마지막으로 본 연구는 설문조사 기반 데이터 수집 과정에서 발생할 수 있는 CMV 위협을 완화하기 위해 불면 척도를 마커 변수로 검증하여, 연구방법론 측면에서도 기여할 수 있는 대안적 완화 방법을 제시하였다.

B. 연구의 한계와 향후 연구 방향

⑥ 본 연구는 실무와 이론 모두에 이미 있는 기여를 하지만, 동시에 향후 연구로 이어질 수 있는 몇 가지 한계를 지닌다. 첫째, 본 연구의 표본은 모두 소셜네트워크 인프라를 잘 갖춘 미국 내 기업에서 수집되었다. 그러나 오늘날 많은 기업이 다양한 소셜 미디어 인프라와 규제 환경 속에서 글로벌하게 활동하고 있음을 고려할 때, 본 연구결과가 다른 국가의 기업 운영에도 동일하게 적용될 수 있는지에 대한 근본적인 의문이 제기된다. 나아가 선행연구에 따르면 문화적 및 인식적 차이가 정보 공유 행동에 유의미한 영향을 미친다고 보고되고 있다[90][92]. 따라서 향후 연구에서는 다양한 국가의 표본을 활용하여 서로 다른 소셜 미디어 환경에서 소셜 미디어가 CRM 및 SRM 실행에 미치는 영향을 검증할 필요가 있다.

⑦ 둘째, Lam 외[14]는 소셜 미디어 활용이 조직 내부에서 정보 흐름 및 지식 공유와 같은 지식 기반의 혜택을 개선하고, 공급망 외부로부터 외부 지식과 정보에 접근할 수 있도록 하여 궁극적으로 운영 효율성과 혁신성을 제고한다고 주장한 바 있다. 따라서 향후 연구에서는 본 연구가 고객만족과 시장성과를 주요 결과변수로 사용한 것과 달리, 신제품 개발, 제품 품질 개선, 수요 예측, 제품 및 공정 혁신과 같은 다양한 성과 변수를 도입하여 소셜 미디어, CRM, SRM의 통합적 운영이 조직 성과에 어떻게 기여하는지를 보다 정교하게 탐색할 필요가 있다.

⑧ 셋째, 본 연구는 횡단적(cross-sectional) 자료를 기반으로 수행되었다는 한계가 있다. 그 결과 소셜 미디어 채널을 통해 사회적 네트워크가 형성되면서 공급자 및 고객과의 관계가 어떻게 진화하는지를 구체적으로 관찰할 수 없었다. 특히 최근 코로나19 팬데믹으로 인해 비대면 커뮤니케이션의 중요성이 급속히 증대되면서 이러한 비대면 방식의 확산이 공급망 관계관리에서 소셜 미디어의 역할을 어떻게 변화시켰는지를 이해하는 것이 중요한 연구 주제가 될 것으로 예상된다[93][94]. 따라서 향후 연구에서는 종단적(longitudinal) 자료를 활용하여 소셜 미디어가 CRM 및 SRM 실행에 미치는 효과의 진화 과정을 탐색함으로써 보다 심층적인 결과를 도출할 수 있을 것으로 기대된다.

6. 결론

⑨ 앞서 논의한 바와 같이 소셜 미디어의 역할에 대한 연구는 다양한 학문 분야에서 상당한 주목을 받아왔으나, OM 분야에서는 여전히 초기 단계에 머물러 있다. 특히 기존 문헌은 소셜 미디어 활용이 기업의 공급망 관계에 어떤 영향을 미치는지에 대해 충분한 실증적 근거를 제공하지 못하고 있다. 이에 본 연구는 미국 기업의 표본 데이터를 기반으로 소셜 미디어와 공급망 간의 관계를 실증적으로 탐색하였다. 분석 결과, 소셜 미디어가 SRM과 CRM 실행의 운영 효율성에 유의미한 긍정적 영향을 미치는 것으로 나타났다.

> 또한 본 연구결과는 기업의 공급망 관계에 내재된 소셜 미디어 네트워크가 경쟁우위를 창출하는 전략적 지식 자원의 원천이 될 수 있음을 시사한다. 본 연구가 향후 연구자들과 실무자들이 소셜 미디어의 촉매적 기능에 더욱 주목하고, 이를 통해 기업의 운영 효율성을 극대화하는 데 기여하기를 기대한다. ⑩

앞서 살펴본 논의와 결론의 주요 내용을 한눈에 파악할 수 있도록 [표 4-16]에 각 항목의 주제와 핵심 내용을 요약했다.

표 4-16 [논문 2] 결론의 구조 요약

논문의 구조	문단의 주제어	논문 내용 요약
연구배경·연구목적·연구방법 요약	⑨ OM 분야에서 소셜 미디어 연구 공백	OM 분야에서는 소셜 미디어 관련 실증 연구가 부족하므로 본 연구는 미국 기업 데이터를 활용해 소셜 미디어가 CRM 및 SRM 실행에 미치는 영향을 실증적으로 분석함.
연구결과 제시	❶ 소셜 미디어 → CRM → 성과	소셜 미디어는 CRM 실행에 유의미한 영향을 미치며, 이는 고객만족과 시장 경쟁우위로 이어짐을 실증적으로 확인함.
	❷ 소셜 미디어 기술 도입 한계와 통합 운영의 중요성	단순한 기술 도입만으로는 경쟁우위를 확보하기 어렵고, CRM과 소셜 미디어의 통합 운영이 효과적인 대응과 피드백 수용을 가능하게 함.
	❸ 소셜 미디어 → SRM → B2B 관계 강화	소셜 미디어는 SRM 실행에 긍정적인 영향을 미치며, 실시간 상호작용과 정보 공유를 통해 B2B 관계의 신뢰와 투명성을 높임.
	❹ CRM이 SRM-고객만족 관계를 매개함	SRM 실행은 단독으로 조직 성과에 영향을 미치지 않으며, CRM과 결합될 때 그 효과가 실현됨을 실증적으로 제시함.
결과를 바탕으로 한 제언	❷ CRM-소셜 미디어 통합 및 인프라 투자	기업은 CRM 프로그램과 소셜 미디어 플랫폼을 통합해 시너지를 극대화하고, 인프라 투자를 병행할 필요가 있음.
	❸ B2B 커뮤니케이션 효율성 제고	소셜 미디어는 질의응답, 기업 정보 공유 등을 통해 B2B 커뮤니케이션의 효율성과 신뢰를 제고하는 실무적 수단이 될 수 있음.
학문적·실무적 시사점	❹ 사회연결망 이론·지식기반 관점 적용	소셜 미디어-CRM-SRM의 통합 프레임워크가 지식 창출과 조직 성과를 유도하는 전략적 자원임을 실증하여 사회연결망 이론과 지식기반 관점의 적용 가능성을 제시함.
	❺ CMV 완화 방안	불면 척도를 마커 변수로 활용하여 CMV 문제를 완화하는 방법론적 대안을 제시함.
	⑩ 소셜 미디어 네트워크의 전략적 자원화	소셜 미디어 네트워크는 공급망 관계에서 경쟁우위를 창출하는 전략적 지식 자원의 원천이 될 수 있음을 강조함.
연구의 한계·향후 연구 방향 제시	❻ 미국 기업 표본의 일반화 한계	미국 기업만을 대상으로 했으므로 다른 국가, 다른 문화의 맥락으로 일반화하기에 한계가 있음을 제시함.

논문의 구조	문단의 주제어	논문 내용 요약
	❼ 다양한 성과 변수의 필요성	고객만족 외에도 품질, 혁신, 수요예측 등 다양한 성과 변수를 포함하여 보다 정교하게 분석할 필요가 있음.
	❽ 횡단적 자료의 한계와 종단적 접근 필요성	횡단자료 설계로는 관계의 시간적 변화를 분석하기 어려우므로 향후에는 종단적 자료를 활용한 연구가 요구됨.

논문 3 결론 분석

6. 논의

❶ 본 장은 연구의 주요 논의점을 세 가지로 제시한다. 첫째, SSO는 OSI를 매개하지 않는 한 공급자 및 고객과의 전략적 협업(즉 SBC)에 직접적인 영향을 미치지 않는다. 즉 외부와의 협업을 달성하기 위해서는 내부 실행 프로세스가 선행되어야 하며, SBC와 DBP는 SSO와 독립적으로 연결되지 않는다. 오히려 기업이 OSI를 통해 SSO를 실행하는 범위 내에서만 SBC와 DBP가 뒤따라 나타난다. 다시 말해 SSO가 SBC와 DBP에 미치는 영향은 OSI를 경유한 간접적인 형태로 나타난다.

❷ 이러한 결과는 신제품 개발 협업에 관한 기존 연구와도 일치한다. 즉 내부와 외부의 불확실성이 높은 기업일수록 공급자와 같은 외부 주체와 일관되게 협력하기 위해서는 먼저 내부의 교차기능 부서 간 협업을 달성해야 한다는 주장과 맥락을 같이한다[121–123]. 또한 본 연구는 기업이 DBP를 활용하여 OQO를 개선할 수 있지만, OPO에는 직접적인 영향을 미치지 못함을 시사한다. SSO가 조직 내부 프로세스를 통해 구현되는 과정은 상호작용적이며 동태적인 과정을 거치지만, 그 관계는 직접 및 간접 경로에서 일정한 순차성을 지닌다는 점이 확인되었다.

❸ 둘째, OSI와 SBC는 모두 DBP와 정(+)의 관계를 보였으며, DBP는 OQO 및 OPO 모두와 정(+)의 관계를 보였다. 이는 운영 실행과 성과 결과를 연결하는 매개변수로서 DBP의 중요성을 뒷받침한다. DBP는 본질적으로 마케팅(예: 고객 수요 예측 및 전망)과 운영(예: 생산 계획 및 통제) 간의 통합 결과로 형성된다. 본 연구는 DBP가 예측 및 계획 정확도, 정보 통합, 커뮤니케이션, 교육 및 참여 프로그램, 공급자 지속가능성 성과 평가, 공동 노력 등 다양한 형태로 작동한다는 점에서 이론적·실무적 통찰을 제공한다. 이러한 발견은 DBP가 SSO와 복합적 성과를 연결하는 핵심 매개변수임을 시사한다.

❹ 셋째, DBP는 OQO와 정(+)의 관계를 보였지만, OPO와는 유의미한 관계를 보이지 않았다. 그러나 OQO와 OPO 간에는 정(+)의 관계가 확인되었다. 이로 인해 가설 H8이 지지되지 않은 결과는 성과사슬 이론을 뒷받침한다. 즉 본 연구는 성과 결과가 순차적으로 나타난다는 점을 강조한다.

❺ 마지막으로 본 연구에서 제시된 성과 결과는 OQO와 OPO라는 두 가지 차원으로 구분된다. 기존 문헌에서는 운영 수준의 성과를 일반적으로 경쟁력(capability)이라는 단일 개념으로 묶어 해석해왔다[124–127]. 하지만 본 연구는 OQO와 OPO가 서로 다른 개념임을 보여준다. OQO는 운영 프로세스의 질적 우수성, 즉 프로세스 중심의 질적 성과를 나타내는 반면에 OPO는 그에 상응하는 조직 차원의 정량적

성과, 즉 재무적 지표를 의미한다. 성과사슬 이론은 지속가능한 성과가 점진적으로 나타나는 특성을 설명하며, 이에 따라 조직의 경영진은 정량적 재무성과와 시장 경쟁력이라는 최종 결과를 보기 전에 선행 지표로서 프로세스 중심 성과를 지속적으로 모니터링해야 함을 강조한다.

7. 결론

본 연구는 20개국 이상에서 수집된 데이터를 바탕으로 횡단적 분석을 수행하였다. 모든 응답자는 최고경영진 등 엄격한 지식 요건을 충족한 인물로 선별되었으며, 각 기업에서는 한 명의 응답자가 자사의 다양
한 실행 관행을 보고한 방식으로 자료가 수집되었다. 이로 인해 일정 수준의 편향이 발생할 수 있으며, 운 ⑥
영 성과(OQO 및 OPO) 역시 응답자의 주관적 평가에 기반한다는 점에서 연구결과의 일반화에는 주의가 필요하다. 그럼에도 불구하고 본 연구는 다음과 같은 중요한 기여를 한다.

첫째, 본 논문은 공급망 맥락에서 지속가능성 실행에 대한 이론적 통찰을 제공한다. 최고경영진 이론을 바탕으로 지속가능성이 경쟁우위를 달성하기 위해 어떻게 기능하는지를 두 가지 최고경영진 메커니즘,
즉 효과적 실행으로 나타나는 경영진의 진정성과 성과 결과에 대한 책무성 관점에서 설명하였다. 또한 전 ⑦
략적 의도 이론을 통해 전략 수립과 실행에 있어 조직 내부 프로세스의 중요성을 강조하였다. 이러한 이론적 관점은 지속가능성 요구가 초래하는 전방의 불확실성과 후방의 복잡성을 다루는 데 유용한 시사점을 제공한다.

둘째, 본 연구는 전략 수립과 운영 실행 간 통합 프로세스를 실증적으로 보여준다. 지속가능성 지향은 단순한 의사 표현을 넘어 전략적 우선순위로 전환되어야 하며, 구체적인 실행으로 이어져야 한다. 경영진의 진정성은 지속가능성 요구에 대응한 신제품 개발 우선순위를 설정하고 이를 실행으로 전환하는 과정에
서 나타난다. 기업은 수주 경쟁 요소를 활용하여 최고경영진의 지속가능성 의지를 조직 내부에 전달하고, ⑧
이를 공급자 네트워크에도 확산시켜 공동 목표 달성을 이끈다[29][35][103][128][129]. 본 논문은 지속가능성 지향을 전략적 차별화 요소이자 공급자에게 동기를 부여하는 전략적 수단으로 활용하는 방식을 제시함으로써 관련 문헌에 기여하고 있다.

셋째, 본 논문은 지속가능성의 사회적 측면을 함께 조명한다. 구체적으로는 내부 이해관계자(예: 근로자의 안전과 건강 조건)와 외부 이해관계자(예: 지역사회 발전 및 복지) 문제를 모두 다루었다. Chen 외[130]는
지속가능성에 대한 학문적 관심이 증가하고 있음에도 불구하고 근로 조건과 개인 성장 등 사회적 측면에 ⑨
대한 연구는 상대적으로 부족하다고 지적한 바 있다. 본 연구는 이러한 영역에 대한 포괄적 접근은 아니지만, 기존에 간과되어 온 사회적 지속가능성 이슈를 주목했다는 점에서 의의가 있다.

본 연구결과를 바탕으로 향후 연구는 다음과 같은 방향으로 확장될 수 있다. 지속가능성 지향은 단지 기업의 장기적 생존전략이 아니라 사회 생태계 전반의 보전을 위한 핵심 요소로 이해되어야 한다. 수주 경쟁 요소를 넘어 보다 복합적인 차원의 지속가능성 지향을 탐색할 필요가 있으며, 종단적 연구방법을 통해
전략 수립과 운영 실행의 과정을 심층적으로 분석할 수 있을 것이다. 또한 현장 기반의 심층 사례 연구와 ⑩
함께 방대한 2차 데이터를 활용함으로써, 신흥시장 등 다양한 맥락에서 기업의 지속가능성 지향 전략을 더욱 명확히 조명할 수 있을 것이다.

앞서 정리한 결론 부분의 핵심 논지를 구조적으로 파악할 수 있도록 [표 4-17]에 각 문단의 주제와 주요 내용을 요약하였다. 이를 토대로 논문이 제시하는 학문적·실무적 기여와 한계를 살펴볼 수 있다.

표 4-17 [논문 3] 결론의 구조 요약

논문의 구조	문단의 주제어	논문 내용 요약
연구배경·연구목적·연구방법 요약	❻ 자료 수집 방식 및 표본 특성	20개국 이상의 기업을 대상으로 최고경영진을 표본으로 한 횡단적 분석을 수행함. 응답자는 전략 실행 관련 지식 요건을 충족한 인물로 선별되었으며, 자사의 실행 관행을 자가 보고 방식으로 응답함. 이로 인해 자료의 주관성과 일반화에 한계가 존재하나, 글로벌 공급망 맥락에서 전략과 성과의 관계를 실증적으로 분석했다는 점에 의의가 있음.
연구결과 제시	❶ SSO-OSI-SBC 간 관계 구조	SSO는 OSI를 매개로 할 때만 SBC 및 DBP에 영향을 미치며, 직접적인 영향은 나타나지 않음을 보여줌.
	❷ 내부 협업 선행의 중요성, DBP-OPO 관계	외부 협업보다 내부 실행 프로세스가 선행되어야 하며, DBP는 OQO에는 영향이 있지만 OPO에는 영향이 없음.
	❸ OSI-SBC-DBP의 관계 및 DBP의 구성요소	OSI와 SBC는 DBP와 정(+)의 관계를 가지며, DBP는 다양한 기능으로 구성되어 OQO와 OPO 모두에 긍정적 영향을 미침.
	❹ 성과사슬 이론	DBP는 OQO에만 유의미한 영향을 주며, OQO는 다시 OPO에 영향을 줌으로써 성과가 순차적으로 나타난다는 성과사슬 이론을 지지함.
	❺ OQO와 OPO의 구분, 관리적 함의	OQO는 질적 성과, OPO는 정량적 성과로 개념화되며, 경영진은 재무성과보다 프로세스 성과를 선행 지표로 지속 모니터링해야 함을 제안함.
학문적·실무적 시사점	❼ 최고경영진 이론 및 전략적 의도 이론 적용	지속가능성을 최고경영진의 진정성과 책무성이라는 이론적 틀로 설명하고, 조직 내부 실행 프로세스의 중요성을 강조함.
	❽ 전략 수립-실행 간의 통합 강조, 공급자 동기 부여	지속가능성은 전략적 우선순위로 실천되어야 하며, 경영진의 의지를 공급자 네트워크로 확산시켜 공동 목표 달성을 유도할 수 있음.
	❾ 사회적 지속가능성 강조	근로자 건강·지역사회 복지 등 사회적 지속가능성 이슈에 주목하며, 상대적으로 간과되던 영역에 이론적·실천적 관심을 유도함.
연구의 한계·향후 연구 방향	❿ 지속가능성 개념 확장과 연구방법 다양화	지속가능성은 사회 생태계 전체 보전 전략으로 확장가능하며, 종단적 연구와 사례 기반 분석을 통해 다양한 맥락에서의 전략 탐색이 필요함.

논문 4 결론 분석

A. 연구결과에 대한 논의

최근 몇 년간 전자상거래와 온라인 쇼핑은 모바일 및 사회연결망 애플리케이션의 접근성과 활용이 향상되면서 빠르게 가속화되었다. 선행연구[16]에 따르면 고객 서비스의 향상이 이러한 증가를 설명하는 중요한 요인이다. 본 연구에서 중국 표본을 분석한 결과, 온라인 쇼핑에서 제공되는 고객 서비스는 고객만족도를 높이며, 이는 다시 향후 온라인 쇼핑 의도 증가로 이어지는 경향이 확인되었다. ❶

그러나 대만의 온라인 쇼핑 이용자들에게는 고객 서비스가 고객만족도와 유의한 관계를 보이지 않았다. 이러한 흥미로운 결과는 Oh 외[27]의 연구와도 일치하는데, 해당 연구에서도 전자상거래 쇼핑몰의 커뮤니케이션 관련 고객 서비스 특성이 고객만족도와 유의미한 관계가 없음을 보고하였다. ❷

또한 선행연구들은 정확한 배송이 온라인 쇼핑 만족도를 높인다는 점[27], 그리고 배송이나 미배송에 대한 우려가 여전히 많은 사람들을 온라인 쇼핑에서 망설이게 하는 요인이라는 점[12]을 제시한 바 있다. 본 연구결과, 구매 이후 물류활동 중 배송 및 추적 서비스는 중국과 대만 모두에서 고객만족도와 유의미한 정적 관계를 보였으며, 이는 다시 향후 더 많은 온라인 제품을 구매하려는 의도에 영향을 미쳤다. 이러한 분석 결과는 배송 및 추적 중심의 물류 서비스가 고객만족도와 더불어 고객 유지와 추천 측면에서도 향후 온라인 쇼핑 의사결정에 중요한 역할을 한다는 점을 시사한다. ❸

반품 관련 물류 서비스의 경우, 대만 소비자들에게는 해당 서비스가 고객만족도와 유의한 관계를 가지며 이는 다시 재구매 의도와 높은 관련성을 보였다. 반면, 중국 소비자들에게는 반품 서비스가 고객만족도와 통계적으로 유의한 관련성을 보이지 않았다. ❹

이와 같이 본 연구는 국가 간 차이에 따라 구매 후 서비스 활동이 고객만족도에 미치는 영향이 달라질 수 있음을 추가로 보여주었다. 구체적으로 중국 소비자들에게는 고객 서비스가 만족도를 결정하는 가장 중요한 요인이었지만, 대만 소비자에게는 그러한 중요성이 관찰되지 않았다. 반면에 반품 서비스는 대만 소비자들에게 중요했으나, 중국 소비자들에게는 그렇지 않았다. ❺

문화적 배경이 유사한 중국과 대만의 응답자들임에도 이러한 관계의 차이가 나타난 이유는 무엇일까? 연구자들은 이를 더 깊이 이해하기 위해 중국과 대만의 온라인 쇼핑 이용자를 대상으로 추가 인터뷰를 실시하였다. 인터뷰 결과, 이러한 차이는 양국의 전자상거래 반품 정책의 차이에 기인하는 것으로 확인되었다. 대만에서는 반품이 보장되는 경우가 많지만, 중국에서는 대부분의 온라인 판매자들이 반품보다는 교환만을 허용하는 경향이 있었다. 이와 같은 교환 중심 정책은 중국에서 고객 서비스가 소비자 만족에 더 큰 영향을 미치는 이유를 설명해주는 것으로 보인다. ❻

또한 고객만족도와 재구매 의도 간의 관계는 대만에서 중국보다 더 강하게 나타났으며, 이는 현재와 미래의 전자상거래 확장에서 배송 관련 서비스의 중요성을 더욱 뒷받침한다. 나아가 이러한 온라인 쇼핑 관계의 차이는 특별한 사례가 아니며, Norizan과 Abdullah[25]의 연구에서도 말레이시아와 카타르 소비자들이 전자상거래 환경에서 서비스 품질 차원을 인식하는 방식이 고객만족, 신뢰, 충성도에 따라 상이하게 나타났음을 보여주고 있다. ❼

B. 결론

8 요약하면, 본 연구는 중국과 대만을 대상으로 온라인 쇼핑에서 구매 이후 활동이 고객만족과 재구매 의도에 미치는 영향을 분석하였다. 연구결과, 배송 및 추적과 관련된 구매 이후 활동은 중국과 대만의 온라인 소비자 모두에게 있어 온라인 쇼핑 만족도에 중요한 역할을 하는 것으로 나타났다.

9 또한 분석된 선행 요인들 가운데 고객 서비스는 중국 온라인 소비자들에게 가장 유의미한 영향을 미치는 요인으로 확인되었다. 반면 대만 소비자들에게는 반품 서비스가 중요한 영향을 미쳤으며, 이는 중국에서 반품 정책이 제한적인 것과 뚜렷한 대조를 이룬다.

10 재구매 의도 예측에서 고객만족도는 중국보다 대만 소비자들에게서 더 강한 긍정적 영향을 미쳤다. 이러한 고객만족도의 결정 요인 간 차이는 세계 각지의 시장 환경에 따라 다르게 나타날 수 있음을 시사한다. 따라서 향후 연구에서는 다른 신흥 경제국을 대상으로 구매 이후 활동이 고객만족도와 재구매 의도에 미치는 영향을 폭넓게 탐색할 필요가 있다.

C. 학문적 시사점

11 첫째, 본 연구는 고객만족 개념을 구매 활동에 국한하지 않고, 구매 이후 물류활동까지 포함하는 전자상거래 만족 결정 요인을 정의한 연구모형을 제시함으로써 기존 연구를 확장하였다. 대부분의 선행연구는 구매 전 또는 구매 과정에서의 활동이 고객만족에 미치는 영향에 초점을 두었다[3][4][28][33]. 그러나 본 연구는 구매 이후 활동이 재구매 의도에까지 영향을 미칠 수 있음을 실증적으로 확인하여 고객만족 개념의 외연을 확장하였다.

12 둘째, 본 연구는 배송 산업에서 중요하지만 아직 충분히 탐구되지 않은 구매 이후 물류활동에 대한 실증 분석을 수행하였다. 기존 마케팅 문헌은 주로 프로모션, 광고, 판매, 유통 인프라, 고객 서비스 등의 전방 및 후방 활동이 고객만족에 미치는 영향을 다루어왔다. 본 연구는 이러한 범위를 넘어, 전자상거래 환경에서 배송, 추적, 반품과 같은 구매 이후 물류활동이 고객만족에 미치는 영향을 분석함으로써 학문적 기여를 제공한다.

13 온라인 쇼핑 거래량이 지속적으로 증가하는 현실(예: Amazon.com 등)을 고려할 때, 본 연구결과는 배송, 추적, 반품과 같은 구매 이후 물류 서비스가 온라인 소비자의 만족도를 예측하는 데 유용한 변수임을 확인해준다. 이러한 서비스는 고객 서비스만큼, 혹은 그 이상으로 중요한 영향력을 가질 수 있다.

14 무엇보다 본 연구는 중국과 대만 간의 유의미한 차이를 함께 조명하였다. Norizan과 Abdullah[25]의 연구에서 제시된 바와 같이, 온라인 기업은 각 지역의 마케팅 환경에 맞추어 전략을 조정하고 문화적 적합성을 고려할 필요가 있다. 데이터 분석 결과, 구매 이후 물류활동이 온라인 쇼핑 만족도에 미치는 설명력은 중국 표본에서 약 38%, 대만 표본에서 약 50%였으며, 재구매 의도에 대해서는 각각 32%, 59%의 설명력을 보였다. 다만 중국은 반품 정책이 미비하므로 반품 서비스 경로는 통계적으로 유의하지 않았다. 따라서 본 연구의 모형은 온라인 쇼핑 소비자의 만족과 재구매 의도를 이해하는 데 있어 유용한 정보를 제공한다.

D. 실무적 시사점

본 연구의 실증 분석 결과를 바탕으로 경영진은 구매 이후 물류활동을 경쟁우위 확보의 전략 요소로 고려할 수 있다. 본 연구는 전자상거래에서 구매 이후 서비스 구축에 있어 다음과 같은 실무적 시사점을 제시한다. ⑮

첫째, 구매 이후 물류활동은 온라인 쇼핑 소비자의 만족도에 유의한 긍정적 영향을 미치며, 이는 재구매 의도와 자신이 이용한 쇼핑몰을 가족 또는 지인에게 추천하는 행동으로 이어질 수 있다. 다시 말해, 고객만족도를 기반으로 지속적인 온라인 쇼핑을 유도하고자 하는 기업에게 긍정적인 물류 서비스 경험은 핵심 요인이다. 따라서 전자상거래 기업은 배송, 반품, 추적 등 구매 이후 물류 서비스를 전략적으로 관리해야 하며, 이를 위해 우선 고객의 의견을 파악하고, 서비스 전반에 걸쳐 목표 지표를 통합하는 것이 중요하다. ⑯

둘째, 기업은 각 지역의 특성과 상황에 맞춰 구매 이후 물류 서비스의 구성을 조정해야 한다. 예를 들어 대만에서는 배송, 추적, 반품의 세 가지 활동이 모두 고객만족도에 유의미한 영향을 미쳤으며, 이 중 반품 서비스가 가장 중요한 요인으로 나타났다. 반면에 중국에서는 고객 서비스가 가장 강력한 만족도 결정 요인이었으며, 반품 서비스는 유의미하지 않았다. 중국은 지리적 규모와 시장 성장 잠재력이 대만보다 훨씬 크다는 점에서 기업들은 배송 및 고객 서비스 경험 개선에 더욱 주력해야 함을 시사한다. ⑰

E. 연구의 한계 및 향후 연구 방향

본 연구의 한계를 언급하는 것은 매우 중요하다. 첫째, 본 연구는 편의 표본을 활용한 횡단적 설문조사에 기반하고 있어 대표성의 한계가 존재한다. 연구자들은 최대한의 다양성을 확보하고자 중국과 대만의 여러 지역에서 응답자를 모집하였으나, 표본의 대표성을 완전히 확보하기는 어려웠다. ⑱

둘째, 중국과 대만 간 지역 비교에도 한계가 존재한다. 중국은 지리적 범위와 온라인 활동 측면에서 대만보다 훨씬 넓고 복잡하다. 두 지역은 공통의 문화적 기원을 공유하지만, 시장 구조, 인구통계학적 특성, 소비자 행동 등에서는 매우 다른 양상을 보인다. 그러나 본 연구는 이러한 복합적인 지역적 맥락의 차이를 충분히 반영하지 못하였다. ⑲

셋째, 분석 범위의 제한도 있다. 본 연구에서는 몇 가지 인구통계학적 및 사회적 요인을 통제 변수로 간략하게 다루었으며, 연구 초점에 따라 교육 수준, 인종·민족, 고용 분야, 결혼 여부 등 기타 변인들은 의도적으로 제외하였다. ⑳

향후 연구는 이러한 한계를 보다 정교한 연구설계와 다양한 분석 관점을 통해 극복할 수 있을 것이다. 예를 들어 보다 체계적인 무작위 표집을 통해 다양한 집단을 포괄하는 설계를 구성한다면, 온라인 쇼핑 모형에서 구매 이후 물류활동의 역할을 더욱 명확히 검증할 수 있을 것이다. 또한 집단 분석(group analysis)을 활용하면 인구통계학적 배경이 상이한 집단 간 차이를 심층적으로 탐색할 수 있을 것이다. ㉑

[논문 4]의 결론은 연구결과 요약, 제언, 학문적·실무적 시사점, 연구의 한계와 향후 연구 방향으로 전개된다. [표 4-18]은 이러한 결론의 전개 과정을 한눈에 보여주기 위해 각 문단의 주제와 핵심 내용을 요약한 것이다.

표 4-18 [논문 4] 결론의 구조 요약

논문의 구조	문단의 주제어	논문 내용 요약
연구배경· 연구목적· 연구방법 요약	❽ 횡단적 설계, 표본 특성	중국과 대만 온라인 소비자를 대상으로 횡단적 설문조사를 실시함. 구매 이후 물류활동, 고객만족, 재구매 의도의 관계를 실증적으로 분석함.
연구결과 제시	❶ 고객 서비스(중국)	중국에서는 고객 서비스가 고객만족에 유의미한 영향을 미치며, 이는 재구매 의도로 이어짐.
	❷ 고객 서비스(대만)	대만에서는 고객 서비스가 고객만족과 유의미한 관계를 보이지 않음.
	❸ 배송 및 추적 서비스	배송 및 추적 서비스는 중국과 대만 모두에서 고객만족에 긍정적 영향을 미치며, 재구매 의도와도 관련됨.
	❹ 반품 서비스	대만에서는 반품 서비스가 고객만족도 및 재구매 의도에 유의미한 영향을 미침. 중국에서는 유의미한 관련이 없음.
	❺ 국가 간 차이	구매 이후 서비스의 효과는 국가별로 다르게 나타남. 중국은 고객 서비스가, 대만은 반품 서비스가 주요 요인임.
	❻ 반품 정책 차이	중국과 대만의 반품 정책 차이에서 이러한 결과가 기인함을 후속 인터뷰로 확인함.
	❼ 만족도 – 재구매 의도 관계	고객만족과 재구매 의도 간 관계는 대만에서 더 강하게 나타남. 국가별 서비스 품질 인식 차이를 반영함.
결과를 바탕으로 한 제언	❾ 핵심 요인 제시	중국은 고객 서비스, 대만은 반품 서비스가 핵심 요인으로 나타남.
	❿ 만족도의 영향력	고객만족도가 재구매 의도에 미치는 영향은 대만이 중국보다 더 큼. 시장 환경에 따라 다른 결과 가능성을 시사함. 향후 다른 신흥 경제국을 대상으로 변수 간 관련성을 더 폭넓게 탐색할 필요 있음.
학문적·실무적 시사점	⓫ 구매 이후 활동 개념 확장	고객만족 개념을 구매 이후 활동까지 확장한 연구모형을 제시. 기존 구매 중심 연구를 보완.
	⓬ 물류활동의 실증 분석	구매 이후 물류활동을 실증 분석 대상으로 삼아 마케팅·물류 통합 관점에서 기여함.
	⓭ 배송 관련 변수 강조	배송, 추적, 반품 등 구매 이후 서비스가 고객만족 예측 변수로 작용함을 실증함.
	⓮ 국가 차이와 설명력	중국과 대만의 고객만족도, 재구매 의도 설명력 차이를 통해 문화·정책적 요소의 영향 가능성을 제시하며, 지역 맞춤형 전략 필요성을 강조함.
	⓯ 전략 수립 시사점	구매 이후 물류활동을 경쟁 전략 요소로 활용할 수 있음을 제시.
	⓰ 물류 서비스 관리	고객만족 기반의 지속적 온라인 쇼핑 유도를 위해 물류 서비스를 전략적으로 관리할 필요가 있음을 강조.
	⓱ 지역 맞춤 전략	중국과 대만의 차이를 고려한 지역 특화 물류 서비스 전략 수립 필요성 시사.

논문의 구조	문단의 주제어	논문 내용 요약
연구의 한계·향후 연구 방향 제시	⑱ 표본 구성 한계	편의 표본 및 횡단적 설계로 인해 대표성과 시간적 인과 해석에 한계가 있음을 밝힘.
	⑲ 지역 비교 제약	중국과 대만 간 구조적 차이를 충분히 분석하지 못함.
	⑳ 변수 통제 제한	일부 인구통계학적 변수만 통제하고 다른 요인은 제외됨.
	㉑ 향후 연구 제안	무작위 표집, 집단 분석을 활용한 정교한 분석이 가능할 것임을 제안.

결론 및 제언은 단순한 요약이 아니라 **연구 전체를 조망하고 그 의미를 통합적으로 해석**하는 중요한 단계다. 연구결과의 요약과 해석, 시사점, 제언, 한계 및 향후 연구 방향은 서로 밀접하게 연결되어 있으며 실제 논문에서는 하나의 문단 안에 복합적으로 얽혀 서술되는 경우가 많다. 따라서 이들 요소를 구분해 읽고 정리하는 연습을 통해 각 내용이 어떤 논리적 흐름 속에서 제시되는지 파악할 수 있다. 이러한 훈련을 통해 자신의 논문에서도 논리적 완결성과 설득력을 갖춘 결론을 구성할 수 있어야 한다.

결론 구성 방식 비교

결론은 논문의 핵심 내용을 종합하고 연구결과를 바탕으로 실무적·학문적 시사점과 향후 연구 방향을 제시하는 중요한 부분이다. [논문 2]~[논문 4]는 모두 연구목적과 방법 요약, 주요 결과 정리, 시사점 도출, 연구의 한계와 미래 방향 제시라는 기본 구조를 공유하지만 전개 방식과 강조점에서는 뚜렷한 차이를 보인다.

[논문 2]는 OM 분야에서 소셜 미디어 실증 연구의 부족을 문제의식으로 삼아 소셜 미디어가 CRM과 SRM 실행을 통해 기업 성과에 긍정적인 영향을 미친다는 실증 결과를 중심으로 결론을 전개한다. 특히 CRM 통합 운영의 실무적 효용과 B2B 커뮤니케이션 개선 전략을 제언하며 사회연결망 이론과 지식기반 관점의 적용 가능성, 방법론적 기여도 함께 언급한다. 연구의 한계는 미국 표본에 기반한 일반화 제약, 횡단적 설계, 성과 지표의 제한으로 정리된다.

[논문 3]은 글로벌 공급망 맥락에서 지속가능성 전략 실행을 다루며 최고경영진의 진정성과 실행 의지를 강조한다. SSO－OSI－SBC－DBP－OQO－OPO로 이어지는 구조를 통해 전략 실행과 성과 간의 전이 과정을 정교하게 설명하고, 질적 성과(즉 OQO)와 정량적 성과(즉 OPO)의 구분을 바탕으로 관리적 시사점을 제시한다. 실무적 제언은 전략 실행의 진정성, 공급자 네트워크 확산, 사회적 지속가능성으로 확장되며 연구의 한계는 지속가능성 개념의 확장가능성과 방법론 다양화의 필요성으로 이어진다.

[논문 4]는 중국과 대만의 온라인 소비자를 대상으로 국가 간 문화와 정책 차이에 따른 물류서비스

효과 차이를 중심으로 결론을 정리한다. 고객 응대, 배송, 추적, 반품과 같은 구매 이후 활동의 영향력을 비교하고 후속 인터뷰를 통해 반품 정책 차이가 고객만족에 미치는 영향을 설명하여 질적 자료를 보완한다. 실무적 시사점은 지역 맞춤형 물류 서비스 전략과 시장 환경에 따른 전략적 차별화에 초점을 맞추고 있으며 연구의 한계는 편의 표본 사용, 횡단적 설계, 인구통계학적 변수 통제의 부족으로 구체화된다.

이처럼 세 논문은 결론의 기본 구조는 유사하지만 연구대상, 분석 설계, 강조 지점에 따라 구성이 달라진다. [논문 2]는 실무적 실행 전략과 이론 적용 가능성의 균형을, [논문 3]은 전략 실행과 성과 연계의 정교한 구조와 철학적 시사점을, [논문 4]는 국가 간 비교와 실증적 차이를 중심으로 지역 전략의 함의를 강조한다. 연구자는 [표 4-19]와 같은 다양한 결론 구성 방식을 참고해 자신의 연구목적과 분석 대상에 적합한 구성을 설계해야 한다. 이로써 논문의 완성도를 높이고 학문적 설득력을 확보할 수 있다.

표 4-19 결론 서술 방식 비교표

구분	논문 2	논문 3	논문 4
연구배경·연구목적·연구방법 요약	미국 기업 대상 소셜 미디어-CRM-SRM 관계를 실증분석함.	글로벌 기업 최고경영진 대상 전략 실행-성과를 연계해 분석함.	중국·대만 소비자 대상 물류서비스-만족-재구매 의도 관계를 분석함.
연구결과 제시	CRM, SRM 각각의 영향 및 매개효과를 중심으로 전개함.	전략 실행-운영 프로세스-성과 간 연쇄 구조를 제시함.	구매 이후 서비스(배송, 추적, 반품) 국가별 비교함.
결과를 바탕으로 한 제언	CRM-SNS 통합 전략, 인프라 투자, B2B 커뮤니케이션	공급자 동기화, 실행 중심 전략, 프로세스 성과 모니터링	지역 맞춤형 물류 전략, 만족도 영향 강조
학문적·실무적 시사점	사회연결망 이론, 지식기반 관점 강조	최고경영진 이론, 전략적 의도 이론 적용	구매 이후 활동에 대한 학문적 확장
연구의 한계·향후 연구 방향 제시	미국 표본 한계, 성과지표 다양성 부족, 횡단적 설계의 한계	지속가능성 개념 확장, 종단·사례 연구 제안	편의표본, 구조적 차이 설명 한계, 변수 통제 부족
특징 요약	실무 중심 분석, SNS 활용 전략 제안, 방법론적 기여를 포함.	전략 실행 구조와 이론-실행-성과 흐름 강조, 전략 실행 프로세스의 구조적 설명을 중점으로 함.	국가 비교 실증분석, 인터뷰 활용 보완, 지역 맞춤형 전략을 강조함.

4.6.3 결론 구성 전략

결론은 논문 전체를 요약하고 연구의 기여를 강조하는 핵심 장이다. 연구자가 수행한 분석을 토대로 어떤 의미 있는 함의와 전망을 제시할 수 있는지를 보여주는 자리다. 이 책에서 검토한 논문 사례는 결론 구성에 공통된 틀이 있으면서도 연구 성격에 따라 여러 변형이 존재함을 보여준다. 연구자는 자신의 연구설계와 분석 결과에 가장 적합한 결론 구성 전략을 택해야 한다.

1 도입 요약

우선 **연구배경·연구목적·연구방법 요약**은 결론의 도입부에서 간결하게 정리되어야 한다. [논문 2]~[논문 4] 모두에서 이 항목은 압축적으로 제시되며, 특히 연구대상과 분석방법의 특성, 연구 수행의 맥락을 중심으로 서술된다. 이는 독자에게 본 연구가 다룬 문제의 맥락을 다시 환기시키며 결론을 서술하는 출발점이 된다.

2 핵심 결과

다음으로 **연구결과 제시는 분석 결과의 핵심적인 발견을 재정리하는** 부분이다. 각 논문은 이를 구조적으로 구분하여 서술한다. [논문 2]는 소셜 미디어와 CRM·SRM의 관계를 중심으로 논리적 흐름을 제시하고, [논문 3]은 실행 구조와 성과 간 연계를 단계적으로 정리한다. [논문 4]는 변수별 효과와 국가 간 차이를 병렬적으로 서술해 독자가 연구결과를 쉽게 파악할 수 있도록 한다. 이처럼 핵심 변수 간 관계를 문단별로 정리하는 방식은 결론의 이해도를 높인다.

3 실무·이론 제언

결과를 바탕으로 한 제언은 실무적·이론적 시사점을 뒷받침할 수 있는 구체적 방향 제시로 연결된다. [논문 2]와 [논문 4]는 실무 적용 가능성을 강조하며, CRM과 소셜 미디어의 통합 운영이나 맞춤형 물류 서비스 전략 등 구체적 제안을 제시한다. 반면 [논문 3]은 전략 실행의 내부 프로세스 개선 필요성을 강조하며, 실천적 함의를 이론적으로 확장하는 방식으로 구성된다.

4 학문적·실무적 시사점

학문적·실무적 시사점은 해당 연구가 기존 이론 또는 실무에 어떻게 기여하는지를 설명하는 부분이다. [논문 2]는 사회연결망 이론 및 지식기반 관점의 확장가능성을 제시하고, [논문 3]은 최고경영진 이론과 전략적 의도 이론의 적용을 통해 기존 프레임워크에 실천적 정합성을 부여한다. [논문 4]는 구매 이후 활동 개념의 확장과 물류 중심 접근을 통해 기존 마케팅·물류 이론을 보완한다. 시사점은 단순히 나열하지만 말고 연구결과와 직접 연결할 때 설득력을 갖는다.

5 한계와 향후 방향

마지막으로 연구의 한계와 향후 연구 방향 제시는 결론의 필수적 구성요소다. 모든 사례가 이를 별도의 문단으로 제시하며 표본 구성, 지역 비교의 한계, 변수 통제 미흡, 종단적 연구의 필요성 등이 반복적으로 언급된다. 향후 연구 방향은 이를 보완하는 차원에서 논리적으로 연결되어야 한다. 특히 [논문 3]과 [논문 4]는 지속가능성 개념 확장, 무작위 표집, 사례 기반 분석 등 다양한 방법론적 보완점을 제안해 후속연구의 실마리를 제공한다.

결국 결론은 단순히 연구 내용을 요약하는 것이 아니라 연구자의 통찰과 학문적 관점을 드러내는 마지막 기회다. 각 요소는 구조적으로 구분되어야 하며 연구 흐름에 맞춰 적절한 순서를 정하고 핵심 메시지를 일관되게 전달해야 한다. 실증 연구라면 '결과－제언－시사점－한계' 순으로 나누는 방식이 효과적이며 이론 중심이나 탐색적 연구라면 통합적으로 서술하는 방식도 가능하다.

셀파의 요약정리 4.6

결론은 전체 논문의 내용을 요약하고 연구결과의 의미를 해석하며 이론적·실천적 함의를 제시하는 마무리 장이다. 단순히 내용을 반복하는 것이 아니라 핵심 결과를 압축적으로 정리하고 그 결과가 학문적·사회적 차원에서 어떤 기여를 할 수 있는지를 제시하는 데 초점을 두어야 한다.

■ 결론 작성의 핵심 구조

- **핵심 연구결과 요약 :** 전체 분석 결과 중 가장 중요한 부분을 압축적으로 정리한다. 단순히 수치를 나열하기보다 가설이나 연구문제와 연결해 어떤 결과가 도출되었는지를 보여주는 것이 중요하다.
- **이론적 함의 :** 연구결과가 기존 이론이나 선행연구에 어떻게 기여하거나 확장하는지를 서술한다. 연구결과가 이론적 논의에 어떤 통찰을 제공하는지에 초점을 맞춘다.
- **실천적·정책적 함의 :** 연구결과가 교육, 상담, 조직, 정책 등 실제 현장에서 어떻게 적용될 수 있는지를 제시한다. 연구의 실용적 가치가 드러나는 부분이다.
- **연구의 한계 및 후속연구 제언 :** 연구설계나 자료 수집 과정에서의 제한점을 솔직히 밝히고, 이를 보완할 수 있는 후속연구 방향을 제시한다. 이는 연구자의 성찰을 드러내면서도 후속연구로 이어지는 연결고리 역할을 한다.

■ 결론 작성 시 유의할 점

결론은 '결과 요약'과 '해석 확장'의 균형이 중요하다. 앞선 장의 내용을 반복하지 않도록 주의하면서 분석 결과를 바탕으로 새로운 의미와 논의를 이끌어내야 한다. 연구의 목적, 방법, 결과, 해석이 하나의 논리적 사슬로 연결되어야 한다.

결론은 논문 전체의 문제의식과 결과가 하나의 메시지로 수렴되는 종착점이다. 독자는 논문을 읽고 난 뒤 '그래서 이 연구는 어떤 의미가 있는가?'라는 질문에 분명하게 답할 수 있어야 한다.

CHAPTER 05

논문통계표 이해하기

CONTENTS

SECTION

5.1 자료분석 절차와 연구결과 작성

논문에서 연구결과를 제시하는 부분은 연구자가 수집한 자료의 특성을 밝히고 이를 토대로 설정한 가설이 어떻게 검증되는지를 논리적으로 보여주는 과정이다. 따라서 연구결과는 일정한 흐름과 체계를 갖추어 작성해야 하며, 보통 다음과 같은 단계로 진행된다.

1 인구통계학적 변인 특성 : 표본의 대표성 확인

연구자는 먼저 설문에 참여한 표본의 기본 특성을 제시한다. 성별, 연령, 학력, 직업, 소득 등과 같은 인구통계학적 변인을 빈도와 비율로 나타내면 독자는 본 연구가 특정 집단을 얼마나 잘 대표하는지 확인할 수 있다. 예를 들어 "전체 응답자 300명 중 남성이 45%(135명), 여성이 55%(165명)였다."와 같이 정리한다. 이러한 과정은 연구 표본의 편향 가능성을 판단하고, 연구결과의 일반화 가능성을 설명하는 기초가 된다.

2 주요 변인의 기술통계 : 자료의 기초 성격과 정규성 검토

다음으로 연구자가 설정한 주요 변인의 평균, 표준편차, 왜도, 첨도 등을 제시한다. 평균과 표준편차는 응답자의 일반적 경향과 분산 정도를 파악하는 데 유용하며 왜도와 첨도는 자료가 정규분포를 따르는지 점검할 수 있는 지표다. 예를 들어 "자기효능감의 평균은 3.85(SD = .62)로 비교적 높은 수준을 보였으며, 왜도와 첨도는 각각 −.21, .34로 정규성 가정을 충족하였다."와 같이 기술할 수 있다. 정규성 검토는 이후 회귀분석이나 구조방정식모형과 같은 추론통계 기법을 적용하기 위한 중요한 전제 조건이다.

3 신뢰도 및 타당도 검증 : 측정도구의 평가

연구결과가 학문적으로 인정받기 위해서는 자료를 수집한 설문도구 자체가 신뢰할 만해야 한다. 따라서 설문 문항이 얼마나 일관되게 측정되는지를 나타내는 신뢰도(크론바흐 알파 등)와 문항이 연구자가 의도한 개념을 제대로 측정하는지를 보여주는 타당도(요인분석, 수렴·판별타당도 등) 검증이 필수다. 예를 들어 "자기효능감 척도의 크론바흐 알파 값은 .91로 매우 높은 신뢰도를 보였으며, 확인적 요인분석 결과 수렴타당도와 판별타당도가 확보되었다."와 같이 제시할 수 있다.

4 상관관계분석 : 변수 간 관계의 사전 확인

가설을 검증하기에 앞서 변수들이 실제로 서로 연관성을 지니는지를 확인하기 위해 상관관계분석을 실시한다. 상관분석은 독립변수와 종속변수가 선형적으로 연관되어 있는지를 점검하는 사전 단계다. 예를 들어 "자기효능감과 조직몰입 간의 상관계수는 .42($p<.01$)로 나타나 두 변수는 유의한 정적 관계를 보였다."와 같이 제시할 수 있다. 이러한 결과를 통해 연구자가 제안한 변수 간의 인과적 관계가 단순한 가정이 아니라 실제 데이터에서도 연결되어 있음을 독자에게 설득력 있게 보여줄 수 있다.

5 연구모형 검증 : 가설 검증을 위한 핵심 분석

마지막으로 본격적인 가설 검증 단계에 들어간다. 여기서는 연구자가 설정한 모형과 가설을 회귀분석, 매개회귀분석, 조절회귀분석, 또는 구조방정식모형 등을 통해 검증한다. 회귀분석은 변수 간 영향 관계를 단계적으로 파악하는 데 유용하고, 구조방정식모형은 여러 변수 간의 직·간접 효과를 동시에 검증할 수 있다. 예를 들어 "리더십이 조직몰입에 미치는 영향은 β=.37($p<.001$)로 유의하였으며, 직무만족이 이 관계를 부분 매개하는 것으로 확인되었다."와 같이 결과를 제시할 수 있다.

셀파의 요약정리 5.1

■ 전체 원칙

- **작성 순서 :** 표 → 한 줄 해석 → 시사점 순서로 구성한다. 모든 수치는 표에 제시하고, 본문에서는 무엇이 유의했고 왜 중요한가만 한 줄로 요약한다.
- **분석 흐름 :** 기술(표본 설명) → 가정(정규성 검토 등) → 도구평가(신뢰도·타당도) → 관계점검(상관분석) → 가설 검증(회귀분석 또는 SEM)의 고정된 흐름을 유지한다.
- **표 구성 :** 각 표에는 분석명, 변수명, 표본 수, 핵심지표, 주석(처리 방식·기준·약어)을 반드시 포함한다.

■ 연구결과 작성 단계별 핵심 지침

- **인구통계학적 변인 특성 :** 표본의 성별·연령·학력·직업·소득을 빈도와 비율로 제시해 대표성과 일반화 가능성을 점검한다.
- **기술통계 및 정규성 검토 :** 주요 변인의 평균, 표준편차, 왜도, 첨도를 제시해 자료의 기초 성격을 요약하고 추론통계 적용을 위한 정규성 가정을 확인한다.
- **신뢰도·타당도 검증 :** 크론바흐 알파 등으로 내적 일관성을 평가하고, 요인분석을 통해 수렴·판별타당도를 확보하여 측정도구의 적합성을 검증한다.
- **상관관계분석 :** 변수 간 선형 연관성을 확인하고 다중공선성 가능성(5.5.2절 참고)을 점검하여 가설 검증을 위한 사전 근거를 마련한다.
- **연구모형 검증 :** 회귀분석, 매개회귀분석, 조절회귀분석, 구조방정식모형 등을 통해 직·간접 효과를 종합적으로 평가하고 가설 채택 여부를 논리적으로 제시한다.

SECTION

5.2 변수의 이해와 설문지 구성 전략

연구를 위해 자료를 수집할 때 가장 먼저 고려해야 할 것은 **변수**variable이다. 변수란 연구자가 측정하고자 하는 속성으로, 사람이나 집단, 사물의 특성이 서로 달라질 수 있는 항목을 의미한다. 변수는 어떻게 측정하느냐, 즉 척도scale에 따라 구분되며, 그에 따라 적용할 수 있는 통계분석방법도 달라진다. 따라서 변수의 특성과 종류를 명확히 이해하는 것은 연구 설계와 설문지 작성의 출발점이 된다.

5.2.1 변수의 종류

연구에서 변수를 올바르게 구분하는 것은 분석의 출발점이다. 변수는 연구대상의 특성을 수집하고 비교하기 위해 사용되며, 크게 질적 변수(범주형 변수)와 양적 변수(수치형 변수)로 나눌 수 있다. 질적 변수는 성별, 직업, 만족도 수준처럼 수치적 계산이 불가능하고 집단을 구분하는 데 목적이 있다. 반면 양적 변수는 나이, 소득, 점수처럼 실제 수량을 나타내며 더하기·빼기·평균 등의 연산이 가능하다. 변수를 어떤 척도로 측정하느냐에 따라 사용할 수 있는 통계분석방법이 달라진다. 따라서 변수의 성격과 척도의 구분을 명확히 이해하는 것이 이후 설문지 작성과 분석 설계의 핵심이 된다.

1 질적 변수 : 수치적 계산이 불가능한 변수

질적 변수는 숫자 자체에 의미가 없고 단순히 집단을 구분하거나 범주를 나타내는 기능을 한다. 예를 들어 성별, 결혼 여부, 만족도와 같은 변수는 그 자체로 계산이 불가능하다. 이러한 변수는 보통 명목척도나 서열척도로 측정된다.

- **명목척도**nominal scale : 특정 속성에 번호를 부여하되 순서나 간격은 의미가 없다.
  예 성별(남=1, 여=2), 결혼 여부(기혼=1, 미혼=2)
- **서열척도**ordinal scale : 순서를 나타낼 수 있으나 간격의 크기를 정확히 알 수 없다.
  예 학력 수준(고졸 < 대졸 < 대학원 졸업), 만족도 순위

2 양적 변수 : 수치 계산이 가능한 변수

양적 변수는 숫자가 실제로 크기나 양을 의미하며 크기 비교와 계산이 가능하다. 예를 들어 온도, 나이, 체중 등은 수치 간 간격과 비율이 의미를 가진다. 이러한 변수는 등간척도나 비율척도로 측정된다.

- **등간척도** interval scale : 일정한 간격이 존재하나 절대적인 0은 없다.
  예 온도(0℃는 '없음'을 의미하지 않음), 학업성취도 점수
- **비율척도** ratio scale : 절대적 0이 존재하며 모든 연산이 가능하다.
  예 나이, 소득, 체중, 키

각 척도의 정의와 예시, 적용 가능한 분석방법을 정리하면 [표 5-1]과 같다.

표 5-1 척도 유형별 특징과 적용 가능한 분석방법

척도 유형	정의 및 특징	예시 문항	적용 가능한 분석방법
명목척도	단순히 집단을 구분하는 척도, 수학적 계산 불가	성별(남=1, 여=2), 여행 목적(관광·사업·친지방문)	빈도분석, 카이제곱 검정(χ^2)
서열척도	순서만 존재, 간격 크기는 불명확	학력(고졸 < 대졸 < 대학원), 만족도 순위	빈도분석, 서열상관분석 Spearman, 비모수 검정
등간척도	일정한 간격이 있으나 절대적 0 없음	직원 친절도(1=매우 불친절~5=매우 친절), 학업성취도 점수	평균·표준편차(SD) 산출, t-검정, ANOVA, 회귀분석
비율척도	절대적 0 존재, 모든 연산 가능	나이, 소득, 온라인 구매 횟수, 체중, 신장	모든 통계분석 가능(상관, 회귀, 구조방정식)

5.2.2 설문지 작성 시 척도의 활용

설문지는 연구목적에 맞는 척도를 선택하여 문항을 구성해야 한다. 척도의 성격에 따라 분석방법이 달라지므로 각 문항이 명목척도·서열척도·등간척도·비율척도 중 어디에 해당하는지를 사전에 구분해야 한다. 다음은 문항 유형별로 자주 활용되는 척도와 그 예시를 정리한 것이다.

1 인구통계학적 문항

인구통계학적 특성을 파악하는 문항은 응답자를 집단으로 구분하거나 순서를 나타낼 수 있는 명목척도나 서열척도를 사용한다.

1. 귀하의 나이는?

① 10대 ② 20대 ③ 30대 ④ 40대 ⑤ 50세 이상 → 서열척도

2. 귀하의 여행 목적은?

① 관광 ② 사업 ③ 친지 방문 ④ 기타 → 명목척도

2 태도 및 만족도 문항

태도, 만족도, 인식 수준 등을 측정할 때는 응답 간 간격이 일정하다고 가정하는 등간척도를 사용한다.

3. 직원의 친절도는 어땠습니까?

①	②	③	④	⑤	
매우 불친절	다소 불친절	보통	다소 친절	매우 친절	→ 등간척도

3 행동 및 경험 문항

행동의 빈도나 경험의 양처럼 실제 수치로 표현되는 변수는 비율척도를 사용한다.

4. 지난 1년간 온라인 주문 횟수는 몇 회입니까?

① 5회 이하 ② 6~10회 ③ 11~20회 ④ 20회 이상 → 비율척도 기반 범주화

5.2.3 설문지 작성 원칙

설문지는 연구자가 설정한 가설을 실제 데이터로 검증하기 위해 활용되는 가장 중요한 도구다. 설문이 잘못 설계되면 신뢰할 수 없는 결과가 도출되어 연구의 전체적인 타당성을 해칠 수 있다. 따라서 설문지를 작성할 때는 다음과 같은 기본 원칙을 유념하고 지켜야 한다.

1 연구목적과 가설에 맞는 문항 설계

설문 문항은 연구자가 검증하고자 하는 가설과 변수 정의에 근거해 설계되어야 한다. 또한 각 문항이 어떤 가설 검증에 사용되는지 명확히 대응될 수 있도록 설계해야 한다.

2 척도의 일관성 유지

같은 개념을 측정할 때 서로 다른 척도를 사용하면 응답자가 혼란을 느끼고 분석의 신뢰성도 떨어질 수 있다. 따라서 동일한 변인에는 동일한 척도를 일관되게 사용하여 분석 결과의 타당성을 높여야 한다.

3 응답자의 이해 용이성 확보

문항은 응답자가 쉽게 이해할 수 있도록 작성되어야 한다. 학술적 개념을 그대로 사용하거나 전문용어, 애매한 표현을 포함하면 응답자가 혼란을 겪을 수 있다. 또한 한 문항은 하나의 개념만 측정하도록 구성해야 한다.

4 분석 가능성을 고려한 범주화

설문지의 응답 항목은 연구자가 분석할 수 있는 수준으로 적절히 범주화해야 한다. 응답 범주가 지나치게 세분화되면 각 집단의 표본 수가 지나치게 적어져 통계적 검증력이 떨어질 수 있다. 반대로 범주를 너무 넓게 묶으면 연구자의 의도가 충분히 반영되지 못하고 결과가 과하게 단순화된다. 따라서 연구목적에 맞게 세분성과 분석 용이성 간 균형을 유지하는 것이 중요하다.

셀파의 포인트 **범주화의 세분성과 검정력의 구현**

설문 문항의 응답 범주를 설정할 때는 각 범주의 표본 수가 충분히 확보되도록 해야 한다. 일반적으로 집단당 30명 이상을 확보하면 통계적 검정력을 유지할 수 있다. 구간은 연구목적에 따라 의미 있는 정책·실무 기준(예 주당 3회 운동 여부)이나 분위수(Q1·Q2·Q3) 등을 기준으로 나누는 것이 바람직하다. 또한 범주를 지나치게 세분화하면 표본이 쪼개져 검정력이 떨어지고, 반대로 지나치게 통합하면 결과 해석의 세밀함이 감소할 수 있다.

5 사전검증과 파일럿 테스트

실제 조사를 실시하기 전에 파일럿 테스트를 통해 설문 문항의 적절성을 미리 검증해야 한다. 이를 통해 응답자가 문항을 제대로 이해하는지, 문항 간 중복이나 누락이 없는지, 응답 시간이 적절한지를 점검할 수 있다. 이러한 사전검증은 설문지의 신뢰성과 타당성을 높이는 중요한 과정이다.

셀파의 포인트 **파일럿 테스트 점검 체크포인트**

실제 조사를 실시하기 전에 파일럿 테스트를 진행할 때는 다음 항목을 간단히 점검해보자.

- 응답자가 문항의 용어를 자신의 말로 재진술할 수 있는가?
- 응답 시간(약 10분~15분)과 피로도는 적정한가?
- 문항 간 중복이나 누락은 없는가?

- 역채점 문항의 위치와 표시는 명확한가?
- 무응답·기권 항목과 기타(   ) 응답의 처리 규칙은 명확한가?
- 파일럿 데이터에서 신뢰도(크론바흐 알파)와 문항-총점 상관을 먼저 점검했는가?

6 윤리적 고려

설문을 작성할 때는 응답자의 개인정보나 민감한 내용을 다룰 수 있으므로 연구윤리를 반드시 지켜야 한다. 불필요하게 사생활을 침해하는 문항은 배제하고, 연구목적에 부합하는 최소한의 질문만 포함해야 한다. 또한 설문지의 시작 부분에 연구목적과 개인정보 보호 방침을 명시하여 응답자의 자발적 참여와 동의를 확보해야 한다.

지금까지 살펴본 설문지 작성 원칙을 실제 예에 적용하면 [표 5-2]와 같다. 이 표를 통해 문항을 어떤 방식으로 구성해야 할지 확인할 수 있다.

표 5-2 좋은 설문 문항과 나쁜 설문 문항 비교

구분	좋은 문항의 예	나쁜 문항의 예	나쁜 문항의 문제점
연구목적과의 연관성	"귀하는 상사의 의사소통 방식이 원활하다고 생각하십니까?"	"귀하는 직장 상사에 대해 어떻게 생각하십니까?"	측정해야 할 구체적 변인(의사소통 방식)이 모호하여 가설과 직접적 연관성 부족
척도의 일관성	"귀하의 직무만족도를 1~5점 척도로 표시해주십시오." (모든 문항 5점 척도 사용)	일부 문항은 5점 척도, 일부는 7점 척도	동일 개념을 서로 다른 척도로 측정하면 결과의 비교·분석이 곤란함
응답자의 이해 용이성	"귀하는 최근 한 달 동안 운동을 얼마나 자주 하셨습니까?" (① 전혀 안 함 ~ ⑤ 거의 매일)	"귀하는 신체적 자기관리 행동을 얼마나 성실히 수행하였습니까?"	전문용어(자기관리 행동) 사용으로 응답자가 문항의 의미를 정확히 이해하기 어려움
한 문항 =한 개념	"귀하는 상사의 친절함에 만족하십니까?"	"귀하는 상사의 친절함과 성실함에 만족하십니까?"	두 개념(친절·성실)을 동시에 측정하여 응답자가 혼란을 겪을 수 있음
범주의 적절성	"귀하의 연령은? ①20대 ②30대 ③40대 ④50대 이상"	"귀하의 연령은? ______세" (직접 숫자로 작성)	범주가 지나치게 세분화되어 분석 시 정리가 복잡, 연구목적에 맞는 범주 설정 필요

셀파의 요약정리 5.2

■ 전체 원칙

- 변수 정의 → 측정수준 결정 → 문항 설계 → 분석방법 매핑을 고정 흐름으로 잡는다.
- 같은 개념은 같은 척도로 묻고, 한 문항에서 한 개념만 측정한다.
- 설문은 가설 검증에 쓰일 변수를 분석 가능한 형태로, 응답자가 이해할 수 있는 언어로 구체화하는 작업이다.

■ 변수의 측정수준 한눈에 보기

척도 유형	의미	주요 분석방법
명목척도	집단 구분만 가능	빈도, 비율, χ^2(카이제곱)
서열척도	순서만 의미 있음	서열상관, 비모수 검정
등간척도	간격 의미 있음, 절대 0 없음	평균/SD, t, ANOVA, 회귀
비율척도	절대 0 존재, 모든 연산 가능	상관·회귀·SEM 모두 가능

분석방법을 미리 정하면 필요한 척도가 자연스럽게 좁혀진다.

■ 문항 설계 5원칙

- **가설 정합성 :** 문항–변수–가설의 연결을 옆에 메모한다(예 H1용 X→Y).
- **척도 일관성 :** 동일 개념은 동일한 점수체계(예 전부 5점 리커트)로 유지한다.
- **이해 용이성 :** 전문용어 대신 일상어를 사용하고 문장은 간결하게 쓴다.
- **한 문항=한 개념 :** 이중질문은 피하고 하나의 속성만 측정한다.
- **분석 가능 범주화 :** 각 범주의 표본 수가 충분히 확보되도록 구간을 설계한다.

모든 문항은 가설 검증과 직결되게 작성해야 한다.

■ 설문 시작 시 연구윤리 안내 문구

- 연구목적(간단히 명시), 자발적 참여와 철회 가능성, 개인정보 최소 수집 및 비식별 처리, 자료 보관 기간과 파기 절차를 포함한다.
- 민감정보는 가능한 한 최소화하고 문의처를 명시한다. 불필요하게 사생활을 침해할 수 있는 문항은 포함하지 않는 것이 원칙이다.

좋은 설문은 가설이 읽히는 문항이다. 측정수준을 먼저 정하고 분석과 연결되게 문항을 구성한 뒤 파일럿 테스트로 다듬어라. 그러면 수집한 데이터가 곧바로 검증 스토리로 이어진다.

SECTION

5.3 표본 특성의 빈도분석과 기술통계분석

연구자가 수집한 데이터를 본격적으로 분석하기 전에 가장 먼저 해야 할 일은 연구 표본의 특성을 파악하는 것이다. 표본이 어떤 사람들로 구성되었는지, 주요 변인이 어떤 분포를 보이는지 정리하지 않으면 이후 가설 검증의 신뢰성을 확보하기 어렵다. 이처럼 데이터를 이해하기 위한 기초 단계에서 활용되는 방법이 **빈도분석**과 **기술통계분석**이다.

5.3.1 빈도분석

빈도분석frequency analysis 은 응답자의 인구통계학적 특성(성별, 연령, 학력, 직업, 소득 등)을 빈도(n)와 백분율(%)로 나타내어 분포를 파악하는 가장 기초적인 통계분석이다.

- **빈도**frequency : 특정 응답 항목을 선택한 사람 수이다. n으로 표기한다.
- **백분율**percentage : 전체 응답자 중 해당 항목을 선택한 사람의 비율이다. %로 표기한다.

즉 빈도분석은 응답자들이 어떻게 분포되어 있는지를 직관적으로 보여주는 분석이다. 이를 통해 연구 표본이 한쪽으로 치우치지 않고 고르게 분포했는지, 다시 말해 표본의 대표성과 일반화 가능성을 검토할 수 있다.

빈도분석의 결과는 일반적으로 [표 5-3]과 같은 형태의 표로 제시되므로 항목별로 응답자의 분포를 한눈에 확인할 수 있다.

표 5-3 연구 참여자의 인구통계학적 특성표 예시

변인	구분	빈도(n)	비율(%)
거주지역	서울	144	63.7
	경기도·인천	82	36.3
연령대	20대	63	27.9
	30대	82	36.3
	40대 이상	81	35.8

변인	구분	빈도(n)	비율(%)
학력	고졸 이하	38	16.8
	전문대졸	46	20.4
	대졸	90	39.8
	대학원 이상	52	23.0
기업규모	중소기업	131	58.0
	중견·대기업	95	42.0
전체	합계	226	100.0

[표 5-3]의 결과는 다음과 같이 해석할 수 있다.

> 연구에 참여한 총 226명의 응답자 중 거주지역은 서울이 63.7%로 가장 많았고 연령대는 30대(36.3%)가 가장 높은 비율을 차지했다. 학력은 대졸이 39.8%로 가장 많았고 기업규모는 중소기업 근무자가 58.0%로 중견·대기업 근무자(42.0%)보다 높은 비중을 보였다. 이는 연구 표본이 일부 연령과 지역에 집중되어 있으나 기업규모나 학력에서는 비교적 다양한 분포를 확보했음을 보여준다.

셀파의 포인트 **표 작성과 해석의 구성 원칙**

표에는 객관적 수치만 명확히 제시하고, 본문에서는 그 결과의 의미를 간략하게 요약하여 독자의 해석 부담을 줄인다. 일반화의 한계나 표본의 불균형 등은 표 아래에 각주로 간단히 명시해 투명성을 확보한다.

- 예 무응답 4건(n = 4)은 백분율 계산에서 제외했다.
- 예 20대 응답 비율이 70%로 높아 일반화에 유의할 필요가 있다.

5.3.2 기술통계분석

기술통계분석descriptive statistics은 연구의 주요 변수를 요약하여 자료의 전반적인 경향과 분포를 파악하는 방법이다. 주로 평균, 표준편차, 최솟값, 최댓값, 왜도, 첨도 등의 지표를 계산하여 자료의 특성을 요약한다.

- **평균**mean : 응답자들의 전반적인 경향을 보여주는 값이다. M으로 표기한다.
- **표준편차**standard deviation : 응답 값이 평균에서 얼마나 흩어져 있는지를 나타내며 값이 클수록

응답자 간 차이가 크다는 뜻이다. SD로 표기한다.

- **최솟값**minimum **과 최댓값**maximum : 각 변수의 관측치가 어느 범위에서 분포하는지 보여준다.
- **왜도**skewness : 분포의 비대칭 정도를 나타낸다. 0이면 완전 대칭, 양수면 오른쪽 꼬리가 길고 음수면 왼쪽 꼬리가 길다.
- **첨도**kurtosis : 분포의 뾰족함 정도를 나타낸다. 0이면 정규분포와 동일하고, 양수면 뾰족하며, 음수면 완만한 형태를 보인다.

셀파의 포인트 **정규성 검토의 기준과 보완 방법**

정규성 판정 기준은 연구목적과 분석방법에 따라 다르게 적용될 수 있다. 일반적으로 왜도의 절댓값이 2~3 이내, 첨도의 절댓값이 4~8 이내로 지나치게 크지 않으면 자료가 정규분포에서 크게 벗어나지 않는다고 판단해 모수적 통계를 적용한다(Kline, 2016). $n<200$인 소표본에서는 |왜도|≥2, |첨도|≥7이면 정규성 위반이 뚜렷하다고 보는 기준이 제시되기도 한다(West 외, 1995). 반면에 표본수가 충분히 크면 중심극한정리의 영향을 받아 약한 비정규성이 분석 결과에 미치는 영향이 제한적이므로 실무에서는 이러한 범위의 왜도와 첨도를 허용 가능한 수준으로 간주한다(Field, 2013). 또한 표본수가 충분하면 **QQ 플롯**quantile-quantile plot, 표본수가 적으면 **샤피로-윌크 검정**Shapiro-Wilk test을 수행해 정규성 가정의 충족 여부를 더욱 신뢰성 있게 확인할 수 있다.

표 5-4 주요 변인의 기술통계분석 결과 예시

변인	최솟값	최댓값	평균(M)	표준편차(SD)	왜도	첨도
일-가정 균형	1.00	7.00	4.37	1.68	−0.27	−1.08
일-여가 균형	2.00	7.00	5.04	0.99	−0.19	−0.26
일-성장 균형	1.00	7.00	4.43	1.76	−0.43	−1.11
사회적 지지	1.75	7.00	4.93	1.06	−0.43	0.04
직무몰입	1.20	7.00	4.55	1.26	−0.23	−0.55
조직몰입	1.00	7.00	4.59	1.19	−0.24	−0.18

[표 5-4]의 결과는 다음과 같이 해석할 수 있다.

연구에 포함된 6개 주요 변인에 대한 기술통계 결과, 평균값은 4.37점에서 5.04점 범위로 나타났으며, 표준편차는 대부분 1.0 내외로 응답자 간 차이가 크지 않은 편이었다. 왜도와 첨도는 모두 −2에서 +2 사이에 위치하여 정규성 가정을 충족했다.

5.3.3 빈도분석과 기술통계분석의 역할

연구결과를 제시할 때 빈도분석과 기술통계분석은 단순히 형식적으로 넣는 절차가 아니라 이후의 모든 가설 검증 분석을 가능하게 하는 출발점이다.

1 빈도분석의 역할

빈도분석은 표본의 구성과 분포를 가장 기초적으로 보여주는 단계이므로 연구자가 다루는 대상의 범위와 대표성을 명확히 확인할 수 있다.

- **표본 설명 :** 인구통계학적 분포(성별, 연령, 학력, 지역, 직업 등)를 수치로 정리하여 연구대상이 누구인지 제시한다.
- **대표성 확보 근거 :** 표본이 모집단을 어느 정도 반영하는지를 보여줌으로써 연구의 일반화 가능성을 뒷받침한다.
- **해석 맥락 제공 :** 예를 들어 응답자의 70%가 20대라면 특정 결과를 '청년층의 경향'으로 해석할 수 있다. 즉 연구결과가 어떤 집단을 중심으로 해석되어야 하는지 방향을 제시한다.

2 기술통계분석의 역할

기술통계분석은 주요 변수의 분포와 특성을 요약하므로 분석의 전제 조건과 자료의 품질을 점검할 수 있다.

- **기본 특성 파악 :** 평균은 표본의 전반적인 수준을, 표준편차는 응답자 간 차이의 크기를 알려준다.
- **정규성 검토 :** 왜도와 첨도를 통해 데이터가 정규분포 가정을 충족하는지 확인한다. 이는 회귀분석, t-검정, ANOVA와 같은 추론통계 기법을 적용할 수 있는 전제 조건이다.
- **이상치 확인 :** 최솟값과 최댓값을 통해 자료 범위가 적절한지, 잘못 입력된 값이나 극단값이 있는지 점검할 수 있다.

3 두 분석의 통합적 역할

빈도분석과 기술통계분석은 서로 보완적이므로 연구 자료의 신뢰성을 검증하는 기초 단계로 기능한다.

- **자료의 전체 윤곽 제시 :** 수집된 데이터가 누구를 대상으로 어떤 특성을 지니는지를 한눈에 보여준다.
- **연구 신뢰성 확보 :** 두 분석 결과를 통해 독자는 표본의 분포가 적절하고 대표성이 확보되었음을 확인한 후 가설 검증 결과를 신뢰할 수 있다.

셀파의 요약정리 5.3

■ 전체 원칙

- 결과 제시는 빈도분석(누가 참여했는가) → 기술통계분석(변수 분포는 어떤가)의 순서로 구성한다.
- 표에는 수치 중심의 결과를 제시하고 본문에서는 그 의미와 시사점을 간결하게 해석한다.
- 정규성 여부는 왜도, 첨도를 통해 판단한다.

■ 빈도분석

- **목적 :** 표본의 분포와 대표성을 확인하기 위함이다(성별, 연령, 지역, 학력, 직업, 소득 등).
- **핵심 지표 :** 범주, 빈도(n), 비율(%), 합계를 제시한다.
- **해석 포인트 :** 특정 범주의 편중 여부를 확인하고, 표본의 대표성을 검토한다.

■ 기술통계

- **목적 :** 주요 변수의 평균, 변산(표준편차), 분포모양(왜도·첨도), 범위(최솟값·최댓값)를 통해 자료의 전반적인 특성을 확인한다.
- **핵심 지표 :** 최솟값(Min), 최댓값(Max), 평균(M), 표준편차(SD), 왜도, 첨도, 빈도(N)
- **정규성 검토 :** 왜도와 첨도가 −1과 +1 범위에 있으면 정규분포 가정을 충족한다고 본다.
- **이상치 점검 :** 최솟값과 최댓값을 통해 입력값에 오류가 있는지 다시 확인한다.

SECTION

5.4 측정도구의 타당도와 신뢰도 검증

연구자가 사용하는 설문 도구가 학문적으로 의미 있는 결과를 얻기 위해서는 **타당도**와 **신뢰도** 검증이 필수적이다. 일반적으로 먼저 타당도를 검증하여 문항이 이론적으로 올바르게 개념을 측정하는지 확인하고, 이어서 신뢰도를 분석하여 문항이 일관되게 측정되는지를 점검한다.

5.4.1 타당도

타당도validity란 측정도구가 연구자가 의도한 개념을 정확히 측정하는 정도를 의미한다. 예를 들어 '자기효능감'을 측정할 때, 문항이 실제로 자기효능감이라는 심리적 개념을 충실히 반영해야만 타당하다고 할 수 있다. 타당도가 낮다면 아무리 신뢰도가 높더라도 연구결과의 학문적 의미가 약해진다. 논문에서 일반적으로 사용하는 타당도의 주요 유형은 **내용타당도**, **준거타당도**, **구성타당도**다. 타당도 간의 관계는 [그림 5-1]과 같이 개략적으로 정리할 수 있다.

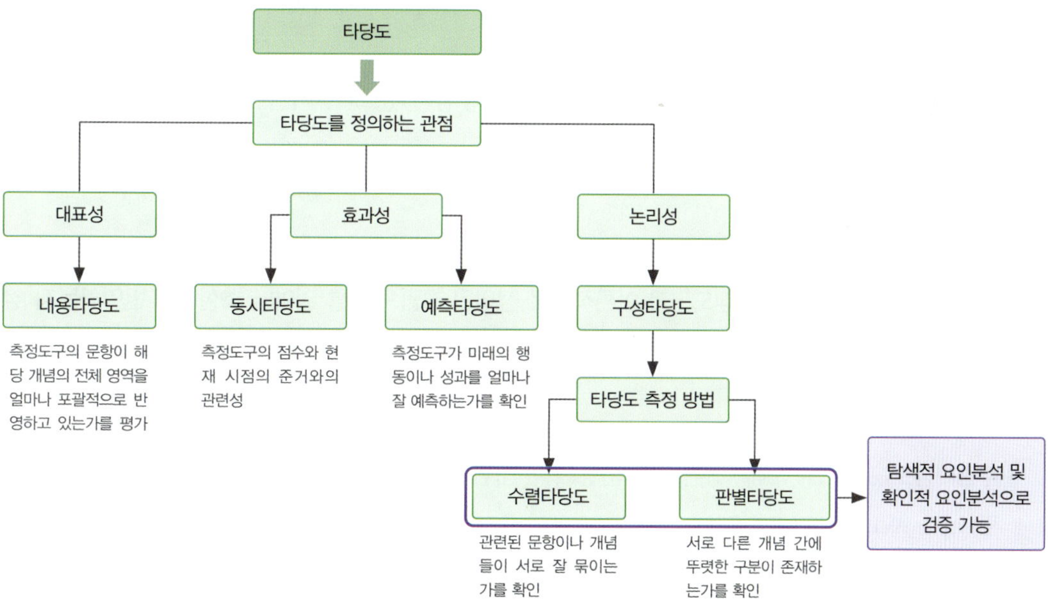

그림 5-1 타당도 간의 관계

내용타당도

내용타당도content validity란 측정도구의 문항이 해당 개념의 전체 영역을 얼마나 포괄적으로 반영하고 있는가를 평가하는 것이다.

- **검증 방법 :** 주로 교수, 연구자, 현장 전문가 등으로 구성된 전문가 집단(3인~5인)의 검토를 통해 판단한다. 문항이 개념의 정의와 차원을 충분히 반영하는지 검토한다.
- **장단점 :** 개념적 적합성을 보장할 수 있으나, 전문가의 주관적 평가에 의존한다는 한계가 있다.

예를 들어 '학업 스트레스'를 측정한다면 시험 부담, 과제 압박, 교우 관계 긴장 등 여러 차원을 포함해야 한다. 시험 부담만 측정한다면 내용타당도가 낮다고 볼 수 있다.

준거타당도

준거타당도criterion validity란 측정도구의 점수가 외부 준거(기존에 검증된 도구나 실제 행동 지표 등)와 얼마나 밀접하게 관련이 있는지를 평가하는 것이다. 준거타당도에는 동시타당도와 예측타당도가 있다.

- **동시타당도**concurrent validity **:** 측정도구의 점수와 현재 시점의 준거 간 관련성을 확인한다. 예를 들어 직무만족 척도 점수와 실제 직무성과 평가 점수 간 상관이 높게 나타난다면 동시타당도가 높다고 볼 수 있다.
- **예측타당도**predictive validity **:** 측정도구가 미래의 행동이나 성과를 얼마나 잘 예측하는지 확인한다. 예를 들어 입사시험 성적이 실제 근무 성과를 유의하게 예측한다면 예측타당도가 높다고 볼 수 있다.
- **장단점 :** 객관적인 준거를 통해 평가할 수 있다는 장점이 있으나, 적절한 준거 변수를 확보하기 어렵다는 한계가 있다.

구성타당도

구성타당도construct validity란 측정도구가 이론적으로 정의된 개념 구조를 얼마나 충실하게 반영하는지 검증하는 것이다.

- **검증 방법 :** 주로 요인분석factor analysis을 통해 평가한다.
- **수렴타당도**convergent validity **:** 관련된 문항이나 개념들이 서로 잘 묶이는가를 확인한다(요인부하량$\geq$.50, AVE$\geq$.50, CR$\geq$.70).
- **판별타당도**discriminant validity **:** 서로 다른 개념 간에 뚜렷한 구분이 존재하는가를 확인한다(AVE의 제곱근인 $\sqrt{AVE}$ 값이 상관계수보다 커야 함).

- **장단점 :** 이론적 개념을 정밀하게 검증할 수 있다는 장점이 있으나, 대규모 표본이 필요하고 분석 과정이 복잡하다는 한계가 있다.

예를 들어 '조직몰입'을 정서적 몰입, 규범적 몰입, 지속적 몰입의 세 차원으로 측정했을 때 요인분석 결과가 이론적 구조와 일치하면 구성타당도가 확보된 것으로 본다.

타당도 분석방법으로서의 요인분석

요인분석은 측정하고자 하는 구성개념(잠재요인)이 설문 문항(관측변수)을 통해 적절하게 드러나고 있는지를 검증하는 구성타당도 점검 절차다. **탐색적 요인분석(EFA)** Exploratory Factor Analysis은 척도의 구조를 초기 탐색하여 문항이 자연스럽게 묶이는 잠재 차원을 찾고, 문항과 요인의 정합성을 1차로 검증하는 절차다. 주로 데이터 축소, 잠재구조 파악, 설문지 개발 단계에서 활용한다. **확인적 요인분석(CFA)** Confirmatory Factor Analysis은 이론에 따른 측정모형을 명시적으로 검증하여 수렴타당도와 판별타당도를 정량적으로 확인하는 절차다.

원칙적으로 타당도 분석에서는 확인적 요인분석을 사용해야 하나, 척도 개발 단계이거나 요인 구조가 명확하지 않은 이질적인 표본을 분석한다면 탐색적 요인분석과 확인적 요인분석을 병행하기도 한다. 학문분야에 따라 탐색적 요인분석 결과만으로 타당도 검증 결과를 제시하는 사례도 있다.

1 탐색적 요인분석 : 요인을 찾아내는 단계

셀파의 포인트 | **요인분석 관련 핵심 용어**

탐색적 요인분석을 수행하기 전에 자주 등장하는 주요 개념을 간단히 정리해보자. 다음 용어를 이용하면 결과 해석이 훨씬 수월해진다.

- **공통성** communality **:** 한 문항의 분산 중 요인들이 설명하는 비율(권장 기준≥.40)
- **고윳값** eigenvalue **:** 각 요인이 설명하는 분산의 크기(≥1 기준은 참고용)
- **요인적재량** factor loading **:** 문항과 요인 간 상관 정도(권장 기준≥.50, 교차적재는 |.30| 미만이 바람직)
- **총분산 설명력** explained variance **:** 추출된 요인들이 전체 변동을 얼마나 설명하는가(사회과학 분야에서는 누적 60% 이상이면 양호)
- **회전** rotation **:** 해석을 쉽게 하도록 요인축을 재배치하는 과정(직교회전 : varimax, 사각회전 : promax·oblimin)
- **패턴행렬 vs 구조행렬 :** 사각회전 시 해석에는 회귀계수 성질을 가진 패턴행렬을 주로 사용
- **KMO, Bartlett 검정 :** 데이터가 요인분석에 적합한지 진단(KMO≥.60, Bartlett $p<.05$)

❶ **데이터 적합성 및 표본크기 확인 :** 탐색적 요인분석을 실시하기 전에 데이터가 요인분석에 적합한지 확인해야 한다. KMO 값이 .60 이상이고 Bartlett 검정이 $p < .05$로 유의하면 요인

분석에 적합하다. 표본은 문항 수의 5배~10배로 최소 N=200 이상을 권장하며, MSA(anti-image) 또한 .50 이상이면 표본크기가 양호하다고 본다.

❷ **추출방법 선택 :** 다음으로 요인을 추출하는 방법을 결정한다. 잠재요인을 해석하려는 경우에는 공통요인모형이 적합하다. 대표적인 공통요인모형으로 주축요인(PAF)Principal Axis Factoring, 최대우도(ML)Maximum Likelihood가 있다. 단순히 데이터를 요약하거나 축소하려는 경우에는 주성분분석(PCA)Principal Component Analysis을 사용할 수 있다. 다만 PCA는 요인분석과 개념적으로 구별되므로 척도 개발이나 타당도 검증 목적이라면 공통요인모형을 권장한다.

❸ **요인 수 결정 :** 추출할 요인의 개수는 다음 우선순위에 따라 결정한다.

1순위 평행분석parallel analysis : 가장 권장되는 방법

2순위 최소평균부분상관(MAP)Minimum Average Partial correlation

3순위 스크리 도표Scree Plot

4순위 카이저Kaiser 기준 : 고윳값≥1, 참고용으로만 활용

5순위 이론적 타당성(해석 가능성)

❹ **회전방법 선택 :** 요인 간 상관의 예상 여부에 따라 회전방법을 결정한다. 요인 간 상관이 있을 것으로 예상되면 사각회전oblique : promax·oblimin, 요인 간 독립을 가정하면 직교회전varimax을 사용한다. 사각회전을 적용한다면 해석할 때는 패턴행렬을 우선 사용한다.

❶~❹의 절차를 통해 요인 구조를 확정한 뒤에는 각 문항의 요인적재 결과를 검토하여 유지 또는 삭제 여부를 판단한다. 요인적재량이 .50 이상인 문항은 유지하는 것이 바람직하며, 초기 연구에서는 .40도 고려할 수 있다. 두 개 이상의 요인에 모두 적재되는 교차적재 문항(|.30| 이상)은 삭제 후보다. 또한 공통성이 .40 미만인 문항은 제거할 것을 고려하고, 역문항이면 적재 방향이 이론적 기대와 일치하는지 확인해야 한다. 크론바흐 알파 값이 .95 이상이면 문항이 중복되었을 가능성이 있으므로 일부 문항을 축약하는 것을 고려한다. 마지막으로 결과 보고 시에는 다음 사항을 명시한다.

> 표본 수, 결측치 처리 방식, KMO와 Bartlett 검정 결과, 요인 추출방법, 회전방법, 요인 수 결정 근거(예 평행분석 결과), 문항 유지 기준, 각 요인의 적재량과 공통성, 총분산 설명력, 삭제된 문항이 있다면 삭제 근거

탐색적 요인분석 결과는 보통 [표 5-5]와 같은 형태로 제시되어 각 문항의 요인적재량, 공통성, 전체 요인의 설명력을 한눈에 파악할 수 있다. 이를 통해 각 문항이 어느 요인에 속하는지, 요인 구조가 이론적 기대와 일치하는지를 확인할 수 있다.

표 5-5 탐색적 요인분석 결과 예시

		성분					
		1	2	3	4	5	6
일-가정 균형	일가정1	.009	**.845**	.155	.047	.111	.093
	일가정2	.167	**.835**	.111	.073	.072	-.006
	일가정3	.019	**.838**	.009	.083	.063	.108
	일가정4	.066	**.864**	.002	.084	.017	.157
	일가정5	-.011	**.865**	.046	.109	.076	-.028
일-여가 균형	일여가1	-.031	-.015	**.685**	.239	.297	.129
	일여가2	.050	.115	**.743**	.209	.198	.162
	일여가3	.165	.046	**.631**	.125	.321	.260
	일여가4	.048	.157	**.766**	.059	.184	.236
	일여가5	.129	.026	**.712**	.291	.161	.178
	일여가6	.086	.062	**.693**	.273	.068	.189
일-성장 균형	일성장1	**.879**	.019	.027	.088	-.031	.116
	일성장2	**.870**	.047	.137	-.040	.054	.081
	일성장3	**.878**	.003	.027	.134	-.008	.071
	일성장4	**.889**	.102	.083	-.014	.050	-.026
	일성장5	**.870**	.069	.049	.063	.046	.079
사회적 지지	지지1	.144	.070	.303	.121	.161	**.703**
	지지2	.061	.103	.315	.141	.043	**.775**
	지지3	.049	.050	.188	.166	.097	**.823**
	지지4	.098	.119	.157	.151	.281	**.721**
직무몰입	직무몰입1	.030	.195	.166	**.696**	.291	-.002
	직무몰입2	.118	.068	.204	**.785**	.170	.180
	직무몰입3	.010	-.003	.173	**.718**	.210	.120
	직무몰입4	.041	.132	.229	**.755**	.204	.185
	직무몰입5	.055	.088	.201	**.768**	.016	.124
조직몰입	조직몰입1	.098	.111	.322	.332	**.644**	.194
	조직몰입2	-.029	.090	.285	.255	**.782**	.179
	조직몰입3	.029	.106	.229	.179	**.837**	.084
	조직몰입4	.028	.094	.232	.191	**.827**	.175
고윳값		4.005	3.812	3.798	3.449	3.057	2.806
% 분산		13.811	13.145	13.097	11.892	10.542	9.674
누적 %		13.811	26.957	40.054	51.946	62.488	72.162
KMO=.904, Bartlett's χ^2=4326.382(p<.001)							

[표 5-5]의 결과는 다음과 같이 해석할 수 있다.

> 요인분석 적합성 검토 결과 KMO=.904, Bartlett's χ^2=4326.382($p<.001$)로 나타나 요인분석에 적합한 것으로 확인되었다. 평행분석과 스크리 도표를 종합하여 6개 요인을 추출했으며 요인 간 상관을 고려해 사각회전(promax)을 적용했다. 각 문항의 요인적재량은 .60~.98 범위로 기준치(.50) 이상을 충족했고, 누적설명력은 78.1%였다.

2 확인적 요인분석 : 요인을 검증하는 단계

❶ **모형 설정과 식별 :** 이론적 근거에 따라 측정모형을 설정하고 각 요인이 어떤 문항과 연결되는지를 명시적으로 지정한다. 잠재요인은 각각 최소 3개 이상의 문항으로 측정해야 안정적이다. 척도의 단위를 정하기 위해 한 요인의 적재량(λ)을 1로 고정하거나 요인분산을 1로 고정해 축적을 설정한다.

❷ **추정 방법과 자료의 가정 :** 가장 널리 쓰이는 추정법은 최대우도법으로, 자료가 근사적으로 정규분포를 따른다는 가정을 전제로 한다. 리커트 5점·7점 척도처럼 범주형 자료는 강건 최대우도법(MLR)ML with Robust standard error이나 가중최소제곱법(WLSMV)Weighted Least Squares Mean and Variance adjusted 같은 대안적 방법도 자주 활용된다. 이들은 특히 확인적 요인분석이나 구조방정식모형에서 효과적이다.

❸ **모형적합도 평가 :** 모형의 적합도는 여러 지표를 함께 고려해 평가한다. 일반적으로 CFI 값과 TLI 값이 .90 이상(.95 이상이면 우수), RMSEA 값이 .08 이하(.06 이하이면 우수), SRMR 값이 .08 이하이면 적합하다고 본다. 다만 카이제곱(χ^2) 값은 표본크기에 민감하게 반응하므로 절댓값을 단독으로 해석하지 않고 다른 지표와 함께 판단해야 한다.

❹ **지표 수준 검토 :** 각 문항의 표준화 요인적재량은 .50 이상(이상적으로는 .70 이상)이어야 한다. 표준오차는 유의수준 $p<.05$에서 통계적으로 유의해야 한다. 또한 잔차residual 또는 수정지수(MI)Modification Index를 검토해서 모형의 개선 가능성을 확인할 수 있으나, 이론적 근거가 없는 수정은 피하는 것이 원칙이다.

❺ **수렴타당도와 판별타당도 :** 확인적 요인분석의 핵심 평가지표는 수렴타당도와 판별타당도다. 수렴타당도는 구성신뢰도CR가 .70 이상, 평균분산추출AVE이 .50 이상이면 양호하다고 본다. 판별타당도는 포넬-라커Fornell-Larcker 기준을 활용한다. 각 요인의 $\sqrt{AVE}$ 값이 다른 요인 간 상관계수보다 커야 한다. 보조적으로는 HTMT 비율Heterotrait-Monotrait Ratio of Correlations이 .85(또는 .90) 미만이면 판별타당도가 확보된 것으로 판단할 수 있다.

이제 확인적 요인분석의 대표적인 결과 제시 방식을 살펴보자. [그림 5-2]는 요인 간 관계와 문항 구조를 직관적으로 보여주며, [표 5-6], [표 5-7], [표 5-8]은 각각 모형의 적합도, 집중타당도, 판별타당도 및 상관관계를 제시하여 분석 결과를 종합적으로 확인할 수 있다.

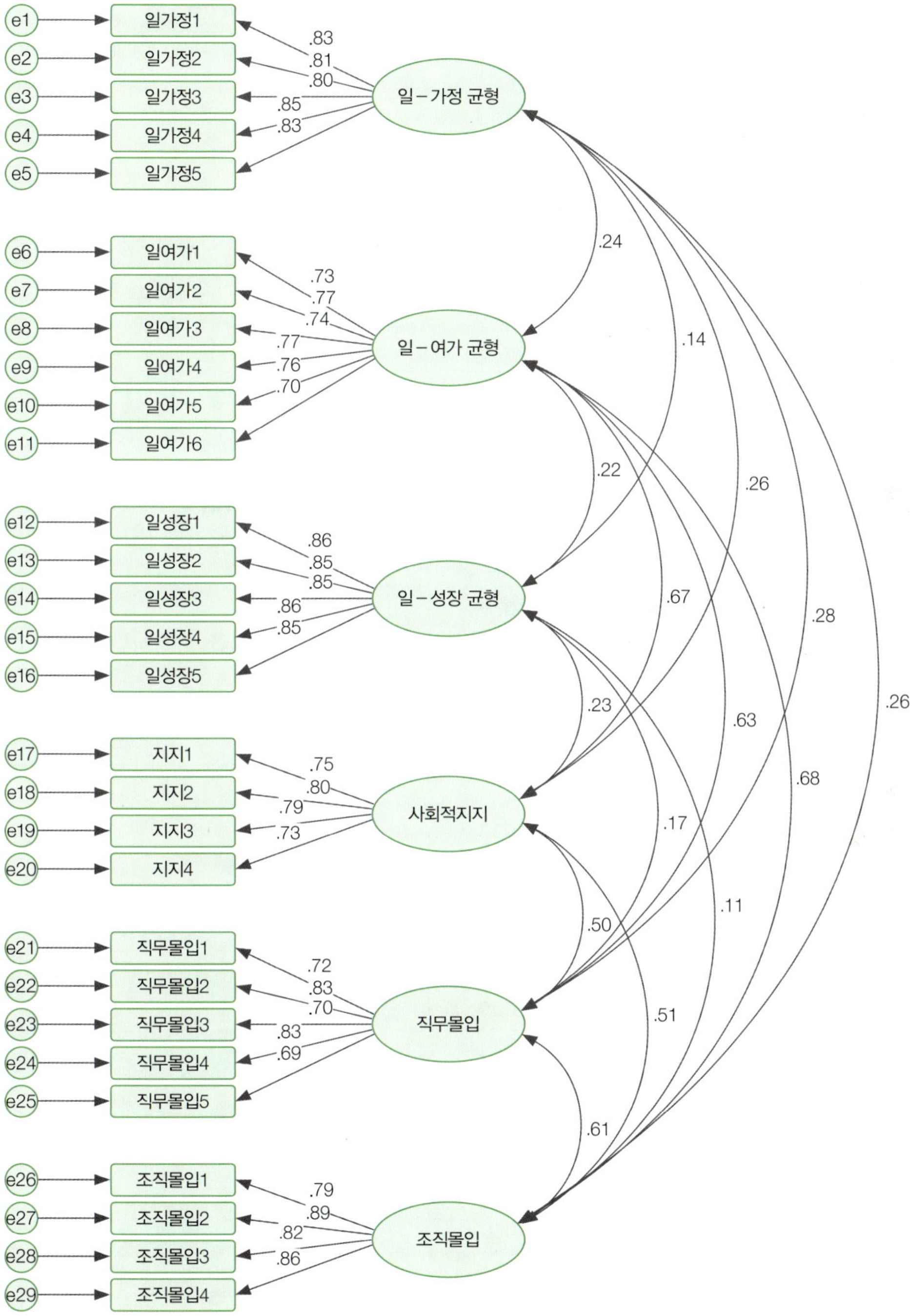

그림 5-2 확인적 요인분석 결과 예시

표 5-6 확인적 요인분석 결과의 적합도

구분	χ^2	df	p	TLI	CFI	RMSEA
측정모형	512.652	362	.000	.959	.964	.043
기준				0.9 이상	0.9 이상	0.08 이하

[표 5-6]의 결과는 다음과 같이 해석할 수 있다.

> 측정모형은 전반적으로 양호한 적합도를 보였다(χ^2=512.652, df=362, p<.001). 또한 TLI=.959, CFI=.964로 모두 기준치인 .90을 상회했으며, 이상적으로는 .95 수준에 근접해 모형이 자료를 충분히 잘 설명하는 것으로 나타났다. 또한 절대적합지수인 RMSEA는 .043으로 .08 이하 기준을 충족하여 근사적합도 역시 양호한 수준으로 평가되었다.

표 5-7 확인적 요인분석 결과의 집중타당도

잠재변수	측정변수	요인부하량			CR	AVE
		비표준화계수	표준오차	표준화계수		
일-가정 균형	일가정1	1.000		.833	.914	.681
	일가정2	.995	.070	.811		
	일가정3	.946	.068	.800		
	일가정4	1.015	.067	.846		
	일가정5	1.055	.071	.834		
일-여가 균형	일여가1	1.000		.728	.882	.556
	일여가2	1.078	.097	.772		
	일여가3	1.075	.100	.745		
	일여가4	1.052	.095	.767		
	일여가5	1.042	.095	.762		
	일여가6	.952	.095	.698		
일-성장 균형	일성장1	1.000		.858	.931	.730
	일성장2	.992	.060	.849		
	일성장3	.962	.058	.854		
	일성장4	.998	.059	.863		
	일성장5	.984	.060	.847		
사회적 지지	지지1	1.000		.753	.851	.589
	지지2	1.157	.101	.797		

잠재변수	측정변수	요인부하량			CR	AVE
		비표준화계수	표준오차	표준화계수		
사회적 지지	지지3	1.244	.110	.787		
	지지4	1.161	.110	.730		
직무몰입	직무몰입1	1.000		.717	.869	.573
	직무몰입2	1.074	.093	.830		
	직무몰입3	1.034	.105	.700		
	직무몰입4	1.055	.091	.830		
	직무몰입5	.977	.100	.694		
조직몰입	조직몰입1	1.000		.793	.905	.705
	조직몰입2	1.154	.077	.888		
	조직몰입3	1.051	.078	.815		
	조직몰입4	1.114	.077	.859		

[표 5-7]의 결과는 다음과 같이 해석할 수 있다.

본 연구의 측정모형은 전반적으로 양호한 수렴타당도와 내적 일관성을 보였다. 모든 잠재변수의 구성신뢰도CR는 .851~.931 범위로 나타나 .70의 기준을 상회했으며, 평균분산추출AVE 역시 .556~.730 범위로 .50 기준을 충족했다. 표준화 요인부하량은 전반적으로 .70 이상으로 나타나 각 문항이 해당 잠재구성을 적절히 반영하는 것으로 판단된다.

먼저 일-가정 균형의 표준화 요인부하량은 .800~.846 범위로 CR=.914, AVE=.681로 확인되었다. 모든 문항의 부하량이 .80 내외로 높아 구성개념을 안정적으로 포착하고 있는 것으로 해석된다. 다음으로 일-여가 균형의 표준화 요인부하량은 .698~.772 범위였고, CR=.882, AVE=.556으로 나타났다. 일부 문항(일여가6, λ=.698)이 경계 수준을 보였으나, AVE가 .50을 상회하므로 내용타당성과 개념의 포괄성을 고려할 때 문항 유지가 타당하다.

일-성장 균형은 표준화 요인부하량 .847~.863, CR=.931, AVE=.730으로, 부하량과 신뢰도 지표 모두 높아 측정의 정밀성이 매우 우수한 것으로 평가된다. 사회적 지지는 표준화 요인부하량 .730~.797, CR=.851, AVE=.589로 나타나 안정적인 수렴타당도를 확보했다. 직무몰입은 표준화 요인부하량 .694~.830, CR=.869, AVE=.573으로 확인되었다. 일부 문항(직무몰입5, λ=.694)이 경계 값에 위치했으나, 전체 지표가 기준을 충족하므로 실증적 필요성과 이론적 포섭 범위를 감안할 때 문항 유지가 가능하다. 마지막으로 조직몰입은 표준화 요인부하량 .815~.888, CR=.905, AVE=.705로, 높은 부하량과 충분한 분산추출을 통해 강한 수렴타당도를 보였다.

한편 판별타당도는 각 잠재변수의 AVE 제곱근($\sqrt{AVE}$)이 잠재변수 간 상관계수보다 큰지를 확인하는 방식으로 검증했다. 그 결과 모든 잠재변수에서 AVE 제곱근이 해당 상관계수들을 상회하여 판별타당도가 확보되었다. 종합하면 본 연구에서 사용한 측정도구는 수렴타당도와 판별타당도를 모두 충족했으며 이후 잠재변수 간 구조적 관계를 검증하기 위한 구조모형 분석을 수행하기에 타당한 측정기반을 갖춘 것으로 판단된다.

표 5-8 확인적 요인분석 결과의 상관관계와 판별타당도

	일-가정 균형	일-여가 균형	일-성장 균형	사회적 지지	직무몰입	조직몰입
일-가정 균형	**.825**					
일-여가 균형	.243**	**.746**				
일-성장 균형	.137	.219**	**.854**			
사회적 지지	.256**	.671***	.231**	**.767**		
직무몰입	.280***	.629***	.175*	.500***	**.757**	
조직몰입	.262***	.678***	.108	.515***	.610***	**.840**

굵은 서체는 AVE의 제곱근($\sqrt{AVE}$)
*p<.05, **p<.01, ***p<.001

[표 5-8]의 결과는 다음과 같이 해석할 수 있다.

각 잠재변수의 AVE 제곱근(대각선, 굵은 서체로 표시)이 해당 변수와의 상관계수(비대각)보다 모두 크게 나타나 Fornell-Larcker 기준을 충족했다(일-가정 균형 $\sqrt{AVE}$=.825, 일-여가 균형 .746, 일-성장 균형 .854, 사회적 지지 .767, 직무몰입 .757, 조직몰입 .840). 예를 들어 가장 큰 교차상관은 일-여가 균형-조직몰입 간 r=.678이었으나, 양 변수의 $\sqrt{AVE}$(.746, .840)보다 작아 판별타당도가 유지되었다. 그 외의 상관계수들도 중간 수준으로 이론적 연결성을 보이되, 모두 대응하는 $\sqrt{AVE}$를 하회했다. 종합하면 본 연구의 잠재변수들은 상호 구별 가능하면서도 이론적으로 기대되는 방향의 관련성을 보여, 이후 구조모형 분석을 위한 측정기반이 적절함을 시사한다.

5.4.2 신뢰도

신뢰도reliability란 측정도구가 동일한 대상을 반복 측정했을 때 일관되고 안정적인 결과를 나타내는 정도를 의미한다. 쉽게 말해 **측정 결과가 얼마나 변함없이 재현되는가**를 보여준다. 신뢰도는 주로 내적 일관성 신뢰도, 재검사 신뢰도, 분할신뢰도로 구분되어 각각 문항 간 응답의 일관성, 시간에 따른 측정의 안정성, 문항 집단 간의 일관성을 확인하는 데 사용된다.

내적 일관성 신뢰도

내적 일관성 신뢰도 internal consistency reliability는 여러 문항이 하나의 개념을 얼마나 일관되게 측정하는지 평가하는 방법으로 가장 널리 쓰이는 신뢰도 검증 방법이다. 일반적으로 **크론바흐 알파** Cronbach's α를 사용하며 $\alpha \geq 0.7$이면 신뢰도가 양호하다고 본다. 구체적인 해석 기준은 다음과 같다.

- **$\alpha \geq .70$:** 수용 가능
- **$\alpha \geq .80$:** 양호
- **$\alpha \geq .90$:** 매우 높음

이러한 기준에 따라 산출된 신뢰도 분석 결과는 [표 5-9]와 같다. 각 척도의 α 값을 통해 문항들이 개념을 얼마나 일관되게 측정하는지를 확인할 수 있다.

표 5-9 신뢰도 분석 결과 예시

변인	문항 예시	크론바흐 알파
일-가정 균형	일가정1~일가정5	.914
일-여가 균형	일여가1~일여가6	.882
일-성장 균형	일성장1~일성장5	.931
사회적 지지	지지1~지지4	.848
직무몰입	직무몰입1~직무몰입5	.865
조직몰입	조직몰입1~조직몰입4	.904

[표 5-9]의 결과는 다음과 같이 해석할 수 있다.

> 각 변인의 크론바흐 알파 값은 .848 이상으로 모든 척도가 안정적이고 일관된 내적 신뢰도를 보였다. 특히 '일-성장 균형'의 크론바흐 알파 값은 .931로 매우 높은 수준을 보여 문항들이 동일한 개념을 일관되게 측정함을 확인할 수 있다.

재검사 신뢰도

재검사 신뢰도 test-retest reliability는 동일한 집단을 일정한 시간 간격을 두고 같은 측정도구로 반복 측정했을 때 두 측정값이 얼마나 일관되게 나타나는지를 확인하는 방법이다. 시간 간격이 너무 짧으면 단순기억효과 memory effect가 발생할 수 있고, 반대로 시간 간격이 너무 길면 응답자의 실제 특성

이 변할 수 있으므로 일반적으로 2주~4주 정도의 간격을 설정하는 것이 바람직하다. 재검사 신뢰도는 측정도구의 안정성stability을 직접적으로 평가할 수 있다는 장점이 있으나, 시간 간격이나 응답자의 상황 변화에 따라 결과가 달라질 수 있다는 한계가 있다. 예를 들어 한 집단의 대학생에게 학업 자기효능감 척도를 2주 간격으로 두 번 실시했을 때 두 측정값 간의 상관계수가 $r=.85$라면 재검사 신뢰도가 높다고 할 수 있다.

분할신뢰도

분할신뢰도split-half reliability는 하나의 척도에 포함된 문항들을 절반으로 나누어 두 집단(예 홀수 문항과 짝수 문항)의 응답 간 일관성을 검증하는 방법이다. 이 방법은 측정도구의 내적 일관성을 평가하는 데 유용하며, 주로 스피어만-브라운Spearman-Brown 보정식을 사용해 전체 척도의 신뢰도를 추정한다. 한 번의 측정만으로도 신뢰도를 확인할 수 있어 시간과 비용이 절약된다는 장점이 있으나, 문항을 나누는 방식에 따라 결과가 달라질 수 있다는 한계가 있다. 이러한 이유로 실제 연구에서는 일반적으로 크론바흐 알파가 더 널리 사용된다. 예를 들어 10문항으로 구성된 직무만족 척도를 홀수 문항과 짝수 문항으로 나누었을 때 두 집단 간 상관계수가 $r>.80$으로 높게 나타난다면 해당 척도의 분할신뢰도가 확보되었다고 볼 수 있다.

셀파의 요약정리 5.4

■ 전체 원칙

- 검증 순서는 '타당도(개념이 올바른가?) → 신뢰도(일관되게 측정되는가?)'의 흐름으로 진행한다.
- 보고 시 기본적으로 내용타당도(전문가 검토), EFA/CFA를 통한 구성타당도, 수렴·판별타당도(AVE, CR, HTMT), 신뢰도(크론바흐 알파)를 포함하여 구성한다.

■ 내용타당도

- **방법 :** 전문가 집단(교수, 연구자, 현장전문가 등)의 검토를 통해 문항이 개념 정의와 차원을 충분히 반영하는지 평가한다.
- **특징 :** 개념의 포괄성을 보장하지만 평가가 주관적이라는 한계가 있다.

■ 준거타당도

- **동시타당도 :** 측정도구의 점수가 현재의 외부 준거(기존 도구나 행동지표 등)와 얼마나 관련이 있는지 평가한다.
- **예측타당도 :** 측정도구가 미래의 행동이나 성과를 예측할 수 있는지를 확인한다.

■ 구성타당도

- **탐색적 요인분석(EFA) :** 문항이 자연스럽게 묶이는 잠재요인을 찾아 척도의 구조를 탐색한다.
- **확인적 요인분석(CFA) :** 이론적 측정모형을 검증하여 수렴·판별타당도를 정량적으로 평가한다.
- **수렴·판별타당도 기준**
  1. 수렴타당도 : CR $\geq$.70, AVE $\geq$.50, 요인적재량 유의
  2. 판별타당도 : Fornell−Larcker 기준($\sqrt{AVE}$ > 상관계수) 충족, HTMT < .85(.90)이면 양호

■ 신뢰도

- **내적 일관성 신뢰도 :** 여러 문항이 하나의 개념을 얼마나 일관되게 측정하는지를 평가하며 크론바흐 알파Cronbach's α 값은 .70 이상이면 수용 가능, .80 이상이면 양호, .90 이상이면 매우 높음으로 해석한다. α가 과도하게 높으면 문항 중복 가능성을 점검한다.
- **재검사 신뢰도 :** 동일한 집단을 2주~4주 간격으로 반복 측정하여 두 측정값 간 상관계수를 비교한다. 시간 간격이 너무 짧으면 기억 효과, 너무 길면 특성 변화로 결과가 왜곡될 수 있다.
- **분할신뢰도 :** 문항을 홀수·짝수 등으로 나누어 두 집단의 응답 일관성을 확인하고 스피어만-브라운 보정식으로 전체 척도의 신뢰도를 추정한다.

SECTION

5.5 가설 검증

5.3절에서 빈도분석과 기술통계분석으로 표본의 기초 특성을 파악하고 5.4절에서 신뢰도와 타당도 검증으로 측정도구의 정합성을 확인했다면, 이제 변수 간 관계를 분석하여 가설을 검증하는 단계로 나아가야 한다. 연구자는 이론적 배경을 통해 설정한 가설이 실제 자료에서도 지지되는지를 검증해야 한다.

가설 검증은 연구자가 세운 이론적 모형이 실제로도 성립하는지를 실증적으로 입증하는 핵심 과정이다. 따라서 결과를 해석할 때는 단순히 유의확률(p값)만 보는 것이 아니라 효과 크기, 방향성, 모형 적합도까지 종합적으로 고려한다.

5.5.1 상관관계분석

상관관계분석correlation analysis은 두 변수 간의 선형적 관련성의 정도와 방향을 파악하는 기법이다. 이 분석은 가설 검증 전 단계에서 독립변수와 종속변수 간 기초적 관계를 확인하기 위해 수행한다. 또한 변수 간에 높은 상관(보통 상관계수 .08 이상)은 다중공선성(5.5.2절 참고) 문제로 이어질 수 있으므로 이를 사전에 점검하는 데에도 활용된다. 즉 상관관계분석은 변수들이 연구자가 의도한 방향으로 연관되는지 미리 살펴보는 사전 점검 단계라 할 수 있다.

셀파의 포인트 상관계수의 해석

- **상관계수(r) :** −1과 +1 사이의 값을 가짐
- r > 0 → 정적 상관(한 변수가 증가할수록 다른 변수도 증가)
- r < 0 → 부적 상관(한 변수가 증가할수록 다른 변수는 감소)
- |r| 값이 클수록 관계가 강함(0.1 = 약함, 0.3 = 보통, 0.5 이상 = 강함 정도로 해석)

상관관계분석의 결과는 일반적으로 [표 5-10]과 같은 상관계수 행렬 형태로 제시되며, 각 변수 간 관련성의 크기와 방향을 한눈에 확인할 수 있다.

표 5-10 상관관계분석 결과 예시

	일-가정 균형	일-여가 균형	일-성장 균형	사회적 지지	직무몰입	조직몰입
일-가정 균형	1					
일-여가 균형	.243**	1				
일-성장 균형	.137	.219**	1			
사회적 지지	.256**	.671***	.231**	1		
직무몰입	.280***	.629***	.175*	.500***	1	
조직몰입	.262***	.678***	.108	.515***	.610***	1

*p<.05, **p<.01, ***p<.001

[표 5-10]의 결과는 다음과 같이 해석할 수 있다.

일-여가 균형과 직무몰입 간에는 r=.629(p<.001)로 강한 정적 상관이 나타나, 여가 생활이 균형 있게 이루어질수록 직무몰입도 높아지는 경향이 있었다. 사회적 지지와 직무몰입의 상관계수는 r=.500(p<.001)로 중간 수준 이상의 정적 상관을 보여 주변의 지지를 많이 받을수록 직무몰입이 높아지는 것으로 나타났다. 또한 직무몰입과 조직몰입 간에는 r=.610(p<.001)로 높은 상관이 확인되어 직무에 몰입하는 정도와 조직에 대한 몰입이 밀접히 연결되어 있음을 알 수 있었다. 반면에 일-성장 균형과 조직몰입의 상관계수는 r=.108로 낮고 통계적으로 유의하지 않아 개인 성장 기회 균형은 조직몰입과 뚜렷한 관련성을 보이지 않았다. 전반적으로 모든 변수가 이론적으로 기대되는 방향, 즉 대체로 정적 상관을 보이는 것으로 나타났다.

상관관계분석을 해석할 때는 다음 두 가지를 유의해야 한다. 첫째, 상관관계는 인과관계를 의미하지 않는다. 변수 A, B에 상관관계가 있다고 해서 변수 A가 변수 B에 영향을 준다고 볼 수는 없다. 둘째, 상관계수는 선형적 관계만 반영하므로 비선형적 관계는 포착하지 못한다. 따라서 상관관계분석은 본격적인 가설 검증(회귀분석, 구조방정식모형 등)에 앞서 변수 간 연관 방향을 미리 탐색하는 용도로 활용하는 것이 바람직하다.

5.5.2 회귀분석

회귀분석은 독립변수가 종속변수에 미치는 영향을 파악하는 대표적인 분석방법이다. 상관분석이 변수 간 관계의 존재 여부를 확인하는 기초적 단계라면, 회귀분석은 그 관계의 방향과 크기를 구체적으로 검증하는 단계다.

셀파의 포인트 회귀분석의 기본 개념

- **비표준화계수(B) :** 독립변수가 한 단위 증가할 때 종속변수가 실제 값에서 얼마나 변하는지를 나타낸다. 해석은 직관적이지만 변수의 단위가 다르면 크기를 직접 비교하기 어렵다.
- **표준화계수(β) :** 모든 변수를 평균 0, 표준편차 1로 변환한 후 얻은 계수다. 표준화하면서 변수의 단위 차이가 제거되어 상대적 영향력 비교에 유용하다. 예를 들어 β=.63, β=.14이면 두 독립변수 중 β=.63인 변수가 종속변수에 더 큰 영향을 미친다고 해석한다.
- **t값과 p값 :** 각 독립변수가 종속변수에 미치는 영향의 유의성을 판단하는 지표다. 보통 $p<.05$이면 통계적으로 유의하다고 판단한다.
- **결정계수 R^2 :** 회귀모형에 포함된 독립변수들이 종속변수의 변동을 얼마나 설명하는지 나타낸다. 예를 들어 R^2=.476이면 종속변수의 약 47.6%가 모형에 의해 설명된다.
- **F 통계량 :** 회귀모형 전체가 통계적으로 유의한지 검증하는 지표다. 보통 $p<.05$이면 모형 전체가 유의하다고 해석한다.
- **다중공선성**multicollinearity **:** 독립변수 간 상관이 지나치게 높을 때 발생하는 문제로 회귀계수 추정을 불안하게 만든다. 일반적으로 변수 간 상관계수가 .08 이상이면 다중공선성 가능성을 의심하며 회귀분석 단계에서는 **분산팽창요인(VIF)**Variance Inflation Factor 값을 이용해 점검한다. 일반적으로 VIF<10이면 다중공선성 문제가 없는 것으로 본다.

다중회귀분석

다중회귀분석multiple regression은 두 개 이상의 독립변수가 종속변수에 동시에 미치는 영향을 추정하는 분석방법이다. 독립변수 각각의 효과(β, p값)를 확인하고, 모형 전체의 설명력(R^2, F)을 평가하며 변수 간 상대적 중요도를 비교할 수 있다. 다만 독립변수 간 상관이 지나치게 높으면 회귀계수의 해석이 왜곡될 수 있으므로 반드시 VIF 값을 확인해 다중공선성 여부를 점검해야 한다.

이제 다중회귀분석의 대표적인 결과 제시 방식을 살펴보자. [그림 5-3]은 연구모형 내 독립변수와 종속변수의 관계 구조를 시각적으로 보여준다.

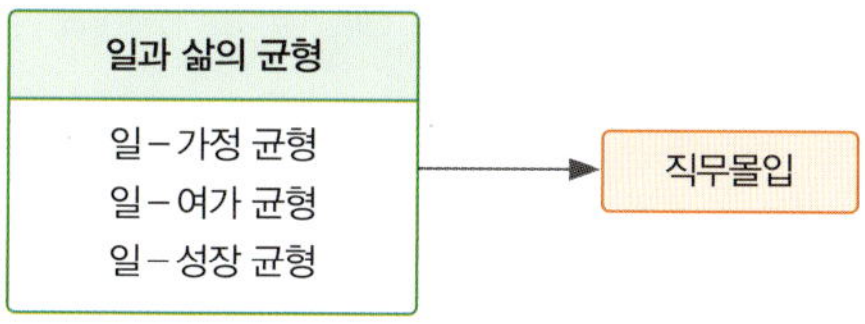

그림 5-3 다중회귀분석 연구모형 예시

[표 5-11]은 직무몰입에 대한 다중회귀분석 결과를 수치적으로 나타낸 것이다. [그림 5-3]의 연구모형 예시에 따라 일과 삶의 균형의 하위요인인 일-가정 균형, 일-여가 균형, 일-성장 균형을 중심으로 분석이 이루어졌음을 알 수 있다.

표 5-11 직무몰입에 대한 다중회귀분석 결과

구분	비표준화계수		표준화계수	t	p	VIF
	B	SE	β			
(상수)	.399	.305		1.309	.192	
일-가정 균형	.090	.033	.138	2.749**	.006	1.063
일-여가 균형	.722	.058	.633	12.501***	.000	1.087
일-성장 균형	.031	.031	.051	1.025	.306	1.043
R^2	.476					
F	67.294***					

*p<.05, **p<.01, ***p<.001

[표 5-11]의 결과는 다음과 같이 해석할 수 있다.

> 회귀모형은 통계적으로 유의했으며(F=67.294, p<.001), 직무몰입 변동의 약 47.6%를 설명했다. 독립변수 중에서는 일-여가 균형(β=.633, p<.001)이 직무몰입에 가장 큰 영향을 미치는 요인으로 나타났고, 일-가정 균형(β=.138, p<.01) 역시 직무몰입에 유의하게 긍정적인 영향을 주었으나 그 효과 크기는 상대적으로 작았다. 반면에 일-성장 균형은 유의하지 않아(p=.306) 직무몰입을 설명하는 변수로 보기 어려웠다. 또한 모든 VIF 값이 1.0~1.1 수준으로 나타나 다중공선성 문제는 존재하지 않았다.

매개회귀분석

매개회귀분석 mediation regression analysis은 독립변수와 종속변수의 관계가 단순한 직접 경로로만 작동하지 않고, 그 사이에 **매개변수** mediator가 개입하여 그 관계를 전달하거나 변형시키는지를 검증하는 분석방법이다. 매개관계가 확인되면 독립변수가 종속변수에 미치는 영향 중 일부 또는 전부가 매개변수를 통해 전달되는 정도에 따라 부분매개와 완전매개로 구분된다.

1 부분매개

부분매개 partial mediation는 독립변수가 종속변수에 직접적으로 영향을 미치는 동시에, 매개변수를 거쳐 간접적으로도 영향을 미치는 형태를 말한다. 즉 매개변수가 포함되더라도 독립변수의 직접경로가 여전히 유의한 경우를 의미한다. 이는 매개효과가 독립변수의 전체 영향 중 일부만을 설명한다는 뜻이다.

2 완전매개

완전매개full mediation는 독립변수가 종속변수에 미치는 영향이 매개변수를 통해서만 전달되는 경우를 말한다. 즉 매개변수를 통제했을 때 독립변수와 종속변수 간의 직접경로가 더 이상 유의하지 않으면 완전매개로 해석한다. 이 경우 독립변수의 영향은 오직 매개변수를 통해서만 종속변수로 이어진다.

[그림 5-4]는 부분매개와 완전매개를 도식화한 것이다. 여기서 실선은 유의적 관계임을, 점선은 비유의적 관계임을 의미한다.

그림 5-4 부분매개와 완전매개의 개념도

> **셀파의 포인트** 매개효과 검증법의 변화
>
> - **전통적 접근(Baron & Kenny(1986))** : 3단계 회귀분석 절차를 통해 매개효과의 존재 여부를 판정한다. 간단하지만 매개효과의 통계적 유의성을 직접 검증하지 못한다는 한계가 있다.
> - **현대적 접근(Hayes(2013)의 프로세스 매크로**PROCESS Macro[1], **부트스트랩**Bootstrap**)** : 부트스트랩 신뢰구간(CI)Confidence Interval으로 매개효과의 크기와 유의성을 직접 검증한다. 현재 매개효과 검증의 사실상 표준 방법으로 자리 잡았다.

이제 매개회귀분석의 대표적인 결과 제시 방식을 살펴보자. [그림 5-5]는 독립변수, 매개변수, 종속변수 간의 경로 구조를 시각적으로 보여주며, [표 5-12]는 3단계 회귀분석 절차를 통해 각 변수 간 관계의 변화와 매개효과의 유형을 나타낸 것이다. [그림 5-5]의 연구모형 예시에 따라 일과 삶

1 Hayes(2013)가 개발한 프로세스 매크로는 매개효과와 조절효과를 검증하는 표준 도구로 활용되고 있다. 이 매크로는 SPSS, SAS, R 등 주요 통계분석 프로그램에 설치 후 간단한 명령으로 실행할 수 있으며 매개효과·조절효과·조건부 간접효과moderated mediation까지 다양한 모형을 분석할 수 있다는 장점을 지닌다. 또한 부트스트랩 기반 신뢰구간(수천 회 재표집을 통해 간접효과의 분포를 추정하는 방식)을 제공해 통계적 유의성을 엄밀하게 검증할 수 있다. 일반적으로 95% 신뢰구간에 0이 포함되지 않으면 매개효과가 유의하다고 판단한다.

의 균형의 하위요인인 일–가정 균형, 일–여가 균형, 일–성장 균형을 중심으로 분석이 이루어졌음을 알 수 있다.

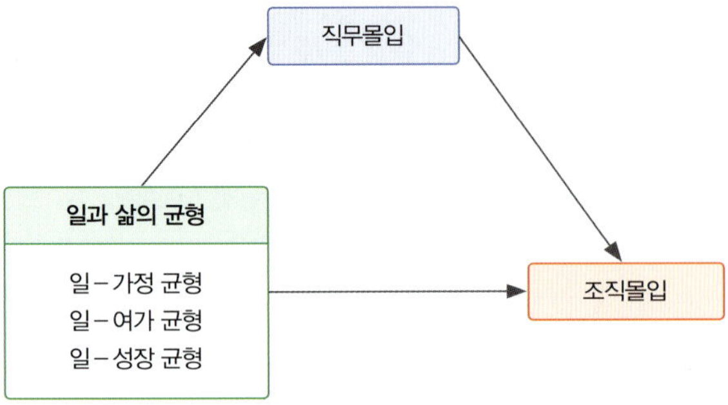

그림 5-5 매개회귀분석 연구모형 예시

표 5-12 직무몰입에 대한 매개회귀분석 결과

구분	1단계 독립 → 매개			2단계 독립 → 종속			3단계 독립, 매개 → 종속			VIF
	B	β	t	B	β	t	B	β	t	
(상수)	.399		1.309	.658		1.892	.486		1.500	
일-가정 균형	.090	.138	2.749**	.088	.128	2.371*	.049	.072	1.410	1.099
일-여가 균형	.722	.633	12.501***	.709	.587	10.767***	.398	.329	4.983***	1.852
일-성장 균형	.031	.051	1.025	-.007	-.011	-.199	-.021	-.031	-.632	1.048
직무몰입							.432	.408	6.081***	1.909
R^2	.476			.393			.480			
F	67.294***			47.902***			50.991***			

*p<.05, **p<.01, ***p<.001

[표 5-12]의 결과는 다음과 같이 해석할 수 있다.

1단계에서 일–가정 균형과 일–여가 균형은 직무몰입(매개변수)에 유의한 영향을 미치는 것으로 나타났다. 2단계에서는 이 두 변수가 조직몰입에 직접적으로 유의한 영향을 주는 것으로 확인되었다. 그러나 3단계에서 직무몰입을 회귀모형에 투입하자 일–가정 균형의 효과는 유의하지 않게 되어 직무몰입이 일–가정 균형과 조직몰입 간 관계를 완전히 매개하는 것으로 해석된다. 반면 일–여가 균형은 직무몰입을 포함한 이후에도 여전히 유의한 영향을 보였으나, 그 효과 크기가 감소하여 직무몰입이 일-여가 균형과 조직몰입 간 관계를 부분적으로 매개하는 것으로 나타났다.

이 결과를 바탕으로 직무몰입의 매개효과를 그림으로 표현하면 [그림 5-6]과 같다. 여기서 실선은 유의적 관계임을, 점선은 비유의적 관계임을 의미한다.

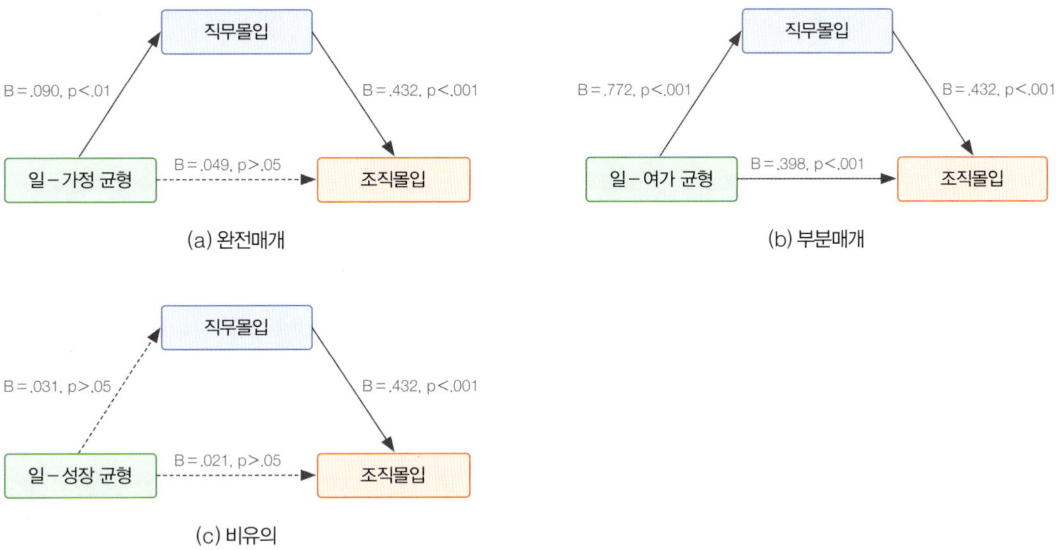

그림 5-6 매개회귀분석 분석결과 도식 예시

[표 5-13]은 부트스트랩을 이용해 간접효과의 유의성을 검증한 결과를 제시하여 매개효과가 통계적으로 유의한지 여부를 종합적으로 판단할 수 있게 한다.

표 5-13 직무몰입의 매개효과 검증 결과

간접경로	B	Boot SE	Boot 95% CI	
			LLCI	ULCI
일-가정 균형 → 직무몰입 → 조직몰입	.039	.017	.010	.080
일-여가 균형 → 직무몰입 → 조직몰입	.312	.070	.193	.469
일-성장 균형 → 직무몰입 → 조직몰입	.014	.014	-.010	.046

[표 5-13]의 결과는 다음과 같이 해석할 수 있다.

매개효과를 검증하기 위해 Hayes의 PROCESS Macro(Model 4)를 이용하여 Bootstrap을 5,000회 반복 추출한 결과, 직무몰입의 매개효과가 부분적으로 확인되었다. 구체적으로 일-가정 균형이 조직몰입에 미치는 매개효과는 B=.039, Boot SE=.017, 95% CI [.010, .080]으로 나타나, 신뢰구간에 0이 포함되지 않아 유의한 것으로 확인되었다. 이는 일-가정 균형이 직무몰입을 매개로 조직몰입에 긍정적 영향을 미친다는 것을 의미한다. 또한 일-여가 균형이 조직몰입에 미치는 매개효과는 B=.312, Boot SE=.070, 95% CI [.193, .469]로, 매개효과가 매우 강력하게 유의했다. 즉 일-여가 균형이 높을수록 직무몰입 수준이 향상되고, 이는 다시 조직몰입의 증가로 이어지는 경향을 보인다. 반면 일-성장 균형의 매개효과는 B=.014, Boot SE=.014, 95% CI [-.010, .046]으로, 신뢰구간에 0이 포함되어 통계적으로 유의하지 않았다. 이는 일-성장 균형이 직무몰입을 매개로 조직몰입에 영향을 미친다고 보기 어려움을 시사한다.

조절회귀분석

조절회귀분석moderation regression analysis은 독립변수와 종속변수의 관계가 조절변수의 수준에 따라 달라지는지를 검증하는 분석방법이다. 즉 어떤 변수의 효과가 모든 상황에서 동일하게 나타나지 않고, 특정 조건(조절변수의 높고 낮음)에 따라 강해지거나 약해질 수 있음을 보여준다.

조절회귀분석에서는 독립변수(X), 조절변수(Y)와 이 두 변수를 곱한 상호작용항(X×Z)을 회귀식에 함께 포함시킨다. 이 상호작용항의 계수가 유의하면 조절효과가 존재한다고 해석하며, 이를 **상호작용효과**interaction effect라 한다. 하지만 세 변수 간 상관이 높으면 다중공선성 문제가 발생하므로 회귀계수 추정이 불안정해질 수 있다. 이를 해결하기 위해 **평균중심화**mean-centering를 실시한다. 평균중심화를 실시하면 다중공선성이 완화(VIF 값이 감소)되고, 상호작용항이 0일 때의 회귀계수는 평균 수준에서의 효과를 의미하게 되어 회귀계수 해석이 명확해진다.

조절회귀분석은 조절변수의 성격에 따라 분석 방식과 해석 방법이 달라진다. 조절변수가 연속형 변수(양적 조절변수)인 경우 독립변수의 효과는 조절변수의 수준이 높고 낮음의 차이에 따라 점진적으로 달라진다. 조절변수가 유의적으로 나올 때 이러한 변화를 단순경사분석simple slope analysis[2]을 통해 나온 그래프를 활용해 확인할 수 있다.

반면 조절변수가 범주형 변수(질적 조절변수)인 경우 독립변수의 효과는 집단 간 차이에 따라 달라진다. 이때 더미변수 처리 후 교호항significant interaction term을 검증한다. 범주형 변수로 분석한 조절회귀분석 결과 또한 단순경사분석을 통해 나온 그래프를 활용해 제시할 수 있다.

---

2 단순경사분석은 조절효과 분석에서 조절변수가 독립변수와 종속변수의 관계를 어떻게 변화시키는지를 구체적으로 살펴보기 위한 후속 절차다. 조절효과가 유의하게 나타나면 단순경사분석을 실시해 조절변수의 특정 수준(예 평균보다 1표준편차 높거나 낮은 수준)에서 독립변수가 종속변수에 미치는 영향을 각각 계산하고 그 결과를 시각화한다. 이를 통해 상호작용의 구체적 패턴을 해석할 수 있다.

이제 양적 조절변수와 질적 조절변수를 활용한 조절회귀분석의 대표적인 결과 제시 방식을 차례대로 살펴보자.

1 양적 조절변수를 활용한 조절회귀분석

[그림 5-7]은 독립변수와 종속변수의 관계가 조절변수 수준(낮음·보통·높음)에 따라 달라지는 구조를 시각적으로 보여준다. 이어지는 [표 5-14]는 각 변수의 회귀계수, 유의수준, 다중공선성 진단(VIF 값) 등을 제시하여 사회적 지지의 조절효과를 수치적으로 확인할 수 있도록 한다.

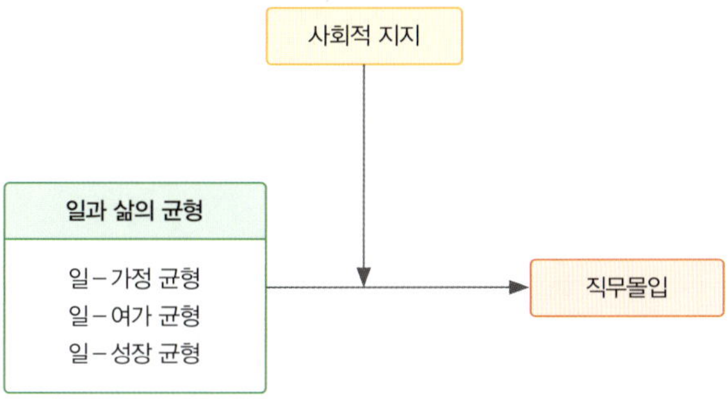

그림 5-7 양적 조절변수를 활용한 조절회귀분석 연구모형 예시

표 5-14 사회적 지지에 대한 조절회귀분석 결과

구분	비표준화계수		표준화계수	t	p	VIF
	B	SE	β			
(상수)	4.483	.059		75.586***	.000	
일-가정 균형(A)	.071	.031	.110	2.275*	.024	1.085
일-여가 균형(B)	.586	.066	.513	8.870***	.000	1.565
일-성장 균형(C)	.011	.030	.018	.364	.716	1.090
사회적 지지(D)	.238	.062	.224	3.840***	.000	1.585
A×D	.006	.028	.010	.211	.833	1.125
B×D	.158	.047	.162	3.344***	.001	1.098
C×D	-.019	.029	-.032	-.655	.513	1.103
R^2	.534					
F	35.617***					

*p<.05, **p<.01, ***p<.001

[그림 5-7]과 [표 5-14]의 결과는 다음과 같이 해석할 수 있다.

> 조절회귀분석 결과, 일-여가 균형과 직무몰입 간 관계에서 사회적 지지의 조절효과가 통계적으로 유의하게 나타났다(β=.162, p<.01). 즉 사회적 지지가 높을수록 일-여가 균형이 직무몰입에 미치는 긍정적 효과가 강화되는 것으로 해석된다.

조절효과가 확인된 이후에는 조절변수의 수준에 따라 독립변수의 효과가 어떻게 달라지는지를 보다 구체적으로 살펴볼 필요가 있다. [표 5-15]는 사회적 지지 수준(낮음·보통·높음)에 따른 일-여가 균형의 단순경사분석 결과를 제시하고, 이어지는 [그림 5-8]은 이러한 변화를 시각적으로 표현하여 조절효과의 방향과 크기를 한눈에 파악할 수 있도록 한다.

표 5-15 사회적 지지에 대한 단순경사분석 결과

사회적 지지 수준	일-여가 균형 → 직무몰입			
	B	SE	t	p
낮음(-1SD)	.438	.079	5.577***	.000
보통(Mean)	.596	.066	9.012***	.000
높음(+1SD)	.755	.084	8.987***	.000

*p<.05, **p<.01, ***p<.001

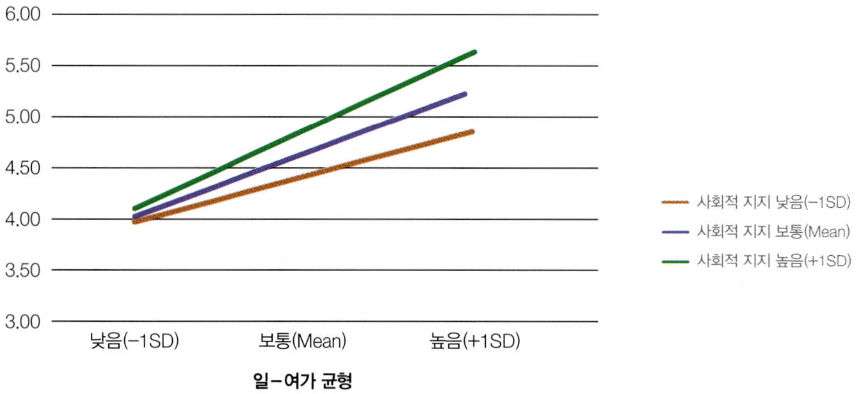

그림 5-8 사회적 지지에 대한 단순경사분석 결과

[표 5-15]와 [그림 5-8]의 결과는 다음과 같이 해석할 수 있다.

단순경사분석 결과 사회적 지지가 낮은 수준(−1SD)일 때 일−여가 균형의 효과는 B=.438(p<.001)로 나타났으며, 보통 수준(Mean)에서는 B=.596(p<.001), 높은 수준(+1SD)에서는 B=.755(p<.001)로 점차 증가했다. 이는 사회적 지지가 높을수록 일−여가 균형이 직무몰입에 미치는 긍정적 영향이 강화되는 것으로 해석된다. 반면 일−가정 균형과 일−성장 균형은 사회적 지지와의 상호작용이 유의하지 않아, 사회적 지지가 이들 변수와 직무몰입 간 관계를 조절하지 않는 것으로 나타났다.

2 질적 조절변수를 활용한 조절회귀분석

이번에는 조절변수가 질적 조절변수(범주형 변수)인 경우를 살펴보자. [그림 5−9]는 기업규모(중소기업 vs 중견기업·대기업)에 따라 직무몰입이 조직몰입에 미치는 관계가 달라지는 구조를 시각적으로 보여준다. 이어지는 [표 5−16]은 각 변수의 회귀계수, 유의수준, 다중공선성 진단(VIF 값) 등을 제시하여 기업규모의 조절효과를 수치적으로 확인할 수 있도록 한다.

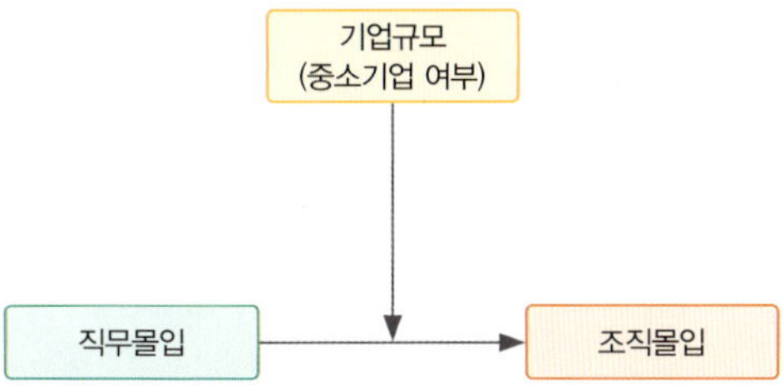

그림 5−9 질적 조절변수를 활용한 조절회귀분석 연구모형 예시

표 5−16 기업규모에 대한 조절회귀분석 결과

구분	비표준화계수		표준화계수	t	p	VIF
	B	SE	β			
(상수)	4.940	.086		57.317***	.000	
직무몰입(A)	−.060	.115	−.057	−.522	.602	5.677
기업규모_중소기업(B)	−.495	.112	−.205	−4.416***	.000	1.038
A×B	.877	.127	.745	6.913***	.000	5.597
R^2	.540					
F	86.729***					

*p<.05, **p<.01, ***p<.001

[그림 5−9]와 [표 5−16]의 결과는 다음과 같이 해석할 수 있다.

직무몰입과 조직몰입 간 관계에서 기업규모(중소기업 여부)의 조절효과가 유의하게 나타났다(β = .745, p < .001). 단순효과 분석 결과, 중소기업 집단에서는 직무몰입이 조직몰입에 유의한 정적 영향을 미쳤다(B = .817, p < .001). 반면, 중견·대기업 집단에서는 직무몰입의 효과가 통계적으로 유의하지 않았다(B = −.060, p = .602). 이러한 결과는 직무몰입이 조직몰입으로 이어지는 과정이 기업의 규모에 따라 달라질 수 있음을 보여준다. 특히 중소기업 근무자의 경우, 직무몰입이 곧바로 조직몰입으로 확장되는 경향이 강하게 나타난 반면, 중견·대기업 근무자에게서는 이러한 효과가 뚜렷하게 나타나지 않았다. 이는 조직의 규모와 구조적 맥락이 개인의 직무몰입과 조직몰입 간 관계에 영향을 미칠 수 있음을 시사한다.

표 5-17 기업규모에 대한 단순경사분석 결과

기업규모	직무몰입 → 조직몰입			
	B	SE	t	p
중견/대기업	−.060	.115	−.522	.602
중소기업	.817	.054	15.206***	.000

*p < .05, **p < .01, ***p < .001

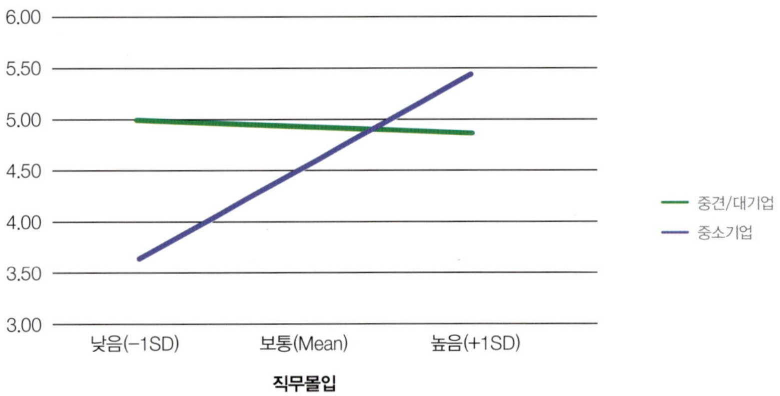

그림 5-10 기업규모에 대한 단순경사분석 결과

[표 5-17]과 [그림 5-10]의 결과는 다음과 같이 해석할 수 있다.

단순경사분석 결과, 중소기업 집단과 중견·대기업 집단 간 차이가 뚜렷하게 나타났다. 구체적으로 중소기업 집단에서는 직무몰입이 조직몰입에 유의한 정적 영향을 미쳤다(B = .817, SE = .054, t = 15.206, p < .001). 이는 중소기업 근무자의 경우 직무에 대한 몰입 수준이 높을수록 조직몰입이 강하게 증가함

을 의미한다. 반면 중견·대기업 집단에서는 직무몰입이 조직몰입에 미치는 효과가 통계적으로 유의하지 않았다(B = −.060, SE = .115, t = −.522, p = .602). 이러한 결과는 기업규모가 직무몰입과 조직몰입 간 관계를 조절한다는 점을 보여준다. 특히 중소기업 근무자에게서는 개인의 직무몰입이 곧바로 조직몰입으로 확장되는 반면, 중견·대기업 근무자에게는 이러한 연결이 뚜렷하게 나타나지 않음을 시사한다.

5.5.3 구조방정식모형

구조방정식모형(SEM) Structural Equation Modeling은 여러 변수 간의 인과적 관계를 동시에 추정하고 검증할 수 있는 통계 기법이다. 회귀분석처럼 변수 간 관계를 검증하면서도, 요인분석처럼 잠재변수(관측되지 않는 개념)를 다룰 수 있다는 점에서 가설 검증의 종합적인 분석 도구로 활용된다.

구조방정식모형의 주요 개념

구조방정식모형에서 사용되는 주요 개념을 간단히 정리하면 다음과 같다.

- **관측변수** observed variable, indicator : 설문 문항이나 관찰값처럼 실제로 측정된 변수
- **잠재변수** latent variable, constructor : 직접 관찰되지 않고 여러 관측변수로 측정되는 개념(예 직무몰입, 조직몰입 등의 심리적 요인)

이러한 변수 간 관계를 분석할 때는 두 가지 모형으로 나누어 진행한다.

- **측정모형** measurement model : 잠재변수와 관측변수 간의 관계를 검증하는 단계로, 보통 확인적 요인분석(CFA)을 통해 수행된다.
- **구조모형** structural model : 잠재변수 간 인과적 관계를 검증하는 단계로, 연구자가 설정한 가설 모형이 실제 데이터에 잘 부합하는지 확인한다.

연구자가 제시한 모형이 실제 데이터에 잘 부합하는지 평가하는 지표를 **모형적합도** model fit라 한다. 일반적으로 모형적합도 지표에는 다음과 같은 기준이 활용된다.

- **χ^2/df** : 3 이하 적합
- **CFI, TLI** : ≥.90, 이상적으로는 ≥.95이면 양호한 수준
- **RMSEA** : .08 이하 적합, .05 이하 우수
- **SRMR** : .08 이하 적합

구조방정식모형의 분석 절차

구조방정식모형의 분석은 '이론적 모형 설정 → 측정모형 검증 → 구조모형 검증 → 모형적합도 평가 → 대안모형 비교 → 간접·조절효과 검증'의 순서로 진행된다. 각 단계의 주요 절차와 검토 항목은 [표 5-18]과 같다.

표 5-18 구조방정식 분석 절차 요약

단계	주요 내용	검토 항목
이론적 모형 설정	선행연구 검토를 바탕으로 잠재변수와 변수 간 경로를 설정	예 '일·여가 균형 → 직무몰입 → 조직몰입'
측정모형 검증	잠재변수가 관측변수로 잘 측정되는지 확인	요인적재량, 신뢰도(CR), 타당도(AVE, 판별타당도)
구조모형 검증	잠재변수 간 경로계수를 추정하여 가설 검증	직접효과, 간접효과를 동시에 추정
모형적합도 평가	제시된 연구모형이 이론적으로도, 통계적으로도 양호한지 판단	CFI, TLI, RMSEA, SRMR
대안모형 비교	연구모형과 경쟁모형(부분매개, 완전매개 등)을 비교	$\Delta\chi^2$, ΔCFI 등 적합도 비교
간접·조절효과 검증	매개·조절경로의 통계적 유의성 확인	부트스트랩, 다집단 SEM, 잠재상호작용(LMS) 기법

분석예시

이제 구조방정식모형 분석 예시를 살펴보자. 이 예시에서는 일과 삶의 균형 요인들(독립변수)이 직무몰입(매개변수)을 거쳐 조직몰입(종속변수)에 미치는 영향을 구조방정식모형으로 검증했다. [그림 5-11]은 해당 연구모형의 분석 결과를 시각적으로 보여준다.

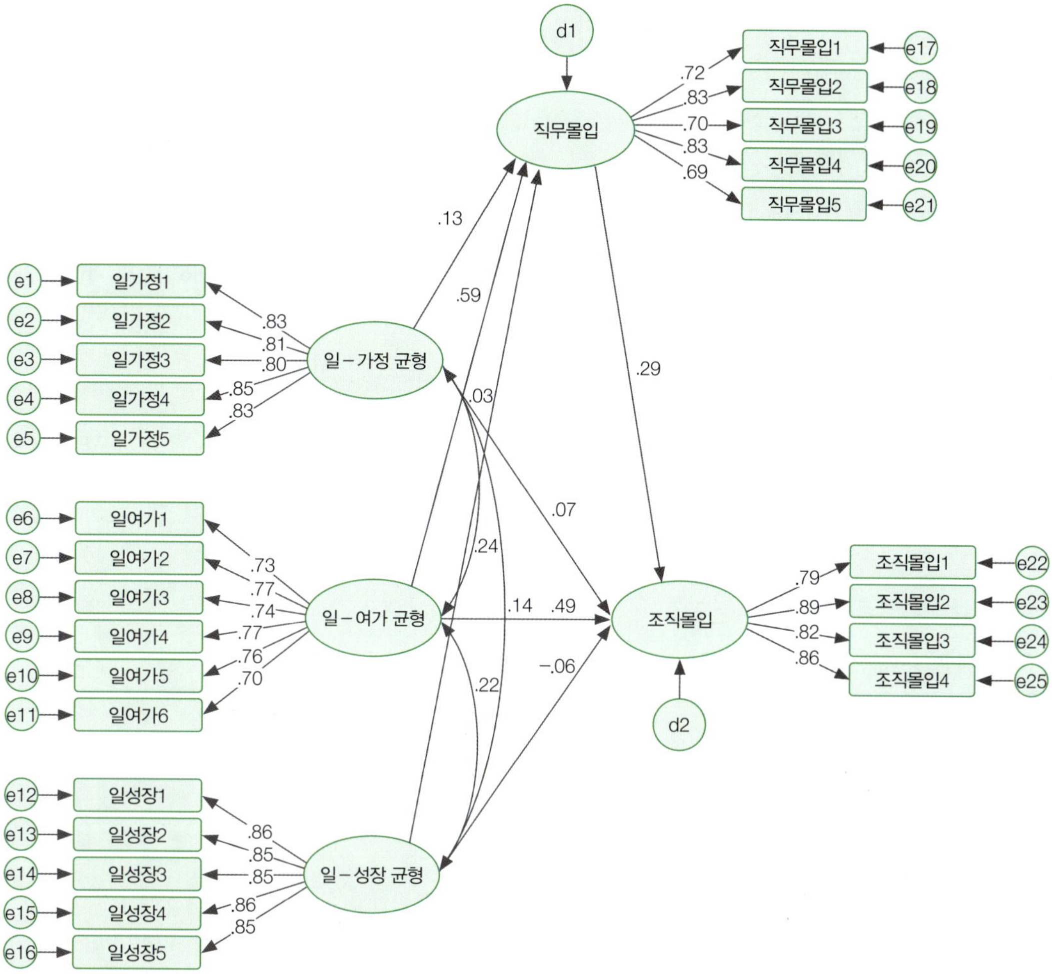

그림 5-11 구조방정식모형 분석 결과 예시

표 5-19 구조방정식모형 분석 결과의 적합도

구분	χ^2	df	p	TLI	CFI	RMSEA
구조모형	512.652	362	.000	.959	.964	.043
기준				0.9 이상	0.9 이상	0.08 이하

[표 5-19]의 결과는 다음과 같이 해석할 수 있다.

> 본 연구의 구조모형은 전반적으로 양호한 적합도를 보였다(χ^2=512.652, df=362, p<.001). TLI=.959, CFI=.964로 모두 .90 이상으로 나타나 모형이 자료를 충분히 잘 설명하는 것으로 판단된다.

RMSEA = .043으로 .08 이하 기준을 충족하여, 모형과 자료 간 오차 수준도 낮았다. 종합하면 본 구조 모형은 통계적으로도, 이론적으로도 적합도가 우수하여 이후 경로계수의 추정치 해석이 타당한 것으로 판단된다.

표 5-20 구조방정식모형 분석 결과의 경로계수

경로	비표준화계수	표준오차	표준화계수	Critical ratio	p
일–가정 균형 → 직무몰입	.095	.046	.133	2.066*	.039
일–여가 균형 → 직무몰입	.746	.107	.591	6.988***	.000
일–성장 균형 → 직무몰입	.018	.042	.027	.431	.667
일–가정 균형 → 조직몰입	.045	.038	.069	1.189	.234
일–여가 균형 → 조직몰입	.571	.102	.490	5.599***	.000
일–성장 균형 → 조직몰입	–.037	.035	–.060	–1.057	.290
직무몰입 → 조직몰입	.269	.076	.292	3.552***	.000

*p<.05, **p<.01, ***p<.001

[표 5–20]의 결과는 다음과 같이 해석할 수 있다.

일–여가 균형은 직무몰입(β=.591, CR=6.988, p<.001)과 조직몰입(β=.490, CR=5.599, p<.001)에 모두 유의한 정(+)의 영향을 미쳤다. 표준화계수 기준으로 두 효과 모두 중간 이상 수준이며, 특히 직무몰입에 대한 영향이 가장 강했다. 이는 일–여가 균형이 잘 이루어질수록 구성원의 일에 대한 심리적 몰입과 조직에 대한 헌신이 함께 높아진다는 것을 시사한다.

일–가정 균형은 직무몰입에는 유의한 정(+)의 영향을 보였으나(β=.133, CR=2.066, p<.05), 조직몰입에는 직접효과가 유의하지 않았다(β=.069, CR=1.189, p=.234). 따라서 일–가정 균형은 먼저 일에 대한 몰입을 높이는 방향으로 작동하며, 조직 차원의 헌신으로의 전이는 직무몰입을 매개로 간접적으로 이루어질 가능성이 있다. 표준화계수의 곱으로 근사한 간접효과는 .133×.292≈.173 수준으로, 통계적 유의성은 부트스트랩 검증을 통해 별도로 확인할 필요가 있다.

일–성장 균형은 직무몰입(β=.027, CR=.431, p=.667)과 조직몰입(β=–.060, CR=–1.057, p=.290)에 모두 유의한 직접효과를 보이지 않았다. 즉 성장 관련 균형 인식만으로는 구성원의 일과 조직에 대한 몰입을 설명하기 어렵다는 점을 의미한다.

한편 직무몰입은 조직몰입에 유의한 정(+)의 영향을 미쳤다(β=.292, CR=3.552, p<.001). 일–여가 균형은 조직몰입에 직접효과가 있을 뿐 아니라 직무몰입을 통한 간접효과(β≈.591×.292≈.173)도

기대되어 총효과 차원에서 핵심 예측변수로 기능한다. 다만 간접효과의 유의성 역시 부트스트랩 기반 매개효과 검증으로 보고하는 것이 바람직하다.

요약하면 세 균형 차원 중 일-여가 균형이 직무 및 조직 수준의 몰입을 가장 강하게 견인하는 요인으로 확인되었고, 일-가정 균형은 직무몰입을 통해 조직몰입으로 이어질 수 있는 간접 경로가 시사되었다. 반면 일-성장 균형의 직접효과는 본 모형에서 확인되지 않았다.

표 5-21 구조방정식모형 분석 결과의 부트스트랩(매개효과)

간접경로	B	Boot SE	Boot 95% CI	
			LLCI	ULCI
일-가정 균형 → 직무몰입 → 조직몰입	.025	.016	.002	.067
일-여가 균형 → 직무몰입 → 조직몰입	.201	.062	.089	.338
일-성장 균형 → 직무몰입 → 조직몰입	.005	.013	-.019	.034

[표 5-21]의 결과는 다음과 같이 해석할 수 있다.

직무몰입을 매개로 한 간접경로 검증 결과, '일-가정 균형 → 직무몰입 → 조직몰입'의 간접효과는 B=.025로 유의했다(Boot 95% CI [.002, .067]). 신뢰구간이 0을 포함하지 않으므로 일-가정 균형이 직무몰입을 통해 조직몰입에 간접적으로 긍정적 영향을 미치는 것으로 해석된다. 앞서 조직몰입에 대한 직접효과가 유의하지 않았음을 고려하면, 이 관계는 간접 전용indirect-only 매개에 가깝다. 즉 가정 영역의 균형 인식은 우선 일에 대한 몰입을 높이고, 이를 통해 조직에 대한 헌신으로 이어지는 경로가 핵심이다.

'일-여가 균형 → 직무몰입 → 조직몰입의 간접효과'는 B=.201로 유의했다(Boot 95% CI [.089, .338]). 신뢰구간이 0을 포함하지 않으므로 간접효과가 검증되었으며, 앞서 보고한 직접효과 역시 유의했으므로 상보적 부분 매개complementary partial mediation 패턴으로 해석된다. 즉 여가 기반의 균형 인식은 직무몰입을 경유하여 조직몰입을 강화함과 동시에, 직접적으로도 조직몰입을 높이는 역할을 한다.

반면 '일-성장 균형 → 직무몰입 → 조직몰입'의 간접효과는 B=.005로 유의하지 않았다(Boot 95% CI [-.019, .034]). 신뢰구간에 0이 포함되므로 본 모형에서는 성장 영역의 균형 인식이 직무몰입을 매개로 조직몰입에 영향을 미친다고 보기 어렵다.

요약하면 첫째, 일-가정 균형은 직무몰입을 통한 간접경로만 유의하고, 둘째, 일-여가 균형은 직접효과와 간접효과 모두 유의하며, 셋째, 일-성장 균형은 유의한 간접경로가 확인되지 않았다.

셀파의 요약정리 5.5

■ 전체 원칙

- **분석 순서(고정) :** 상관분석(예열) → 회귀분석(직접효과) → 매개회귀분석·조절회귀분석(메커니즘·조건) → 구조방정식모형(동시 검증)
- **해석 3요소 :** 유의성(p) + 효과크기(β, r, R^2, 간접효과) + 방향성·적합도를 함께 본다.
- 표에는 수치, 본문은 한 줄 결론과 시사점만 기술한다. 가정·진단(VIF, 정규성, 선형성)은 각주로 처리한다.

■ 상관관계분석

- **목적 :** 본 분석에 앞서 변수 간 선형 연관성의 존재·방향·강도를 대략적으로 확인하고 데이터 이상치를 점검한다.
- **주의점 :** 상관은 인과가 아니며 비선형 관계는 포착하지 못한다. 다중공선성 전조($|r|$이 매우 큰 경우)를 탐지하는 사전 점검으로 활용한다.

■ 회귀분석

- **핵심 지표 :** 비표준화계수(B)는 실제 단위 변화를 비교하고 표준화계수(β)는 상대적 영향력을 비교한다. t값과 p값은 각 변수의 유의성, R^2과 F는 모형 전체의 설명력과 유의성을 나타낸다.
- **다중공선성 관리 :** 예측변수 간 상관이 높으면 VIF로 점검하고, 필요하면 변수 축소·재정의·정규화 등을 고려한다.
- **다중회귀분석의 목적 :** 여러 예측변수의 독립적 효과와 상대적 중요도를 동시에 확인하고, 모형의 설명력과 적합성을 종합적으로 평가한다.

■ 매개회귀분석

- **검증 원칙 :** 전통적 3단계 접근은 간접효과의 통계적 유의성을 직접 검증하지 못하므로, 부트스트랩 기반 신뢰구간에서 0 포함 여부로 판정한다(PROCESS Macro, SEM 등).
- **해석 유형 :** 매개변수 투입 후 독립변수 효과가 소실되면 완전매개, 약화되면 부분매개로 해석한다.

■ 조절회귀분석

- **개념 :** 독립변수의 효과가 조절변수의 수준에 따라 달라지는 상호작용을 검증한다.
- **실무 포인트 :** 평균중심화로 다중공선성을 완화하고, 상호작용항(X×Z)을 포함시켜 분석한다.
- **해석 :** 연속형 조절회귀분석은 단순경사분석과 조건부 효과 그래프(−1SD, 평균, +1SD)로, 범주형 조절회귀분석은 더미변수 처리 후 교호항 유의성으로 평가한다. 마찬가지로 단순경사분석을 통해 나온 그래프를 통해 조절효과를 확인할 수 있다.

■ 구조방정식모형(SEM)

- **구성 :** 측정모형(CFA)으로 잠재변수−지표의 타당성을 확인하고, 구조모형으로 잠재변수 간 경로(직접효과·간접효과·총효과)를 동시에 추정한다.
- **모형적합도 :** χ^2/df(3 이하), CFI/TLI(≥.90), RMSEA(.08 이하), SRMR(.08 이하) 등 핵심 지표를 보고하고, 이론적 타당성과 통계적 적합성을 동시에 판단한다.
- **효과 보고 :** 경로계수(표준화), 유의성, 간접효과의 부트스트랩 CI를 제시하고, 대안모형 비교(부분매개·완전매개 등)로 결론의 견고성을 높인다.

SECTION

5.6 평균 차이 검정

평균 차이 검정은 교육·상담·훈련 등 개입의 효과나 집단 간 평균이 실제로 다른지를 확인하기 위한 핵심 절차다. 분석을 시작할 때는 먼저 비교 단위가 서로 다른 사람들로 이루어진 독립집단인지, 아니면 동일한 사람을 전·후로 반복 측정한 대응집단(반복측정)인지 구분한다. 다음으로 자료가 연속형 점수이면서 정규성 가정을 충족하는지, 또는 정규성 위반·소표본·극단치 다수·순서척도 등 비모수 조건에 해당하는지를 판단한다. 마지막으로 집단 수(2개 vs 3개 이상)에 따라 적절한 검정법을 선택한다.

5.6.1 검정 절차와 유의사항

사전 점검

사전 점검은 최소한으로 간결하게 수행한다. 먼저 정규성은 표본이 작거나 분포가 의심될 때 샤피로–윌크 검정[3]이나 히스토그램, QQ 플롯 등으로 확인한다. 등분산성은 독립집단 비교(모수 검정)에서 레빈 등분산 검정Levene equal–variance test[4]으로 확인한다. 또한 QQ 플롯으로 극단치를 점검하되, 근거가 있는 관측치라면 그대로 보존하고 그 사실을 보고서에 명시한다. 특히 표본이 30명 미만으로 작다면 비모수 검정을 우선 고려하는 것이 안전하다. 마지막으로 다음 원칙에 따라 검정 방식을 결정한다.

- 정규성과 등분산이 모두 양호 → 모수 검정
- 정규성만 불안 → 비모수 검정
- 등분산만 위반 → 웰치 t–검정Welch's t–test[5]

3 샤피로–윌크 검정 : 표본 분포가 정규분포에 부합하는지 검정하며 가장 널리 쓰이는 정규성 검정이다.

4 레빈 등분산 검정 : 여러 집단의 분산이 동일한지(등분산성) 확인하는 검정이다.

5 웰치 t–검정 : 등분산 가정이 깨졌을 때 자유도를 보정해 평균 차이를 검정하는 절차다.

검정의 선택

상황에 따라 [표 5-22]와 같은 검정법을 사용한다.

표 5-22 검정 선택법

구분	비교집단유형	집단 수	가정 충족 여부	권장 검정법	비모수 대안
독립집단	서로 다른 개인 간 비교	2개	정규성·등분산 충족	독립표본 t-검정	맨-휘트니 U 검정
			등분산 위반	웰치 t-검정	
		3개 이상	정규성·등분산 충족	일원분산분석 ANOVA	크루스칼-왈리스 검정
			등분산 위반·불균형 표본	웰치 ANOVA	
대응집단	동일 개인의 전·후 비교	2개	정규성 충족	대응표본 t-검정	윌콕슨 부호순위 검정
	동일 개인의 반복 측정	3개 이상	정규성 충족	반복측정분산분석	프리드만 검정
			정규성 위반		
사후검정	집단 간 쌍별 비교		등분산 충족·균형 표본	투키 HSD / 셰페 검정	던-본페로니 검정
			등분산 위반·불균형 표본	게임스-하웰 검정	

셀파의 포인트 **검정의 종류**

- **맨-휘트니 U 검정** Mann-Whitney U test : 두 독립집단의 순위 합을 비교해 분포 위치 차이를 검정
- **윌콕슨 부호순위 검정** Wilcoxon signed-rank test : 대응 자료의 중앙 위치 변화(전·후 차이)를 순위로 검정
- **웰치 ANOVA** : 등분산성이 없고 표본 크기가 불균형할 때 평균 차이를 견고하게 검정
- **크루스칼-왈리스 검정** Kruskal-Wallis test : 3수준 이상 독립집단의 순위 합 차이를 검정하는 비모수 ANOVA
- **반복측정분산분석(RM ANOVA)** Repeated Measures ANOVA : 동일 피험자를 여러 시점·조건에서 측정한 평균 차이를 검정
- **프리드만 검정** Friedman test : 반복측정 설계의 비모수 대안으로 순위 기반 차이를 검정
- **투키 HSD** Tukey's honestly significant difference : 등분산·균형표본에서 모든 쌍을 비교하는 강건한 사후검정
- **셰페 검정** Scheffé test : 대비 contrast 전반에 가장 보수적이며 안전한 사후검정
- **게임스-하웰 검정** Games-Howell test : 등분산 위반·불균형 표본에서 쌍별 평균 차이를 비교하는 사후검정
- **던-본페로니 검정** Dunn-Bonferroni test : 비모수(순위) 자료의 쌍별 비교에 보정 p값을 적용하는 사후검정

서술 방식

논문에서는 결과를 간결하고 일관된 형식으로 서술한다. 모수 검정에서는 집단별 표본 수, 평균, 표준편차, 검정통계량, 유의성 등을 함께 제시한다. 비모수 검정에서는 집단별 표본 수, 중위수, 사분위범위(IQR)Interquartile Range, 검정통계량, 유의성을 제시한다.

저널 규정상 구체적인 p값을 표기하지 않는다면 본문과 표 모두에서 유의성은 부등호(<, >)로만 표시하며, 사후 비교 결과는 a>c 또는 a>b,c 등과 같이 집단 간 관계를 부등호 형태로 요약한다. 정규성 위반이나 소표본 등의 이유로 비모수 검정을 선택했다면 사유를 한 문장으로 명시해 해석의 타당성을 확보한다.

오류 예방 방식

평균 차이 검정 분석 시 자주 발생하는 오류는 다음과 같이 예방한다. 먼저 표본 수가 30 이상이면 언제나 모수 검정이 가능하다는 가정은 안전하지 않다. 분포가 왜곡되어 있거나 극단치가 존재한다면 비모수 검정 또는 강건한 대안 방법을 사용한다. 또한 등분산이 위반되었음에도 일반 ANOVA나 독립표본 t-검정을 그대로 적용하지 않도록 주의하고, 이때는 웰치Welch 변형을 사용한다.

세 집단 이상을 비모수로 분석했다면 크루스칼-왈리스 검정 결과만 보고하고 사후검정을 생략하지 않는다. 전·후 자료를 독립 검정으로 처리하여 짝지음 정보를 잃지 않도록 주의한다. 마지막으로 표와 본문에서는 자료 유형에 맞는 중심지표를 일관되게 사용한다. 즉 모수 검정이면 평균과 표준편차를, 비모수 검정이면 중위수와 IQR을 제시해야 한다.

5.6.2 모수 통계 기반의 평균 차이 검정 예시

이제 평균 차이 검정의 구체적인 사례를 살펴보자. 이 예시에서는 학습전략 훈련 프로그램의 효과를 검증하기 위해 훈련에 참여한 대학생·대학원생(실험집단)과 참여하지 않은 통제집단의 학업적 자기효능감(종속변수) 평균을 비교했다.

1 독립표본 t-검정

표 5-23 학습전략 훈련 집단과 통제집단의 학업적 자기효능감에 대한 독립표본 t-검정 결과

집단	N	Mean	SD	t	p
실험	40	78.6	10.5	3.03**	<.01
통제	40	71.2	11.3		

*p<.05, **p<.01, ***p<.001

[표 5-23]의 결과는 다음과 같이 해석할 수 있다.

> 학습전략 훈련 집단과 통제집단의 학업적 자기효능감 평균을 비교한 결과, 두 집단 간 차이가 통계적으로 유의했다($t=3.03$, $p<.01$). 실험집단의 평균은 78.6점(SD=10.5), 통제집단은 71.2점(SD=11.3)으로, 훈련에 참여한 집단이 참여하지 않은 집단보다 약 7.40점 더 높았다.

2 일원분산분석+사후검정

표 5-24 경력 수준에 따른 학업적 자기효능감의 일원분산분석 및 셰페 사후검정 결과

집단	N	Mean	SD	F	p	Scheffé
1년 미만 (a)	64	88.9	16.1	8.21***	<.001	a>b,c
1–3년 (b)	77	83.3	13.8			
3년 이상 (c)	70	79.6	13.1			

*p<.05, **p<.01, ***p<.001

[표 5-24]의 결과는 다음과 같이 해석할 수 있다.

> 경력 수준에 따른 학업적 자기효능감 차이를 검증한 결과, 집단 간 평균 차이는 유의했다($F=8.21$, $p<.001$). 집단별 평균은 1년 미만 88.9점(SD=16.1), 1년~3년이 83.3점(SD=13.8), 3년 이상이 79.6점(SD=13.1)으로, 경력이 길어질수록 평균이 낮아지는 경향을 보였다. 셰페 사후검정에서는 1년 미만 집단(a)이 1년~3년 집단(b)과 3년 이상 집단(c)보다 유의하게 높았으며(a>b, a>c), b와 c의 차이는 통계적으로 유의하지 않았다. 이는 초기 경력 단계의 학습자들이 상대적으로 높은 자기효능감을 지니고 있으며, 경력 축적과 함께 평균 수준이 점진적으로 낮아질 수 있음을 시사한다.

5.6.3 비모수 통계 기반의 평균 차이 검정 예시

이제 정규성이나 등분산성 가정이 충족되지 않을 때 사용하는 비모수 통계 기반의 평균 차이 검정 예시를 살펴보자. 다음 예시에서는 표본 크기가 작고 분포가 비정규적인 상황에서 두 집단 또는 세 집단 간 중앙값 차이를 비교하기 위해 각각 맨-휘트니 U 검정과 크루스칼-왈리스 검정을 적용했다.

1 맨-휘트니 U 검정

표 5-25 학습전략 훈련 집단과 통제집단 간 학업적 자기효능감의 맨-휘트니 U 검정 결과

집단	N	Median	IQR	U	p
실험	24	86	17	176.0**	<.01
통제	23	78	21		

*p<.05, **p<.01, ***p<.001

[표 5-25]의 결과는 다음과 같이 해석할 수 있다.

> 정규성 가정이 충족되지 않고 표본 규모가 작았으므로 맨-휘트니 U 검정을 실시했다. 그 결과 실험집단의 분포 위치가 통제집단보다 유의하게 높았다(U = 176.0, p = .006). 기술통계로는 실험집단의 중위수 86(IQR = 17), 통제집단 78(IQR = 21)로 나타나 학습전략 훈련에 참여한 집단의 학업적 자기효능감이 전반적으로 더 높은 수준에 분포함을 보여준다.

2 크루스칼-왈리스 검정 및 사후검정

표 5-26 경력 수준별 학업적 자기효능감의 크루스칼-왈리스 검정 및 던-본페로니 사후검정 결과

집단(경력)	N	Median	IQR	H	Dunn-Bonferroni
1년 미만 (a)	18	90	20	10.72**	a>c
1-3년 (b)	19	84	17		
3년 이상 (c)	17	80	16		

*p<.05, **p<.01, ***p<.001

[표 5-26]의 결과는 다음과 같이 해석할 수 있다.

> 크루스칼-왈리스 검정 결과, 세 경력 집단 간 분포 위치 차이는 유의하게 나타났다(H(2) = 10.72, p <.01). 중위수 기준으로 1년 미만 집단은 90(IQR = 20), 1년~3년 집단은 84(IQR = 17), 3년 이상 집단은 80(IQR = 16)으로, 경력이 늘어날수록 중심경향이 낮아지는 흐름이 확인되었다. 던-본페로니 사후검정에서는 1년 미만 집단(a)이 3년 이상 집단(c)보다 유의하게 높았고(a > c), a-b와 b-c 간 비교는 통계적으로 유의한 차이가 나타나지 않았다. 이는 초기 경력 단계의 학습자가 상대적으로 더 높은 수준의 자기효능감을 지니는 경향이 있음을 시사한다.

셀파의 요약정리 5.6

■ 전체 원칙

- **분석 순서 :** 전제 점검(정규성·등분산·극단치) → 검정 선택(모수/비모수/강건) → 사후검정
- 본문은 한 줄 결론+효과크기+시사점 중심으로 기술하고 수치·가정·세부는 표와 각주로 제시한다.

■ 두 집단·독립 설계 선택

- 가정 충족 시 독립표본 t-검정을 사용하고, 등분산 위반 시 웰치 t, 분포 가정이 곤란하거나 서열척도일 때 맨-휘트니 U 검정을 사용한다.

■ 두 조건·대응 설계 선택

- 동일한 대상의 전·후 비교는 대응표본 t-검정을 사용하고, 정규성 위반이 있거나 서열척도일 때 윌콕슨 부호순위 검정을 사용한다.

■ 3수준 이상·독립 설계 선택

- 가정 충족 시 일원 ANOVA, 등분산 위반·표본 불균형 시 웰치 ANOVA, 분포 가정이 어려울 때 크루스칼-왈리스 검정을 사용한다.

■ 3수준 이상·대응 설계 선택

- 반복 측정 설계는 RM ANOVA를 사용하고, 정규성·구형성 충족이 어려우면 프리드만 검정을 사용한다.

■ 사후검정 원칙

- 등분산·균형표본은 투키 HSD 또는 셰페 검정을, 등분산 위반·불균형은 게임스-하웰 검정을, 비모수는 던-본페로니 검정을 사용한다.

■ 해석 시 유의사항

- 단순한 유의성 여부만이 아니라 방향(어느 집단이 높은가), 크기(효과크기), 실질적 의미(실무 적용 가능성)를 함께 서술한다.
- 정규성이나 등분산 위반으로 비모수 검정을 선택했다면 그 사유를 한 문장으로 명시해 해석의 타당성을 높인다.

■ 표·그림 구성

- 결과표에는 집단별 N－평균/SD(또는 중위수/IQR), 검정통계량·df·p, 사후검정 쌍별 비교를 포함한다.
- 필요시 평균±SE 플롯이나 QQ 플롯을 함께 제시해 분포와 신뢰구간을 시각화한다.

■ 전·후 비교 보고 요령

- 단순 전·후 평균 비교 외에도 차이점수(후－전) 또는 시점×집단 상호작용효과를 함께 제시하면 개입 효과를 더 설득력 있게 보여줄 수 있다.

CHAPTER 06

학위논문의 연구윤리와 생명윤리

CONTENTS

SECTION

6.1 연구윤리

연구윤리는 연구자가 학문적 신뢰성과 정직성을 지키며 연구를 수행하는 데 필수적인 기본 원칙이다. 연구 과정에서 윤리를 준수하지 않으면 연구의 신뢰성이 훼손될 뿐만 아니라 학위논문이 무효화되거나 졸업이 취소되는 심각한 결과로 이어질 수 있다. 따라서 연구자는 연구윤리의 중요성을 충분히 인식하고, 연구 과정에서 발생할 수 있는 윤리적 쟁점을 철저히 점검해야 한다.

이 절에서는 연구자의 사회적 책임을 살펴보고, 연구 부정행위의 유형을 정리한다. 이어서 최근 논문 작성 과정에서 중요한 화두로 떠오른 생성형 AI 활용과 관련된 윤리적 고려사항도 함께 다룬다.

6.1.1 연구자의 사회적 책임

연구자는 자신이 생산한 지식이 사회에 어떠한 영향을 줄 수 있는지를 함께 고려해야 하는 윤리적 책임을 지닌다. 특히 학위논문을 준비하는 대학원생은 연구자로서의 첫걸음을 내딛는 시점에 있는 만큼, 연구의 전 과정에서 성실성과 책임감을 바탕으로 사회적 신뢰를 쌓는 것이 중요하다. 연구는 학문 공동체뿐만 아니라 정책, 산업, 일반 대중에까지 영향을 미칠 수 있으므로 그 책임은 절대 가볍지 않다. 연구자의 사회적 책임은 다섯 가지 측면에서 살펴볼 수 있다.

1 진실성과 정직성 유지

연구자는 단순히 데이터를 조작하지 않는 수준을 넘어 연구목적과 방법, 자료 수집, 결과 해석과 보고 등 연구 전 과정에서 사실에 기반한 정직한 태도를 유지해야 한다. 실험 결과가 가설과 다르더라도 데이터를 누락하거나 조작해서는 안 되며, 연구설계상 한계나 오류가 드러나면 숨기기 말고 공개해서 보완 방향을 제시해야 한다. 연구의 신뢰는 수치상의 아름다움보다 정직한 보고에서 비롯된다.

정직성은 본인의 연구뿐 아니라 인용하는 타인의 연구결과에도 동일하게 적용된다. 출처를 밝히지 않고 타인의 아이디어나 데이터를 사용하는 행위는 표절로 간주되며, 이는 학문적 부정행위의 대표적인 사례다. 진실성과 정직성을 지키는 태도는 연구자 개인의 신뢰도를 넘어 학문 공동체 전체의 윤리적 기반을 강화하는 핵심 원칙이다.

2 객관성과 공정성 확보

연구자는 개인의 신념, 이해관계, 사회적 지위, 정치적 성향 등에 휘둘리지 않고 과학적 기준에 따라 연구를 수행해야 한다. 객관성과 공정성은 연구의 중립성과 타당성을 보장하며, 특정 결과를 유도하기 위한 분석이나 편향된 해석, 의도적인 해석 프레임의 설정은 모두 연구윤리를 저버리는 행위로 간주된다.

예를 들어 기업이나 특정 집단으로부터 연구비를 지원받았다고 해서 그들의 입장에 유리하게 결과를 왜곡하거나, 자신이 원하는 결론을 미리 정한 뒤 자료 해석을 끼워 맞추는 행위는 매우 위험하다. 연구자는 어떤 결과가 도출되더라도 그 결과를 있는 그대로 받아들이고, 자료가 보여주는 바를 기반으로 결론을 도출해야 한다.

공동연구에서는 연구자의 기여도에 따라 저자 순서를 공정하게 정리하고, 데이터 수집과 분석, 논문 작성에서 공평한 분업과 책임 분담이 이루어져야 한다. 공정성은 연구자 간의 협력 관계에서도 지켜야 할 중요한 원칙이다.

3 투명한 연구 수행과 이해관계 공개

연구자는 자신의 연구가 어떤 방식으로 설계되었고 어떠한 방법론과 분석 절차를 거쳤는지를 누구나 이해할 수 있도록 투명하게 공개해야 한다. 연구의 투명성은 동일한 연구를 다른 연구자가 반복하거나 검증할 수 있는 '재현 가능성'을 높이는 필수 요소다.

예를 들어 어떤 설문도구를 사용했는지, 표본은 어떤 기준으로 선정했는지, 분석은 어떤 통계 프로그램을 활용했는지를 명확히 밝혀야 한다. 또한 통계분석 결과가 유의하지 않더라도 숨기지 않고 보고해야 한다. 편의적으로 데이터를 선택하는 행위는 연구윤리에 위배되기 때문이다.

외부 기관으로부터 연구비를 지원받았거나 연구결과가 특정 기업이나 정책에 영향을 줄 수 있는 경우에는 이해관계conflict of interest를 명확히 공개함으로써 연구의 중립성과 신뢰도를 유지해야 한다. 이해관계는 연구의 객관성과 신뢰도에 직접적인 영향을 미칠 수 있는 요소이므로 이를 숨기지 않고 투명하게 밝히는 태도가 필수적이다.

4 사회적 영향에 대한 고려

연구는 학문적 목적을 넘어 사회에 실질적인 영향을 미칠 수 있다. 따라서 연구자는 자신의 연구가 사회에 어떤 결과를 가져올 수 있는지를 사전에 고려해야 하며, 연구설계와 해석, 결과 발표까지의 모든 과정에서 '공공성'의 관점을 놓치지 말아야 한다.

교육, 보건, 정책, 기술과 같은 영역에서 진행되는 연구는 일반 대중뿐 아니라 사회적 약자, 청소년 등 다양한 집단에 영향을 미칠 수 있으므로 더욱 신중한 접근이 필요하다. 예를 들어 특정 집단을 부정적으로 일반화하거나 차별적으로 해석한다면 연구 자체가 사회적 해악을 초래할 수 있다.

대중과 미디어는 연구결과를 단순화하여 받아들이는 경향이 있으므로 연구자는 자신의 논문이 외부에서 활용될 가능성을 염두에 두고 한계점과 적용 범위를 명확하게 밝혀야 한다. 사회적 책임을 다하는 연구자는 결과를 생산하는 데서 멈추지 않고, 그것이 어떻게 해석되고 사용될지를 끝까지 책임진다.

5 연구 참여자의 권리 보호

사람을 대상으로 하는 연구에서는 참여자의 인권과 사생활을 철저히 보호해야 한다. 이는 단순히 법적 절차를 따르는 것을 넘어 사람에 대한 존중을 실천하는 핵심이며, 생명윤리의 영역과도 깊이 연결된다.

연구자는 먼저 참여자로부터 충분한 설명에 기반한 자발적 동의informed consent를 받아야 한다. 이는 연구목적, 절차, 예상되는 위험과 이익, 개인정보 보호 방식 등을 충분히 설명하고, 참여자가 이를 이해하고 자유롭게 참여 여부를 결정할 수 있도록 해야 함을 의미한다.

수집된 개인정보는 익명화 또는 가명화 과정을 거쳐 보호해야 하며, 제3자에게 무단으로 공유해서는 안 된다. 연구자는 참여자가 언제든지 연구 참여를 중단할 권리가 있음을 명시적으로 고지하고, 그로 인한 불이익이 발생하지 않도록 조치해야 한다.

특히 청소년, 노인, 장애인 등 취약 계층을 대상으로 한 연구일수록 더 높은 수준의 윤리적 기준이 요구된다. 연구자는 이들의 의사결정 능력과 보호 필요성을 충분히 고려하여, 과도한 부담이나 위험이 가해지지 않도록 세심하게 배려해야 한다.

6.1.2 연구 부정행위

학문은 정직한 축적과 검증 가능한 재현성을 바탕으로 발전해왔다. 그러나 연구자가 성과에 대한 과도한 압박, 시간 부족, 경쟁심 등으로 본래의 윤리 원칙을 저버리면 학문 전체의 신뢰가 흔들리게 된다. 이러한 부정행위는 단순한 실수가 아니라 고의적이고 체계적인 위반으로 간주되며, 학위 취소, 연구비 회수, 학계 퇴출과 같은 중대한 결과로 이어질 수 있다.

대표적인 부정행위 유형은 흔히 **FFP**Fabrication, Falsification, Plagiarism로 통칭한다. 이는 **위조**, **변조**, **표절**을 가리키며, 국제적으로도 연구윤리 위반의 핵심 범주로 포함된다. 그 외에도 자기표절, 부당한 저자 표기, 중복 게재, 조사 방해 행위 등이 포함된다. 이러한 행위는 학문 공동체 내부의 신뢰를 무너뜨릴 뿐 아니라 사회 전체에도 부정적 영향을 미치는 중대한 윤리 위반이다.

연구 부정행위의 주요 유형

1 위조

위조fabrication는 실제로 존재하지 않는 자료나 실험 결과를 허위로 만들어내는 행위를 말한다. 연구를 수행하지 않았음에도 마치 실험을 진행한 것처럼 가공의 데이터나 표, 그림, 수치 등을 만들어 논문에 포함하는 것이다.

예를 들어 설문조사를 시행하지 않았음에도 응답자의 가상 데이터를 생성하여 통계분석을 하거나, 실험을 수행하지 않고 특정 수치를 설정해 결과처럼 기술하는 행위가 이에 해당한다. 위조는 연구의 근본을 훼손하는 중대한 윤리 위반으로, 학위 박탈이나 논문 철회 등 중대한 처분으로 이어질 수 있다. 특히 대학원생은 시간 부족이나 결과에 대한 불안감 때문에 위조의 유혹을 받을 수 있으나, 이는 연구자 경력 전체를 위태롭게 만드는 치명적인 선택임을 명심해야 한다.

2 변조

변조falsification는 연구를 실제로 수행했지만 수집된 자료를 인위적으로 조작하거나 분석 결과를 의도적으로 왜곡하는 행위를 말한다. 부분적으로는 진실을 포함하지만, 전체적으로는 허위 정보를 담고 있어 독자를 속이게 된다. 구체적인 사례로 다음과 같은 행위가 있다.

- 자신에게 불리한 측정값을 삭제하거나 특정 조건만 선택적으로 반영
- 그래프의 축을 조정해 시각적 효과를 왜곡
- 통계적 유의성이 나타나도록 변수를 임의로 추가하거나 분석 조건을 반복 변경

변조는 연구의 객관성과 타당성을 심각하게 훼손하며, 후속연구에서도 오류를 연쇄적으로 퍼트릴 수 있어 매우 위험하다. 대학원생은 기대와 다른 결과가 나왔다고 해서 이를 억지로 '고치려는 시도'를 해서는 안 된다. 예상과 다른 결과도 중요한 학문적 발견이라는 열린 사고가 필요하다.

3 표절

표절plagiarism은 타인의 아이디어, 표현, 연구결과, 문장 등을 출처 없이 무단으로 사용하는 행위를 말한다. 이는 타인의 지적 재산을 도용하는 행위이며, 학문 공동체에서 가장 빈번하면서도 민감한 윤리 위반 중 하나다. 구체적인 사례로 다음과 같은 행위가 있다.

- 기존 논문의 문장을 그대로 가져오면서 출처를 표기하지 않거나 인용부호를 생략
- 선행연구의 연구모형이나 개념도를 그대로 가져오면서 자신의 것처럼 제시
- 다른 사람의 보고서, 학위논문, 온라인 게시물 등 비공식 문헌을 무단 전재
- 외국어 논문을 번역해 자신의 글처럼 사용(번역 표절)

표절은 문장을 그대로 베끼는 '완전 표절'뿐만 아니라 일부 단어만 바꾸고 구조를 유지하는 '부분 표절'도 포함한다. 최근에는 카피킬러, GPT킬러 등 표절 탐지 시스템을 통해 유사도가 수치로 산출되므로 출처 표기를 소홀히 하면 의도하지 않았더라도 표절로 간주될 수 있다. 출처를 밝혔더라도 인용부호를 생략하거나 자기 표현으로 바꾸지 않은 경우에도 역시 표절로 간주된다. 일반적으로 문장 내 단어가 6개 이상 일치하거나 표절률이 15%를 초과하면 문제가 될 수 있다.

생성형 AI가 만들어준 문장을 그대로 사용하는 경우에도 출처가 불분명하다면 표절 위험이 있으므로 각별한 주의가 필요하다.

4 자기표절

자기표절self-plagiarism은 표절의 한 유형으로, 연구자가 과거에 작성한 글이나 논문, 보고서 등을 새로 작성한 것처럼 다시 활용하는 경우를 말한다. 예를 들어 학부 학위논문의 일부를 석사 학위논문에 그대로 옮기거나, 발표 자료의 문장을 수정 없이 재활용하는 행위도 자기표절에 해당한다.

자기표절은 외부 표절과 달리 법적 책임으로 이어지지 않는 경우가 많지만, 윤리적 관점에서는 여전히 문제가 된다. 학위논문은 본질적으로 '독창적인 새로운 연구'여야 하며, 이전 작업을 단순히 반복 제출하는 것은 연구윤리에 위배된다.

5 부당한 저자 표기

부당한 저자 표기improper authorship란 연구에 기여하지 않은 사람을 저자에 포함하거나, 반대로 기여한 사람을 저자에서 제외하는 등 공정하지 못한 저자 배치를 뜻한다. 이는 심각한 연구윤리 위반으로, 구체적인 사례는 다음과 같다.

- **유령저자 :** 실제 연구에 핵심 기여를 했음에도 저자에 포함되지 않은 경우
- **선물저자 :** 연구에 관여하지 않았음에도 호의나 관례로 저자에 포함된 경우
- **도용저자 :** 동의 없이 유명 연구자나 지도교수를 저자로 등재한 경우
- **교환저자 :** 서로 합의하여 상대방 논문에 이름을 올려주는 경우

저자 자격은 학술지의 저자 지침이나 학위논문 기준에 따라 실질적 기여를 기준으로 판단해야 하며, 이러한 기준을 벗어난 저자 등재는 부정행위로 간주된다.

6 중복 게재

중복 게재duplicate publication는 하나의 연구결과를 두 개 이상의 논문으로 제출하거나 게재하는 행위를 말한다. 동일한 데이터를 사용하면서 제목이나 일부 내용을 바꾸어 마치 서로 다른 논문인 것처럼 발표하는 경우가 대표적이다.

이러한 행위는 학술지나 학위 심사기관에 성과를 허위로 부풀리는 행위로 간주되며, 논문 철회나 학술지 투고 금지와 같은 제재로 이어질 수 있다.

7 조사 방해 행위 및 제보자에 대한 위해

자신이나 타인의 부정행위에 대한 조사를 고의로 방해하거나 제보자에게 불이익을 주는 행위도 중대한 연구윤리 위반이다. 대표적인 사례로는 내부 고발자의 인적 사항을 유출하는 행위, 자료 삭제를 종용하는 행위, 조사과정에서 비협조적인 태도를 보이는 경우가 있다.

이러한 행위는 개인 차원의 연구윤리 위반에 그치지 않고 조직 차원의 은폐 시도로 간주될 수 있으며, 심각할 경우 법적 책임으로까지 이어질 수 있다.

복합적 부정행위와 예방법

연구 부정행위는 위조, 변조, 표절 중 하나로만 발생하기보다 두 가지 이상의 유형이 동시에 나타나는 경우가 많다. 예를 들어 조사하지 않은 데이터를 위조한 뒤 통계적으로 의미 있게 보이도록 수치를 변조하고, 기존 논문의 문장을 무단 인용하여 결과를 기술하는 식이다. 이처럼 복합적 부정행위를 예방하기 위해서는 다음과 같은 실천을 생활화해야 한다.

- 연구노트를 작성해 과정과 절차를 투명하게 기록하기
- 데이터 수집과 분석 시, 파일과 코드에 날짜와 메모 남기기
- 인용할 때는 반드시 출처를 명확히 표시하고, 직접 인용과 간접 인용 방법(2.5.3절 참고) 지키기
- 지도교수나 공동연구자와 정기적으로 피드백을 주고받으며 윤리적 판단 점검하기

특히 대학원생은 "이 정도는 괜찮겠지."라는 안일한 생각을 경계해야 한다. 조금이라도 윤리 위반의 가능성이 있는 부분은 반드시 지도교수와 상의하거나 공식 지침을 확인하는 습관을 들여야 한다.

연구 부정행위는 개인의 문제가 아니라 학문 공동체 전체의 신뢰 기반을 훼손한다. 논문은 단순히 졸업 요건을 채우는 형식적 절차가 아니라 연구자가 학문 공동체의 일원으로서 기본 윤리를 실천하는 자리다. 따라서 석사·박사 학위논문을 준비하는 학생이라면 성실성, 투명성, 정당성을 갖춘 태도를 무엇보다 우선시해야 한다.

6.1.3 생성형 AI 활용과 윤리적 고려사항

최근 ChatGPT를 비롯한 생성형 인공지능generative AI, 즉 생성형 AI의 활용이 빠르게 확산되면서 대학원 논문 작성 과정에서도 이를 보조 수단으로 활용하는 사례가 늘고 있다(7장 참고). 생성형 AI는

문장 표현, 개념 요약, 번역, 서론 초안 작성 등 다양한 작업을 빠르게 도와줄 수 있다는 점에서 유용하다. 그러나 그만큼 사용에 따른 윤리적 고려와 연구자 책임도 함께 요구된다.

논문 작성에서 생성형 AI를 사용할 때는 다음과 같은 윤리적 쟁점을 충분히 인식하고 이에 맞는 적절한 판단과 실천을 동반해야 한다.

1 창작성의 기준과 저작권 문제

생성형 AI는 인터넷에 존재하는 방대한 데이터셋을 기반으로 훈련된 모델이다. 따라서 생성형 AI가 만들어내는 텍스트는 어디까지나 기존 자료의 패턴을 조합해 생성한 것이므로 전적으로 독창적인 '창작'이라 보기 어렵다. 실제로는 특정 논문, 기사, 블로그 등의 문장을 구조적으로 변형하거나 조합한 결과일 수 있으며, 이 경우 저작권 문제나 표절 시비가 발생할 수 있다. 특히 생성형 AI를 다음과 같은 방식으로 사용하면 위험하다.

- AI가 생성한 문장을 별도의 검토 없이 그대로 논문 본문에 삽입
- 출처가 확인되지 않은 AI 생성 내용을 이론적 근거처럼 활용
- 다른 사람의 아이디어를 AI로 '재표현'하고 자신의 문장인 것처럼 사용

AI가 생성한 문장이더라도 내용은 기존 저작물과 유사할 가능성이 높다. 따라서 출처가 불분명한 문장은 다시 작성하고, 검증된 문헌으로 보완하는 것이 안전하다.

2 사실 검증과 오류 방지의 책임

생성형 AI는 그럴듯한 문장을 빠르게 만들어내는 능력이 뛰어나지만, 사실 여부를 검증하는 능력은 매우 제한적이다. 존재하지 않는 논문 제목이나 저자, 허구의 통계 수치 등을 실제처럼 출력하기도 하며(7.5.2절 참고), 연구자가 이를 검토 없이 사용하면 심각한 오류를 야기할 수 있다. 따라서 생성형 AI를 사용하는 연구자는 다음의 책임을 반드시 져야 한다.

- AI가 제시한 인용문, 연구결과, 통계자료는 반드시 원문을 검토하고 사실 여부를 검증할 것
- AI가 출력한 정보를 그대로 수용하지 않고 RISS, DBPia, PubMed 등 학술 데이터베이스를 통해 재검토하고 근거 자료로 교체할 것
- 인용된 문헌이 실제 존재하는지 확인하고 AI가 만든 '가짜 논문'이 아닌지 검증할 것

생성형 AI는 초안을 빠르게 작성할 수 있도록 도와주는 보조 도구일 뿐, 연구자의 검증과 책임을 대신할 수 없다는 점을 항상 유념해야 한다.

3 AI 사용 내역의 투명한 공개

논문에 AI를 활용했다면 어느 부분에서 어떻게 사용했는지를 명시적으로 밝히는 것이 바람직하다. 최근 일부 학술기관이나 학회에서는 AI 활용 여부를 반드시 표기하도록 요구하고 있으며, 그 기준도 점차 구체화되고 있다. 예를 들어 다음과 같은 형식으로 AI 사용 내역을 명시할 수 있다.

- 본 연구의 문장 표현 일부는 ChatGPT의 도움을 받아 초안을 작성하였으며, 모든 내용은 연구자가 최종 검토하고 수정하였다.
- AI는 문법적 표현 개선에 보조적으로만 활용되었으며, 연구설계·분석·결과 도출 등 주요 연구 내용에는 사용되지 않았다.

AI 사용을 숨기지 않고 정직하게 밝히는 태도는 오히려 연구의 신뢰도를 높일 수 있다. 또한 앞으로 AI 활용과 관련된 윤리 지침이 강화될 가능성이 크므로 현재 단계에서부터 AI 사용 내역을 기록으로 남기는 습관이 중요하다(7.5절 참고).

4 연구자의 독립성과 사고 능력 유지

생성형 AI는 편리한 도구이지만, 반복적으로 사용하면 연구자의 사고력이 저하되고 AI에 대한 의존이 심해질 수 있다. 논문 작성은 단순한 글쓰기 작업이 아니라 사고의 구조를 설계하고 논리의 흐름을 구성하며 연구자로서의 문제의식을 언어화하는 과정이기 때문이다. AI에 지나치게 의존하면 다음과 같은 문제가 발생할 수 있다.

- 연구목적과 개념적 틀을 스스로 정리하는 능력이 약화됨
- 자기 목소리가 아닌 기계적 패턴의 문장이 늘어나 논문의 개성이 사라짐
- 고유한 관점, 해석, 비판적 사고가 부족해짐

따라서 AI는 '아이디어의 방향을 잡는 참고용'으로만 사용하고, 주요 서술은 반드시 자신의 사고에 기반한 문장으로 재구성하는 노력이 필요하다.

5 AI 활용의 윤리적 판단 기준 설정

대학원생은 구체적인 윤리지침이 마련되어 있지 않으면 AI 사용 여부를 두고 혼란을 겪기 쉽다. 따라서 논문 작성에 앞서 다음과 같은 윤리적 기준을 스스로 세우는 것이 바람직하다.

- 이 문장은 내가 직접 생각하고 구성한 내용인가?
- AI의 결과물은 참고용이며, 이를 바탕으로 내가 책임질 수 있는 수준으로 재구성했는가?
- AI가 제공한 자료의 사실성과 정확성을 충분히 검토했는가?
- 지도교수나 소속 기관이 허용하는 범위 내에서 AI를 사용했는가?

6.1.4 연구윤리 위반 시 파급효과

연구윤리는 단순한 도덕적 지침을 넘어 연구의 타당성과 학문 공동체의 신뢰를 지탱하는 핵심 규범이다. 이를 위반하면 연구자의 학문 경력은 물론이고 소속 기관, 지도교수, 나아가 연구 공동체 전반에까지 부정적 영향을 미칠 수 있으며, 경우에 따라 법적 책임으로까지 이어질 수 있다. 따라서 대학원생은 학위논문을 준비하는 과정에서 연구윤리 위반이 초래할 결과를 사전에 인식하고, 이를 철저히 예방하는 태도를 갖춰야 한다. 연구윤리를 위반했을 때 발생할 수 있는 주요 파급효과는 다음과 같다.

1 학위 취소와 졸업 불인정

학위논문에서 표절, 위조, 변조 등 부정행위가 적발되면 이미 학위를 받은 경우라도 소급하여 학위가 취소될 수 있다. 공적 절차를 거쳐 수여된 학위더라도 부정행위가 밝혀지면 무효로 간주될 수 있음을 의미한다. 특히 IRB 심의 없이 자료를 수집하면 사후 승인은 인정되지 않는다(6.2.3절 참고).

학위논문 심사 과정에서 윤리 위반이 확인되면 졸업이 보류되거나 심사 자체가 무효 처리될 수 있으며, 일부 대학은 일정 기간 동안 학위논문 재제출이나 심사 재응시를 금지하기도 한다. 이는 학생에게 시간적·심리적 손실은 물론, 사회적 신뢰 상실로 이어질 수 있다.

2 논문 철회와 학술지 게재 금지

국내외 학술지들은 사람을 대상으로 하는 연구일 경우 IRB 승인 번호를 반드시 명시하도록 의무화하고 있으며, 이를 누락한 논문은 심사 이전에 반려되거나, 게재 후에도 철회될 수 있다. 외부 학술지에 발표된 논문에서 연구 부정행위가 적발되면 해당 논문은 공식적으로 철회retraction되고, 학술지에 '부정행위로 인한 철회'라는 기록이 남는다. 이는 연구자가 이후 다른 학술지에 논문을 투고할 때 큰 불이익으로 작용하며, 연구자로서의 신뢰도에도 치명적인 타격을 준다.

논문 게재 철회는 단지 해당 논문 한 편에 국한된 문제가 아니라 연구자의 전체 경력과 전문성에 대한 의심으로 이어진다. 일부 국제 학술지는 연구윤리 위반 이력이 있는 연구자의 논문을 일정 기간 동안 심사 대상에서 제외하기도 한다.

3 연구비 회수와 연구 참여 제한

국가 과제나 공공기관의 연구비 지원을 받은 상태에서 연구 부정이 발생하면 지원받은 연구비를 전액 환수당하거나 향후 일정 기간 동안 연구비 신청 자격이 제한될 수 있다. 특히 국가연구개발사업에서 발생한 위반은 법적 처벌과 함께 기관 차원의 불이익으로 이어질 가능성이 크다.

대학원생은 연구비를 직접 수주하는 경우가 드물어 연구비 회수와 같은 문제를 겪을 가능성은 낮다. 그러나 공동연구나 지도교수의 연구에 참여하는 과정에서 부정행위가 발생한다면 연구실 전체의 제재로 확산될 수 있다. IRB 승인은 연구비 사용의 '적법성'을 담보하는 핵심 문서이므로 이를 누락하면 연구비 정산이 불가하다. 일부 기관은 최장 5년간 연구비 신청 금지 조치를 내리거나 연구실 폐쇄, 교수 연구정지, 학과 평가 하락 등 조직 단위로 불이익을 줄 수 있다. 따라서 연구자는 연구비 사용과 관련된 윤리적 책임을 유념해야 한다.

4 법적 책임과 민·형사상 소송

연구윤리 위반은 경우에 따라 법적 문제로 비화할 수 있다. 특히 타인의 저작물을 무단 사용하거나 IRB 심의 없이 민감한 개인정보(건강 정보, 심리검사 결과 등)를 수집한 경우, 또는 연구 참여자에게 심리적·신체적 손상을 가한 경우에는 「생명윤리 및 안전에 관한 법률」(이하 「생명윤리법」) 또는 「개인정보 보호법」 위반으로 형사처벌을 받을 수 있다.

연구 참여자에게 신체적·심리적 손상이 발생하면 연구를 즉시 중단해야 하며, 이를 이행하지 않을 경우 책임은 전적으로 연구자에게 있다.

5 지도교수와 소속 기관의 신뢰도 하락

논문 부정행위는 개인의 문제로 보일 수 있지만, 실제로는 지도교수와 소속 학과, 대학원 전체의 신뢰도에도 심각한 타격을 준다. 학생 한 명이 작성한 논문이더라도 지도교수가 검토하고 학과가 심사해 '학문적 수준을 인정'했다는 의미이기 때문이다.

그 결과 해당 학과는 학술기관 평가에서 감점받을 수 있으며, 연구실은 외부 공동연구나 산학협력 기회에서 배제될 수 있다. 경우에 따라 지도교수가 내부 징계나 연구정지 처분을 받는 사례도 보고된다. 따라서 대학원생은 자신의 연구가 개인의 책임을 넘어 조직 전체의 명성과 신뢰에 영향을 줄 수 있음을 인식하고, 더욱 철저한 윤리 의식을 가져야 한다.

6 학문적 낙인과 경력의 단절

윤리 위반 이력은 쉽게 사라지지 않으며, 연구자의 학문적 신뢰를 지속적으로 약화시키는 요인이다. 특히 연구 부정으로 학위가 취소되거나 논문이 철회된 경우, 해당 사실은 기록으로 남아 향후 대학원 진학, 박사 후 과정post-doc, 학술지 심사위원 등록, 취업, 교수 임용 등 다양한 진로 과정에서 불이익으로 작용한다.

일부 학회와 기관은 부정 이력이 있는 연구자의 회원 자격을 제한하거나 일정 기간 논문 발표를 금지하는 제재를 가하기도 한다. 이는 해당 연구자가 학문 공동체에서 고립되는 결과를 초래하며, 궁극적으로 연구 경력의 단절로 이어진다.

연구윤리 위반은 단순한 실수로 끝나지 않고 학위 취득에서부터 연구 활동, 사회적 신뢰에 이르기까지 전방위적인 손실을 초래한다. 특히 논문을 처음 쓰는 대학원생일수록 몰라서 저지른 실수가 치명적인 결과를 낳을 수 있기에, 반드시 사전 교육을 이수하고 연구윤리적 판단이 의심되는 상황에서는 지도교수나 연구윤리 담당자에게 문의하는 습관을 가져야 한다. 연구자의 가장 기본적인 자산은 '신뢰'이며, 이를 잃는 순간 학문 활동의 기반 자체가 무너질 수 있음을 명심하라.

셀파의 요약정리 6.1

■ 연구윤리의 핵심

- 연구윤리는 신뢰와 정직을 지키는 최소 기준이다. 위반 시 학위 취소나 졸업 보류 같은 치명적 결과가 발생한다.
- 윤리적 점검은 연구의 전 과정(설계–수집–분석–보고–공유)에 걸쳐 이루어져야 한다.

■ 연구자의 사회적 책임 5가지

- **진실성·정직성 :** 불리한 결과도 숨기지 않고 한계와 오류를 투명하게 보고한다. 인용은 반드시 출처를 명시한다.
- **객관성·공정성 :** 신념이나 이해관계에 따라 결론을 유도하지 않는다. 공동연구는 기여도에 따라 저자 순서와 역할을 공정하게 배분한다.
- **투명성·재현성 :** 도구·표본 기준·분석 절차를 공개하고, 유의하지 않은 결과도 함께 보고한다. 이해관계는 사전에 공개한다.
- **사회적 영향 고려 :** 특정 집단을 낙인찍는 해석을 피하고, 결과의 적용 범위와 한계를 명확히 밝힌다.
- **연구참여자 권리 보호 :** 사전에 충분히 고지한 뒤 동의를 구하고 익명·가명 처리를 보장한다. 참여자는 언제든 중단할 권리가 있고, 취약계층 연구에는 더 높은 보호 기준을 적용해야 한다.

■ 연구 부정행위 유형과 예방법

- **FFP 3대 유형**

  ❶ 위조Fabrication : 존재하지 않는 데이터를 만들어 제출

  ❷ 변조Falsification : 불리한 값 삭제, 축 왜곡, 임의 변수 추가로 결과를 왜곡

  ❸ 표절Plagiarism : 출처 없이 타인의 문장·아이디어·도식 사용, 번역 표절 포함
- **기타 부정행위 :** 자기표절, 부당한 저자표기(유령·선물·도용·교환저자), 중복게재, 조사방해·제보자 불이익
- **예방 체크 :** 연구노트와 버전 관리, 모든 인용에 출처·인용부호·자기서술 병행, 정기 피드백으로 윤리 점검

■ 생성형 AI 활용 윤리

- **창작성·저작권 :** AI가 만든 문장을 그대로 쓰지 말고, 검증된 문헌으로 재확인·재서술한다. AI 결과물은 참고용 초안으로만 사용한다.
- **사실검증 책임 :** AI가 제시한 인용·수치·논문은 원문으로 반드시 대조한다.
- **사용 내역 공개 :** 어떤 범위에서 AI를 보조적으로 사용했는지 명시한다. 최종 검토와 수정 책임은 연구자에게 있다.
- **독립적 사고 유지 :** 개념틀과 해석은 스스로 설계·서술하며, 기계적 문장 남용을 피한다.
- **자기점검 4문항 :** 내가 직접 생각하고 구성했는가? 재구성하고 책임질 수 있는가? 사실성을 충분히 검토했는가? 기관의 지침을 따랐는가?

■ 연구윤리 위반 시 파급효과

- **학위 취소·졸업 불인정 :** 심사 중간 또는 심사 후에 적발돼도 소급해서 학위를 취소할 수 있다. 사람 대상 연구는 IRB 사후 승인이 불가하다.
- **논문 철회·투고 제한 :** 철회 기록은 경력 전반에 치명적 불이익이 된다.
- **연구비 회수·참여 제한 :** 지원금 환수, 향후 신청 제한, 연구실·기관 단위 제재로 확산 가능하다.
- **법적 책임 :**「생명윤리법」 또는「개인정보 보호법」을 위반해서 손상이 발생하면 민·형사상 책임을 져야 한다.
- **기관 신뢰도 하락 :** 지도교수와 학과 평가가 악화되고, 공동연구·산학협력의 기회가 축소된다.
- **학문적 낙인·경력 단절 :** 학회 활동·심사위원 등록·취업·임용에 장기적으로 불이익을 받는다.

■ 초보 연구자를 위한 연구윤리 실천 체크리스트

- **[설계]** IRB 필요 여부를 사전에 확인하고 동의서·보호계획을 준비한다.
- **[수집]** 표본 기준·도구·절차를 문서화하고 원자료는 원본 보관한다.
- **[분석]** 가설과 다른 결과도 그대로 보고하고, 유의하지 않은 결과도 숨기지 않는다.
- **[작성]** 모든 도표·문장·모형에 출처를 표기하고, 직접·간접 인용 구분을 철저히 한다.
- **[AI]** 초안을 작성하는 보조도구로만 사용하고, 사실·출처 재검증 시 활용한다. 활용 범위를 명시한다.
- **[공개]** 이해관계·제한점·재현정보(코드/부록)를 투명하게 공개한다.

연구윤리는 선택이 아니라 필수 조건이다. 성실성과 투명성, 책임성을 지킬 때 학문 공동체의 신뢰가 연구자의 가장 큰 자산이 된다.

SECTION

6.2 생명윤리와 IRB

생명윤리는 생명과학 기술이 사람의 존엄성을 침해하지 않도록 보호하기 위한 연구윤리의 한 분야다. 특히 사람을 대상으로 한 연구에서는 연구 참여자의 권리와 안전을 최우선으로 고려해야 한다. 생명윤리는 사람을 대상으로 하는 모든 연구에서 중요한 개념이며, 연구윤리를 제도적으로 보장하기 위해 마련된 기관생명윤리위원회(IRB)를 통해 연구의 윤리성을 심사받아야 한다. 이 절에서는 생명윤리의 개념과 중요성을 설명하고, IRB 심사 절차와 연구자가 준수해야 할 윤리 원칙을 소개한다.

6.2.1 생명윤리의 개념과 중요성

생명윤리는 과거 의학·생명과학 분야에 국한된 개념으로 여겨졌지만, 오늘날에는 간호학, 심리학, 사회복지학, 교육학, 스포츠과학, 언론학 등 다양한 인문·사회과학 분야에서도 반드시 고려해야 하는 기준으로 확장되고 있다. 이는 사람을 대상으로 하는 연구가 단순한 육체적 개입을 넘어 심리적·정보적 개입과 상호작용을 포함하기 때문이다.

생명윤리의 정의

생명윤리生命倫理, bioethics는 사람의 생명, 신체, 심리, 개인정보 등 사람의 존엄성과 직결된 문제를 다루는 윤리 원칙으로 다음과 같은 연구 영역을 포괄한다.

- 사람을 직접 대상으로 하는 실험·조사·면담·관찰 연구
- 개인의 건강정보, 진료기록, 심리검사 결과 등을 포함하는 연구
- 설문조사나 인터뷰를 통해 개인의 내면적 경험이나 사적 정보를 수집하는 연구

따라서 생명윤리는 단순히 의학적 연구에만 적용되지 않는다. 간호학, 심리학, 사회복지학, 교육학, 언론학 등 다양한 인문·사회과학 분야에서도 광범위하게 적용된다. 즉 사람을 연구대상으로 삼아 정보를 수집하거나 개입이 이루어지는 연구는 모두 생명윤리의 적용 대상이라고 이해해야 한다.

생명윤리는 왜 중요한가

1 연구대상자의 권리·안전·복지 보호

연구자는 참여자의 자발적 동의 없이 그들을 연구에 포함시킬 수 없다. 생명윤리는 연구대상자의 알 권리, 자기결정권, 사생활, 건강, 인권을 보호하기 위한 원칙이다. 연구자는 잠재적 피해 가능성을 사전에 인식하고, 이를 예방하고 대응할 수 있는 체계를 마련해야 할 윤리적 책임이 있다. 예를 들어 설문조사 응답이 개인을 식별할 수 있는 수준이라면 해당 정보는 반드시 익명 처리되어야 한다. 또한 수집 목적과 보관 기간, 활용 범위에 대해 사전에 명확히 설명해야 한다.

2 학문적 신뢰성과 투명성 확보

생명윤리는 연구자의 윤리성을 보여주는 객관적 기준이므로 이를 준수해야 연구 전체의 신뢰도가 확보된다. IRB 승인을 받은 연구는 '대상자의 권리와 안전이 보장된 상태에서 수행된 연구'로 인정되며, 학술지 게재, 학술대회 발표, 연구과제 수주 등에서 필수 요건으로 작용한다.

3 연구자의 법적·제도적 책임 예방

대한민국에서는 「생명윤리법」에 따라 사람을 대상으로 하는 연구와 인체유래물 연구는 반드시 IRB 승인을 받아야 한다. 여기서 인체유래물이란 인체에서 수집·채취한 조직, 세포, 혈액, 체액과 이들로부터 분리된 혈청, 혈장, 염색체, DNA, RNA, 단백질 등을 의미한다. 이를 직접 조사·분석하여 수행하는 연구를 인체유래물 연구라 한다.

이러한 법적 절차를 위반하면 연구자는 행정처분, 연구비 환수, 형사처벌과 같은 중대한 제재를 받을 수 있다. 또한 「개인정보 보호법」, 「정신건강복지법」, 「아동복지법」, 「장애인복지법」 등 다양한 관련 법률이 생명윤리와 긴밀히 연결되어 있으므로 연구자는 연구 참여자의 특성과 사회적 맥락까지 고려해 윤리적 책임을 져야 한다.

생명윤리 준수는 선택 사항이 아니라 연구를 시작하기 위한 전제 조건이다. 이를 소홀히 하면 논문 철회를 넘어 사회적 문제와 법적 책임으로 확대될 수 있음을 명심해야 한다.

대학원생에게 생명윤리가 필요한 이유

1 사람 대상 연구의 본질적 특성

사람을 대상으로 한 연구는 단순한 통계나 수치의 집합이 아니라 개인의 삶, 정체성, 감정, 사회적 지위를 포함한 전인적 개입을 수반한다. 이러한 연구는 대상자에게 물리적 또는 심리적 위험을 줄 수 있으며, 특히 트라우마, 성폭력, 정신건강, 소수자 경험 등 민감한 주제를 다룬다면 더욱 세심한 보호 장치가 필요하다.

2 연구대상자의 신뢰 확보

연구자는 대상자의 자발적 참여를 유도하고, 신뢰를 기반으로 진정성 있는 데이터를 수집해야 한다. 생명윤리를 준수하는 연구는 대상자에게 연구 참여의 의미를 분명히 인식시키고 향후 연구 참여에 대한 사회적 수용성을 높인다.

3 사회적 책임과 학문 공동체의 신뢰 구축

대학원생 역시 사회 구성원으로서 자신의 연구가 어떤 영향을 미칠 수 있는지 고려할 책임이 있다. 생명윤리를 준수하는 연구는 학문적 신뢰를 높이고 연구자 개인의 전문성과 도덕성을 함께 증명한다.

생명윤리의 기본 원칙 요약

생명윤리의 핵심 가치는 다음 네 가지 원칙으로 요약된다. 자세한 사항은 다음과 같이 '연구자가 준수해야 할 윤리적 원칙'을 참고하라.

- **자율성 존중**respect for persons : 참여자가 충분한 정보를 바탕으로 연구 참여 여부를 스스로 결정할 수 있어야 한다.
- **선행**beneficence : 연구자는 참여자에게 이익을 제공하고, 가능한 모든 위험 요소를 줄여야 한다.
- **악행 금지**non-maleficence : 연구 과정에서 참여자에게 신체적·심리적·사회적 피해가 발생하지 않도록 예방해야 한다.
- **정의**justice : 참여자 선정 과정에서 차별이 없어야 하고, 연구로 인한 부담과 이익이 공정하게 분배되어야 한다.

이 네 가지 원칙은 IRB 심사에서 가장 핵심적인 판단 기준으로 작용한다. 따라서 연구자는 연구설계 단계부터 이를 염두에 두고 계획을 세워야 한다. 생명윤리는 단지 법적 절차나 연구 행정의 일부가 아니라 연구자가 타인의 생명과 인권에 대해 책임 있는 태도를 갖추는 출발점이다. 석사·박사 과정의 대학원생은 본격적인 연구자로서 첫걸음을 내딛는 단계이므로 더욱더 생명윤리를 내면화하고 실제 연구에 적용해야 한다.

6.2.2 기관생명윤리위원회(IRB)란

기관생명윤리위원회(IRB)Institutional Review Board는 사람을 대상으로 하는 연구가 생명윤리 및 관련 법률에 따라 윤리적이고 과학적으로 타당하게 설계·실행되고 있는지를 심의하고 승인하는 독립된 합의제 심의기구다.

대한민국에서는 「생명윤리법」에 따라 사람을 대상으로 하는 연구를 수행하는 기관은 반드시 자체 IRB를 설치하거나 외부 위원회의 심의를 받아야 한다. IRB는 연구 참여자의 권리, 안전, 복지를 보호하는 동시에 연구자가 법적 책임으로부터 보호받을 수 있도록 지원하는 이중적 보호 장치로 기능한다.

IRB의 설립 목적

IRB의 핵심 목적은 사람을 대상으로 한 연구에서 참여자의 권리와 안전을 보호하고 연구가 윤리적·과학적으로 타당하게 설계되었는지를 확인하는 데 있다. 이는 연구자의 의도, 방법, 대상자 선정 방식, 동의서 내용, 개인정보 보호 조치 등 전반적인 연구설계가 **생명윤리 4대 원칙**(자율성 존중, 선행, 악행 금지, 정의)에 부합하는지를 평가한다(6.2.4절 참고).

연구자에게 IRB는 자신의 연구가 객관적인 윤리 기준을 통과했음을 증명하는 수단이고, 참여자에게 IRB는 연구로 인한 위험을 사전에 줄일 수 있는 보호 장치다. 이처럼 IRB는 사회적 신뢰와 과학적 정당성을 동시에 확보하는 제도로 기능하며, 일반적으로 대학, 병원, 공공기관, 연구기관 등에 설치된다.

1 사람 대상 연구의 윤리적 타당성 확보

연구자가 설문, 면접, 실험 등 사람을 대상으로 연구를 수행할 때 전 과정이 인권·안전·자율성 보호 원칙에 따라 설계되었는지 확인한다.

2 연구대상자 보호

생리적·심리적 손상, 사생활 침해, 민감 정보 유출 등 잠재적 위험 요소를 사전에 파악하고 이를 최소화하기 위한 조치가 마련되어 있는지 점검한다.

3 법률 및 제도적 기준 준수 확인

「생명윤리법」, 「개인정보 보호법」 등 관련 법령을 충실히 준수하고 있는지 검토한다.

4 연구자 보호

연구 과정에서 예상치 못한 윤리적 문제가 발생했을 때 IRB 승인 여부는 연구자의 법적 책임을 경감하거나 면제받는 준법 근거가 되기도 한다.

IRB의 주요 기능

IRB는 다음과 같은 역할을 수행한다.

- **사전 심의 :** 연구가 시작되기 전에 계획서와 관련 서류를 검토하여 윤리적 문제를 점검한다.
- **위험 분석 :** 참여자에게 신체적·심리적·사회적 위험이 발생할 가능성을 평가하고, 이에 대한 대비 조치를 확인한다.
- **동의 과정 검토 :** 연구 참여자의 자발적 동의가 실질적으로 확보될 수 있도록 동의서의 문구와 전달 방식을 검토한다.
- **연구자 교육 요구 :** 연구자가 생명윤리 교육을 이수했는지 확인하고, 필요하면 추가 교육을 권고한다.
- **사후 모니터링 :** 장기 연구나 민감한 주제를 다루는 연구는 중간보고 및 종료 보고서를 요구하여 지속적인 윤리 준수 여부를 감독한다.

이처럼 IRB는 단순한 통과 절차가 아니라 연구 전 과정의 윤리적 품질을 관리하는 기구다.

IRB의 구성 및 운영 구조

IRB는 일반적으로 다학제적이고 독립적인 위원회로 구성되며, 보통 다음과 같은 원칙에 따라 인원이 배치된다.

- **전문가 중심 :** 연구 관련 학문 분야(예 의학, 간호학, 심리학, 사회복지, 교육학 등)의 전문가를 포함한다.
- **비전문가 포함 :** 일반 시민이나 비연구자도 위원으로 참여해 대중의 시각에서 연구의 적절성을 판단한다.
- **남녀 균형 :** 특정 성별이나 직종에 치우치지 않도록 다양성을 확보한다.
- **외부위원 포함 :** 기관 내부 인사 외에 외부위원을 포함하여 공정성과 객관성을 강화한다.

이러한 구성을 통해 IRB는 다양한 관점에서 연구의 윤리성과 타당성을 종합적으로 판단할 수 있는 구조를 갖춘다.

연구자와 IRB의 관계

사람을 대상으로 하는 연구를 수행한다면 반드시 지도교수의 책임하에 IRB 심의를 거친 후 연구를 시작해야 한다. IRB 심의를 받지 않고 연구를 진행하면 다음과 같은 불이익이 따른다.

- 논문 심사 또는 학위청구 자체가 거부된다.
- 학술지 투고 시 IRB 승인번호가 필요하므로 게재가 불가하다.
- 학회 발표나 연구성과 보고에서 연구윤리 위반으로 분류된다.
- 연구 참여자의 민원 제기 시 법적·행정적 책임이 발생할 수 있다.

특히 IRB는 사후 승인이 불가능하므로 설문조사나 인터뷰를 시작하기 전에 반드시 승인을 받아야 한다. 연구 내용이 변경될 경우에도 수정 심의를 신청해야 한다.

IRB 심의가 필요한 연구 예시

다음과 같은 경우는 모두 IRB 심의가 필요하다.

- 연구자가 대상자에게 물리적으로 개입하거나 의사소통을 시도하는 경우(예 인터뷰, 심층 면담, 심리 검사, 프로그램 참여 요청 등)
- 대인 접촉이 포함된 모든 형태의 참여형 연구(예 실험, 훈련, 수업 중 개입 등)
- 개인을 식별할 수 있는 정보(예 성명, 학번, 이메일 등)를 수집하거나 활용하는 연구
- 인체유래물을 분석하거나 조사하는 연구(예 배아, 체세포복제배아, 줄기세포주, 혈액, 조직, DNA 등 포함)
- 심리적 고통, 민감한 주제(예 트라우마, 자살, 성, 질병 등)를 다루는 연구

이 외에도 인터넷 게시글을 활용한 연구나 공개된 영상 데이터 분석도 개인 식별 가능성이 있는 경우 IRB 심의 대상이 될 수 있다. 따라서 의심스러울 때는 반드시 소속 기관의 IRB 담당자에게 사전 문의하는 것이 안전하다.

6.2.3 IRB 심사 절차

IRB 심사는 사람을 대상으로 하는 연구가 생명윤리 원칙에 따라 수행되도록 사전에 승인받는 필수 절차다. 연구 과정에서 설문, 면접, 실험 등 사람을 대상으로 한 자료 수집이나 개입이 포함되는 연구를 계획하는 학생은 연구를 시작하기 전에 반드시 IRB 승인을 받아야 한다.

IRB 심사는 연구 계획의 윤리성과 타당성을 검토하고 보완하는 연구설계 전반에 대한 윤리 점검 과정이다. 일반적인 IRB 심사 절차는 [그림 6-1]과 같다.

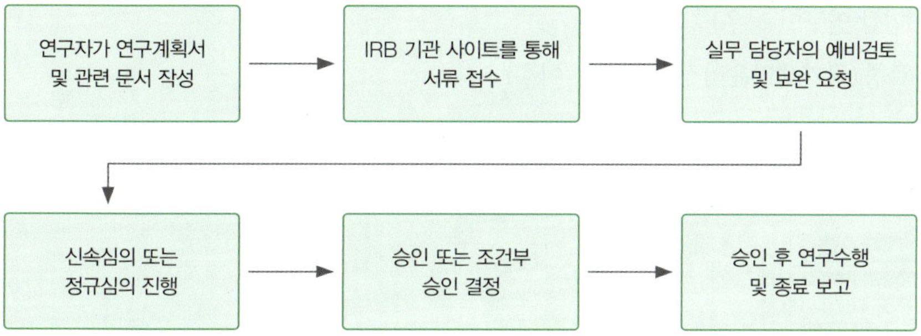

그림 6-1 IRB 심의 흐름

1 사전 준비 단계 : 연구설계 및 윤리적 고려

IRB 신청에 앞서 연구자는 다음과 같은 기본 사항을 준비해야 한다.

- **연구목적과 대상자 범위 확정 :** 연구의 목적과 대상을 명확히 규정해야 한다.
- **자료 수집 방식 검토 :** 설문조사, 면접, 실험 등 자료수집 방식과 함께 개인정보와 민감정보 처리 여부를 고려한다.
- **위험 요소와 보호 조치 설계 :** 연구 참여자가 겪을 수 있는 불편, 심리적 자극, 정보 노출 등의 위험 요인을 파악하고, 이를 예방하거나 완화할 방안을 마련해야 한다.
- **동의서 초안 준비 :** 참여자에게 연구 내용을 알기 쉽게 설명하고 자발적 참여를 유도할 수 있도록 '연구 설명문'과 '참여 동의서'를 준비해야 한다. 동의서는 이해하기 쉬운 언어로 작성되어야 하며, 참여 거부 시 불이익이 없음을 반드시 명시해야 한다.

이 단계에서는 지도교수의 피드백을 받아 연구계획서와 관련 서류의 윤리적 적절성을 충분히 검토하는 것이 필요하다. 필요하면 대학 내 연구윤리센터나 관련 부서의 자문을 받는 것도 바람직하다.

2 IRB 신청 단계 : 서류 작성 및 접수

IRB 심사를 신청하려면 필요한 서류를 준비해 제출해야 한다. 기관마다 세부 양식과 제출 방식이 다르므로 소속 기관의 IRB 사이트에서 최신 공지와 양식을 반드시 확인한다. 주요 제출 서류는 다음과 같다.

- IRB 연구계획 심의신청서([그림 6-2] 참고)
- 연구계획서(논문 초안이 아닌 IRB 전용 연구계획서)
- 연구 참여 설명문 및 동의서(필수)
- 설문지/면접 질문지/자극물 등 자료 원본
- 개인정보 수집 및 처리 계획서

- 증례기록서(의학·임상 연구인 경우)
- 생명윤리 교육 수료증(국가생명윤리정책원 교육 이수)

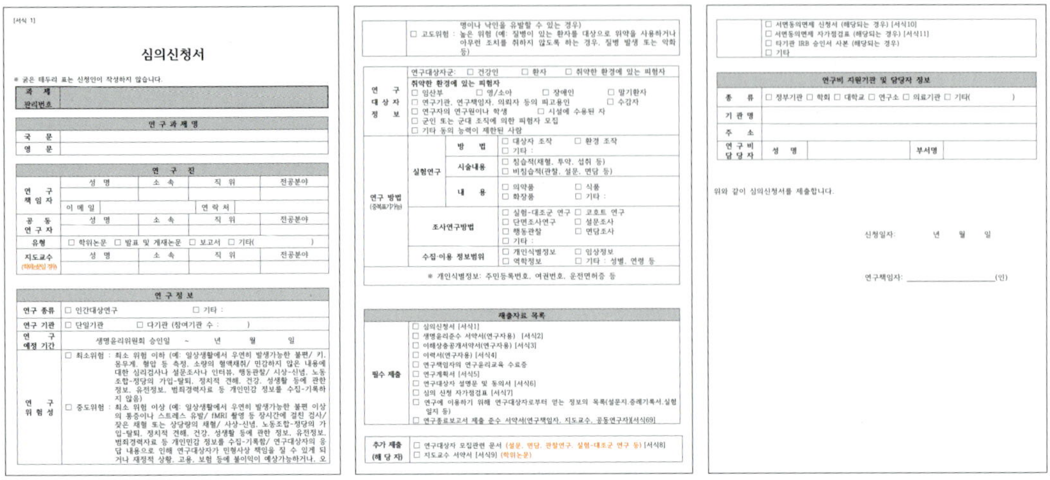

그림 6-2 IRB 연구계획 심의신청서

사람을 대상으로 연구를 수행할 때 IRB 심사에 제출할 연구계획서는 [그림 6-3]의 예를 참고하라.

그림 6-3 인간대상연구 조사연구용 IRB 연구계획서

IRB 신청은 일반적으로 기관의 온라인 시스템(예 E–IRB, 연구윤리통합시스템[1])을 통해 이루어진다. 신청 시에는 마감 일정과 서류 누락 여부를 철저히 점검해야 한다. 기관에 따라 10가지 이상의 서류를 요구하기도 하므로 접수하기 전에 최신 목록을 반드시 확인해야 한다.

IRB 심의 시에는 다음 사항을 중점적으로 검토한다.

- 설명문과 동의서가 명확하고 이해할 수 있게 작성되었는지
- 개인정보 보호와 보안 계획이 적절하게 설계되었는지
- 참여자 모집 방식이 차별적이지 않고 자발성에 기반하는지
- 연구 참여 시 예상 위험이 있다면 예방·완화 조치가 마련되어 있는지
- 소속 기관의 윤리 정책과 법적 기준을 충족하는지

3 심의 진행 : 신속심의와 정규심의 구분

일반적으로 기관에서 IRB 심의는 월 1회~2회 정기적으로 진행되며, 마감일을 넘기면 다음 달로 이월된다. 접수 마감 후에는 실무 담당자가 서류를 검토해 수정·보완 사항을 사전 통지하기도 하며, 이를 반영한 뒤 본격적인 심의가 진행된다.

IRB 심의는 연구의 성격과 위험 수준에 따라 **신속심의**expedited review와 **정규심의**full board review로 구분된다.

표 6-1 신속심의와 정규심의 비교

구분	신속심의	정규심의
대상	위험이 낮고 단순한 연구(예 대학생 대상 일반 설문 조사, 심리적 부담이 적은 인터뷰 등)	민감하거나 고위험 연구(예 청소년 대상 연구, 의료 개입, 정신건강 관련 주제, 취약계층 연구 등)
방식	일부 위원이 비공개로 검토	IRB 전체 위원이 회의에서 토론·결정
기간	약 1주~2주 내외 소요	평균 3주~6주 이상 소요

심사 소요 기간은 기관마다 다르지만, 일반적으로 신속심의는 1주~3주, 정규심의는 3주~6주 이상 걸린다. 따라서 학위논문 일정을 고려하여 **최소 1개월~2개월 이상의 여유를 두고 IRB 신청을 준비해야 한다.**

1 https://public.irb.or.kr

4 심의 결과 통보 : 승인, 조건부 승인, 반려

IRB 심의 결과는 다음 세 가지 유형으로 통보된다.

- **승인**approval : 윤리적 문제가 없다고 판단되어 연구를 진행할 수 있다. 승인서에는 IRB 승인번호와 유효기간이 명시된다.
- **조건부 승인(보완 후 승인)**conditional approval : 일부 내용(예 동의서 문구, 개인정보 보호 계획 등)에 대해 보완이 필요하다. 해당 사항을 수정한 후 최종 승인을 받는 형태다.
- **반려**disapproval : 윤리적 기준에 미치지 못하거나 위험이 적절히 통제되지 않는 등 중대한 문제가 있어 승인되지 않는다. 전면적인 수정이나 연구설계 변경이 요구된다.

심의 결과는 이메일 또는 온라인 시스템을 통해 공식적으로 통보된다. 승인 후에도 연구 내용에 변경사항이 생기면 반드시 **변경심의**를 다시 받아야 하며, 온라인 시스템에서 수정 신청 메뉴를 통해 진행한다. IRB 승인은 **1년 단위로 유효**하며, 장기 연구의 경우 **연장심의**continuing review를 받아야 한다.

5 승인 이후 : 연구 수행 및 종료 보고

IRB 승인 이후에도 연구자는 연구 전 과정에서 윤리적 기준을 지속적으로 준수할 책임이 있다. 연구가 종료되면 종료보고서(종료통보서)를 제출해야 하며, 일부 기관은 중간보고나 참여자 수 변화 보고도 요구한다.

예상치 못한 사고나 민원이 발생한 경우 즉시 보고해야 하며, 상황에 따라 IRB는 연구 중단이나 승인 취소를 명령할 수 있다. 이러한 절차는 IRB가 연구의 전 과정을 책임 있게 모니터링하기 위함이다.

다음과 같은 경우에는 별도 보고가 필요하다.

- 연구계획 변경(참여자 수 변경, 설문 내용 수정 등) → 변경심의amendment 필요
- 참여자의 예기치 못한 부작용 발생 → 비상보고adverse event report 필요
- 연구가 중단되었을 경우 → 중단보고 필수

6 IRB 심사를 받을 때 유의할 점

- 사전 승인은 필수다. 연구가 끝난 뒤 IRB 심사를 받는 '사후 승인'은 인정되지 않는다. 설문조사나 면담을 시작하기 전 반드시 승인서를 확보해야 한다.
- 연구목적의 사람 대상 활동은 모두 IRB 대상이다. 단순한 수업 과제는 예외일 수 있지만, 논문이나 보고서처럼 학문적 성과물로 제출되는 경우에는 반드시 IRB 심의를 받아야 한다.
- 익명 조사라도 예외는 아니다. 이름을 수집하지 않더라도 민감한 문항이나 개인이 추정될 수 있는 정보가 포함된다면, 동의서와 보호 계획이 필요하다.

- IRB 심의 면제 대상에 해당하더라도 반드시 기관에 면제 신청을 하고 공식 확인을 받아야 한다. 예를 들어 대중에 공개된 정보만 사용하고 개인을 특정하지 않으며 비침습적 연구인 경우가 이에 해당한다.

6.2.4 연구자가 준수해야 할 윤리적 원칙

사람을 대상으로 연구를 설계하고 수행하는 모든 연구자는 연구의 전 과정에서 일정한 윤리적 기준을 준수해야 한다. 이 기준은 단지 형식적 요건이 아니라 연구대상자의 인권 보호, 연구 신뢰성 확보, 사회적 책임 실현을 위한 필수 조건이다.

특히 석사·박사 학위논문처럼 연구자가 직접 참여자를 모집하고 데이터를 수집하는 경우에는 연구의 시작부터 종료까지 윤리적 고려가 반드시 뒤따라야 한다. 그 실천의 핵심은 다음 여섯 가지 원칙을 충실히 따르는 데 있다.

- 자율성 존중respect for persons
- 선행beneficence
- 악행 금지non-maleficence
- 정의justice
- 개인정보 보호 및 기밀 유지
- 지속적인 윤리 인식 유지

셀파의 포인트 **벨몬트 보고서와 연구윤리 원칙**

- **터스키기 매독 연구(1932~1972)**

미국 공중보건국은 앨라배마주의 흑인 남성 약 600명(매독 환자 399명, 비교군 201명)을 대상으로 치료 없이 질병의 경과를 관찰했다. 참여자에게는 나쁜 피bad blood 치료라는 명목으로 오인시키고, 1947년 페니실린이 표준치료법으로 인정된 뒤에도 치료를 제공하지 않았다. 1972년 AP 보도로 연구의 전모가 드러나 연구가 중단되었고, 이후 상·하원 조사와 소송을 거쳐 1997년 빌 클린턴 대통령이 공식 사과하며 마무리되었다. 이 사건은 사람을 대상으로 하는 연구의 윤리 체계를 전면 재정비하게 만든 결정적 계기가 되었다.

- **제도적 결과**

1974년에 국가연구법National Research Act이 제정되어 기관생명윤리위원회(IRB) 제도가 마련되고 국가위원회가 설치되었다. 1979년 벨몬트 보고서Belmont Report가 발표되어 사람을 대상으로 하는 연구의 3대 윤리 원칙이 확립되었다. 이후 미국은 Common Rule(45 CFR 46) 등으로 이를 제도화했다.

- **벨몬트 보고서의 기본 원칙**

❶ 자율성 존중 ❷ 선행
❸ 악행 금지 ❹ 정의

- **추가된 원칙**

이후 '개인정보 보호 및 기밀 유지'와 '지속적인 윤리 인식 유지'가 추가되며 연구설계·동의 절차·표집·위험관리·결과 보고에 이르는 실제 기준으로 자리잡았다.

1 자율성 존중

연구대상자는 단순한 '연구대상'이 아니라 의사결정 능력을 지닌 독립적인 존재다. 연구자는 참여자의 자기결정권을 존중하고 연구 참여 여부를 스스로 판단할 수 있도록 충분한 정보를 제공해야 한다. 또한 참여자가 강요 없이 자유롭게 선택할 수 있는 환경을 보장해야 한다. 이를 구체적으로 실천하는 방법은 다음과 같다.

- 연구목적, 절차, 예상되는 위험과 이익, 참여 거부 시 불이익 없음 등을 명확히 설명한다.
- '연구 설명문'과 '자발적 참여 동의서'를 별도로 제공하고, 서명이나 체크 방식으로 동의를 받는다.
- 참여자의 질문에 충분히 답변하고, 언제든지 철회할 수 있음을 고지한다.
- 아동, 노인, 장애인 등 의사결정 능력이 제한된 사람을 대상으로 연구한다면 반드시 보호자의 동의를 받거나 추가 보호조치를 마련해야 한다.

예를 들어 대학생을 대상으로 설문조사를 할 경우에도 동의서에 반드시 "이 연구에 참여하지 않아도 불이익이 없습니다."라는 문구를 포함해야 한다.

2 선행

연구자는 연구 참여자에게 가능한 한 유익한 결과를 제공하려는 노력을 기울여야 한다. 참여자에게 직접적인 혜택이 없더라도 사회적 기여나 새로운 지식 생산과 같은 간접적 이익이 있을 수 있으며, 연구로 인해 얻을 수 있는 이익은 반드시 위험보다 커야 한다. 이를 구체적으로 실천하는 방법은 다음과 같다.

- 연구 과정에서 발생할 수 있는 위험요인을 사전에 식별하고, 이를 최소화할 수 있는 조치를 연구계획에 반영한다.
- 민감한 주제를 다루는 경우에는 사후 상담 지원과 응급 연락망을 함께 제공한다.
- 연구결과가 학문적·실무적으로 기여할 수 있도록 연구 타당성과 명확한 목적을 설정한다.

예를 들어 PTSD를 다룬 인터뷰 연구에서는 참여자가 심리적 불안을 호소한다면 전문상담기관 정보를 제공하고, 필요하면 연구 참여를 중단할 수 있는 권한을 보장해야 한다.

3 악행 금지

연구자는 연구 수행 과정에서 연구 참가자에게 어떠한 종류의 손해도 가하지 않아야 한다. 여기에는 신체적 손상뿐 아니라 심리적 불쾌감, 사생활 침해, 낙인 효과와 같은 비물리적 위험도 포함된다. 이를 구체적으로 실천하는 방법은 다음과 같다.

- 조사 문항이 불필요하게 민감하거나 자극적인 내용인지 사전에 검토한다.
- 응답자 정보는 익명이나 가명으로 처리하고, 외부 공개를 철저히 통제한다.
- 연구 과정에서 예상하지 못한 부작용이 발생하면 즉시 연구를 중단하고 적절히 대응한다.

예를 들어 '우울감'이나 '가정폭력 경험'에 대한 민감한 문항을 포함할 때는 문항 도입부에 "민감한 내용이 포함되어 있으며, 원하지 않으면 건너뛸 수 있습니다."라는 안내문을 함께 제시해야 한다.

4 정의

연구의 설계와 수행 과정에서 참여자를 선정하는 과정과 연구로 인한 혜택 또는 부담의 분배가 누구에게도 불공평하지 않도록 해야 한다. 특정 계층에만 연구 부담을 전가하거나 연구결과의 혜택이 소외 계층에 전달되지 않는 구조는 정의 원칙에 어긋난다. 이를 구체적으로 실천하는 방법은 다음과 같다.

- 참여자를 모집할 때 성별, 연령, 사회적 지위 등을 이유로 부당한 차별을 하지 않는다.
- 연구로 인해 혜택이 발생한다면 그 혜택이 공정하게 나누어질 수 있도록 계획한다.
- 취약한 집단(예 저소득층, 미성년자 등)은 최소한으로 포함하거나 보호 장치를 강화한다.

예를 들어 대학생 전체를 대상으로 한 스트레스 연구에서 특정 학과나 성별만을 표본으로 삼으려면 연구목적상 반드시 그 타당성을 설명해야 한다. 그렇지 않으면 연구윤리에 어긋난 선택으로 간주될 수 있다.

5 개인정보 보호 및 기밀 유지

연구자가 사람에게서 직접 혹은 간접적으로 수집한 모든 정보는 엄격한 보안 관리가 필요하다. 이는 참여자의 사생활을 보호하고 불필요한 2차 피해를 예방하기 위한 필수 조치다. 이를 구체적으로 실천하는 방법은 다음과 같다.

- 개인정보는 수집 최소화 원칙에 따라 꼭 필요한 정보만 요구한다.
- 수집된 정보는 가급적 익명화 처리하고, 실명이나 주민등록번호 등 직접 식별할 수 있는 정보는 사용하지 않는다.

- 파일은 비밀번호로 암호화된 폴더나 클라우드에 저장하고, 접근 권한을 제한한다.
- 연구 종료 후 일정 기간이 지나면 데이터를 파기하고, 이 계획을 IRB 신청서에 명시한다.

예를 들어 연구자가 실명을 수집했다면 반드시 별도 코드를 부여해 실명과 분리 보관해야 한다. 분석 과정에서 사용하는 표에는 실명이 포함되지 않도록 관리해야 한다.

6 지속적인 윤리 인식 유지

윤리적 연구 수행은 한 번의 절차로 끝나는 것이 아니라 연구 전 과정에서 꾸준히 유지해야 하는 태도다. 특히 예상치 못한 상황이나 민감한 주제를 다룬다면 연구자는 단계마다 윤리적 판단을 점검하고 필요하다면 연구 계획을 수정할 수 있어야 한다. 이를 구체적으로 실천하는 방법은 다음과 같다.

- IRB 승인을 받은 후에도 연구 계획이 변경되면 반드시 '변경 심의'를 신청한다.
- 참여자에게 예상치 못한 문제가 발생하면 즉시 보고하고 적절히 대응한다.
- 연구노트, 참여자 기록, 동의서 등을 철저하게 보관해 언제든 확인할 수 있도록 한다.
- 윤리 교육을 수료한 이후에도 관련 가이드라인을 지속적으로 업데이트한다.

예를 들어 면담 도중 참여자에게 예상하지 못한 트라우마 반응이 나타나면 인터뷰를 중단하고 상황을 기록한 후 기관의 윤리 담당자와 상담해 조치를 취한다.

이처럼 연구자가 준수해야 할 윤리 원칙은 사람을 존중하고 사회에 책임을 다하며 연구자로서 성숙한 태도를 실천하는 과정이다. 연구자는 연구를 수행하면서 동시에 학문 공동체의 일원으로서 윤리적 기준을 갖춘 연구자로 성장해 나가고 있음을 자각해야 한다.

셀파의 요약정리 6.2

연구윤리와 생명윤리는 논문 작성의 마지막 항목이 아니라 연구의 처음부터 끝까지 전 과정에 걸쳐 실천해야 할 기본 태도다. 연구자는 단순히 데이터를 수집하고 분석하는 기술자가 아니라 지식을 책임 있게 생산하는 사회적 주체다. 따라서 모든 연구 활동은 신뢰, 정직, 공정성의 원칙을 기반으로 수행되어야 한다. 특히 사람을 대상으로 하거나 인간의 삶과 밀접하게 연결된 연구일수록 연구자는 생명윤리를 철저히 이해하고 실천할 윤리적 감수성을 갖춰야 한다.

■ 연구윤리의 핵심 개념

- **연구자의 사회적 책임 :** 연구자는 진실성과 정직성을 기반으로 연구를 수행하고, 그 결과가 사회에 미칠 영향을 고려해야 한다. 투명하고 공정한 태도는 학문 공동체의 신뢰를 형성하는 바탕이 된다.
- **연구 부정행위의 유형 :** 연구 부정행위는 위조, 변조, 표절로 구분되며, 연구의 신뢰를 무너뜨리는 중대한 위법 행위다. 특히 자기표절, 부당한 저자 표기, 중복 게재, 조사 방해 행위 및 제보자에 대한 위해, 인용 누락 등은 무심코 저지르기 쉬운 오류이므로 이러한 부분에도 경각심을 가져야 한다.
- **생성형 AI 사용의 윤리 :** AI는 편리한 보조 도구이지만, 결과물의 사실성, 저작권, 출처를 연구자가 책임지고 검토해야 한다. 무비판적인 활용은 표절과 오류의 원인이며, 사용 내역을 반드시 공개해야 한다.
- **연구윤리 위반의 결과 :** 학위 불인정, 논문 철회, 연구비 환수, 법적 처벌, 연구경력 단절 등 심각한 불이익이 발생한다. 윤리 위반은 연구자 개인뿐 아니라 지도교수와 기관에도 영향을 미친다.

■ 생명윤리의 핵심 개념

- **생명윤리의 개념과 중요성 :** 사람을 대상으로 하는 연구는 반드시 생명윤리를 준수해야 하며, 이는 참여자의 권리 보호, 연구 신뢰성 확보, 법적 안전망 구축을 위한 전제 조건이다.
- **기관생명윤리위원회(IRB)의 역할 :** IRB는 연구의 윤리성을 사전에 심의하고 승인하는 독립기구다. 연구자가 설계한 절차가 인권을 침해하지 않는지, 위험을 충분히 통제하고 있는지를 평가한다.

- **IRB 심사 절차 :** IRB는 연구설계, 동의서, 참여자 보호 계획 등을 검토해 신속심의 또는 정규심의를 진행한다. IRB 승인 없이는 어떠한 조사나 개입도 허용되지 않는다. 심의 결과는 승인, 조건부 승인, 반려로 구분된다.
- **연구자가 지켜야 할 윤리 원칙 :** 자율성 존중, 선행, 악행 금지, 정의라는 네 가지 생명윤리 원칙을 바탕으로 연구자는 동의 절차, 위험 최소화, 개인정보 보호, 참여자 선정의 공정성을 실천해야 한다.
- **생명윤리 위반 시 결과 :** IRB 승인 없이 수행된 연구는 논문 불인정, 학술지 게재 거절, 연구비 환수, 형사처벌 등으로 이어질 수 있으며, 연구자의 신뢰도와 진로에도 치명적 영향을 미친다.

■ 연구윤리와 생명윤리 실천을 위한 전략

- IRB 심의가 필요한지 불분명하면 사전에 문의한다. 가장 안전한 판단은 '심의를 받는 것'이다.
- 공개된 정보를 사용하더라도 개인을 식별할 수 있거나 민감한 내용이라면 심의 대상이 될 수 있다.
- IRB 심의 면제 대상에 해당하더라도 기관에 면제 신청을 하고 공식 확인을 받아야 한다.
  예 대중에 공개된 정보만 사용하고 개인을 특정하지 않으며, 비침습적 연구인 경우 등
- 연구자가 참여자의 권리를 지킬 최소한의 지식과 태도를 갖추었는지 스스로 점검하고, 지도교수와 사전에 협의한다.

이 장은 연구의 결과뿐 아니라 연구자의 자세와 태도가 함께 평가받는 시대에 대학원생이 반드시 숙지하고 실천해야 할 윤리적 기준을 안내한다. 좋은 연구는 좋은 방법에서 나오며, 그 방법은 윤리적 책임과 함께할 때 비로소 완성된다. 이 장은 단순한 제도 안내를 넘어 책임 있는 연구자의 첫걸음을 안내한다.

CHAPTER 07

AI를 활용한 논문작성법

CONTENTS

SECTION

7.1 AI 시대의 논문작성, AI를 왜 활용해야 하는가

최근 챗지피티ChatGPT, 에스씨아이스페이스SciSpace, 클로드Claude, 엘리시트Elicit, 라이트풀Writefull, 스칼라시Scholarcy 등 생성형 AI 도구들이 연구 현장에 본격적으로 도입되면서 논문작성 방식에도 새로운 전환점을 맞이했다. 과거에는 논문 한 편을 쓰기 위해 수많은 자료를 직접 읽고 정리하며 다시 요약해야 했지만, 이제는 학술 연구자 4명 중 3명이 생성형 AI 도구를 연구에 활용할 만큼[1], 반복적이고 비창의적인 작업이 상당 부분 AI로 대체되는 시대가 열렸다.

하지만 AI는 결코 연구자의 글을 대신 써주는 도구가 아니다. 올바르게 활용할 때만 정보 수집, 문장 표현, 구성 정리 등의 작업에서 사고를 보조하고 생산성을 높여줄 수 있다. 이 절에서는 생성형 AI를 논문작성에 활용해야 하는 이유와 효과적으로 접근하는 방식을 살펴본다.

이제 생성형 AI가 논문작성 과정에서 어떻게 도움이 되는지 세 가지 측면에서 살펴보자. 다만 여기에서 소개하는 활용 방식이 전부는 아니며, 생성형 AI를 사용할 때 반드시 고려해야 할 조건과 연구자의 역할에 대해서는 7.5절에서 자세히 다룬다.

1 AI는 반복적이고 비창의적인 작업을 빠르게 처리해준다

논문 작성 과정에는 생각보다 많은 반복 작업이 숨어 있다. 예를 들어 선행연구를 정리하고 요약하는 일, 참고문헌을 정리하는 일, 연구모형에 변수명을 정리하는 일 등은 연구자의 시간과 에너지를 많이 소모한다.

이런 작업에서 AI 도구는 강력한 도움을 줄 수 있다. PDF 형태의 논문을 업로드하면 핵심 내용을 요약해주고, 복잡한 용어나 그래프도 쉽게 설명해준다. 특히 영어 논문을 읽는 데 어려움을 느끼는 대학원생에게는 단순한 번역을 넘어 내용을 이해하는 중요한 도구가 될 수 있다.

2 어색한 문장, 비논리적 전개를 AI로 점검할 수 있다

논문 작성에서 또 하나의 큰 장벽은 학술적 문장 쓰기다. 아이디어는 명확한데, 이를 논리적으로 표현하지 못해 설득력을 잃는 경우가 많다. 이때는 ChatGPT나 Claude와 같은 언어 모델을 활용해

1 현대인(2024. 7. 9). 학술 연구자 4명 중 3명, 연구에 AI 도구 활용. 전자신문. 3.

문장의 표현을 다듬고 글의 흐름을 개선할 수 있다. 예를 들어 다음과 같이 비문을 ChatGPT에게 교정해달라고 요청하면 다음과 같은 결과를 도출할 수 있다.[2]

ChatGPT 채팅 예시

> 다음 문장을 교정해줘. 이 연구에서는 학교생활적응에 영향을 미치는 스마트폰 중독의 요인에 대해 연구하였다.

본 연구는 스마트폰 중독이 학교생활적응에 미치는 영향을 분석하고, 그 주요 요인을 규명하고자 하였다.

수정을 거친 뒤 문장이 더 명확해졌으며, 연구목적도 분명하게 드러난다. 다만 AI가 제공한 문장을 그대로 옮겨적기보다는 연구자가 의미와 정확성을 직접 검토하며 적절하지 않은 부분은 수정하는 과정이 반드시 필요하다.

3 연구설계와 아이디어 확장에도 활용 가능하다

논문은 연구문제를 설정하고 변인 관계를 설계하는 고차원적인 작업이다. 특히 논문을 처음 준비하는 대학원생은 어디서부터 시작해야 할지 막막한 경우가 많다. 이럴 때 AI에게 연구 주제 아이디어를 물어보거나 특정 변수 간 관계에 대한 선행연구 예를 요청하면 새로운 시각을 얻고 아이디어를 확장할 수 있다. 예를 들어 다음과 같이 대화할 수 있다.

ChatGPT 채팅 예시

> 대학교 신입생의 스마트폰 사용과 학업스트레스의 관계를 주제로 연구하려고 하는데, 관련 변수나 연구모형을 제안해줘.

- 독립변수 : 스마트폰 과의존
- 종속변수 : 학업 스트레스
- 매개변수 : 수면의 질
- 조절변수 : 자기조절 능력

즉 "스마트폰 과의존이 수면의 질을 저하시키고, 이는 학업 스트레스 증가로 이어진다."는 매개모형을 설정할 수 있습니다.

2 ChatGPT에 동일한 명령어를 입력해도 실행할 때마다 조금씩 다른 결과를 내놓을 수 있지만, 전체적인 구조와 흐름은 대체로 같다.

이처럼 AI는 연구설계에 필요한 초기 아이디어를 빠르게 제시할 수 있다. 하지만 제안된 결과를 그대로 받아들이는 것이 아니라 연구자의 관점에서 적절히 수정하거나 선택적으로 활용하는 과정이 반드시 필요하다.

셀파의 요약정리 7.1

■ AI 시대의 논문작성, 왜 활용해야 하는가?

- AI는 논문 작성에서 연구자의 사고를 보조하는 지적 동반자다. 단순히 글을 대신 써주는 것이 아니라 반복 작업을 줄이고 아이디어 확장, 문장 교정, 정보 구조화 등의 작업을 수행할 수 있어 연구자의 생각을 명확하게 표현하도록 돕는다.
- 소모적인 반복 작업은 AI에게 맡기고, 연구자는 본질에 집중할 수 있다. 예를 들어 선행연구 요약, 변수 정리, 참고문헌 관리와 같은 작업을 AI가 도와주면 연구자는 논리 설계와 해석에 더 많은 시간을 쏟을 수 있다.
- 문장의 어색함이나 비논리적 흐름을 AI로 점검하고 교정할 수 있다. ChatGPT, Claude 등 생성형 AI는 문장을 더 학술적이고 자연스럽게 다듬을 때 유용하다. 특히 비문을 논문다운 문장으로 바꾸는 과정에서 큰 도움이 된다. 그러나 AI가 제안한 문장은 반드시 연구자가 직접 검토하고 수정해야 한다.
- 연구 주제 설정과 아이디어 확장에도 활용할 수 있다. 막막한 상황에서 "이 주제에 어떤 변인을 넣을 수 있을까?"와 같이 질문하면 관련 변수나 매개·조절 구조, 연구모형 예시를 얻을 수 있다.
- 중요한 점은 AI는 정답을 주는 도구가 아니라 생각을 열어주는 도구라는 것이다. AI가 제공하는 결과는 참고자료일 뿐이며 궁극적인 판단과 해석은 연구자가 주도해야 한다. AI는 사고 과정을 도와주는 보조 도구로 활용하는 것이 바람직하다.

생성형 AI는 논문을 대신 써주는 작가가 아니라 연구자의 생각을 정리하고 표현을 지원하는 조력자임을 명심하자.

SECTION

7.2 AI 도구 한눈에 살펴보기

논문 작성에 활용할 수 있는 AI 도구는 매우 다양하다. 단순히 글을 써주는 도구부터 논문을 요약하고 구조를 분석하는 리딩 도우미, 인용을 정리하는 레퍼런스 관리 도구까지, 연구 과정의 단계별로 역할이 세분화되어 있다.

이 절에서는 논문 작성 과정에 따라 AI 도구의 주요 유형과 기능을 정리하고 대표적인 서비스를 실제 사용 목적에 따라 소개한다.

1 텍스트 생성 및 문장 다듬기 도구

텍스트 생성과 문장 다듬기 기능이 있는 AI 도구는 연구 아이디어를 정리하고 서론이나 본문 초안을 작성하며, 문장 표현을 개선할 때 유용하게 활용할 수 있다. 그러나 생성형 AI가 자동으로 만들어낸 문장은 반드시 연구자가 학문적 정확성과 논리적 구조를 직접 검토하고 수정해야 한다. 주요 도구와 특징은 [표 7-1]에서 확인할 수 있다.

표 7-1 텍스트 생성 및 문장 다듬기용 AI 도구

도구명	주요 기능	명령 예
ChatGPT[3]	주제 설명, 서론 작성, 문장 교정, 통계 해석 보조	논문 초안 다듬어줘. 변수 간 관계 설명해줘.
Claude[4]	긴 문서 요약, 논리 구조 점검	이 논문의 핵심 주장 요약해줘. 이 문장의 논리 흐름 점검해줘.
Writefull[5]	문법·문체 교정, 학술적 표현 보완, 자동 패러프레이징	이 문장을 영어로 학술적으로 자연스럽게 바꿔줘.

2 논문 요약 및 분석 도구

논문 요약과 분석 기능이 있는 AI 도구는 선행연구 탐색, 논문 이해, 핵심 주장 파악 등에 활용할 수 있다. 특히 영어 논문을 많이 읽어야 한다면 매우 유용하다. 다만 AI가 논문 내용을 오독하거나 누

3 https://chatgpt.com

4 https://claude.ai

5 https://www.writefull.com

락할 수 있으므로 요약 결과는 원문과 반드시 대조해야 한다. 주요 도구와 특징은 [표 7-2]에서 확인할 수 있다.

표 7-2 논문 요약 및 분석용 AI 도구

도구명	주요 기능	명령 예
SciSpace[6]	PDF 논문 요약, 용어 해설, 질의응답 지원	이 논문의 주요 연구결과는? 표 2의 그래프를 설명해줘.
Elicit[7]	논문 검색, 연구문제 기반 답변, 선행연구 비교	자기효능감과 학업성취에 대한 실증연구를 찾아줘.
Scholarcy[8]	논문 요약, 하이라이트 추출, 핵심 문장 정리	이 논문을 한 쪽 분량으로 요약·정리해줘.

3 참고문헌 및 인용 정리 도구

참고문헌과 인용을 정리하는 기능이 있는 AI 도구는 서지 정보 관리와 인용 포맷 자동화에 특화되어 있다. 인용 실수나 누락된 참고문헌은 심사에서 감점 요소가 될 수 있으므로 AI 도구를 활용해 인용을 철저히 관리하되, 최종적으로는 학술지 지침에 맞게 교정을 거쳐야 한다. 주요 도구와 특징은 [표 7-3]에서 확인할 수 있다.

표 7-3 참고문헌 및 인용 정리용 AI 도구

도구명	주요 기능	명령 예
Zotero	논문 저장 및 분류, 인용 자동 삽입	논문을 크롬에서 저장하고, Word에서 자동 인용 삽입하기
EndNote	학술지 스타일에 맞는 인용 자동 생성	APA 7th 기준 참고문헌 자동 정리
ResearchRabbit	논문 간 인용 네트워크 시각화	이 연구 주제와 관련된 키 논문을 맵으로 시각화

4 시각 자료 및 도식화 도구

시각 자료와 도식화 기능이 있는 AI 도구는 연구모형 도식화, 실험 절차 시각화, 논문 내 그래프·표·수치 등 시각적·수치적 정보 작성 등에 특화되어 있다. 예를 들어 학회 포스터, 논문 내 그래프·표·수치, 실험절차 설명 등에서 유용하게 활용할 수 있다. 단, 시각자료는 반드시 출처를 명시하고 저작권을 확인해야 한다. 주요 도구와 특징은 [표 7-4]에서 확인할 수 있다.

6 https://scispace.com

7 https://elicit.com

8 https://www.scholarcy.com

표 7-4 시각 자료 및 도식화용 AI 도구

도구명	주요 기능	활용 예
Canva[9]	연구모형, 발표용 인포그래픽 디자인	구조방정식모형을 보기 쉽게 만들기
BioRender[10]	생명과학 실험 모형 및 시각자료 제작	실험 단계 흐름도를 고해상도 그림으로 표현
Midjourney[11]	AI 이미지 생성, 삽화 제작	논문 삽화를 이미지로 자동 생성

5 기타 유용한 AI 보조 도구

앞서 살펴본 도구 외에도 문장 교정이나 논문 구조 이해를 돕는 AI 보조 도구가 다양하게 개발되어 있다. 이들은 특정 단계에 특화된 것은 아니지만, 전반적인 글쓰기 품질을 높이는 데 유용하다. 주요 예는 다음과 같다.

- **Grammarly[12] :** 영어 문법 및 어휘 교정
- **Hemingway Editor[13] :** 문장의 가독성 개선, 학술 문체 단순화
- **Paperpal[14] :** 논문용 문장 표현 추천 및 패러프레이징paraphrasing
- **Connected Papers[15] :** 논문 주제 기반 논문 맵 구조 시각화

이처럼 다양한 AI 도구는 각각의 장점이 다르므로 논문 작성 단계에 맞게 선별적으로 활용하는 것이 효과적이다. 논문 작성 단계별로 활용하기 좋은 AI 도구는 [표 7–5]에 정리되어 있다.

표 7-5 논문 작성 단계별 추천 AI 도구

논문 작성 단계	추천 AI 도구
주제 아이디어 탐색	ChatGPT, Elicit
선행연구 정리	SciSpace, Scholarcy
문장 교정 및 표현력 향상	Writefull, Grammarly, ChatGPT
연구모형 시각화	Canva, BioRender

9 https://www.canva.com/ko_kr

10 https://www.biorender.com

11 https://www.midjourney.com/home

12 https://www.grammarly.com

13 https://hemingwayapp.com

14 https://paperpal.com

15 https://www.connectedpapers.com

논문 작성 단계	추천 AI 도구
참고문헌 정리	Zotero, EndNote
발표자료·포스터 제작	Canva

AI 도구는 만능열쇠가 아니다. 오히려 내 논문에 가장 잘 맞는 도구를 선별해서 목적에 맞게 제한적으로 사용하는 능력이 더 중요하다. 특히 초심자는 여러 도구를 동시에 활용하기보다는 한두 가지 도구를 반복적으로 익히며 실제 논문에 적용하는 연습이 더 효과적이다.

여기서 소개한 도구 중 Scispace와 ChatGPT는 각각 7.3절과 7.4절에서 활용 방법을 상세하게 살펴본다.

셀파의 요약정리 7.2

논문 작성에 활용할 수 있는 AI 도구는 매우 다양하며, 역할도 단계별로 세분화되어 있다. 단순히 문장을 생성하는 데 그치지 않고 논문 요약, 구조 분석, 인용 정리, 시각 자료 제작까지 논문 작성의 전 과정을 보조한다.

■ AI 도구 한눈에 살펴보기

- **텍스트 생성 및 문장 다듬기 도구 :** 주제 정리, 초안 작성, 표현 개선에 유용하다. 대표적으로 ChatGPT, Claude, Writefull이 있다. ChatGPT는 주제 설명과 서론 초안 작성, 문장 교정에, Claude는 긴 문서 요약과 논리 구조 점검에, Writefull은 영어 문법·문체 교정과 패러프레이징에 적합하다.
- **논문 요약 및 분석 도구 :** 선행연구 탐색, 논문 이해, 핵심 주장 파악에 유용하다. 대표적으로 SciSpace, Elicit, Scholarcy가 있다. SciSpace는 PDF 논문 요약, 용어 해설, 그래프 해석을 제공하고, Elicit은 연구문제 기반 논문 탐색 및 비교에, Scholarcy는 한 쪽 분량의 요약과 핵심 문장 추출에 특화되어 있다.
- **참고문헌 및 인용 정리 도구 :** 인용 오류를 줄이고 형식을 자동화한다. 대표적으로 Zotero, EndNote, ResearchRabbit이 있다. Zotero는 논문 저장·분류 및 Word 프로그램 내 인용 삽입 기능이 있고, EndNote는 학술지 양식에 맞춘 자동 인용 생성에, ResearchRabbit은 논문 간 인용 네트워크 시각화에 특화되어 있다.
- **시각 자료 및 도식화 도구 :** 연구모형 도식화, 포스터 제작, 삽화 생성에 사용된다. 대표적으로 Canva, BioRender, Midjourney가 있다. Canva는 인포그래픽, 발표용 도식 디자인에, BioRender는 생명과학 중심의 실험 흐름도 제작에, Midjourney는 삽화·포스터용 이미지 생성에 최적화되어 있다.
- **기타 도구 :** 글쓰기 품질 향상과 연구 흐름 시각화에 도움을 준다. Grammarly는 영어 문법·어휘 교정에, Hemingway Editor는 문장 가독성 및 간결성 점검에, Paperpal은 논문 문장 스타일 추천 및 패러프레이징에, Connected Papers는 주제 중심 논문 네트워크 맵 제공에 특화되어 있다.

논문 작성 단계별로 적절한 도구를 선택적으로 활용하는 전략이 효과적이다. 모든 도구를 한꺼번에 사용하기보다는 자신의 연구 상황에 맞춰 한두 가지를 집중적으로 학습해서 실제 논문에 적용하는 방식이 더 실용적이다.

SECTION

7.3 SciSpace 활용하기

SciSpace는 논문에 관한 여러 작업을 지원하는 AI 도구로 최근 전 세계적으로 주목받고 있다. PDF 형식의 논문이 업로드되면 자동으로 분석, 요약, 질문 응답, 핵심 문장 하이라이팅, 용어 해설 등 다양한 기능을 제공한다.

영어 논문에 익숙하지 않거나 논문의 구조를 파악하는 데 어려움을 느끼는 대학원생에게 SciSpace는 직관적이고 효과적인 논문 리딩 도우미가 될 수 있다.

7.3.1 SciSpace의 주요 기능

2025년 12월 기준 SciSpace 홈페이지는 [그림 7-1]과 같다. 주요 기능을 하나씩 살펴보자. 노출되는 기능은 방문 시기에 따라 조금씩 달라질 수 있다.

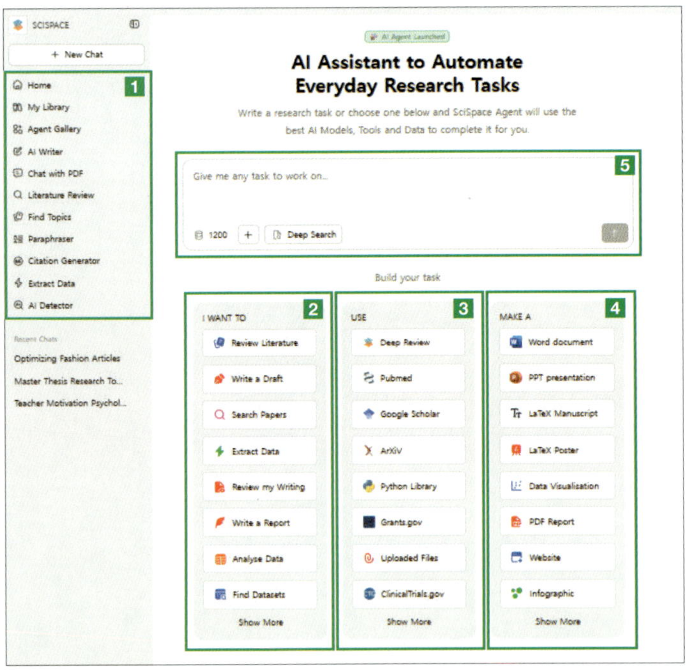

그림 7-1 SciSpace 홈페이지

1 왼쪽 사이드 메뉴

- **Home** : 서비스 첫 화면으로 이동한다.
- **My Library** : 사용자가 업로드한 논문과 자료를 보관하고 관리할 수 있다.
- **Agent Gallery** : 연구목적에 적합한 에이전트를 선택하면 최적화된 프롬프트와 설정이 자동으로 적용된다.
- **AI Writer** : 학술적인 문장을 작성하거나 기존 문장을 개선하는 데 도움을 준다.
- **Chat with PDF** : 업로드한 논문과 대화하듯 질문하며 핵심 내용을 파악할 수 있다.
- **Literature Review** : 특정 주제를 입력하면 선행연구를 검색하고 정리한다.
- **Find Topics** : 최신 연구 주제를 발굴하는 데 유용하다.
- **Paraphraser** : 문장을 재작성하여 표절을 방지한다.
- **Citation Generator** : 다양한 형식의 인용문을 자동으로 생성한다.
- **Extract Data** : 논문에서 표·그림·데이터를 추출할 수 있다.
- **AI Detector** : 텍스트가 AI에 의해 작성된 것인지 판별한다.

2 I WANT TO

사용자가 지금 수행하려는 연구 관련 작업task을 제공한다. 논문 검색에서부터 보고서 작성, 문헌 리뷰, 데이터 정리, 연구비 신청서 작성까지 연구 실무에서 반복되는 업무를 자동화할 수 있다.

- **Review Literature** : 특정 주제의 선행연구를 찾아 요약해준다.
- **Write a Draft** : 주제나 개요를 입력하면 보고서나 논문 형식의 초안을 생성한다.
- **Search Papers** : 키워드를 입력하면 Google Scholar, PubMed 등 주요 학술 데이터베이스에서 관련 논문을 검색한 결과를 보여준다.
- **Extract Data** : 업로드된 표·이미지·PDF에서 수치와 데이터를 추출한다.
- **Review My Writing** : 입력된 문장의 문법, 표현, 논리적 흐름을 개선해준다.
- **Write a Report** : 연구 주제나 데이터 분석 결과를 바탕으로 요약 보고서를 생성한다.
- **Analyse Data** : 업로드된 표·이미지·PDF 내의 결과를 분석하고 해석한다.
- **Find Datasets** : 연구 주제에 관한 공개 데이터셋을 찾아준다.

3 USE

AI 분석을 수행할 때 활용할 수 있는 데이터 소스나 기술 도구를 제공한다. 각 분야에 특화된 데이터베이스나 시스템과 연동되어 있어, 사용자가 선택한 자원을 중심으로 작업이 진행된다.

- **Deep Review** : 논문을 심층적으로 요약하고 비교한다. 선행연구 검토 초안을 만들 때 사용한다.
- **Pubmed / Google Scholar / ArXiV** : 의학, 과학, 종합 학술 분야의 데이터베이스에 연동해서 (2.4절 참고) 논문을 검색할 수 있다.

- **Python Library :** 파이썬 환경과 연동해 코드 기반 분석을 수행할 수 있다.
- **Grants.gov / ClinicalTrials.gov :** 정부 연구비 공모, 임상시험 데이터베이스에 접근해 필요한 정보를 검색할 수 있다.
- **Uploaded Files :** 사용자가 업로드한 파일(PDF, 데이터셋 등)을 분석에 활용할 수 있도록 연결한다. 이렇게 업로드한 파일의 추가 작업은 [I WANT TO] 영역에서 선택할 수 있다.

4 MAKE A

연구자가 최종적으로 만들어야 할 출력물output의 형태를 종류별로 제공한다. 논문, 보고서, 발표자료, 시각 자료 등을 자동으로 구성해준다.

- **Word document :** 보고서 형식의 워드 문서를 생성한다.
- **PPT Presentation :** 분석 결과와 요약 내용을 바탕으로 발표용 슬라이드를 생성한다.
- **LaTeX Manuscript / LaTeX Poster :** LaTeX 형식[16]의 논문 원고나 학회 포스터를 생성한다.
- **Data Visualisation :** 데이터 분석 결과를 그래프, 차트 등으로 시각화해준다.
- **PDF Report :** 요약 결과와 시각화 자료를 포함한 보고서를 PDF 형식으로 생성한다.
- **Website :** 연구 내용을 소개하는 간단한 웹페이지를 생성한다.
- **Infographic :** 연구설계, 주요 결과, 시사점 등을 한눈에 볼 수 있는 인포그래픽 형태로 생성한다.

5 검색창

SciSpace는 앞선 1~4와 같이 세부적인 기능을 다양하게 제공한다. 다만 어떤 기능을 활용해야 할지 헷갈리면 메인 검색창에 원하는 작업을 직접 입력해도 된다.

7.3.2 SciSpace로 선행연구 요약 정리하기

논문 작성 과정에서 가장 시간이 오래 걸리는 부분은 단연 이론적 배경 작성이다. SciSpace의 가장 강력한 기능은 연구자가 직접 선행연구를 찾아 업로드하지 않아도, 관련 논문을 스스로 검색하고 요약해준다는 점이다. 이제 SciSpace를 이용해 선행연구를 찾고 정리하는 과정을 실제 사례와 함께 소개한다. 구체적으로는 다음 세 가지로 크게 나누어 살펴본다.

- 명령어를 입력해 원하는 주제의 논문을 찾아 요약하기
- 논문 파일을 업로드해 요약표 만들기
- 이미 수집한 논문을 라이브러리로 관리하기

16 수식, 표, 참고문헌, 도식 등이 많은 논문에서 널리 사용되는 조판 시스템이다. 코드 기반으로 문서를 작성한다.

명령어로 선행연구 10편 정리하기

1 기본 검색

검색 기준을 따로 설정하지 않고 "교사효능감과 심리적 소진의 관계에 관한 연구를 10개 찾아서 정리해줘."와 같이 명령어를 입력하면 [그림 7-2]와 같이 문헌을 찾는 과정을 상세히 알려준다.

그림 7-2 SciSpace로 선행연구 찾아 요약 정리하기

SciSpace는 Google Scholar, PubMed 등 여러 학술 데이터베이스와 연동해 주제와 관련 있는 연구를 검색하고 정리한다고 안내한다. 그 결과 관련성 있는 10편의 논문이 [그림 7-3]과 같이 제시된다.[17]

[그림 7-3]의 결과를 도출하는 방식은 다음과 같다.

- 관련성, 표본 크기, 방법론적 엄밀성, 인용 빈도 등을 고려해 상위 10개 연구를 선정한다.
- 각 연구의 논문 제목, 저자, 발표년도와 같은 기본 정보를 제공한다.
- 연구목적과 가설, 연구방법(참여자, 측정도구, 분석방법)을 제시한다.
- 주요 연구결과와 시사점, 한계점을 항목별로 정리한다.
- 다양한 문화·교육 환경에서 수행된 연구도 포함한다.

17 결과 화면에는 논문 10편을 모두 분석하고 요약한 내용이 출력되지만, 지면 관계상 일부만 소개한다.

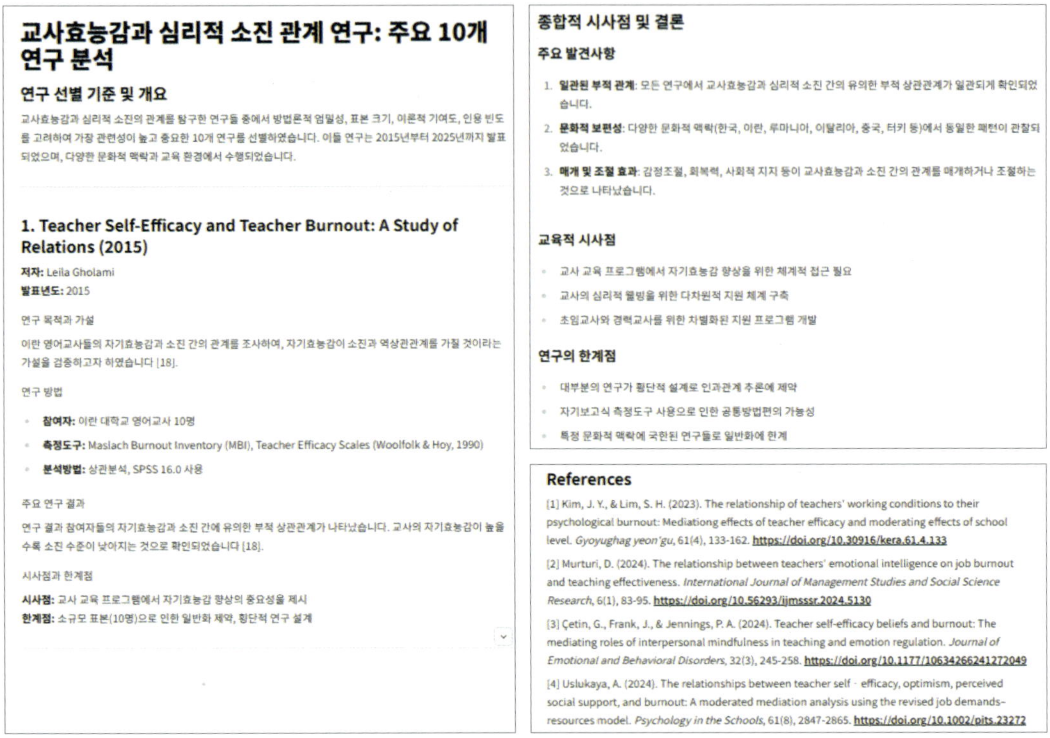

그림 7-3 SciSpace 분석 결과

2 조건 추가 검색

해당 주제와 관련하여 한국에서 출간된 논문만 찾기 위해 "한국에서 연구된 교사효능감과 심리적 소진의 관계에 관한 연구를 10개 정리해줘."와 같이 '한국에서 연구된'이라는 조건을 포함하여 명령어를 입력한다. 그러면 [그림 7-4]와 같이 한국 연구에 특화된 검색이 진행된다.

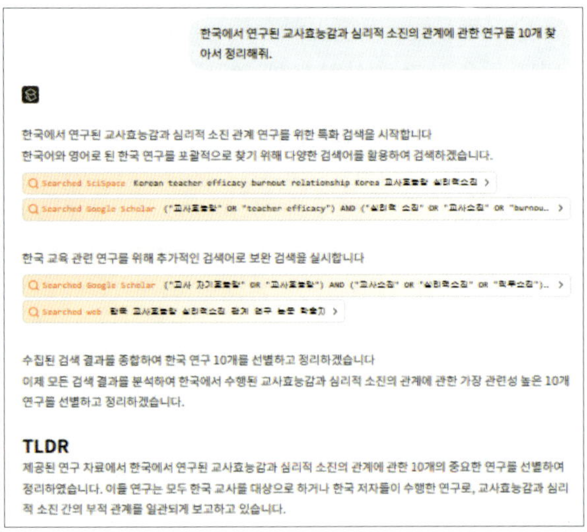

그림 7-4 SciSpace로 선행연구 찾아 요약 정리하기

그 결과 관련성 있는 10편의 논문이 [그림 7-5]와 같이 제시된다.

TLDR

제공된 연구 자료에서 한국에서 연구된 교사효능감과 심리적 소진의 관계에 관한 10개의 중요한 연구를 선별하여 정리하였습니다. 이들 연구는 모두 한국 교사를 대상으로 하거나 한국 저자들이 수행한 연구로, 교사효능감과 심리적 소진 간의 부적 관계를 일관되게 보고하고 있습니다.

한국에서 연구된 교사효능감과 심리적 소진 관계 연구 10선

1. 교사가 지각하는 근무조건과 교사의 심리적 소진의 관계: 교사효능감의 매개효과와 학교급의 조절효과

1. 연구 제목: 교사가 지각하는 근무조건과 교사의 심리적 소진의 관계: 교사효능감의 매개효과와 학교급의 조절효과 / The Relationship of Teachers' Working Conditions to Their Psychological Burnout: Mediationg Effects of Teacher Efficacy and Moderating Effects of School Level

2. 저자명 및 발표년도: 김준영, 임성혜 (2023)

3. 연구 대상: 초등교사 및 중등교사

4. 주요 연구결과: 교사가 지각한 업무부하는 교사의 심리적 소진과 정적인 관계를, 업무공정성은 부적인 관계를 보였다 [1]. 개인적 교사효능감과 집단적 교사효능감 모두 업무부하와 심리적 소진의 관계에서 매개효과가 유의하였으나, 업무공정성과 심리적 소진의 관계에서는 집단적 교사효능감만 매개효과가 유의하였다 [1].

5. 연구의 의의 및 시사점: 교사효능감을 다차원적으로 접근해야 할 필요성과 초등교사와 중등교사의 차이를 고려한 교사의 심리적 보호 방안 마련의 필요성을 제시하였다 [1].

2. 한국 교사의 그릿과 소진에서 심리적 자본의 매개역할

1. 연구 제목: 한국 교사의 그릿과 소진에서 심리적 자본의 매개역할 / Mediating Role of Psychological Capital in Korean Teachers' Grit and Burnout

2. 저자명 및 발표년도: 김규태 (2024)

3. 연구 대상: 한국 초등 및 중등교사 574명

4. 주요 연구결과: 그릿이 교사 소진을 유의하게 감소시키며, 심리적 자본이 그릿과 소진 간의 관계에서 부적 매개역할을 하는 것으로 확인되었다 [2].

5. 연구의 의의 및 시사점: 교직에서 그릿, 심리적 자본, 소진이 어떻게 상호연결되어 있는지에 대한 이론적, 실증적 이해를 제공하였다 [2].

References

[1] Kim, J. Y., & Lim, S. H. (2023). The Relationship of Teachers' Working Conditions to Their Psychological Burnout: Mediationg Effects of Teacher Efficacy and Moderating Effects of School Level. *Gyoyughag yeon'gu*, 61(4), 133-161. https://doi.org/10.30916/kera.61.4.133

[2] Kim, K. T. (2024). Mediating Role of Psychological Capital in Korean Teachers' Grit and Burnout. *Journal of curriculum and teaching*, 13(5), 93-108. https://doi.org/10.5430/jct.v13n5p93

[3] Han, J. W. (2019). Association between Teacher Efficacy and Job Burnout According to Job Stress Variables of Middle School Teachers. *Medico-Legal Update*, 19(1), 539-544. https://doi.org/10.37506/MLU.V19I1.999

[9] Author not provided. (2020). The Relation Between Ego-Resilience and Burnout in the Early Childhood Teachers: The Mediating Effects of the Teacher Efficacy and Social Support. *복지상담교육연구*, 9(2), 55-78. https://doi.org/10.20497/jwce.2020.9.2.55

[11] Jang, K. E., Kim, H. W., & Choi, Y. R. (2017). Moderated Mediation Model of the Effects of Early Childhood Teachers' Perceived Social Support, Job Stress, and Teacher Efficacy on Burnout. *Korean Journal of Child Studies*, 38(4), 19-32. https://doi.org/10.5723/KJCS.2017.38.4.19

[12] Moon, D. K. (2018). A Meta-analysis of the Factors Related to Psychological Burn-out of Early Childhood Teachers. *Journal of the Korea Academia Industrial Cooperation Society*, 19(11), 38-50. https://doi.org/10.5762/KAIS.2018.19.11.38

[19] Author not provided. (Year not provided). The Effects of Childcare Teachers' Grit and Teacher Efficacy on Psychological Burnout.

[20] Author not provided. (Year not provided). The Effects of Childcare Teachers' Teacher Efficacy and Psychological Burnout on the Implementation of Rights-Respecting Childcare for Infants and Toddlers.

[29] Author not provided. (2015). The Influence of teachers' perception of student misbehavior and teacher efficacy on burnout: Testing the mediated moderating effect of social support.

[46] Cho, H. I. (2020). The Relation among Teacher Efficacy, Burnout, and Job Satisfaction of Secondary School Teachers: Moderated Mediation of Teacher Emotions. *교육문화연구*, 26(5), 539-561. https://doi.org/10.24159/joec.2020.26.5.539

그림 7-5 SciSpace 분석 결과

[그림 7-5]는 **1**의 절차와 동일하지만, 다음과 같이 추가 조건을 반영하여 결과를 도출했다.

- 한국어·영어 키워드를 혼합해 SciSpace, Google Scholar, 웹을 병렬 검색한다.
- 수집된 자료 중 한국 저자 또는 한국적 상황을 다룬 연구만 선별한다.

기본 검색 결과인 [그림 7-3]과 조건 추가 결과인 [그림 7-5]를 비교하면 [표 7-6]과 같다.

표 7-6 SciSpace 요약 정리 결과 비교

	기본 검색	조건 추가 검색
명령어	"교사효능감과 심리적 소진의 관계에 관한 연구를 10개 찾아서 정리해줘."	"한국에서 연구된 교사효능감과 심리적 소진의 관계에 관한 연구를 10개 정리해줘."
연구 기본정보	논문 제목, 저자, 발표년도	논문 제목, 저자·발표년도, 연구대상

이처럼 논문을 어떤 포인트로 요약할지 지정하지 않으면 명령을 실행할 때마다 결과가 달라질 수 있다. 따라서 연구자는 원하는 요약방법을 구체적으로 명확하게 제시할 필요가 있다.

3 맞춤형 요약

이번에는 연구자가 원하는 요약방법을 직접 제시하는 방법을 소개한다. 예를 들어 "한국에서 연구된 교사효능감과 심리적 소진의 관계 연구 10개를 찾아, **실무적 필요성·학문적 필요성·연구목적·연구대상·연구방법·연구 시사점·연구 한계 및 향후 연구방향으로 정리해줘.**"와 같이 명령어를 입력한다. 그러면 [그림 7-6]과 같이 검색된 자료를 종합 분석한 뒤, 한국에서 연구된 해당 주제 관련 연구 10편을 선별해 요청한 항목별로 체계적으로 정리한다.

그림 7-6 SciSpace로 선행연구 찾아 요약 정리하기

그 결과 [그림 7-7]과 같은 통합 분석 보고서가 생성된다.

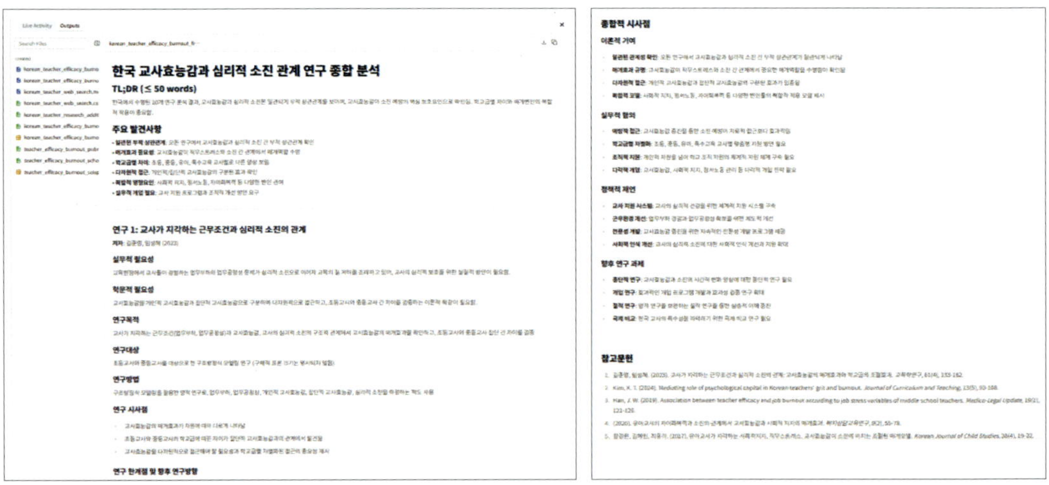

그림 7-7 SciSpace 분석 결과

[그림 7-7]에서는 **1**, **2**의 절차와 달리 연구자가 요청한 요약 항목에 맞춰 다음과 같이 결과가 구조화된다.

- 핵심 내용 추출Extracted insights 단계에서 '실무적 필요성·학문적 필요성·연구목적·연구대상·연구방법·연구 시사점·연구 한계 및 향후 연구방향' 등 지정한 필드를 중심으로 정리한다.
- 상단에는 TL;DR(50단어 내 요약)를 제공하고, 공통결과·매개/조절 요인·다차원적 접근·변인 영향 범위 등 핵심 인사이트를 요약한다.
- 문헌 리뷰의 '서론·논의'에 바로 활용할 수 있는 완성형 출력과 보고서 파일 내보내기 기능도 지원한다.

논문 업로드 후 요약표 생성하기

선행연구 검토Literature Review 기능을 활용하면 주제 키워드를 입력한 뒤 관련 논문과 자료를 AI가 자동으로 요약·정리해준다. 이 기능을 이용하면 논문 수, 출처, 핵심 내용 등을 표 형태로 한눈에 파악할 수 있다. 무료 이용자는 [그림 7-8]의 검색창 아래에 있는 Standard 토글 메뉴만 사용할 수 있다. 반면에 유료 이용자는 High Quality 또는 Deep Review 메뉴도 사용할 수 있으며, 이때 크레딧이 차감된다.

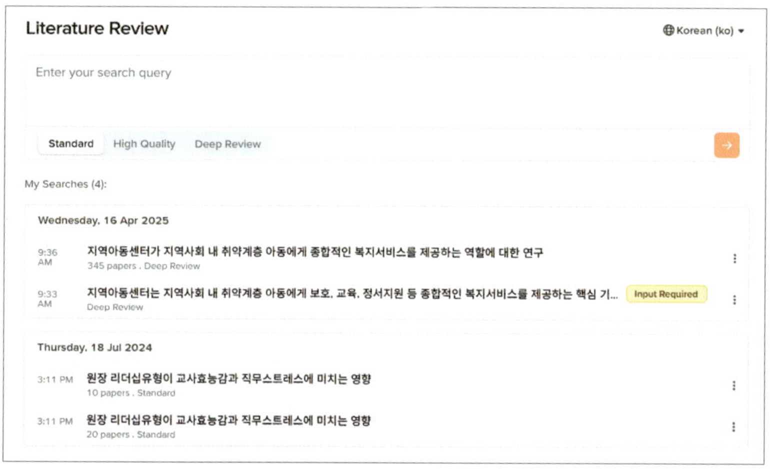

그림 7-8 SciSpace의 선행연구 검토 검색창

이제 선행연구 검토 기능을 활용해 논문을 검색하고 요약표를 만드는 과정을 소개한다.

1 기본 검색

검색창에 "'지역아동센터의 역할'과 '리더십 유형이 교사효능감·직무스트레스에 미치는 영향'을 다루고 있는 한국 연구결과 10개를 검토해줘."라고 명령어를 입력했다. 이 명령을 실행하면 [그림 7-9]와 같이 논문 제목과 핵심 내용insights을 살펴볼 수 있으며, 특정 주제에 대한 다수 논문의 핵심을 한눈에 비교할 수 있다.

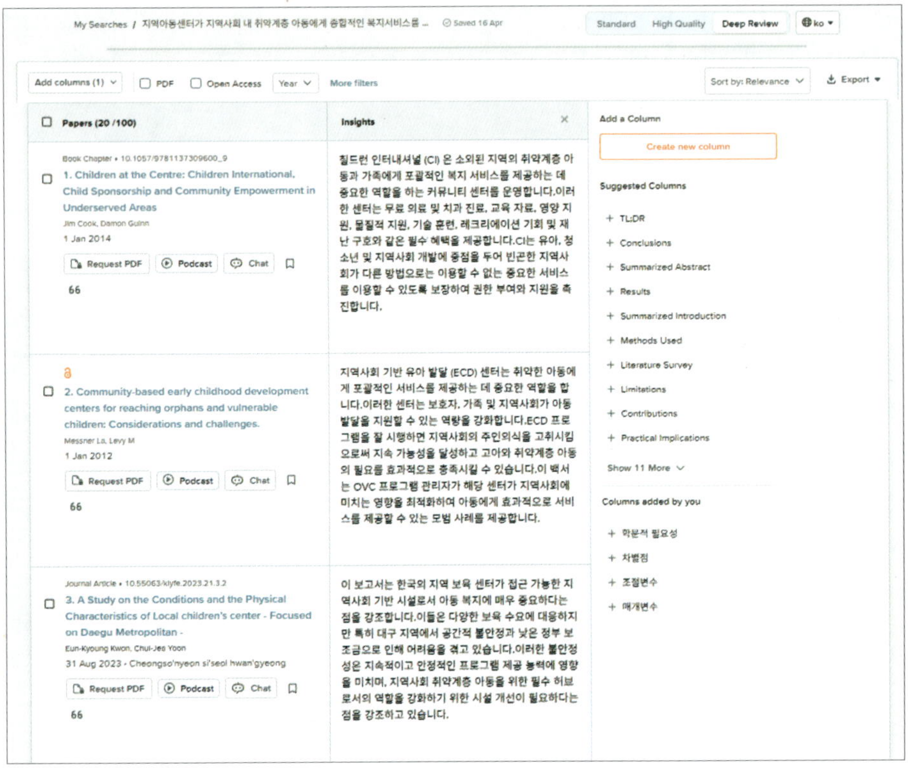

그림 7-9 SciSpace의 선행연구 검토 검색 결과

2 열 추가

검색된 논문의 세부 내용을 파악하기 위해 열 추가Add a Column 기능을 활용했다. 이를 통해 연구 공백, 독립변수, 종속변수 등 다양한 항목을 살펴볼 수 있으며, [그림 7-10]과 같이 논문에 포함된 정보를 포괄적으로 도출할 수 있다. 이 과정은 이후 본 연구의 변수 설계 아이디어를 구체화하는 데에도 도움이 된다.

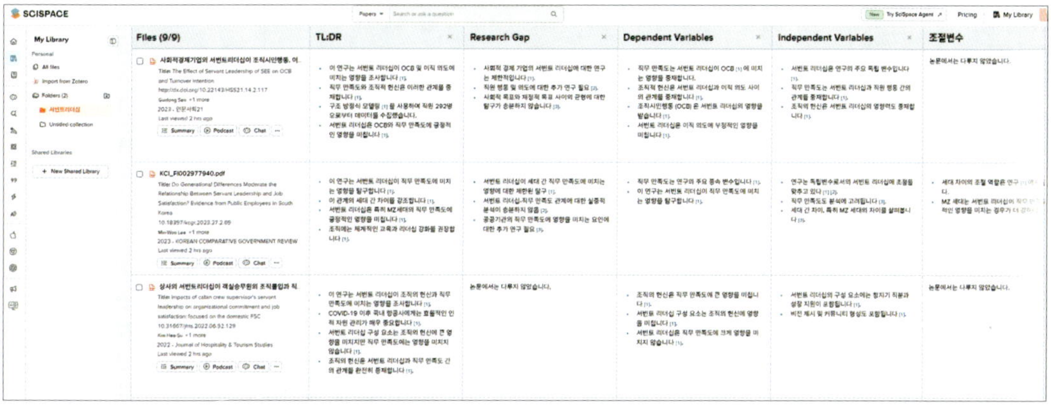

그림 7-10 선행연구 검토 후 열 추가 검색 결과

> **셀파의 포인트** SciSpace의 선행연구 검토 결과 화면
>
> [그림 7-10]은 SciSpace의 선행연구 검토 기능에서 컬럼 추가를 적용한 화면이다. 기본적으로 50단어 내 요약(TL;DR), 결론, 초록 요약, 결과, 서론 요약, 사용된 방법, 문헌 조사, 한계점, 기여점, 실무 적용점 등 다양한 열이 제공된다. 여기에 연구목적, 실무적·학문적 필요성, 연구대상, 주요 변수, 차별성 등 필요한 항목을 추가할 수 있으며, 언어를 ko로 설정하면 열제목을 한글로 지정할 수 있다. [그림 7-10]의 마지막 열제목을 참고하라.

수집한 논문 자료를 체계적으로 관리하기

마이 라이브러리My Library 기능은 연구자가 수집한 논문 PDF 파일을 체계적으로 관리·분석할 수 있는 개인 문헌 라이브러리다. 이 기능을 활용하면 다수의 논문을 동일한 구조로 정리할 수 있어 비교·분석이 용이하고, 연구 주제에 맞춘 맞춤형 데이터베이스를 구축할 수 있다. 또한 선행연구 검토, 변수 정리, 연구설계 아이디어 도출에도 효과적이라는 장점이 있다.

구체적으로는 연구자가 직접 찾은 논문을 업로드해 라이브러리에 보관할 수 있으며, 업로드된 PDF는 자동으로 분석되어 50단어 내 요약(TL;DR), 연구 공백, 종속변수, 독립변수, 조절변수 등이 정리된다. 정리된 내용을 기반으로 채팅Chat 기능을 활용해 질문과 답변을 주고받을 수 있다. 이때 [그림 7-11]과 같이 검색창 아래에 있는 High Quality 토글 버튼을 활성화하여 선택하면 응답 품질이 향상되며, 이는 유료 서비스로 제공된다.

그림 7-11 SciSpace의 마이 라이브러리 기능

7.3.3 SciSpace 활용 팁과 주의사항

활용 팁

SciSpace는 처음 접하는 분야의 논문을 빠르게 스캔하는 데 유용하다. 서론과 결론의 흐름을 요약해 전체 논리를 파악하는 연습에도 도움이 되며, 용어 정리 기능은 이론적 배경을 정리할 때 큰 강점이 된다. 특히 논문 발표를 준비할 때 핵심 문장을 발췌하고 요약하는 데 효과적이다.

주의사항

다만 AI가 생성한 응답이 항상 정확한 것은 아니다. 특히 표와 그래프 해석은 원문의 수치와 대조하며 검토해야 한다. 오래된 논문이나 OCR 인식이 불안정한 PDF는 분석 정확도가 낮을 수 있으므로 유의해야 한다. 무엇보다 결과 해석과 의미 부여는 연구자가 직접 판단해야 한다.

셀파의 요약정리 7.3

■ SciSpace란

- SciSpace는 논문을 빠르게 읽고 정리할 수 있도록 돕는 논문 분석 전용 AI 도구다. PDF 형식의 논문을 업로드하면 요약, 용어 해설, 질의응답, 표·그래프 해석, 핵심 문장 하이라이팅 등 다양한 기능을 제공한다.
- 특히 영어 논문이나 구조가 복잡한 논문을 읽는 데 어려움을 겪는 대학원생에게 유용하다. 논문을 읽고 해석하는 시간을 줄이고, 핵심 주장 정리와 논리 구조 파악에 집중할 수 있도록 돕는다.

■ SciSpace의 주요 기능 세 가지

- **I WANT TO :** 논문 검색, 보고서 작성, 데이터 추출, 연구비 공모 탐색 등 연구자가 원하는 작업을 직접 실행
- **USE :** arXiv, PubMed, Google Scholar, Python, 특허검색 등 다양한 데이터베이스와 분석 도구 활용
- **MAKE A :** 논문, 발표자료, 시각화 자료, 포스터 등 다양한 연구결과물 자동 생성

■ SciSpace로 선행연구 요약 정리하기

- 키워드를 입력해 논문을 요약하거나 조건부 명령어로 논문을 선별할 수 있다. 또한 요약 항목을 직접 지정해 체계적인 논문 요약 결과를 생성할 수 있다.
- Literature Review 기능을 활용하면 논문 요약표를 자동으로 생성할 수 있다. 요약(TL;DR), 연구방법, 변수 구조, 시사점, 한계점 등 다양한 열을 추가할 수 있으며, 'ko' 설정을 통해 열이름을 한글로 지정할 수 있다.
- My Library 기능을 이용하면 직접 수집한 논문을 정리·보관·분석할 수 있다. 업로드된 PDF는 자동으로 요약되며, 독립·종속·조절변수 등의 요소도 함께 추출된다. 이를 바탕으로 채팅 기능을 활용해 논문 내용에 대한 질의응답이 가능하며, High Quality 응답은 유료 서비스로 제공된다.

SECTION

7.4 ChatGPT 활용하기

7.1절과 7.2절에서는 생성형 AI 도구의 유형과 기능을 살피고, 7.3절에서는 SciSpace 활용 사례를 중심으로 살펴보았다. 이제는 논문 작성 과정 전반에 ChatGPT를 어떻게 적용할 수 있는지 단계별 활용 방법을 직접 실천해볼 차례다. 이 절에서는 특히 논문의 구조를 분석하거나 낯선 연구방법을 이해할 때 ChatGPT를 어떻게 활용할 수 있는지 구체적인 사례를 들어 통합적으로 살펴본다.

7.4.1 주제어 분석으로 살펴보는 [논문 1]의 구조

이번에는 4장에서 다룬 [논문 1]의 서론 구조를 ChatGPT로 다시 분석해보자. 이 논문은 서론(4.2절 참고)과 이론적 배경 및 선행연구 검토(4.3절 참고)의 구조를 내용구조분석방법으로 살펴본 바 있다. 이 논문은 회귀분석을 통해 디지털 정보활동이 삶의 만족도에 미치는 영향을 분석했으며, 사회관계망의 매개효과와 장애노인·비장애노인 집단 간 비교를 중심으로 논의를 전개한다.

논문 1 ChatGPT로 서론 분석

모든 논문에는 구조가 있다. 연구자가 직접 구조를 파악하려면 시간이 걸리지만, AI 도구를 잘 활용하면 이 시간을 훨씬 단축할 수 있다. 여기서는 4.2절에서 살펴본 서론 분석을 ChatGPT로 수행하는 방법을 살펴본다. 이를 위해 논문 파일을 ChatGPT에 첨부하고, 다음과 같이 요청을 입력하면 된다.

ChatGPT 채팅 예시

> 이 논문의 내용을 읽고 서론 각 문단의 주제어를 추출해줘. 또한 이 문단이 서론에서 어떤 역할(문제 제기, 필요성 강조, 선행연구 정리 등)을 하고 있는지도 설명해줘.

주제어: 노인인구와 장애노인인구 비율 증가, 노인 삶의 만족도의 중요성, 디지털 활동과 삶의 만족도의 관계

역할: 실무적·학문적 필요성 제시, 선행연구의 한계 지적

ChatGPT의 출력 결과를 바탕으로 하면 논문의 구조, 문단의 주제어, 논문 내용 요약으로 구성된 표를 [표 4-1]과 같이 만들 수 있다.

> **셀파의 포인트** ChatGPT가 파일의 문자열을 읽어들이지 못할 때
>
> "OCR[18] 기능을 활용해 문자열을 모두 파악해줘."라고 명령하거나, PDF 파일을 이미지 파일 형태로 변환해 첨부하면 인식할 수 있다. 다만 본문과 다르게 인식되는 경우가 많이 있으니 반드시 원문을 함께 확인해야 한다.

7.4.2 ChatGPT를 활용한 LDA 분석 사례

논문을 쓸 때 두려운 순간 중 하나는 잘 알지 못하는 분석방법이나 연구설계를 처음 시도해야 할 때다. 특히 통계나 계산 기반 분석에 익숙하지 않은 인문·사회과학 전공자에게는 처음 접하는 분석기법을 논문에 적용하는 일이 큰 장벽처럼 느껴지기 마련이다.

이때 생성형 AI를 활용하면 이러한 낯선 방법론에도 비교적 수월하게 접근할 수 있고, 이를 학문적 언어로 정리할 가능성이 열린다. 이 절에서는 필자에게도 생소했던 토핑 모델링의 하나인 LDA 분석을 ChatGPT의 도움을 받아 논문에 적용했던 사례를 소개한다. 이를 통해 연구자가 익숙하지 않거나 처음 접하는 분석방법을 AI로 어떻게 보완할 수 있는지 과정을 함께 살펴보고자 한다.

> **셀파의 포인트** 텍스트 마이닝과 LDA
>
> 텍스트 마이닝text mining은 방대한 글 속에서 숨겨진 의미와 규칙을 찾아내는 과정이다. 사람이 직접 읽고 정리하기에 양이 너무 많을 때 컴퓨터가 대신 단어를 세고, 자주 같이 쓰이는 표현을 모아 중요한 정보나 패턴을 발견한다. 예를 들어 수천 개의 기사나 댓글에서 '행복', '스트레스'라는 단어가 자주 나온다면, 이를 바탕으로 사람들이 관심 있는 주제를 파악할 수 있다. 토픽 모델링topic modeling은 텍스트 마이닝에서 많이 쓰이는 기법으로, 문서 집합 속에 숨어 있는 주제를 찾아내는 방법이다. 대표적인 알고리즘이 잠재 디리클레 할당, 즉 LDA Latent Dirichlet Allocation이다.
>
> LDA는 간단히 말해 여러 문서 속에서 자주 함께 등장하는 단어 묶음을 찾아, 그것을 하나의 주제topic로 추정한다. 예를 들어 연구자가 논문 100편을 하나하나 읽으며 주제를 분류하는 대신, LDA는 각 논문에 어떤 단어가 많이 쓰였는지를 계산해 '이 논문은 환경 문제와 관련 있음', '이 논문은 경제 정책과 관련 있음'처럼 주제를 추측해준다.
>
> 즉 텍스트 마이닝이 글에서 정보를 뽑아내는 큰 틀이라면 LDA는 그 안에서 주제 분류를 자동으로 해주는 구체적 도구라고 볼 수 있다.

18 OCR은 Optical Character Recognition의 줄임말로, 광학문자인식을 의미한다.

이번 사례는 '분석 전 준비 → 분석 실행 → 분석 이후 해석'의 세 단계를 거쳐 진행된다. 구체적으로는 키 논문을 선정하고 연구방법론을 이해하는 준비 단계, 예상되는 결과와 시각화 방식을 정리하고 ChatGPT를 활용해 실제 분석을 수행하는 실행 단계, 마지막으로 결과를 비교·해석하는 단계로 이어진다. 전체적인 진행 절차는 [그림 7-12]와 같다.

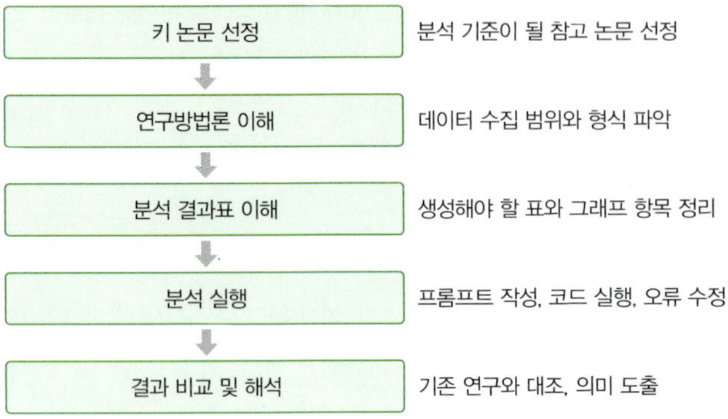

그림 7-12 ChatGPT를 활용한 LDA 분석 진행 절차

키 논문 선정 : 기준이 되어줄 분석 사례 찾기

새로운 분석방법을 학습하고 적용하기 위해서는 신뢰할 수 있는 참고 논문, 즉 '분석 모범 사례'가 될 키 논문을 먼저 확보하는 것이 중요하다. 필자는 마케팅 분야의 연구 동향을 LDA 분석으로 정리한 다음 논문을 키 논문으로 선정했다.

> Thaichon, P., Quach, S., & Ngo, L. V. (2022). Emerging research trends in marketing: A review of Australasian marketing journal. *Australasian Marketing Journal, 30*(3), 214-227.

이 논문은 지난 15년간 『Australasian marketing journal』에 게재된 논문의 초록을 수집한 후 LDA 분석을 통해 주요 연구 주제를 도출하고 시각화하는 과정을 상세히 보여준다. 이를 분석함으로써 데이터 수집 범위, 분석 절차, 시각화 항목, 결과 해석 방식을 사전에 파악할 수 있었다.

연구방법론 이해 : 데이터 수집 범위와 방식 정하기

LDA 분석을 수행하기 위해서는 먼저 분석할 텍스트 데이터, 즉 코퍼스corpus[19]를 수집해야 한다.

19 코퍼스는 언어 분석이나 텍스트 마이닝에서 연구목적에 맞게 수집된 텍스트 자료의 집합을 의미한다. 하나의 문서일 수도 있고 다수의 문서 묶음일 수도 있다. LDA 분석에서는 각 코퍼스를 '문서' 단위로 처리해 주제를 추출하며, 논문 초록, 기사, 댓글, 설문 응답 등 텍스트 데이터가 포함된 자료는 모두 코퍼스로 활용할 수 있다.

키 논문을 검토한 결과 한 학술지에 게재된 모든 논문의 초록Abstract을 수집하는 것이 LDA의 표준적인 데이터 구축 방식임을 확인했다. 이에 국내 경영학 분야를 대표하는 학술지『경영학연구』를 분석 대상으로 선택했다.

수집 대상은 2014년부터 2024년까지 10년간『경영학연구』에 게재된 논문 전체의 초록이며 [그림 7-13]과 같이 각 논문별로 제목, 저자, 게재 연도, 국문초록, 영문초록, 키워드를 구조화된 텍스트로 정리했다. LDA 분석에서 초록은 분석 단위이며 각 초록은 LDA 모델에서 하나의 문서document로 간주된다.

영역	제목 국문	제목 영문	저자 국문	저자 영문	권	호	출간연월일	시작페이지
4	공급사슬 동적능력을 통한 정보기술 역량이 공급사슬 성과에 미치는 영향에 관한 실증연구	An Empirical Study on The Impact of IT Com	문태수, 강성배	Tae Soo Moon,Sung	43	1	2014-02-28	245
5	최고경영진의 직무관련 다양성과 기업성과	Top management team task-related diversity	노현탁	Hyun Tak Roh	43	1	2014-02-28	217
2	영화실행요소 적합성이 소비감정신념 및 소비목적달성기대에 미치는 영향과 관람의지	Effects of Suitability of Movie Implementatio	최낙환, 임아영	Nak Hwan Choi,Ah Y	43	1	2014-02-28	193
13	국제합작파트너간의 신뢰형성의 선행요인 연구	Antecedents of Trust in International Joint V	최창범	Chang Bum Choi	43	1	2014-02-28	169
5	IT 부서 종사자의 정서고갈, 직무만족 및 이직의도의 관계	The Relationship among Emotional Exhausti	정대율, 노미진, 장형유	Dae Yul Jeong,Mi Jin	43	1	2014-02-28	145
3	신생중소기업의 헤저드모형을 이용한 산업별 생존요인에 관한 연구	A Study on the Survival Factors of Start-up S	김경숙, 장영민, 도영호	Kyung Sook Kim,You	43	1	2014-02-28	121
4	중소기업에서 기술협력, 전유수단과 지식일출이 기술혁신 성과에 미치는 영향	The effect of incoming knowledge spillover,	김병근, 박성근	Byung Keun Kim,Son	43	1	2014-02-28	95
4	중소제조기업의 경쟁력 향상에 영향을 미치는 품질경영시스템과 흡수역량에 관한 실증연구	An Empirical Study on the Influence of impr	이철규, 진성한, 서철승	Cheol Gyu Lee,Sung	43	1	2014-02-28	67
4	미국반도체 산업의 기술 범위 결정 요인에 관한 연구	Determinants of Technological Breadth in th	박경민, 한수연	Kyung Min Park,Soo	43	1	2014-02-28	41
4	서비스회복은 고객의 머리로 이루어지는가? 가슴으로 이루어지는가?	Is service recovery made with customers` hea	김상희	Sang Hee Kim	43	1	2014-02-28	1
5	자기효능감과 기업성과	Self-Efficacy and Firm Performance: The Role	이종건, 김현철, 안태항	Jong Keon Lee,Hyeor	43	2	2014-04-30	561
3	감사인 일치성이 감사시간, 감사보수 및 감사품질에 미치는 영향	A Study on the Effect of Auditor Conformity	박재환, 윤태호, 김승준	Jae Whan Park,Tae H	43	2	2014-04-30	527
2	불평고객의 부정적 감정과 지각된 기업의 사회적 책임성이마케터실패복구의 결과에 미치는 (	How Do Complainant`s Negative Emotions a	라선아	Sun A La	43	2	2014-04-30	491
3	글로벌금융위기와 유럽재정위기가 유로존 국가 및이머징마켓 금융안정에 미치는 영향	The Impact of the Global Financial and Euro:	김동순, 엄승섭	Dong Soon Kim,Seun	43	2	2014-04-30	465
4	제약산업에서의 신제품 개발이 기업가치에 미치는 영향	Radical and Incremental New Products and F	김별아, 이종국, 송상영	Byu La Kim,Jong Kuk	43	2	2014-04-30	433
4	대학-기업 간 연구개발협력에서 불확실성, 협력 관리시스템, 기업의 혁신 성과 간 관계에 대한	The relationship among uncertainty, coopera	문혜선	Hye Seon Moon	43	2	2014-04-30	415
3	불성실공시법인 지정 및 벌점부과에 대한 주가반응	An Empirical Study on the Stock Price Reacti	이용석, 박희진, 이세철	Yong Seok Lee,Hee Ji	43	2	2014-04-30	387
3	기업의 사회적 책임 활동과 배당행태	Corporate Social Responsibility and Dividend	이지혜, 변희섭	Ji Hye Lee,Hee Sub B	43	2	2014-04-30	353
2	소비자의 무력감이 파워상징상품 추구에 미치는 영향	The Effect of Consumer`s Powerlessness on F	김미예, 김정구, 전미나, 한정수,	Mi Yea Kim,Chung K	43	2	2014-04-30	329
10	나를위한 판단과 남을 위한 판단의 차이	Differential Judgments for Self and Others: T	하영원, 김영두	Young Won Ha,Youn	43	2	2014-04-30	303
4	지속가능 공급사슬 관리가 관계자본 및 공급사의 지속가능 성과에미치는 영향	The effects of sustainable supply chain mana	이원희, 이수열	Won Hee Lee,Su Yol	43	2	2014-04-30	275
5	역지식이전(Reverse Knowledge Transfer)에 영향을 미치는 요인에 관한 연구	The Empirical Study on The Determinants of	정갑연	Gap Yeon Jeong	43	3	2014-06-30	993
2	사회연결망분석을 이용한 마케팅연구의 지식구조 분석	Knowledge Structure Analysis on Marketing	이현정	Hyun Joung Lee	43	3	2014-06-30	965
3	이익관리를 위한 비정상재고자산변동액의 활용	Earnings Management by Discretionary Reve	나영, 육지훈	Young Na,Jee Hoon Y	43	3	2014-06-30	919
10	장수기업의 공통 경영 방식에 관한 연구	A study on the common management practi	안세연	Se Yeon Ahn	43	3	2014-06-30	889
3	기업의 배당스무딩이 주식수익률에 미치는 영향	The Effects of Dividend Smoothing on Stock	신민식, 김수은	Min Shik Shin,Soo Eu	43	3	2014-06-30	857
3	경영자소유권과 감사품질의 관련성	The relationship between management owne	김정교, 김경옥	Jeong Kyo Kim,Gyeor	43	3	2014-06-30	817
3	경영자보상과 이익조정간 관계연구	The Relationship between CEO Compensatio	강선아, 김용식	Sun A Kang,Yong Shi	43	3	2014-06-30	793
2	개인요인과 제품요인 관여도의 구전효과에 대한 차별적인 영향	The Differential Effects of Individual-Involver	박상준	Sang June Park	43	3	2014-06-30	771

그림 7-13 LDA 분석을 위한 코퍼스 자료 일부

분석 결과표 이해 : 시각화 유형 정하기

LDA 분석의 최종 결과를 어떤 형태로 구성할지도 키 논문을 통해 미리 정리했다. 필자는 ChatGPT에 키 논문을 첨부하고 "이 논문의 분석 결과표는 어떤 의미이고, 우리 논문에서는 어떤 표와 그래프를 만들어야 할까?"라는 프롬프트를 입력하고 실행했다. 그러자 논문 구조에 적합한 분석 결과 항목이 학술적으로 정리되어 출력되었다. 이제 생성해야 할 시각자료는 다음 여섯 가지로 확정되었다. 이러한 결과 유형을 사전에 정의해두면 실제 분석 도구를 사용할 때 목표와 방향성이 명확해진다.

- 토픽별 키워드 시각화 그래프
- 연도별 토픽 비중 변화 선그래프
- 토픽별 키워드 분포 막대그래프
- LDA 모델 적합도 평가 지표(토픽 일관성coherence index 점수, 퍼플렉시티perplexity, 즉 모델의 결과가 얼마나 일관되고 신뢰할 수 있는지 보여주는 값)
- 연도별 주요 토픽 누적 그래프
- 각 토픽에 포함된 고전 논문 목록 요약 표

분석 실행 : ChatGPT와 함께 LDA 분석하기

이제 본격적인 분석을 진행한다. 먼저 ChatGPT에 "LDA 분석을 처음 해보는 연구자가 따라할 수 있는 파이썬 코드와 실행 절차를 알려줘."라고 요청했다. ChatGPT는 다음 항목을 포함해 재현 가능한 파이썬 코드([그림 7-14] 참고)와 단계별 설명을 제공했다.

- 실행 환경 설정(구글 코랩Google Colab, 주피터 노트북Jupyter Notebook 등)
- 라이브러리 설치(gensim, nltk, pyLDAvis 등)
- 텍스트 전처리(불용어 제거, 표제어 추출, 토큰화 등)
- 문서-단어 행렬 생성
- 최적 토픽 수 결정 방법(토픽 일관성 점수, 퍼플렉시티 등)
- 결과 시각화 코드 및 해석 설명

파이썬 초보자가 모든 과정을 이해하고 따라하기에는 다소 복잡할 수 있다. 그러나 코드를 실행하다 오류가 발생하면 오류 메시지를 프롬프트에 입력하기만 해도 수정된 코드와 보완 설명을 제시하므로, 마치 AI 멘토와 함께 분석 작업을 수행하는 듯한 경험을 할 수 있다.

```
import pandas as pd
from collections import Counter
import matplotlib.pyplot as plt
from wordcloud import WordCloud

# 파일 경로 설정
file_path = 'C:\\Users\\welfa\\Downloads\\test_english_
keywords_stemmed.csv'
font_path = 'C:\\Windows\\Fonts\\NanumGothic.ttf'  # 한글 폰트
파일 경로

# 데이터 로드 (파일 인코딩 설정)
try:
     df = pd.read_csv(file_path, encoding='cp949')  # 또는
encoding='euc-kr'
   print("파일을 성공적으로 불러왔습니다.")
except FileNotFoundError:
   print("파일을 찾을 수 없습니다. 파일 경로를 확인하세요.")
except UnicodeDecodeError:
    print("파일을 읽는 동안 인코딩 오류가 발생했습니다. 다른 인코
딩을 시도해보세요.")

# 연도 정보와 키워드 추출
df['Year'] = pd.to_datetime(df['출간연월일']).dt.year
yearly_keywords = df.groupby('Year')['영어키워드_불용어제거'].
apply(lambda x: ','.join(x)).reset_index()

# 워드클라우드 생성 함수
def generate_wordcloud(text, year):
     wordcloud = WordCloud(width=800, height=400, background_
color='white', collocations=False, font_path=font_path).
generate(text)
   plt.figure(figsize=(10, 5))
   plt.imshow(wordcloud, interpolation='bilinear')
   plt.axis('off')
   plt.title(f'Word Cloud for {year}')
   plt.show()
```

(a) 워드클라우드 생성 코드

```
# 가상 환경 활성화
myenv\Scripts\activate

import pandas as pd
from collections import Counter
import matplotlib.pyplot as plt
from wordcloud import WordCloud
from sklearn.feature_extraction.text import ENGLISH_STOP_WORDS
import re
from nltk.corpus import stopwords
from nltk.stem.snowball import SnowballStemmer

# 파일 경로 설정
file_path = 'C:\\Users\\welfa\\Downloads\\test.csv'

# 데이터 로드
try:
   df = pd.read_csv(file_path, encoding='utf-8-sig')
   print("파일을 성공적으로 불러왔습니다.")
except FileNotFoundError:
   print("파일을 찾을 수 없습니다. 파일 경로를 확인하세요.")
except UnicodeDecodeError:
    print("파일을 읽는 동안 인코딩 오류가 발생했습니다. 다른 인코
딩을 시도해보세요.")

# NaN 값을 빈 문자열로 대체
df['영문초록'] = df['영문초록'].fillna('')

# 불용어 리스트에 한국어 불용어 추가
stop_words = set(stopwords.words('english'))
korean_stop_words = set(['의', '가', '이', '은', '는', '을', '
를', '에', '와', '한', '하다']) # 예시
stop_words.update(korean_stop_words)
```

(b) 데이터 로드 및 전처리

그림 7-14 LDA 분석 실행을 위한 파이썬 코드 일부

이 책에서는 지면을 고려해 핵심 코드와 결과만 싣는다. ChatGPT는 '파이썬 설치-코드 생성-분석-그래프 생성'까지 일련의 흐름을 지원한다.

(a) 워드 클라우드

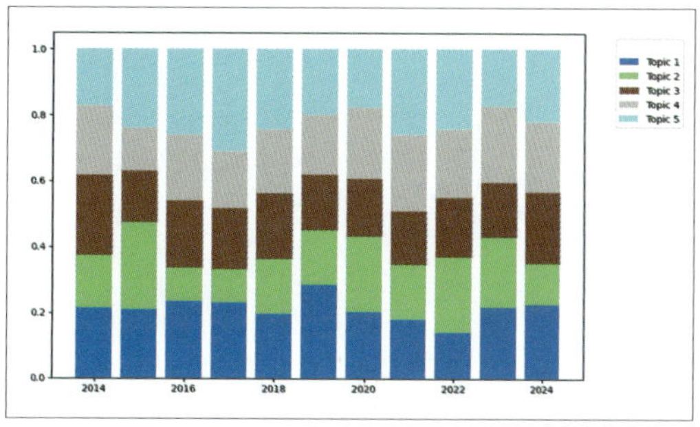

(b) 연도별 토픽 누적 그래프

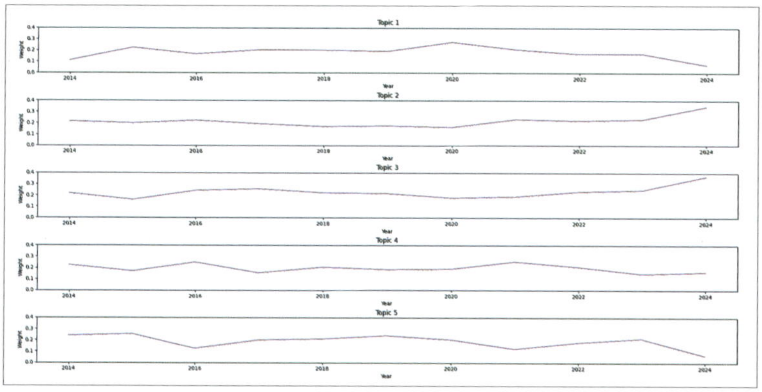

(c) 연도별 토픽 가중치 변화 그래프

그림 7-15 LDA 분석 시각화 결과

결과 비교 및 해석 : 분석은 끝이 아니라 시작이다

LDA 분석 결과가 도출된 후에는 키 논문과의 비교 과정이 뒤따랐다. ChatGPT에 "이 분석 결과는 키 논문의 토픽과 유사한가?"라고 질문하자, 토픽명, 주요 키워드, 출현 빈도 등을 항목별로 정리한 표 형태가 출력되어, 두 결과의 유사성이 도출됐다.

이어 각 토픽에 대해 "이 토픽은 경영학의 어떤 하위 분야를 의미하는가?", 또는 "연도별 변화는 어떤 해석이 가능한가?"와 같은 질문을 반복적으로 던지며 분석 결과를 학문적으로 해석하고 결론을 작성하는 데 참고했다.

이 과정을 통해 필자는 처음에는 막연히 못 쓸 것 같다고 생각했던 분석방법을 실제로 논문 분석에 성공적으로 적용할 수 있었다. 핵심은 단순히 파이썬 코드를 실행하는 것이 아니라 분석기법의 구조와 절차, 결과 해석 방식을 AI와 협업하며 학습하고 체득했다는 데 있다.

ChatGPT는 새로운 분석방법을 단계별로 설명하고 실행 가능한 코드로 전환해주며, 그 결과를 학술적 언어로 정리하는 데까지 도움을 준다. 이는 기존 도구로는 불가능했던 경험이었고, 연구자에게 AI와 함께 사고하고 성장할 수 있다는 강력한 가능성을 열어주었다.

셀파의 요약정리 7.4

■ ChatGPT 활용하기

- ChatGPT는 논문을 입력하면 문단의 주제어를 추출하고, 각 문단의 역할(배경, 정의, 주장 등)을 구분해준다.
- ChatGPT를 활용하면 논문 전체의 구조를 빠르게 파악하고, 논문작성 흐름을 거꾸로 연습할 수 있다.
- 논문을 읽는 대상에서 해부하고 재구성하는 대상으로 전환할 수 있다.
- 연구자가 모르는 연구방법도 ChatGPT의 도움을 받아 이론 정리, 데이터 수집, 코드 작성, 결과 해석까지 전체 과정을 실행할 수 있다.
- 분석 과정에서 오류가 발생해도 ChatGPT가 오류를 보완하고 설명을 반복 제공하므로 학습에 도움이 된다.

이제 '몰라서 못한다'라는 변명은 설득력이 없다. AI는 낯선 연구방법을 배우고 시도하는 연구자의 자기주도 학습 파트너다.

SECTION

7.5 생성형 AI 기반 논문작성 지원 전략

AI 도구는 논문 작성의 많은 과정을 빠르고 효율적으로 도와주는 강력한 도구다. 그러나 편리함만큼이나 윤리적 고려와 한계 인식이 뒤따라야 한다. 무분별한 활용은 표절이나 부정행위, 학술적 신뢰도 훼손으로 이어질 수 있으며, 특히 학위논문과 같이 학문적 독창성과 연구자의 책임이 중요한 글에서는 더욱 주의해야 한다.

이 절에서는 AI 도구를 활용할 때 반드시 지켜야 할 윤리적 기준과 주의사항을 정리하고, 국내외 학술기관의 권고 기준을 바탕으로 실제 활용 가이드라인을 제시한다.

7.5.1 대필이 아닌 보조 도구로 활용하기

AI 도구는 텍스트를 생성할 수 있다. 하지만 그 결과물을 비판 없이 그대로 사용하는 것은 학문적 부정행위에 해당할 수 있다. 논문 작성의 핵심은 연구자의 문제 인식과 해석, 판단이며, AI는 그 과정을 일부 보조하는 역할에 그쳐야 한다.

AI에게 다음과 같이 질문한다고 해보자. ❶은 문장 표현을 다듬는 수준이므로 AI를 보조 도구로 활용하는 경우에 해당한다. 반면 ❷는 논문 전체를 대리 작성하게 하는 요청으로 이어질 수 있다.

❶ 문장 흐름이 어색한데, 자연스럽게 고쳐줘.

❷ 이 주제로 석사논문 서론을 작성해줘.

따라서 AI 활용이 적절한지 스스로 점검하려면 다음 두 가지 질문에 '예'라고 답할 수 있어야 한다.

- 이 작업을 AI 없이도 내가 할 수 있었는가?
- AI가 제시한 결과물을 나의 해석과 표현으로 재구성했는가?

7.5.2 AI의 한계와 오류

논문 작성 경험이 부족한 연구 초보자가 AI 도구의 응답을 지나치게 신뢰하고 그대로 인용하거나 활용하는 경우가 있다. 그러나 AI는 실제 문헌을 참조하지 않고, 학습된 패턴을 기반으로 그럴듯한 내용을 생성하기 때문에 가짜 논문 인용fake citation, 존재하지 않는 출처, 논리적 오류 등이 자주 발생한다.[20]

예를 들어 "자기효능감과 학업성취의 관계에 대한 대표 논문을 알려줘."라고 질문했을 때, 답변으로 제시된 인용문은 실제 존재하지 않는 경우가 많다. [그림 7-16]에 제시하는 논문이 존재하는지 직접 확인해보라.

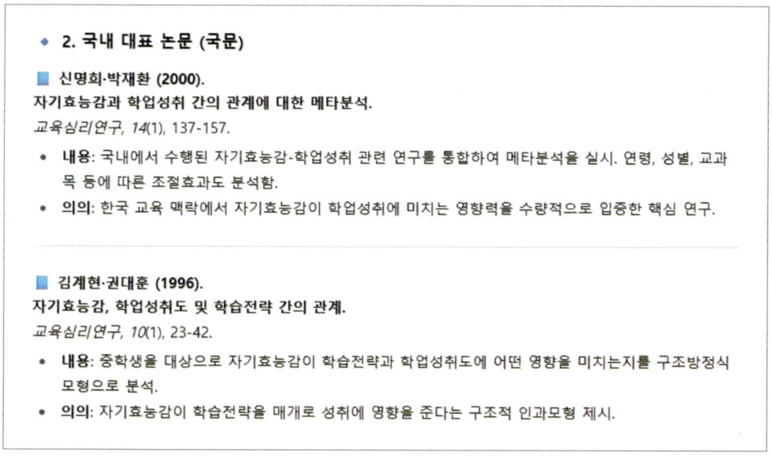
◆ **2. 국내 대표 논문 (국문)**

신명희·박재환 (2000).
자기효능감과 학업성취 간의 관계에 대한 메타분석.
교육심리연구, 14(1), 137-157.

- **내용**: 국내에서 수행된 자기효능감-학업성취 관련 연구를 통합하여 메타분석을 실시. 연령, 성별, 교과목 등에 따른 조절효과도 분석함.
- **의의**: 한국 교육 맥락에서 자기효능감이 학업성취에 미치는 영향력을 수량적으로 입증한 핵심 연구.

김계현·권대훈 (1996).
자기효능감, 학업성취도 및 학습전략 간의 관계.
교육심리연구, 10(1), 23-42.

- **내용**: 중학생을 대상으로 자기효능감이 학습전략과 학업성취도에 어떤 영향을 미치는지를 구조방정식 모형으로 분석.
- **의의**: 자기효능감이 학습전략을 매개로 성취에 영향을 준다는 구조적 인과모형 제시.

그림 7-16 실제로는 존재하지 않는 논문을 보여준 예시

AI가 제시한 인용문이나 참고문헌은 반드시 학술 데이터베이스(RISS, DBpia, Google Scholar 등)에서 직접 검증해야 한다. SciSpace나 Elicit 또한 요약을 도와주는 보조 수단일 뿐이며, 최종적으로 확인해야 하는 출처는 언제나 원문이다.

7.5.3 표절·검증 시스템과의 관계

많은 대학에서는 카피킬러, GPT킬러, 턴잇인Turnitin과 같은 표절 탐지 프로그램을 사용한다. 이들 시스템은 기존 문헌뿐 아니라 AI 생성 텍스트도 탐지하는 알고리즘을 발전시키고 있으며, 패턴 유사도, 논리 비약, 문장 반복성 등을 기반으로 의심 텍스트를 표시한다.

---

20 이러한 현상을 인공지능 환각AI hallucination이라 하며, 대화형 인공지능이 존재하지 않거나 맥락과 무관한 정보를 사실처럼 생성하는 것을 의미한다.

[그림 7-17]은 GPT킬러 사이트에 hwp 파일을 업로드해 표절률을 검토한 결과를 보여준다.

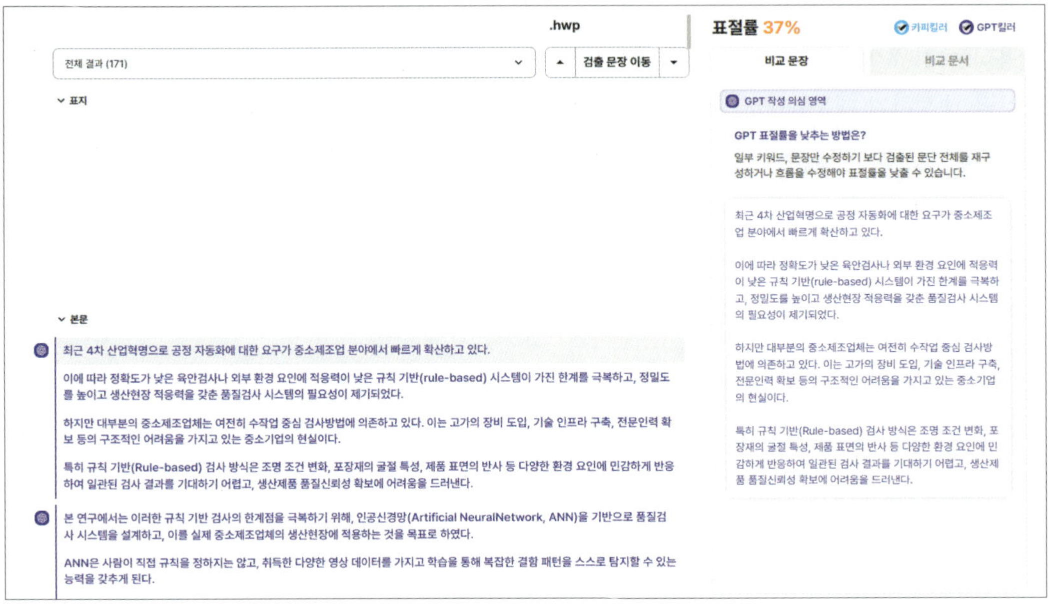

그림 7-17 GPT킬러 검사 결과 예시

AI 생성 결과는 반드시 문장 구조와 표현, 해석 방식을 연구자가 직접 바꾸어 사용해야 한다. 작성 후에는 표절검사 도구로 표절 여부를 미리 점검해보는 과정이 필요하다. 또한 주요 개념이나 문장 도입부는 자신의 언어로 다시 쓰는 연습을 해야 한다.

셀파의 포인트 **표절·검증 시스템에서 AI 사용이 문제 되는 경우**

생성형 AI가 대량으로 작성한 문장을 그대로 사용하면 기계적 생성 텍스트로 간주되어 학위논문 심사에서 문제될 수 있다. 특히 문단 전체를 AI가 생성했다면 표절률이 100%에 가깝게 측정된다. 이때는 연구자가 문장을 직접 작성했는지를 소명해야 할 수도 있다.

7.5.4 AI 활용의 투명성 확보하기

국내외 대학과 학술지는 AI 사용 여부에 대한 투명한 고지를 점점 더 중요하게 다룬다. 예를 들어 2023년부터 일부 학술지에서는 투고 시 Methods 또는 Acknowledgements 항목에 AI 사용 여부를 명시하도록 요구하고 있으며, 학위논문에서도 이와 유사한 가이드라인을 도입하는 학교가 늘고 있다. 논문에서 AI 사용 여부를 공개해야 한다면 다음과 같이 구체적으로 명시하는 것이 바람직하다.

본 연구의 초안 작성 및 문장 표현 정리 과정에서 OpenAI의 ChatGPT 5.0을 활용하였으며, 생성된 결과는 연구자의 검토와 수정 과정을 거쳐 최종 채택하였다.

논문 초안을 작성할 때는 AI 사용 시점과 목적을 별도 메모로 기록하는 것이 좋다. 실제로 사용된 문장이나 구조가 있다면 이전 버전과 이후 버전을 비교하여 정리해야 누락이 발생하지 않는다. 필요하다면 IRB, 지도교수, 대학 윤리위원회에 소명할 수 있도록 관련 자료를 미리 준비해두는 것도 좋겠다.

7.5.5 학위논문 및 학술논문에서의 AI 활용 가능 범위

AI 도구의 활용은 작성자의 창의적 기여를 침해하지 않는 선에서만 허용된다. [표 7-7]은 일반적으로 가장 안전한 활용 사례부터 점점 위험성이 커지는 사례까지 순서대로 정리한 것이다.

표 7-7 AI 활용 가능 범위

구분	예시	허용 여부	위험도
문장 교정	"다음 문장을 논문 문체로 바꿔줘."	허용	● 보통
개념 요약	"자기효능감의 정의를 정리해줘."	허용(단, 인용 시 원문 확인)	● 보통
가설 구성 보조	"이 변수로 매개모형을 구성해줘."	보조 가능(이론적 근거 필요)	● 주의
전체 초안 작성	"이 주제로 석사논문 서론을 써줘."	대리작성 위험	● 위험
존재하지 않는 인용 생성	"자기효능감 관련 논문 인용 3개 제공해줘."	고위험	● 매우 위험
통계결과 생성	"통계결과를 만들어줘."	연구조작 위험	● 매우 위험

이러한 구체적 기준들은 결국 하나의 원칙으로 수렴한다. AI 사용의 경계는 도구 자체가 아니라 연구자의 태도와 판단 능력에 의해 결정된다.

AI 윤리는 도구 이전에 연구자의 태도에서 출발한다. AI 도구는 매우 편리하지만 그 경계는 매우 유동적이며, 유용성은 연구자의 윤리의식과 판단 능력에 따라 결정된다. 연구자는 언제나 자신이 생산하는 지식과 문장의 주체여야 하며, AI는 그 여정에서 곁을 지키는 보조자일 뿐이다.

7.5.6 연구자와 AI의 역할

ChatGPT와 같은 생성형 AI는 논문 작성에 유용한 도구지만, 그 효과는 결국 연구자의 역량에 달려 있다.

AI는 정보를 바탕으로 논리적인 문장을 생성하고, 주어진 질문에 답하거나 문장을 학술적 문체로 바꾸는 데 매우 유용하다. 그러나 이러한 기능이 '연구자의 생각과 판단'을 대신해주지는 않는다. 오히려 AI를 제대로 활용하려면 연구자가 자신의 논문 주제에 대해 충분한 지식과 명확한 문제의식, 비판적 사고 능력을 갖추고 있어야 한다.

논문 작성은 문제 인식, 개념과 이론의 선택, 연구방법 설계, 자료 수집과 분석, 결과 해석, 결론 도출에 이르는 일련의 창조적이고 고도의 판단이 필요한 과정이다. 이 과정의 어느 단계도 AI가 대신 수행할 수 없으며, 그 모든 중심에 반드시 연구자가 있어야 한다.

예를 들어 ChatGPT에게 "논문 서론을 써줘."라고 요청하면 연구자의 의도가 불분명할 때 모호한 문장만 나열된다. 그러나 연구자가 연구목적과 문제의식을 정확하게 이해하고 있다면, AI는 보다 유의미한 문장 조합을 제안할 수 있다. 다시 말해 AI의 결과물 품질은 연구자가 얼마나 명확하게 사고하고 지시를 내리는가에 달려 있다.

AI의 답변은 언제나 완전하거나 정확하지 않으며, 종종 사실과 다른 정보나 논리적으로 미흡한 문장을 포함할 수 있다. 따라서 AI의 출력 결과를 그럴듯하다는 이유만으로 무비판적으로 받아들이는 것은 매우 위험한 태도이며, 연구자라면 반드시 결과물의 타당성과 적합성을 스스로 판단해야 한다. 그 판단은 철저히 연구자의 지식, 경험, 논리력에 기반하며, AI가 대신해줄 수 없다.

결국 AI는 논문을 대신 써주는 대리 작성자가 아니라 연구자의 사고를 정리하고 표현해주는 보조 도구다. 중요한 것은 연구자의 인지 능력과 통찰력, 결정 능력이다. 연구자가 논문을 충분히 고민하고 이해할 때만 AI는 올바른 방향으로 활용될 수 있으며, 출력된 결과물이 전체 논리 구조에 적절한지를 비판적으로 평가할 수 있다.

AI 활용 능력은 곧 연구자의 학문적 역량을 반영한다. AI 덕분에 논문 쓰기가 쉬워진 것이 아니라 오히려 연구자의 사고 능력과 해석 능력이 더 요구되는 시대가 도래한 것이다. 따라서 연구자는 단순히 ChatGPT 사용법을 익히는 데 그치지 말고 자신의 논문에 적용하는 과정에서 스스로 사고하고 결정하는 훈련을 지속해야 한다. 그래야만 AI가 진정한 논문쓰기의 동반자가 될 수 있으며, 그 활용은 연구자의 손에서 창조적 결과로 이어질 수 있다.

셀파의 요약정리 7.5

■ **ChatGPT를 활용한 논문 작성 지원 전략**

- ChatGPT는 아이디어 확장, 이론적 배경 요약, 변수 정의, 가설 작성, 문장 교정, 설문 초안, IRB 문안 작성 등 논문 전 과정에서 보조 도구로 활용할 수 있다.
- 연구자가 원하는 바를 명확히 알고, 출력 결과의 타당성을 비판적으로 검토해야 AI 활용이 의미 있다.
- AI에게 무엇을 시키느냐보다 내가 무엇을 알고, 무엇을 판단하느냐가 훨씬 중요하다.
- AI 활용 역량은 연구자의 사고력과 책임감에 기반한다.

AI는 논문을 대신 써주는 존재가 아니라 연구자의 사고와 글쓰기를 확장해주는 협력자다. 올바른 질문과 비판적 판단이 뒷받침된다면 AI는 가장 유능한 조력자가 될 수 있다.

참고문헌

- 이훈영 (2012). **이훈영 교수의 연구조사방법론** (제2판). 서울: 청람.
- 임정미·주은선(2025). 장애노인과 비장애노인의 디지털정보활동이 삶의 만족도에 미치는 영향-사회관계망의 매개효과를 중심으로. **한국콘텐츠학회논문지, 25**(1), 377-396.
- 채구묵 (2018). **SPSS와 AMOS를 이용한 고급통계학** (개정판). 파주: 양서원.
- Baron, R. M., & Kenny, D. A. (1986). The moderator-mediator variable distinction in social psychological research: Conceptual, strategic, and statistical considerations. *Journal of personality and social psychology, 51*(6), 1173.
- Cao, Y., Ajjan, H., & Hong, P. (2018). Post-purchase shipping and customer service experiences in online shopping and their impact on customer satisfaction: An empirical study with comparison. *Asia Pacific Journal of Marketing and Logistics, 30*(2), 400-416.
- Cho, Y. S., Edevbie, N., Lau, A. K., & Hong, P. C. (2020). The impact of social media technologies on supplier and customer relationship management: An empirical analysis in the US. *IEEE Access, 8*, 220878-220888.
- Field, A. (2013). *Discovering statistics using IBM SPSS statistics* (4th ed.). Sage.
- Hayes, A. F. (2013). Introduction to mediation, moderation, and conditional process analysis: A regression-based approach. New York: Guilford Press.
- Hong, P., Jagani, S., Kim, J., & Youn, S. H. (2019). Managing sustainability orientation: An empirical investigation of manufacturing firms. *International Journal of Production Economics, 211*, 71-81.
- Kline, R. B. (2016). *Principles and practice of structural equation modeling* (4th ed.). Guilford Press.
- West, S. G., Finch, J. F., & Curran, P. J. (1995). Structural equation models with nonnormal variables: Problems and remedies. In R. H. Hoyle (Ed.), *Structural equation modeling: Concepts, issues, and applications* (pp. 56-75). Sage.

찾아보기

찾아보기

찾아보기